RETROCESSO TRABALHISTA

Um estudo a partir dos efeitos da Copa do Mundo no Brasil

Giovanna Maria Magalhães Souto Maior

Doutoranda e Mestra em Direito do Trabalho pela Faculdade de Direito da Universidade de São Paulo (FD-USP). Pesquisadora do Grupo de Pesquisa Direito do Trabalho e Direitos da Personalidade (GPDTDP-USP) e do Grupo de Pesquisa Trabalho e Capital (GPTC-USP).

RETROCESSO TRABALHISTA

Um estudo a partir dos efeitos da Copa do Mundo no Brasil

LACIER

LACIER

Lacier Livraria e Editora
www.livrarialacier.com.br

Rua Doutor Quirino, 808 – Centro
CEP 13015-081 – Campinas, SP – Brasil

Maio, 2024

Diretor: *Lacier José de Rezende*
Coordenação editorial: *Peter Fritz Strotbek*
Projeto de capa: *Fabio Giglio*
Projeto gráfico e editoração eletrônica: *The Best Page*

Ficha Catalográfica

Dados Internacionais de Catalogação na Publicação (CIP)
(Câmara Brasileira do Livro, SP, Brasil)

M227e Maior, Giovanna Maria Magalhães Souto.
Retrocesso trabalhista : um estudo a partir dos efeitos da copa do mundo no Brasil / Giovanna Maria Magalhães Souto Maior. — 1. ed. — Campinas, SP : Lacier Editora, 2024.
296 p. ; 17 x 24 cm.

ISBN 978-65-88805-95-4

1. Direito do trabalho — Aspectos sociais — Brasil. 2. Copa do mundo — Brasil — Impactos. 3. Copa do mundo (Futebol). 4. Eventos esportivos — Trabalho. I. Título.

CDU 34:331(81)

Índices para catálogo sistemático:
Direito do trabalho — Aspectos sociais
Angela Schmidt da Rosa – Bibliotecária – CRB-14/1171

Para Jorge, Camila,
João Pedro e Julia.
E, em especial, à minha mãe,
Jacyra.

Quem construiu Tebas, a das sete portas?
Nos livros vem o nome dos reis,
Mas foram os reis que transportaram as pedras?
Babilónia, tantas vezes destruída,
Quem outras tantas a reconstruiu? Em que casas
Da Lima Dourada moravam seus obreiros?
No dia em que ficou pronta a Muralha da China para onde
Foram os seus pedreiros? A grande Roma
Está cheia de arcos de triunfo. Quem os ergueu? Sobre quem
Triunfaram os Césares? A tão cantada Bizâncio
Só tinha palácios
Para os seus habitantes? Até a legendária Atlântida
Na noite em que o mar a engoliu
Viu afogados gritar por seus escravos.

O jovem Alexandre conquistou as Índias
Sozinho?
César venceu os gauleses.
Nem sequer tinha um cozinheiro ao seu serviço?
Quando a sua armada se afundou Filipe de Espanha
Chorou. E ninguém mais?
Frederico II ganhou a guerra dos sete anos
Quem mais a ganhou?

Em cada página uma vitória.
Quem cozinhava os festins?
Em cada década um grande homem.
Quem pagava as despesas?

Tantas histórias
Quantas perguntas

Bertolt Brecht

Sumário

Apresentação

Retrocesso Trabalhista: um estudo a partir dos efeitos da Copa do Mundo no Brasil, de Giovanna Maria Magalhães Souto Maior, aborda a história recente do Brasil, contextualizando os Megaeventos Esportivos, em especial a Copa do Mundo de Futebol de 2014, no quadro de graves retrocessos no Direito do Trabalho. Segundo a autora, "dentre os diversos fatos ocorridos no Brasil de 2007 a 2017, é o acontecimento que revela, com enorme clareza, a lógica sistêmica do funcionamento do modo de produção capitalista", "a força do poder econômico, do aprisionamento da política, da mercantilização da vida, da opressão sobre o trabalho e da fragilização das normas jurídicas de conteúdo social".

A obra é um verdadeiro dossiê sobre a candidatura para sediar o megaevento, a eleição do Brasil como país-sede e de todo o processo de preparação e realização da Copa do Mundo, em dinâmicas de subalternidade da soberania às exigências FIFA, com leis e normas alteradas ou suspensas de acordo com essas imposições, que importaram, na visão da autora, em uma lógica típica de um estado de exceção, nos moldes da conceituação proposta por Giorgio Agamben, em uma "união impossível entre norma e realidade", em um espaço em que a aplicação e a norma se separam.

Para debater os "legados" sociais, a autora percorre a história do futebol no Brasil, sua construção elitista inicial, com reprodução de aspectos sociais de marginalização e discriminação, especialmente de corte racial e de gênero, e a consolidação dessa "paixão" como um componente cultural central na vida nacional, capaz, muitas vezes de deslocar percepções da sociedade sobre os graves problemas nacionais.

Mais que isso, o futebol foi apropriado pelo modo de produção capitalista. Segundo Eduardo Galeano, em Futebol ao Sol e à Sombra (2007, p. 9), em "uma triste viagem do prazer ao dever", "o jogo se transformou em espetáculo, com poucos protagonistas e muitos espectadores, futebol para olhar, e o espetáculo se transformou num dos negócios mais lucrativos do mundo, que não é organizado para ser jogado, mas para impedir que se jogue". Para me valer da feliz síntese de Millôr Fernandes, o futebol é "o ópio do povo e o narcotráfico da mídia".

Até o ano de 2014, segundo informações colecionadas pela autora, foi a Copa mais lucrativa para a FIFA. Os dados públicos sobre investimentos e financiamentos destinados às obras realizadas nos Estádios das doze cidades-sede e os sistemas de controle demonstram o vulto de investimentos globais de R$ 27.120 bilhões, entre investimentos do governo federal e dos governos locais, em desproporção ao investimento de iniciativa privada de R$ 4.337 bilhões.

No cenário de greves e manifestações populares no ano de 2013, das reivindicações de direitos no "padrão FIFA" e movimento "Não vai ter Copa!", o Estado brasileiro, de forma autoritária e repressiva, buscou criar, em momento antecedente à realização da Copa de 2014, uma Lei Antiterrorismo, inflamando os debates sobre seus contornos e propósitos na contenção das insurgências.

Oposições e ressentimentos difusos tomaram parte expressiva da sociedade brasileira, atingida nos seus anseios e alijada do espetáculo. Bem disse Nelson Rodrigues que: "Muitas vezes é a falta de caráter que decide uma partida. Não se faz literatura, política e futebol com bons sentimentos".

A autora ainda traz das reflexões de Arlete Moysés Resende sobre "relação de submissão e ao mesmo tempo de conivência e subserviência do governo brasileiro" e os impactos no espaço urbano, especialmente com os deslocamentos forçados que afetaram moradores do entorno geográfico do evento esportivo.

Além do espaço urbano, as relações sociais também foram redesenhadas.

Merecem destaques as exigências da FIFA, acolhidas posteriormente na legislação específica nacional, a Lei Geral da Copa, sobre aspectos diretamente relacionados ao trabalho, com as permissões para o trabalho estrangeiro, fora das hipóteses tradicionais de trabalho de imigrante, e com interdições aos trabalhos tradicionais de ambulantes.

Nesse campo de análises estão as "permissões de Trabalho", sob responsabilidade do Ministério do Trabalho e Emprego, "para a emissão incondicionada de permissões de trabalho para estrangeiros e suspensão de qualquer legislação brasileira que possa restringir o exercício de atividades relacionadas à Copa, aos membros das delegações da FIFA e de seus parceiros comerciais e operacionais" e as limitações ao trabalho de vendedores ambulantes, com as proteções e exclusividade de exploração dos "direitos comerciais".

Outro aspecto de relevante análise é o afeto ao trabalho voluntário, modelo de contratação utilizado pela FIFA para a realização de tarefas indispensáveis ao megaevento esportivo. Esclarece a autora que "aos voluntários (as) não era pago qualquer tipo de remuneração. A FIFA também não se responsabilizaria pelas acomodações durante a Copa de 2014 e pelo transporte do (a) voluntário (a) até a cidade-sede, bem como não disponibilizaria ingressos para assistissem aos jogos. Eles (as) receberiam apenas o uniforme, auxílio para o deslocamento até o local das atividades (dentro da cidade-sede) e alimentação no período de trabalho." A Lei n. 9.608/1998 autoriza o trabalho voluntário para entidades públicas ou privadas sem finalidades lucrativas, o que em definitivo não é o caso da FIFA, entidade de caráter privado altamente lucrativa.

O trabalho de adolescentes como gandulas, a partir de 12 anos, desnuda o estado de exceção inclusive quanto à regra constitucional proibitiva do trabalho aos menores de 16 anos, salvo na condição de aprendiz, a partir dos 14 anos. Tensionando as regras constitucionais e impedimentos, o trabalho infantil foi legitimado pelo Conselho Nacional de Justiça (CNJ), em 10 de dezembro de 2013, com a Recomendação n. 13.

As greves, ocorridas principalmente em razão das grandes obras de preparação das cidades-sede e estádios, são ainda exemplos do estado de exceção defendido pela autora, com a restrição do direito fundamental justificado pela abusividade de paralisações ante a necessidade imperiosa de execução de um apertado calendário internacional.

Nas obras da Copa de 2014, nove trabalhadores morreram, sete eram trabalhadores terceirizados. Como na letra de João Bosco "o corpo estendido no chão, em vez de rosto, uma foto de um gol, em vez de reza, uma praga de alguém e um silêncio servindo de amém".

Isso porque as taxas de acidentalidade, já elevadas no campo da construção civil, foram combinadas com condições precárias de trabalho "as elevadas jornadas, o aumento do ritmo de trabalho, as contratações emergenciais de trabalhadores, muitas vezes sem treinamentos adequados para assumirem determinadas funções, associados ainda à terceirização dos serviços pelas construtoras, expunham os trabalhadores das obras do Mundial a um grande risco de acidentes".

São expostas outras violações de direitos humanos, inclusive as decorrentes das condições de aliciamento e de moradia ofertada aos trabalhadores nas grandes obras de infraestrutura para a Copa, a exemplo da obra de ampliação do aeroporto internacional de Guarulhos/SP, na visão da autora com caracterização do crime de condições análogas à escravidão e tráfico de pessoas completam o panorama das piores formas de exploração do trabalho humano a serviço do megaevento esportivo.

Todo o estado de exceção ampliado pela Copa do Mundo de 2014 propiciou na visão de Giovanna Magalhães um cenário permissivo para alterações legislativas posteriores, a exemplo das Medidas Provisórias com restrições de direitos trabalhistas ainda no Governo Dilma e, após o golpe de 2016, assentados na Reforma Trabalhista no Governo Temer.

A "desconsideração da caracterização da relação de emprego que decorre da abertura para o trabalho voluntário"; a "multiplicação de fórmulas de violação da limitação da jornada de trabalho, que defluem da normalidade com que se vislumbraram as jornadas excessivas de trabalho praticadas nas obras dos estádios da Copa", o "aprofundamento do desrespeito ao direito de greve", a ausência da "proteção ao meio ambiente do trabalho capaz de assegurar condições mínimas de saúde, higiene e segurança aos(às) trabalhadores(as)" a "ampliação da terceirização, que decorre da concessão feita às grandes empreiteiras para a realização das obras da Copa, o que tem relação direta, inclusive, com a redução da proteção jurídica dos acidentes do trabalho traduzida pela tarifação das indenizações" exemplificam as excepcionais medidas de adaptação que permaneceram no espírito da contrarreforma trabalhista.

Colmata a obra uma lacuna doutrinária sobre as rupturas com o sistema de relações de trabalho em razão do Megaevento e as continuidades históricas que permitiram o aprofundamento de uma legislação de superexploração do trabalho humano e prevalência dos mesquinhos interesses econômicos do Capital.

Por todo o vigor de argumentos e pela impecável revisão de dados oficiais, inclusive decisões judiciais, a obra é uma leitura obrigatória para os profissionais do Direito do Trabalho e para os interessados em futebol e nas controvérsias sobre a Copa do Mundo de 2014. Enfim, um gol de placa!

De Belo Horizonte para São Paulo, em 15 de abril de 2024.

Daniela Muradas Antunes
Professora de Direito do Trabalho.
Universidade Federal de Minas Gerais.

Prefácio

Giovanna Maria Magalhães Souto Maior é pesquisadora e atualmente está cursando seu doutorado na Faculdade de Direito da Universidade de São Paulo — FADUSP.

Giovanna também foi minha orientanda e aluna no curso de Mestrado em Direito do Trabalho e desde essa oportunidade, iniciando seu trabalho de pesquisa, demonstrou muita dedicação e vivo interesse pelo estudo do Direito do Trabalho em suas mais diversas formas.

Fui, com muita satisfação, seu professor e orientador na elaboração da dissertação de mestrado, que serviu de base para a presente obra que ora apresento.

Giovanna foi uma excelente aluna, sempre muito interessada e estudiosa, e durante o curso teve um desenvolvimento impressionante, estando sempre disposta a aprender e ajudar os outros alunos no desenvolvimento de suas atividades.

Desde o início demonstrava entusiasmo e inquietação com o seu tema o que nos levou a várias conversas, reflexões e ponderações.

A pesquisa foi muito bem realizada pela autora, pois trata-se de questão nova, atual e que merece reflexão antes os problemas que surgem e se renovam no dia a dia do Direito.

A obra que leva o título **"RETROCESSO TRABALHISTA: UM ESTUDO A PARTIR DOS EFEITOS DA COPA DO MUNDO NO BRASIL"**, envolve assunto pulsante, relevante e aborda tema dos mais, qual seja, a utilização do esporte, por parte do Estado, para realização de megaeventos esportivos constituindo uma possibilidade para atração de investimentos e para conferir visibilidade internacional ao país, mas promovendo retrocesso social.

Por meio de medidas específicas e excepcionais para salvaguardar os privilégios econômicos das entidades privadas, o Estado abala sua soberania e a sua base jurídica e o faz sob os argumentos da transitoriedade, da excepcionalidade e do interesse público da realização dos megaeventos, onde tudo passa a ser permitido.

No Brasil, para a realização da Copa, essa associação do Estado aos interesses econômicos, aliada à nossa realidade histórica, encontrou um terreno fértil para se consolidarem, fazendo com que as concessões feitas ao poder econômico se prorrogassem para além do momento específico da Copa.

A presente obra inicia efetuando uma análise muito interessante sobre a história do futebol e sua "captura" pelo Estado.

Posteriormente, analisa com brilhantismo e propriedade o Direito do Trabalho no período compreendido entre 2007 a 2014, demonstrando seus argumentos com decisões do STF e do TST, bem como as propostas para "modernização" da legislação trabalhista.

Aborda, em seguida, o advento da Copa do Mundo no Brasil e o que ela chama de "Estado de Exceção", desde a escolha do Brasil como país-sede até as exigências da FIFA e a reestruturação urbana.

Na sequência Giovanna faz um excelente estudo dos impactos da realização da Copa sobre o Direito do Trabalho, abordando temas que vão desde o trabalho voluntário e dos gandulas até as greves e as jornadas extenuantes tendo como consequência acidentes do trabalho e mortes em várias das arenas que estavam sendo construídas.

Enfoca, finalmente, as consequências do Direito do Trabalho "pós copa", com a desestabilização política no contexto do ataque aos Direitos Trabalhistas e os movimentos jurídicos e políticos relativos aos Direito Trabalhistas no período "pós copa", investigando decisões do STF, do TST e as iniciativas dos Poderes Legislativo e Executivo.

Conclui com competência e coragem, afirmando que a Copa do Mundo foi um fator de retrocesso social que, por meio da fragilização da política proveniente das concessões feitas à FIFA, alargou fissuras, permitiu que o estado de exceção se manifestasse com maior intensidade e ainda que, ao longo de sete anos (2007-2014), foi gestando uma realidade que favorecia exclusivamente os interesses econômicos (Lei Geral da Copa, grandes obras, gastos excessivos com recursos públicos, isenção de impostos, criminalização dos movimentos sociais, não garantia dos direitos trabalhistas) provocando um aprofundamento da lógica de estado de exceção, por meio das táticas de repressão, que, uma vez utilizadas, conferiram maior confiança para a implementação de políticas de retrocesso, como ocorreu com a "reforma" trabalhista.

Entendo que a presente obra será muito útil para todos aqueles que pretendem entender melhor a utilização do esporte pelo Estado para implementação de políticas de retrocesso social.

Desejo muito sucesso à autora e à obra.

Paulo Eduardo Vieira de Oliveira

Desembargador Federal do Trabalho do Tribunal Regional do Trabalho da 2ª Região – SP; Mestre, Doutor e Livre-docente em Direito do Trabalho pela Faculdade de Direito da Universidade de São Paulo — FDUSP; Professor Associado do Departamento de Direito do Trabalho e da Seguridade Social da Faculdade de Direito da Universidade de São Paulo — FADUSP; Professor da Faculdade de Direito do Sul Minas — FDSM.

Sobre sínteses e subjetividades...

Já tive a honra de ser convidado para fazer a apresentação ou o prefácio de muitos livros, tarefa que, como cheguei a mencionar em algumas dessas manifestações, é sempre uma grande honra, mas, ao mesmo tempo, um enorme desafio e uma imensa responsabilidade. Trata-se, pois, de uma atividade sempre muito difícil de ser realizada, embora, como dito, seja motivo de muita satisfação.

No caso do convite formulado pela pesquisadora, jurista e pensadora marxista Giovanna Magalhães, para participar do momento da publicação do seu primeiro livro com a apresentação de um texto com alguma reflexão sobre o conteúdo da obra, o que se ofereceu para mim, no primeiro momento, foi um estágio elevado à última potência da referida dificuldade, que, inclusive, me conduziu a uma completa imobilidade, até a razão dominar o sentimento.

E a razão que se impôs era até muito simples e óbvia: bastaria seguir o ritmo da isenção e da objetividade que marcam a narrativa da obra e, nesta toada, abordar a inegável interligação que se estabelece entre o texto e a sua autora, até porque do conteúdo propriamente dito já haviam se expressado, com bastante maestria e acuidade, o professor Paulo Eduardo Vieira de Oliveira e a professora Daniela Muradas, nos respectivos prefácio e apresentação.

Nesta perspectiva de vincular autora e texto, o primeiro aspecto que parece relevante destacar é o de que a Giovanna não se esquiva, não foge da raia, ou, como dito no linguajar futebolístico, não "amarela". E é também alguém que não tem amores pelo futebol e, por consequência, nunca se deixou levar pela alienação a que este esporte, com o intenso impulso midiático, conduz a milhões de pessoas mundo afora. Com esta isenção, a autora pôde tratar do futebol apenas como mero objeto de pesquisa e, por esse mecanismo, conseguiu descortinar como a "paixão" pelo futebol foi estrategicamente utilizada, ao longo de décadas, para mascarar a associação das competições com interesses políticos e econômicos. Sem o apelo emocional com relação ao denominado esporte bretão, o percurso desses interesses não teria sido tão exitoso quanto se verificou, explica.

Com apoio na objetividade da análise dos elementos encontrados na pesquisa, a autora pode perceber que é apenas uma aparência a contradição que se identifica na utilização de um esporte popular para produzir efeitos contrários aos interesses do povo, ou, mais propriamente, da classe trabalhadora.

Na interligação das peças do jogo, tudo vai fazendo sentido e é por isso que, como se poderá constatar na leitura, nada neste texto é desconexo, despropositado, sem objetividade ou sem interesse para a compreensão da ideia central de apontar como um momento histórico específico, que, para se concretizar, promoveu o império absoluto da racionalidade econômica e do cálculo político, foi promotor do retrocesso trabalhista consolidado poucos anos depois.

A Copa, com tudo que envolveu a sua preparação e realização, explica-nos a Giovanna, foi desastrosa para a classe trabalhadora, mas também para a soberania nacional e para o Estado Democrático de Direito. O 7x1 não foi nada. Muito pior foi esta conta da falência institucional que estamos pagando até hoje.

É bastante curiosa e gravemente importante a situação da utilização do dito esporte do povo, para se chegar a resultados contrários aos interesses do povo e a autora é extremamente perspicaz ao demonstrar isso, explicitando, também, como essa apropriação do futebol pelos governos brasileiros, nos diversos momentos históricos, serviu a múltiplos propósitos.

Segundo denunciado ao longo do texto, o futebol foi, na realidade brasileira, um elemento cultural, primeiro, de construção da identidade nacional e, depois, de deturpação dessa identidade, para retroalimentar o neoliberalismo e a superação das fronteiras e do nacionalismo nas periferias do capital.

As diferentes percepções sobre os resultados das Copas de 1950 e de 2014, conforme bem destacado pela autora, são explicações suficientes desse movimento histórico.

Mas o texto vai muito mais além.

Seguindo a tradição do pensamento marxista, no qual há mais de uma década vem se aprofundando, a autora demonstra como os fatos históricos não se produzem por um acaso, desenvolvendo, na verdade, dentro de uma dialética sucessão de fatores, também determinados pela vontade humana. É por isso que os movimentos políticos e econômicos não se resumem e não se explicam em si mesmos. Constituem autênticas sínteses, dentro de uma espiral consequencial, mas sem uma direção pré-determinada, já que não somos passageiros da histórica, a não ser quando, meramente, reproduzimos, de maneira reiterada e automatizada, ainda que por formas diversas, a lógica de reprodução do capital, que, como bem sabemos, é autodestrutiva do meio ambiente e exterminadora da humanidade.

Fica a lição, extraída da obra da Giovanna, de que as decisões que tomamos, a partir da priorização de determinados interesses, geram consequências futuras, não se restringindo, pois, ao momento em que se efetivam.

Na passagem a seguir, a autora deixa bem nítida esta relação entre os arranjos assumidos para a realização da Copa e o Retrocesso Trabalhista:

> "No Brasil, para a realização da Copa, essa associação do Estado aos interesses econômicos, aliada à realidade histórica da sociedade brasileira, com seus mandos e desmandos políticos, suas mazelas sociais, sua raiz escravocrata, sua situação de dependência econômica, vai encontrar um terreno fértil para se consolidar, fazendo com que as concessões feitas ao poder econômico se prorroguem para além do momento específico da Copa."

Enfim, resultado de uma pesquisa extremamente cuidadosa, o trabalho ora publicado é repleto de informações importantes, reflexões criativas e conclusões fundamentais para se compreender como se deu o processo de precarização das relações de trabalho no Brasil, assim como no contexto, então assumido, de naturalização e reiteração das exceções o Estado de Exceção se tornou permanente, impondo-nos chagas até hoje não curadas.

Mas não é só.

Além do aprendizado sobre ações e suas consequências, o texto nos remete para uma necessária reflexão a respeito de como também nos integramos pessoalmente ao mesmo percurso histórico.

Se os fatos não se compreendem sem uma necessária correlação, dentro de uma percepção dialética, também os seres humanos não se bastam em si e só se perfazem, ou só se constituem enquanto tais, a partir de interações humanas dialeticamente concebidas. Isto porque o ser humano é um projeto incabado, ou seja, em constante construção.

À medida que a leitura vai evoluindo, vamos nos percebendo como integrantes da história contada. O texto mostra como a sucessão interligada e dialética de fatos modificam a nossa própria condição existencial, percebamos, ou não, a dinâmica em que estamos integrados. Sem esta compreensão, nos tornamos passageiros, sem rumo e sem consciência, da história ou, pior, construamos uma realidade paralela, na qual acreditamos viver.

Embalado pelo roteiro proposto, foi impossível ler o texto sem enxergar a autora. E aí a razão trouxe de volta a emoção. Ou teria sido o contrário? Afinal, como já dizia Blaise Pascal, "o coração tem razões que a própria razão desconhece".

Fato é que a obra que ora se publica, além dos méritos de pesquisa e de análises encontrados no conteúdo, representa, igualmente, um passo adiante na admirável trajetória de vida da autora, uma pessoa que não parou no tempo e que está em constante mutação, transmitindo, sem fazer alarde e mesmo sem deixar transparecer que o faça, a quem cruza o seu caminho, os aprendizados de suas experiências e reflexões.

Em 1988, Giovanna passou no vestibular para o curso de medicina, na Faculdade de Itajubá-MG, mas preferiu seguir a carreira de cirurgiã-dentista, colando grau em 1991. Casou-se em 1992, mudando-se para a cidade de São Paulo, onde sustentava as despesas do casal, enquanto o marido se mantinha estudando para prestar concurso de ingresso na magistratura. Em 1993, foi admitida, por concurso público, para o cargo de cirurgião-dentista na cidade de Pouso Alegre, MG, tendo atuado até 1994, quando, dada as dificuldades decorrentes dos deslocamentos semanais, se viu na contingência de renunciar ao cargo, para, como ocorre com a maioria das mulheres na estruturação machista da sociedade capitalista, acompanhar o marido e cuidar dos filhos (nascidos em 1995 e 1997).

Com os filhos já em um estágio de formação bastante consolidada, Giovanna retoma as preocupações com sua formação. Com 34 anos de idade, voltou à sala de aula em um cursinho preparatório para vestibulares, com a firme intenção de se inserir no mundo do Direito. Depois de um ano, foi aprovada na Universidade Mackenzie e na PUC-SP. Formou-se na PUC-SP no ano de 2008. Fez, na sequência, várias atividades de estudo, participou de seminários, integrou grupo de pesquisa, até que, após sucessivas tentativas, foi aprovada, em 2012, mediante certame público, no curso de especialização em Direito do Trabalho da Faculdade de Direito da USP. Em 2016, após aprovação em prova específica e no sistema de avaliação coletiva, ingressou no curso de mestrado da mesma Faculdade, concluído, em 2019, com a apresentação da dissertação que dá base para a presente obra. Finalmente, depois de um período de maturação, seguindo nos estudos, iniciou, em 2023, o seu doutoramento — em curso.

Durante todo esse percurso, em que continuou cumprindo dupla ou até tripla jornada, já que, desde 2015, exerce o cargo de síndica do prédio onde reside, Giovanna foi criando e delimitando o seu espaço, tanto na vida privada, quanto na atuação profissional, sempre com humildade e espírito de solidariedade.

Mesmo sendo uma pessoa acolhedora e generosa, que acha que o "outro é o paraíso" (Vander Lee), Giovanna soube manter sua individualidade e geralmente disfarça a força de suas convicções ao, mineiramente, se expressar de forma sempre bastante respeitosa e nenhum pouco invasiva.

Giovanna é uma pessoa forte, incapaz de levantar a voz; que tem o que dizer, mas que prefere, antes, ouvir; que lidera, sem se impôr; que é respeitada, sem exigir respeito; que é admirada, sem agir com esta intenção.

"Mas não há nenhuma novidade no relato sobre a personalidade da Giovanna", logo dirá quem com ela convive de alguma forma, ainda que esporadicamente.

Para falar, então, algo que muitos talvez ainda não tenham notado, ponho acento no fato de que a Giovanna é exímia em criar analogias, para explicar fatos e ações. Ainda não conheci uma pessoa com maior aptidão para fazer associações de ideias ou formular explicações da realidade por meio de figurações ou exemplos do que ela.

Em nosso convívio, não foram raras as situações em que, me vendo com dificuldades de construir frases para formular um pensamento, Giovanna me interrompeu já lançando uma figuração, o que, de plano, confesso, muitas vezes me irritava um pouco, porque cortava o raciocínio e porque, a princípio, em avaliação rasteira, pareceria algo desconexo. No entanto, passado o instante da triste percepção da superação intelectual, logo me vejo abduzido pelas imagens propostas...

Foi desse modo que, ao longo dos anos — que não foram poucos —, fui aprendendo a exercitar um pouco dessa liberdade poética. Além disso, também fomos percebendo o quanto seria mutuamente proveitoso discutirmos — no sentido pleno da palavra — todas as diversas questões complexas que se apresentavam à reflexão, no âmbito do direito e fora dele.

Hoje, não começamos o dia sem as necessárias reflexões da hora do café, com projeções já feitas desde o dia anterior.

E há anos não publico textos sem passar pelo crivo de uma avaliação crítica da Giovanna — exceto este, pois, do contrário, não obteria aprovação —, o que, no entanto, ultimamente, necessário confessar, nem tem me gerado o retrabalho de muitas correções, mas isto porque, na verdade, os textos são os frutos dos estudos e leituras que fazemos juntos desde, no mínimo, 2013, e dessas saudáveis e às vezes intermináveis discussões, assim como da relação dialética que estabelecemos, a qual se desenvolve, vale lembrar, sem invasões da subjetividade e que, inclusive, nos permite vivenciar um processo sempre renovado de aprendizado sobre o outro, já que, individualmente, estamos em constante construção.

Avaliando racionalmente todo este relato, alguém já poderia concluir que estaria aí uma receita de sucesso para um convívio duradouro.

Mas esta racionalidade poderia, no máximo, explicar a relação pessoal e profissional que, muito intuitivamente e sem qualquer programação, acabamos desenvolvendo, mas como reflexo, também, dos conteúdos dos estudos que tivemos contato neste processo de aprendizado constante a que nos submetemos.

Na verdade, nosso convívio só pode ser compreendido como a síntese das experiências concretas de um sentimento: o amor!

E não há como, pela razão, explicar isso.

Por que, então, eu amo a Giovanna?

Não tenho a menor ideia, até porque nunca precisei responder a esta indagação!

Só sei — e isto me vale — que não é por nenhuma dessas razões ou qualquer outra explicação racional específica...

Jorge Luiz Souto Maior

Introdução

"O espetáculo é o capital em tal grau de acumulação que se torna imagem."
Guy Debord(1)

A história do Direito do Trabalho no Brasil tem sido marcada por avanços e retrocessos no que se refere à conquista de direitos que visam à melhoria da condição social e econômica do trabalhador, isto porque a trajetória deste ramo do Direito está intimamente ligada à disputa de forças que se desenvolve entre o capital e o trabalho no âmbito do sistema de produção capitalista.

No momento atual, o Direito do Trabalho vem sofrendo fortes ataques, no sentido da retração dos direitos dos trabalhadores, que é justificada à população como uma necessidade de "modernização" da legislação, para atender às novas demandas do mercado, bem como para possibilitar maior geração de empregos.

Procurando compreender melhor esse contexto, a presente pesquisa propõe uma investigação acerca do percurso do Direito do Trabalho no Brasil, no período recente, buscando identificar quais fatores podem ter contribuído para o advento, inclusive, da denominada "reforma" trabalhista.

Na história recente do Brasil diversos foram os acontecimentos de grande relevância política, econômica e social que, de alguma forma, repercutiram no Direito do Trabalho, entre os quais a crise econômica de 2008; as manifestações de junho de 2013; as eleições para a Presidência da República de 2014; o *impeachment* da presidenta Dilma Rousseff, em 2016; e os Megaeventos Esportivos (a Copa do Mundo de Futebol, em 2014; e os Jogos Olímpicos e Paraolímpicos, em 2016).

---

(1) DEBORD, Guy. *A sociedade do espetáculo*. Tradução: Estela dos Santos Abreu. Rio de Janeiro: Contraponto, 1997. p. 25.

Sem desprezar a importância dos demais fatores que também possam ter exercido influência para que se chegasse ao momento atual, a presente análise será focada sobre a influência de um desses acontecimentos no percurso histórico do Direito do Trabalho: a Copa do Mundo de Futebol de 2014.

A Copa do Mundo de Futebol, dentre os diversos fatos ocorridos no Brasil de 2007 a 2017, é o acontecimento que revela, com enorme clareza, a lógica sistêmica do funcionamento do modo de produção capitalista, pois, por ser um megaevento de relevância mundial, vários são os holofotes que a ele se voltam, permitindo a visualização da força do poder econômico, do aprisionamento da política, da mercantilização da vida, da opressão sobre o trabalho e da fragilização das normas jurídicas de conteúdo social.

O futebol, mais uma vez, em razão da realização da Copa de 2014 no Brasil, adquire posição fundamental no país e tomando esse dado como elemento essencial de investigação, cumpre demonstrar o quanto o futebol não apenas neste momento, mas em vários outros, se apresentou, ou foi utilizado, como fator constitutivo da vida nacional, o que vem justificar o nosso objeto central de análise.

Soma-se a isso o fato das competições da Copa do Mundo de 2014 terem sido realizadas em 12 cidades-sede brasileiras, distribuídas nas cinco regiões do país.(2)

A Copa do Mundo, embora seja um evento de curta duração, necessita para sua realização de uma longa preparação que envolve um complexo planejamento e a extensão da gestão empresarial também para o Estado que se responsabiliza internacionalmente com a realização do evento.

A organização do Mundial exige ainda altos investimentos e farta mão de obra reforçando a lógica de funcionamento do modelo capitalista de produção, perpassada ao próprio Estado, dada a necessidade de injeção de dinheiro público, o risco econômico do negócio e o risco político frente a eventual insucesso.

Nada disso, é verdade, é uma característica específica do megaevento, pois se trata do funcionamento permanente do modelo de produção capitalista. Mas a utilidade dessa investigação está, precisamente, na maior possibilidade de percepção das estruturas do sistema, por meio da realização de um acontecimento com grande repercussão mundial, acompanhado de perto pela grande mídia, o que possibilita uma visualização mais clara daquilo que acontece em seus meandros, como uma espécie de lente de aumento.

Dito de modo alegórico, um megaevento desse porte é como se fosse um capitalismo concentrado(3), onde todas as estruturas essenciais de seu funcionamento estão à

---

(2) As 12 cidades-sede da Copa do Mundo FIFA 2014 no Brasil foram: Região Norte (Manaus-AM); Região Nordeste (Fortaleza-CE, Natal-RN Recife-PE, Salvador-BA); Região Centro-Oeste (Brasília-DF, Cuiabá-MT); Região Sudeste (Belo-Horizonte-MG, Rio de Janeiro-RJ, São Paulo-SP); Região Sul (Curitiba-PR, Porto Alegre-RS).

(3) Expressão utilizada por Jorge Luiz Souto Maior em evento realizado pela Boitempo em 31 de agosto de 2015: "O que é um megaevento?" SOUTO MAIOR, Jorge Luiz. *O que é um megaevento*. Disponível em: https://www.youtube.com/watch?v=xtl4jYFkQEU. Acesso em: 6 maio 2019.

mostra, inclusive e sobretudo, o próprio fetiche, que é o espetáculo, que precisa ser oferecido em grau tão elevado quanto o das revelações que se explicitam[(4)].

Em um país com frágil experiência democrática como o Brasil[(5)], a realização da Copa do Mundo, em razão dos arranjos entre poder público e setor econômico necessários para a sua realização, exacerba ainda mais o estado de exceção interrompendo e até anulando anos de história na tentativa de reforço das instituições democráticas.

Todos esses fatores em uma realidade social marcada pela desigualdade com democracia ainda engatinhando são decisivos para, na lógica do estado de exceção, reproduzir, sem limites, os interesses do capital internacional.

Assim, a fim de analisar a influência da Copa do Mundo de Futebol de 2014 no recente percurso histórico do Direito do Trabalho no Brasil, busca-se identificar possíveis implicações desse megaevento esportivo no momento atual, sendo importante compreender a profunda relação existente entre futebol e sociedade brasileira.

Pretende-se investigar quais elementos da realidade da sociedade capitalista foram estimulados pela realização da Copa do Mundo no Brasil e o quanto isso contribuiu para o fortalecimento da racionalidade econômica e, consequentemente, para o desmonte dos direitos sociais.

Esclareça-se que a hipótese não é a de que a Copa em si explica o momento atual, mas o quanto as concessões para abrigar a Copa e os efeitos de sua realização repercutiram nos cenários políticos e econômicos nacionais, afetando o projeto constitucional em torno dos direitos sociais.

Constituem efeito da preparação e realização da Copa a expansão do estado de exceção e das fissuras principiológicas, trazendo, no plano do Direito do Trabalho, a ampliação da terceirização, o trabalho voluntário, o trabalho infantil (dos gandulas), a falta de fiscalização do cumprimento dos direitos trabalhistas.

Tudo isso abriu espaços para que essa lógica atual de retrocesso social se expandisse.

---

(4) "O mundo presente e ausente que o espetáculo *faz ver* é o mundo da mercadoria dominando tudo o que é vivido. E o mundo da mercadoria é assim mostrado *como ele é*, pois seu movimento é idêntico ao *afastamento* dos homens entre si e em relação a tudo que produzem." DEBORD, Guy. *A sociedade do espetáculo*. Tradução: Estela dos Santos Abreu. Rio de Janeiro: Contraponto, 1997. p. 28.

(5) Aponta Andityas Soares de Moura Costa Matos que: "[...] o frágil Estado Democrático de Direito que a duras penas vem tentando se firmar no Brasil desde a suposta redemocratização promovida pela Constituição de 1988, encontrará em 2014 e 2016 o destino que parece ser comum a muitos dos países da região: ser desmontado internamente pelos instrumentos jurídicos do estado de exceção econômico. E o mais espetacular disso tudo é que a exceção irá se impor no Brasil – na verdade, já está se impondo – no melhor estilo cavalo de Troia, conquistando corações e mentes, apelando para o pseudo-orgulho de uma nação sem identidade, que só encontra a si mesma em um jogo de gosto duvidoso inventado pelos ingleses." MATOS, Andityas Soares de Moura Costa. A Copa da exceção no tribunal da Teoria Pura do Direito. *Revista Direito e Práxis*, v. 5, n. 8, 2014, p. 49-75, p. 50.

Ou seja, a Copa acabou, mas a lógica trazida com a ampliação do estado de exceção e suas consequências persistiram.

Dessa forma, tudo o que foi necessário para que a Copa fosse realizada constituiu circunstâncias que propiciaram a fragilização da democracia, das instituições, da concepção de Direito Social, de fortalecimento da ideologia capitalista e que tiveram repercussão no pós-Copa.

Importante salientar, ainda, a participação do poder político, que se viu vinculado, de forma ainda mais estreita, às ações necessárias para atender os interesses econômicos almejados pela FIFA com a realização da Copa. E, nesse contexto, a aliança que o Estado fez com o capital (que se justifica por diversas razões, como dividendos políticos,) acaba possibilitando que o poder econômico dite todas as regras do jogo político e das relações sociais sem qualquer mediação.

Todas essas questões verificadas na realização da Copa do Mundo no Brasil abalaram as bases do Direito do Trabalho, abrindo as portas para o desmonte dos direitos trabalhistas.

Como marco inicial da pesquisa adota-se o ano de 2007, ano em que a FIFA anuncia oficialmente o Brasil como o país-sede da Copa do Mundo de Futebol de 2014.

Capítulo 1

O Futebol

Para o nosso estudo que pretende compreender a situação atual do Direito do Trabalho focando nos acontecimentos mais recentes, notadamente, no período que se inscreve de 2007 a 2017, o futebol adquire posição fundamental, em razão da ocorrência da Copa de 2014, no Brasil, e, mais precisamente, por conta das fissuras que a tarefa de sua realização abriu na ordem jurídica, como já manifestado.

Tomando esse dado como elemento essencial de investigação, cumpre demonstrar o quanto o futebol, não apenas neste momento, mas em vários outros, se apresentou ou foi utilizado como fator constitutivo da vida nacional.

Neste capítulo, tenciona-se apresentar as repercussões sociais, culturais, políticas e econômicas do futebol na realidade histórica brasileira, o que serve, ao mesmo tempo, para justificar o nosso objeto central de análise.

1.1. Os primórdios do futebol no Brasil: rompendo barreiras

Segundo versões oficiais, o futebol chega ao Brasil em 1894 por iniciativa de Charles Miller, que importou para o país as regras do futebol inglês.

No entanto, bem antes disso, o futebol já era praticado no Brasil de modo disperso e por puro divertimento, inspirado nos ingleses ou motivado por eles. O campo não era adequado ao jogo e a bola uma raridade.(6)

Para Mario Filho, o futebol "[...] *made in England*, tinha de ser traduzido. E enquanto não se traduzisse e se abrasileirasse, quem gostasse dele precisava familiarizar-se com os nomes ingleses. [...] Em campo um jogador que se prezasse tinha de falar em inglês. Ou melhor: gritar em inglês".(7)

Nascido em São Paulo, Charles William Miller, ainda menino, foi estudar na Inglaterra, retornando ao Brasil por volta dos 19 anos. Charles Miller era filho do engenheiro escocês John Miller, que veio trabalhar na ferrovia São Paulo Railway, e da brasileira, filha de ingleses, Carlota Alexandrina Fox Miller.

---

(6) GUTERMAN, Marcos. *O futebol explica o Brasil:* uma história da maior expressão popular do país. São Paulo: Editora Contexto, 2010. p. 18.

(7) FILHO, Mario. *O negro no futebol brasileiro*. 5. ed. Rio de Janeiro: Mauad, 2010. p. 30.

O início da construção de ferrovias no Brasil vai coincidir com a gradativa política interna de abolição da escravatura e com a extinção do tráfico negreiro em 1850, aprofundando-se a discussão em torno do problema da mão de obra.[8]

Além do grande número de imigrantes que chegava para trabalhar no país, introduzindo seus hábitos e culturas, o Brasil, em meio à explosão da construção de ferrovias e impulsionado pela riqueza do café, atraía também o investimento do capital externo, sobretudo do Império Britânico.

As comunidades britânicas que vieram trabalhar no Brasil, do ponto de vista demográfico, eram insignificantes. No entanto, do ponto de vista econômico, eram raros os ingleses pobres, "[...] estes imigraram para os EUA, e não para o Brasil. São Paulo recebeu ingleses das classes média e alta, gente 'com os bolsos recheados de moedas de prata', em busca de 'grandes empreendimentos' e com 'certo padrão de educação' [...]".[9]

Para a prática do futebol no país, aos afortunados ingleses se une a elite cafeeira. O primeiro estádio de futebol no Brasil, por exemplo, surgiu em 1901, de uma adaptação do Velódromo Paulistano, construído em 1892 na propriedade da família do empresário Antônio da Silva Prado, herdeiro de uma das famílias mais ricas do país, ligada às estradas de ferro e ao café. Esse local, mais tarde, viria abrigar o Clube Athletico Paulistano.[10]

Em meio à realidade aristocrática, principalmente ligada aos clubes da elite brasileira de São Paulo e Rio de Janeiro, surgiram os primeiros clubes de futebol. Em São Paulo, o Clube São Paulo Athletic adota o futebol em 1896, sendo Charles Miller seu destaque principal. O Mackenzie surge em 1898, criado especificamente para o futebol. O Internacional e o Germânia, em 1899, e o Clube Paulistano, em 1900. Esses cinco clubes constituíram inicialmente a Liga Paulista de Futebol (LPF), fundada em 1901.

No Rio de Janeiro, o primeiro clube a se dedicar ao futebol foi o Fluminense Futebol Clube, fundado em 1902, por Oscar Alfredo Cox, brasileiro, nascido no Rio, tendo concluído seus estudos na Suíça, em 1897. A partir de 1904, novos clubes surgiram, entre os quais se destacam o Botafogo Football Club e o América. Em 1905, foi fundada a Liga Metropolitana de Futebol (LMF) com o intuito de organizar o futebol carioca.

Inicialmente, o futebol no Brasil se organizou de forma amadora. Os pioneiros e amantes do futebol, pessoas de posses, optaram por manter o futebol no amadorismo. Os fundadores do futebol viam no jogo amador um modo de "[...] acentuar o cavalheirismo e a noção de '*fair play*' dos atletas, distinguindo-os daquilo que eles viam como costumes

(8) LAMOUNIER, Maria Lúcia. Entre a Escravidão e o Trabalho Livre. Escravos e Imigrantes nas Obras de Construção das Ferrovias no Brasil no Século XIX. *Economia, Selecta*, Brasília, DF, v. 9, n. 4, p. 215–245, dez. 2008, p. 216.

(9) GUTERMAN, Marcos. *O futebol explica o Brasil:* uma história da maior expressão popular do país. São Paulo: Editora Contexto, 2010. p. 15-16.

(10) *Ibidem*, p. 17-18.

rasteiros da massa de imigrantes iletrados e de ex-escravos — e dos próprios operários e desocupados ingleses que haviam criado o futebol", segundo Marcos Guterman.(11)

Os amistosos realizados em 1901, entre paulistas e cariocas, demonstravam que a festa importava mais que a disputa. Os organizadores das partidas chegavam a disponibilizar transporte para os convidados e a oferecer um banquete para todos os participantes. O presidente da Liga de Futebol de São Paulo, Casemiro da Costa, ao final do primeiro jogo, encerrou o banquete com um brinde ao presidente do Brasil, Campos Salles, e ao rei da Inglaterra, Eduardo VII.(12)

De acordo com Carlos Eduardo Barbosa Sarmento, desde 1894, com a chegada de Charles Miller, até 1901, com a fundação da primeira associação regional de futebol no Brasil (LPF), já era possível a identificação de muitos indícios que anunciavam o ambiente político em que estaria submerso a grande disputa pela criação de um organismo nacional que se dedicasse à organização do futebol no país.(13)

Mas era mais que isso, como acrescenta Barbosa Sarmento, "[...] desde o início, estava claro que as elites nacionais buscavam no futebol um espelho no qual pudessem enxergar seu reflexo à luz dos valores da sociedade europeia [...]".(14)

E esta, aliás, é uma situação que, de certo modo, reflete um dado cultural que ainda não rompemos completamente, sobretudo no aspecto de que as visualizações dos exemplos estrangeiros se fazem por meio de miragens, que sequer representam a efetiva realidade histórica dos países observados. O futebol, por exemplo, que no Brasil se instaura como esporte de elite mirando a experiência inglesa, foi, de fato, na Inglaterra, uma manifestação cultural operária.

Como explica Marcos Guterman, "o futebol inglês nasceu em meio ao crescimento da massa operária. Era um jogo que trazia para locais públicos toda a raiva das classes baixas do país, atulhadas nas cidades cada vez mais hostis."(15)

Os operários vindos do campo enchiam os bairros e as fábricas, popularizando o futebol e incorporando-o à cultura proletária. Conforme salienta Miguel Enrique Stédile:

> [...] na década de 1880, o futebol já era o esporte proletário da massa, quase uma religião leiga e nos próximos anos, se testemunharia a fundação de centenas de clubes operários como o *Dial Square* (depois *Arsenal football*

---

(11) GUTERMAN, Marcos. *O futebol explica o Brasil:* uma história da maior expressão popular do país. São Paulo: Editora Contexto, 2010. p. 20.

(12) *Ibidem*, p. 27.

(13) SARMENTO, Carlos Eduardo Barbosa. *A construção da Nação Canarinho:* uma história institucional da seleção brasileira de futebol, 1914-1970. Rio de Janeiro: Editora FGV, 2013. p.13.

(14) *Idem*.

(15) GUTERMAN, Marcos. *O futebol explica o Brasil:* uma história da maior expressão popular do país. São Paulo: Editora Contexto, 2010. p. 16-17.

Club) formado por operários da *Woolwich Arsenal Armament Factory*, o *Conventry* por empregados de uma fábrica de bicicletas, o *West Ham* dos trabalhadores do estaleiro *Thames Ironworks and Shipbuilding*.[16]

O futebol, inclusive, como manifestação popular, foi na Inglaterra alvo de repressão, sendo uma das formas encontradas para a eliminação de seu potencial transgressor, a fixação de regras, como, por exemplo, a sua prática apenas em local determinado.

A partir da perspectiva elitista do futebol no Brasil, os clubes preocupavam-se em estabelecer um rígido controle dos espaços sociais. Em São Paulo, o *Mackenzie College* não fazia distinção entre estrangeiros e brasileiros, mas só aceitava atletas que fossem provenientes de famílias abastadas. O Germânia e o Paulistano, compostos sobretudo por imigrantes, eram mais tolerantes com atletas advindos de diferentes camadas sociais. No Rio de Janeiro, o estatuto da cidade vetava atletas amadores "de cor" na liga oficial.[17]

Segundo Carlos Eduardo Barbosa Sarmento:

> [...] Mais do que a simples preocupação de regulamentar a prática desportiva, o início do século XX assistiu à legitimação do esporte como um ideal superior de expressão das qualidades humanas. Resgatada da esfera brutalidade de seres considerados inferiores e incultos, a expressão esportiva tornou-se um campo propício para as elites lançarem à construção simbólica de seus valores civilizatórios. Em torno do esporte instituiu-se todo um novo padrão de sociabilidade e fundou-se uma linguagem comum que favoreceu o intercâmbio entre as elites nacionais. Nesse quadro, a interferência aparentemente inusitada do Ministro das Relações Exteriores para que fosse institucionalizado um organismo responsável pela gestão desportiva do país ganha sentido: estava em jogo, na verdade, a criação de um novo canal formal de operação para a diplomacia das nações.[18]

Entretanto, de forma paralela à versão oficial do esporte, o futebol seguia nas camadas populares de modo a driblar as regras socialmente estabelecidas. Nas várzeas, nas periferias, as "peladas" ocorriam entre negros, mulatos e brancos pobres, o que proporcionava a democratização e a popularização do futebol.

---

(16) STÉDILE, Miguel Enrique. Clubes de futebol operário como espaço de autonomia e dominação. *Espaço Plural*, v. 14, n. 29, jul./dic., Paraná, 2013, p. 15-44, p. 15.

(17) GUTERMAN, Marcos. *O futebol explica o Brasil:* uma história da maior expressão popular do país. São Paulo: Editora Contexto, 2010. p. 36.

(18) SARMENTO, Carlos Eduardo Barbosa. *A construção da Nação Canarinho:* uma história institucional da seleção brasileira de futebol, 1914-1970. Rio de Janeiro: Editora FGV, 2013. p. 12.

Ao final da primeira década do século XX, com o avanço da industrialização no país, o futebol também se difundia em meio aos operários, "uma das qualidades que tornam o futebol um esporte de vocação popular é justamente a possibilidade de jogá-lo sem que seja necessário gastar muito dinheiro [...]."(19)

Um exemplo dessa realidade foi a fundação do *Sport Club Corinthians Paulista* em São Paulo, em 1910. Criado por um grupo de operários, entre os quais Anselmo Corrêa, Antônio Pereira, Carlos Silva, Joaquim Ambrósio e Raphael Perrone, o clube foi inspirado na equipe inglesa *Corinthian-Casuals Football Club*. O presidente foi o alfaiate Miguel Battaglia, que expressou: "O Corinthians vai ser o time do povo e o povo é quem vai fazer o time".(20)

Em 1907, no Rio de Janeiro, é criada a Liga Suburbana de Futebol, diante da proibição da participação de jogadores "de cor" na liga oficial.

O operário também integrava os clubes do Rio de Janeiro. No Bangu, por exemplo, um clube de fábrica, jogavam ingleses, mas também operários, brancos pobres, mulatos e pretos. No Botafogo e no Fluminense, no entanto, só tinha "gente fina", operário nem pensar.(21)

Para Jorge Miguel Acosta Soares, "a abertura do futebol às camadas populares trouxe um fator complicador: como poderiam os atletas-operários, ou operários-atletas, trabalhar e ao mesmo tempo dispor de força e energia para desempenhar suas funções no gramado?".(22)

Conforme salienta Mario Filho, no fundo era luta de classe, mas sem ninguém dar conta disso, é claro. A rivalidade era vista no contexto dos clubes, o clube da cidade e o clube do subúrbio, sendo que o clube do subúrbio acabava se afastando da lógica criada pelo clube da cidade.(23)

A solução encontrada nos times ligados às empresas foi afastar os operários-atletas da produção, o que lhes proporcionava condições para treinar e se preparar para os jogos. Da mesma forma ocorreu com os clubes que traziam jogadores das camadas operárias, transformando-os em atletas em tempo integral.(24)

---

(19) GUTERMAN, Marcos. *O futebol explica o Brasil:* uma história da maior expressão popular do país. São Paulo: Editora Contexto, 2010. p. 33.

(20) Conheça a história do SCCP. *Corinthians.* Disponível em: https://www.corinthians.com.br/clube/historia. Acesso em: 14 dez. 2017.

(21) FILHO, Mario. *O negro no futebol brasileiro.* 5. ed. Rio de Janeiro: Mauad, 2010. p. 43.

(22) SOARES, Jorge Miguel Acosta. *A institucionalização da Profissão de Atleta:* (Lei Pelé: o atleta torna-se um trabalhador pleno). Disponível em: http://sinteseeventos.com.br/ciso/anaisxvciso/resumos/GT02-16.pdf. p. 3. Acesso em: 15 abr. 2019.

(23) FILHO, Mario. *O negro no futebol brasileiro.* 5. ed. Rio de Janeiro: Mauad, 2010. p. 43.

(24) SOARES, Jorge Miguel Acosta. *A institucionalização da Profissão de Atleta.* (Lei Pelé: o atleta torna-se um

A partir da metade da década de 1910, como incentivo às vitórias, os jogadores de São Paulo e do Rio de Janeiro começaram a receber uma gratificação em dinheiro, conhecida como "bicho". Entretanto, essa gratificação não era bem vista pelos membros e dirigentes dos clubes, que eram resistentes à ideia de pagamentos aos atletas que não eram "bem-nascidos".(25)

De acordo com Jorge Miguel Acosta Soares:

> A oposição ao pagamento dos jogadores fundava-se nos ideais olímpicos, surgidos na Inglaterra na segunda metade do século XIX, imbuídos da moral vigente durante o período vitoriano. O cavalheirismo, a solidariedade e o respeito mútuo também eram argumentos contra o pagamento de remuneração aos atletas. Contudo, atrás desse apelo ao espírito esportivo estava escondido o preconceito às camadas populares. É bastante significativo o fato desse período de semiamadorismo ficar registrado na história do futebol com vários nomes, todos eles pejorativos: "falso amadorismo", "amadorismo marrom", "profissionalismo marrom", "velhacarias do nosso futebol", "amadorismo de tapeação" etc.(26)

O profissionalismo ganha força, sobretudo, a partir de 1923, com a trajetória vitoriosa do Vasco da Gama.

O Vasco da Gama começou a compor sua equipe com jogadores negros e pobres, o que já era realizado por outros times ligados ao setor fabril, como o Bangu, Vila Isabel e Andaraí. No entanto, o diferencial foi que o bom desempenho do Vasco o levou a chegar à primeira divisão em 1923, o que incomodou os demais clubes do Rio de Janeiro.(27)

De acordo com Mario Filho, "o Vasco não fazia pretos: para o preto entrar no Vasco tinha de ser já bom jogador. Entre um branco e um preto, os dois jogando a mesma coisa, o Vasco ficava com o branco. O preto era para a necessidade, para ajudar o Vasco a vencer".(28)

Entre os jogadores da excelente equipe do Vasco, que disputaria o campeonato de 1923, estavam o chofer de táxi Nelson da Conceição, o estivador Nicolino, o pintor

---

trabalhador pleno). Disponível em: http://sinteseeventos.com.br/ciso/anaisxvciso/resumos/GT02-16.pdf. p. 3-4. Acesso em: 15 abr. 2019.

(25) SOARES, Jorge Miguel Acosta. *A institucionalização da Profissão de Atleta:* (Lei Pelé: o atleta torna-se um trabalhador pleno). Disponível em: http://sinteseeventos.com.br/ciso/anaisxvciso/resumos/GT02-16.pdf. p. 3-4. Acesso em: 15 abr. 2019.

(26) *Ibidem*, p. 4.

(27) SOUTO MAIOR. Jorge Luiz. *História do Direito do Trabalho no Brasil:* curso de Direito do Trabalho. Volume I: parte II. São Paulo: LTr, 2017. p. 200.

(28) FILHO, Mario. *O negro no futebol brasileiro.* 5. ed. Rio de Janeiro: Mauad, 2010. p. 120.

de parede Ceci e o motorista de caminhão Bolão, todos jogadores negros. Havia, ainda, quatro jogadores brancos analfabetos.(29)

A vitória do Vasco não podia ser suportada pela elite que via a prática do futebol, até então restrita aos indivíduos mais abastados da sociedade, ser ameaçada pela nítida invasão de indivíduos sem status social.

O Vasco, com as sucessivas vitórias, além de aumentar seus torcedores, conseguia burlar a Lei do Amadorismo, aprovada em 1917, pela Confederação Brasileira de Desportos (CBD), para reger os esportes nacionais. (30)

A Lei do Amadorismo, criada com a finalidade de impedir a profissionalização, estabelecia em alguns de seus artigos:

> Art. 1º A Confederação considera amador todo aquele que se dedicar aos desportos, tendo em vista a sua educação physica e não lucros diretos ou indiretos.
>
> Art. 2º A Confederação não considera amadores:
>
> *a)* Os que obtenham dos exercícios de qualquer desporto proventos.
>
> *b)* Os que obtenham no respectivo desporto vantagens sobre os demais, pelo exercício de profissão que sirva de preparos physicos a esse desporto.
>
> *c)* Os expulsos ou eliminados de qualquer sociedade confederada, por indisciplina ou qualquer acto ou ação criminosa.
>
> *d)* Os analphabetos.
>
> Art. 3º Na realização de campeonatos nacionais, as Ligas e Federações observarão rigorosamente as suas leis sobre amadorismo as quaes poderão exigir condições mais rigorosas da que acima são designadas.
>
> [...](31)

O conflito gerado entre os grandes clubes, decorrente da conquista do Vasco da Gama, levou a uma ruptura no futebol carioca, culminando com a fundação, em 1924, da Associação Metropolitana de Esportes Athleticos — AMEA, que visava atingir o Vasco, bem como outros clubes menores, que tinham atletas no regime de “amadorismo marrom”.

---

(29) BOTELHO, André Ricardo Maciel. Da Geral à Tribuna, da Redação ao Espetáculo: a imprensa esportiva e a popularização do futebol (1900-1920). In: SILVA, Francisco Carlos Teixeira da; SANTOS, Ricardo Pinto dos (Orgs.). *Memória social dos esportes:* futebol e política: a construção de uma identidade nacional. Rio de Janeiro: Mauad Editora, 2006. p. 313-335. p. 317.

(30) *Ibidem*, p. 318.

(31) *Idem*.

O Estatuto da Associação Metropolitana de Esportes Athleticos — AMEA vem explicitar, ainda mais, o processo de discriminação social. Conforme dispõem os arts. 64 e 65 do Estatuto:

> **Da inscrição dos amadores, suas formalidades e requisitos.**
>
> **Art. 64**
>
> Poderão ser inscritos os sócios dos clubes filiados, que, sem o intuito de lucro pratiquem os esportes superintendidos pela AMEA.
>
> **Art. 65**
>
> Não poderão, porém, ser inscritos:
>
> *1 – os que a troco de dinheiro, tenham tomado parte em festas, partidas, campeonatos ou concursos esportivos de qualquer natureza, dentro ou fora do país;*
>
> *2 – os que tirem os seus meios de subsistência de qualquer profissão braçal, considerando como tal a que se predomine o esforço físico;*
>
> *3 – os que direta ou indiretamente tirem proveito da prática do esporte;*
>
> *4 – os que já tenham tomado parte em qualquer prova das quais participem profissionais;*
>
> *5 – os que se entregarem a exploração de jogos de azar, ou viverem da sua prática;*
>
> *6 – os que não forem reconhecidos como amadores pela entidade máxima a quem competir a direção do esporte no Brasil;*
>
> *7 – os que não saibam escrever e ler correntemente;*
>
> *8 – os pronunciados, enquanto durarem efeitos da pronúncia, os condenados por crimes capitulados no Código Penal, e os culpados mediante provas irrecusáveis de atos imorais ou desonroso;*
>
> *9 – os que habitualmente não tenham profissão ou empregos certos;*
>
> *10 – os que exerçam profissão ou emprego subalternos; tais como: contínuo, servente, engraxate e motorista;*
>
> *11 – os que exerçam profissão ou emprego que exija, permita ou facilite o recebimento de gorjetas;*
>
> *12 – os praças de pret (soldados, cabos e sargentos), excetuando-se, porém, os aspirantes a oficial e os alunos de Escolas Militares, os sargentos e desligados do tempo de serviço obrigatório.*[32]

De modo irônico, pode-se dizer que o primeiro grande herói do futebol brasileiro foi um negro, Arthur Friedenreich, nascido em 1892, no bairro da Luz, em São Paulo.

---

(32) NAPOLEÃO, Antonio Carlos. História das Ligas e Federações do Rio de Janeiro (1905-1941). In: *Memória social dos Esportes: futebol e política:* a construção de uma identidade nacional. Organizadores: Francisco Carlos Teixeira da Silva, Ricardo Pinto dos Santos. Rio de Janeiro: Mauad Editora: Faperj, 2006. p. 81-105, p. 97. (grifo do autor)

Seu pai era Oscar Friedenreich, judeu e comerciante alemão. Sua mãe Matilde, era uma lavadeira negra, ex-escravizada, sem registros do nome completo e de dados biográficos. A biografia desse craque, como aponta, Marcos Guterman, "[...] é uma espécie de síntese da formação do Brasil, dos seus contrastes e singularidades, razão pela qual seu nome deveria inspirar muito mais do que as estatísticas sobre seus gols, geralmente exageradas [...]".(33)

Mulato de olhos verdes, Friedenreich ficou conhecido como *"El Tigre"*. No entanto, procurava ocultar sua negritude alisando os cabelos, o que o levava a ser sempre o último a entrar em campo. Considerado o maior artilheiro de toda a história do futebol, algumas fontes apontam que Friedenreich marcou ao longo de 26 anos de carreira 1.239 gols, outras apontam 1.281 gols, em 1.329 partidas.(34)

No Campeonato Sul-Americano disputado por Brasil, Argentina, Uruguai e Chile, em 1919, Friedenreich foi o autor do gol na decisão entre Brasil e Uruguai, concedendo o primeiro título internacional à seleção brasileira, consagrando-se como herói nacional.(35)

O sucesso de Friedenreich em campo, como de outros tantos negros, representou um marco para o futebol brasileiro, no sentido de afrontar os limites hierarquicamente estabelecidos nesse esporte e na sociedade em geral, mas não sem resistência dos clubes de ricos brancos, que não suportavam a ideia de terem que conviver harmonicamente com essa realidade.

Se, por um lado, a popularidade do futebol desagradava aqueles que queriam manter o esporte somente para os ricos, por outro, permitia canalizar a violência da massa para o contexto do jogo, o que, uma vez percebido, colocava em destaque o potencial social e político do futebol.

A primeira Copa do Mundo foi realizada em 1930, no Uruguai. O futebol, ainda marcado pelo amadorismo, anunciava sua transformação. O Uruguai construiu um estádio com capacidade para 100 mil pessoas para o torneio, o Centenário, em homenagem aos cem anos de sua independência.(36)

As seleções não mais podiam prescindir dos melhores jogadores do país, mesmo que não fossem ricos ou brancos. O negro uruguaio Andrade, por exemplo, foi o craque

---

(33) GUTERMAN, Marcos. *O futebol explica o Brasil:* uma história da maior expressão popular do país. São Paulo: Editora Contexto, 2010. p. 40.

(34) FRIEDENREICH ... tigre artilheiro e revolucionário. *Tardes de Pacaembu*. 19 maio 2013. Disponível em: https://tardesdepacaembu.wordpress.com/2013/05/19/friedenreich-tigre-artilheiro-e-revolucionario/. Acesso em: 3 maio 2019.

(35) GUTERMAN, Marcos. *O futebol explica o Brasil:* uma história da maior expressão popular do país. São Paulo: Editora Contexto, 2010. p. 43.

(36) *Ibidem*, p. 64.

da Copa do Uruguai. Fausto, importante jogador brasileiro, que atuava no Vasco, ficou conhecido como "Maravilha Negra".(37)

Na Copa de 1930, o Brasil ficou em sexto lugar, conseguindo apenas uma vitória sobre a Bolívia. Resultado atribuído à desorganização gerada por uma rivalidade entre entidades cariocas e paulistas.

A Copa de 1934, na Itália, foi um fracasso para o Brasil, que teve a mais rápida participação em Copa do Mundo. A seleção brasileira foi eliminada no primeiro jogo pela seleção espanhola que venceu por 3 a 1.

A Confederação Brasileira de Desportos impedia o profissionalismo e teimava em levar apenas jogadores amadores para o mundial, o que provocou um boicote dos atletas profissionais, da federação e dos clubes, para integrarem a seleção.

1.2. O futebol capturado pelo Estado

À história do futebol brasileiro, marcada por um caráter elitista e conservador, mas, ao mesmo tempo, tensionando limites culturais, se une outro fator, a tutela estatal. Com a popularização do futebol, esse esporte adquire também relevância no âmbito da política.

Ao processo de construção do Estado-Nação, que vinha sendo empreendido por Getúlio Vargas, passa se opor à fragilização da Confederação Brasileira de Desportos. O futebol tornava-se cada vez mais prioritário na agenda dos gestores públicos, diante de seu papel de mobilização das massas, principalmente dos centros urbanos.(38)

Os esforços de Getúlio para estatizar o controle do futebol no Brasil acabaram por acelerar o processo de profissionalização. Como assevera Marcos Guterman, o esporte era visto como "[...] um veículo das aspirações nacionais e do perfil do brasileiro, razão pela qual Getúlio tratou de controlá-lo. Inventa-se, a partir desse processo, uma 'raça brasileira' [...]"(39).

Nesse sentido, aponta Carlos Eduardo Barbosa Sarmento que "[...] a construção da legitimidade de um modelo de representação nacional poderia encontrar no campo desportivo um espaço privilegiado para a veiculação de um imaginário sobre o ideal de brasilidade"(40).

---

(37) GUTERMAN, Marcos. *O futebol explica o Brasil:* uma história da maior expressão popular do país. São Paulo: Editora Contexto, 2010. p. 65.

(38) SARMENTO, Carlos Eduardo Barbosa. *A construção da Nação Canarinho:* uma história institucional da seleção brasileira de futebol, 1914-1970. Rio de Janeiro: Editora FGV, 2013. p. 63,

(39) GUTERMAN, Marcos. *O futebol explica o Brasil:* uma história da maior expressão popular do país. São Paulo: Editora Contexto, 2010. p. 72.

(40) SARMENTO, Carlos Eduardo Barbosa. *A construção da Nação Canarinho:* uma história institucional da seleção brasileira de futebol, 1914-1970. Rio de Janeiro: Editora FGV, 2013. p. 63,

A utilização do futebol pelo governo Vargas, como instrumento mobilizador da população, já pode ser observada na Copa de 1934, uma vez que refletia fortemente no trato da seleção brasileira. Getúlio Vargas via o futebol como o principal elemento para a consolidação do regime, que poderia agir tanto na mudança do brasileiro quanto na superação das disputas políticas.(41)

Conforme registro de João Lyra Filho, Getúlio Vargas pronunciou:

> "A paixão desportiva tem poder miraculoso para conciliar até o ânimo dos integralistas com o dos comunistas, ou pelo menos para amortecer transitoriamente suas incompatibilidades ideológicas [...]. É preciso coordenar e disciplinar essas forças, que se avigoram a unidade da consciência nacional."(42)

Nesse período, o rádio e a imprensa tiveram grande papel na criação de mitos e heróis do futebol, contribuindo para a formatação do caráter nacionalista e épico atribuído a esse esporte, começando a seleção brasileira a representar a pátria e o futebol a despertar um sentimentalismo pelo país.

Para Nilso Ouriques:

> [...] Nesse mesmo processo surge a associação aos dois maiores eventos esportivos internacionais, as Olimpíadas e a Copa do Mundo, bem como ao gosto das elites e do mercado internacional e o posterior desenvolvimento das políticas direcionadas para esse fim. Getúlio Vargas lhe conferiu ordenamento legal, diretrizes e um viés ideológico que o associou ao nacionalismo mais retrógrado no qual símbolos como os hinos, bandeiras e a pose militar apontavam o norte a ser seguido. [...] (43)

Os jogos da seleção brasileira eram marcados por um patriotismo exacerbado. No Sul-Americano de 1936-1937, disputado na Argentina, a seleção brasileira perdeu para os donos da casa, terminando em segundo lugar. O jogo foi transmitido pelo rádio exaltadamente, em decorrência da forma como os jogadores brasileiros foram tratados pelos argentinos. Além dos pontapés, os argentinos chamavam os jogadores brasileiros

(41) GUTERMAN, Marcos. *O futebol explica o Brasil:* uma história da maior expressão popular do país. São Paulo: Editora Contexto, 2010. p. 72.

(42) Declaração de Getúlio Vargas, de acordo com registro de João Lyra Filho (responsável pelo esporte no Estado e que chefiaria a delegação brasileira na Copa de 1954). LYRA FILHO, João. *Cachimbo, pijamas e chinelos:* memórias. São Paulo: Edaglit, 1963. p. 264.

(43) OURIQUES, Nilso. Megaeventos no Brasil, o desenvolvimento do subdesenvolvimento e o assalto ao Estado. In: CAPELA, Paulo Ricardo do Canto; TAVARES, Elaine (Orgs.). *Os megaeventos esportivos:* suas consequências, impactos e legados para a América Latina. Florianópolis: Insular, 2014. p. 13-44, p. 14.

de "macaquitos", reproduzindo a expressão inventada pelos paraguaios para se referirem aos soldados brasileiros que lutaram na Guerra do Paraguai, por serem, em sua maioria, ex-escravizados negros, alforriados para irem à batalha.[(44)]

Pelo modo como foi narrada, a partida foi incorporada ao imaginário nacional como uma espécie de batalha, como "uma aventura épica, em que perder acrescentou mais heroísmo do que uma vitória teria feito".[(45)]

A situação logo chamou a atenção de Getúlio em outra perspectiva, que passa, então, a visualizar a obtenção de benefícios com o nacionalismo verificado. Na chegada ao Brasil, os jogadores foram recebidos como soldados, heróis que estavam vindo de uma guerra.[(46)]

Em 1938, o Brasil disputava na França sua terceira Copa do Mundo. A seleção constituía-se agora por jogadores brancos e negros. A defesa da miscigenação brasileira se mostrava vantajosa na perspectiva da harmonia social, de modo a fortalecer os interesses de Getúlio Vargas em ampliar sua base eleitoral e estabilizar as relações econômicas e políticas.

No âmbito internacional, da mesma forma, o futebol se consolidava como instrumento político.

Na Copa do Mundo de 1934, por exemplo, como ressalta José Guibson Dantas, o futebol foi utilizado pelo governo de Benito Mussolini como evento propagandístico do regime autoritário, permitindo por meio da estratégia do *"vincere o morire"*, estendida, inclusive aos juízes, que a Itália conquistasse seu primeiro título mundial ao vencer a Tchecoslováquia.[(47)]

Os reflexos da organização e o triunfo da Itália, segundo o autor, proporcionaram ao Partido Fascista diversas conquistas na esfera política, como "[...] mais dez anos de pleno poder político sobre o país; representatividade e visibilidade internacional, que

(44) GUTERMAN, Marcos. *O futebol explica o Brasil:* uma história da maior expressão popular do país. São Paulo: Editora Contexto, 2010. p. 76.

(45) *Idem.*

(46) Segundo Guterman: "O Hino Nacional foi executado duas vezes por bandas militares, com salva de canhões e discursos inflamados do chefe da delegação, José Maria Castelo Branco, para quem os jogadores brasileiros portaram-se como valorosos patriotas diante de um rival violento e desleal. Forjava-se assim, no imaginário brasileiro, a ideia de que o adversário era um inimigo a ser derrotado como num campo de batalha – e, quando o adversário era a Argentina, isso foi levado ao nível do paroxismo." GUTERMAN, Marcos. *O futebol explica o Brasil:* uma história da maior expressão popular do país. São Paulo: Editora Contexto, 2010. p. 77.

(47) DANTAS, José Guibson. Espetáculo para além das quatro linhas: as interfaces entre, futebol, propaganda e autoritarismo nas copas do mundo de 34 e 78. In: *Comunicação e esporte:* copa do mundo 2014. Organizador, Ary José Rocco Júnior. São Paulo: Intercom, 2014. p. 18-34, p. 24.

culminou com a aliança estratégica com a Alemanha de Adolf Hitler; aumento internacional do Fascismo [...]".[(48)]

Na Copa da França, de 1938, a seleção brasileira, com uma organização superior às Copas anteriores, teve um excelente desempenho. No jogo contra a Tchecoslováquia, o Brasil venceu por 2 a 1, com gols de Leônidas da Silva e Roberto, e foi para a semifinal da Copa do Mundo, onde foi eliminado pela Itália. A garantia do terceiro lugar na Copa de 1938 teve forte representação para o futebol brasileiro.

No dia 15 de junho de 1938, dia seguinte ao jogo, o *Jornal dos Sports* noticiou:

> Passeatas, gritarias, ruídos de todos os gêneros, bombas, cantos patrióticos, serpentinas, confetes, folhetos, papel rasgado — eis o que se viu e ouviu ontem, durante horas inteiras no cenário carioca. E mais, bandeiras desfraldadas em todos mastros, nas sacadas ou carregadas por grupos e, ainda, recobrindo automóveis.
>
> Inédito, apenas inédito, o espetáculo de ontem. Cena que se via de momento em momento: verdadeiras multidões cantando o Hino Nacional. E não apenas uma ou duas ou três vezes. Por exemplo; debaixo da sacada do JS, centenas de pessoas entoaram e repetiram durante cerca duas horas o Hino Nacional.[(49)]

O futebol, na Copa de 1938, adquire forte popularidade. A competição era divulgada por todos os jornais e a transmissão ao vivo foi realizada pelo rádio. Vários foram os donativos aos jogadores feitos por bancos e comércios, "[...] a cada vitória, gritos de alegria. Na derrota, choros de tristeza; multidões cantando o hino nacional. Jogadores tornando-se heróis nacionais da noite para o dia, como Leônidas da Silva, também conhecido como Diamante Negro ou Homem de Borracha"[(50)].

O ótimo campeonato realizado no mundial levou o Brasil a vislumbrar a possibilidade de sediar uma Copa do Mundo. Em julho de 1938, Célio Barros, representando a Confederação Brasileira de Desportos, na sessão plenária da FIFA (Fédération Internationale of Football Association)[(51)] em Paris, apresenta oficialmente a candidatura do

---

(48) DANTAS, José Guibson. Espetáculo para além das quatro linhas: as interfaces entre, futebol, propaganda e autoritarismo nas copas do mundo de 34 e 78. In: *Comunicação e esporte:* copa do mundo 2014 . Organizador, Ary José Rocco Júnior. São Paulo: Intercom, 2014. p. 18-34, p. 24.

(49) SOUZA, Denaldo Alchorne de. *Futebol e resistência cultural no Primeiro Governo Vargas (1930-1945).* Disponível em: http://www.efdeportes.com/efd131/futebol-e-resistencia-cultural-no-primeiro-governo-vargas.htm. Acesso em: 12 dez. 2017.

(50) *Idem.*

(51) "Em 21 de maio de 1904, dirigentes de sete países como a Bélgica, Dinamarca, Espanha, França, Holanda, Suécia e Suíça, se reuniram em Paris, na França, e fundaram a *Fédération Internationale of Football Association*,

Brasil para sediar a próxima Copa. No entanto, a Alemanha também havia manifestado interesse em realizar o torneio e acabou sendo a favorita para organizar a Copa de 1942.

A eclosão da Segunda Guerra Mundial, em 1939, impediu a realização do mundial, que só foi retomado em 1950. O Brasil sediou a Copa de 1950, uma vez que a Alemanha, após os horrores do conflito, não tinha mais qualquer condição de permanecer com sua candidatura.

Dentre os planos do Brasil para receber o mundial da FIFA estava a construção de um estádio no Rio de Janeiro, o que já se pretendia em 1938, quando a CBD manifestou interesse em realizar o torneio no país. À época, o objetivo de construir o estádio pautava-se tanto nas competições do mundial como na possibilidade de ter um local grandioso para as realizações cívicas imponentes.(52)

Segundo Carlos Eduardo Barbosa Sarmento:

> Separados por 12 anos e por atmosferas políticas distintas, os dois discursos convergem em alguns pontos. Parece clara a aproximação entre a realização do campeonato mundial e a concretização de aspirações da sociedade brasileira. A expressão da nacionalidade não se faria apenas nas atividades desportivas que teriam lugar no novo estádio, mas estaria evidenciada no trabalho incansável de todos aqueles que contribuíssem para a realização do ideal. O fato de governos distintos e diferentes direções da CBD atribuírem à Copa e ao seu estádio-símbolo o mesmo grau de importância revela o vigor da interpretação que identificava a expressão desportiva com a manifestação de ideais nacionais. A disputa da Copa no Brasil significaria, na verdade, a realização de uma aspiração coletiva: a consolidação da sociedade brasileira em uma posição superior no cenário internacional.(53)

Para organizar e treinar os jogadores para a Copa do Mundo de 1950, a CBD, além de dispor de um enorme volume de recursos financeiros, teve que modificar o calendário dos jogos nacionais. A seleção brasileira criava grandes expectativas para o mundial, sobretudo após conquistar o título no Campeonato Sul-Americano de 1949, disputado no estádio de São Januário, no Rio de Janeiro, e do Pacaembu, em São Paulo.

---

entidade que é conhecida até hoje pela sigla FIFA." GROLL, Marcus Von. Origem e História da FIFA. *Casal Travinha Esportes*. 27 abr. 2010. Disponível em: https://travinha.com.br/2010/04/27/FIFA-a-historia/. Acesso em: 04 maio 2019.

(52) Conforme memorando do secretário-geral do Interior e Segurança da Prefeitura do Distrito Federal, Átila Soares, enviado a Getúlio Vargas. SARMENTO, Carlos Eduardo Barbosa. *A construção da Nação Canarinho:* uma história institucional da seleção brasileira de futebol, 1914-1970. Rio de Janeiro: Editora FGV, 2013. p. 86.

(53) SARMENTO, Carlos Eduardo Barbosa. *A construção da Nação Canarinho:* uma história institucional da seleção brasileira de futebol, 1914-1970. Rio de Janeiro: Editora FGV, 2013.a p. 87.

A construção de um estádio para receber a Copa de 1950 iniciou em janeiro de 1948, na cidade do Rio de Janeiro. O estádio, com capacidade para receber 155 mil torcedores, seria o maior estádio do mundo, tendo sido comparado pelo Presidente da FIFA, Jules Rimet, durante visita às obras, em 1949, ao Coliseu em Roma, na Itália. A capacidade do estádio correspondia a quase 10% da população do Rio de Janeiro, à época.(54)

O estádio foi levantado em tempo recorde, apenas 22 meses. Trabalharam na construção do estádio 3.500 operários, sendo responsáveis pela obra cinco construtoras. Em meio a andaimes, a partida inaugural foi realizada, em 17 de junho de 1950, entre as seleções do Rio de Janeiro e de São Paulo.(55)

No jogo da estreia do Brasil contra o México, em 24 de junho de 1950, na primeira partida da Copa, as obras do estádio ainda estavam inacabadas. A cobertura das arquibancadas permanecia sustentada por andaimes. Os torcedores tinham que atravessar obstáculos de tijolo e madeira para ingressar no maior estádio do mundo. A finalização completa do estádio só ocorreria na década de 60.(56)

O nome oficial dado ao estádio foi o do jornalista pernambucano Mário Rodrigues Filho, irmão do jornalista e escritor Nelson Rodrigues. Conforme aponta Wilson Hebert, "a homenagem se justifica pela postura de Mário à época, favorável à construção quando o assunto ganhava a discussão em redações de jornais, em reuniões de autoridades e em bate-papos informais da sociedade civil".(57)

No entanto, o estádio, antes mesmo da oficialização do nome, já era conhecido como "estádio do Maracanã", o Maraca, em razão do som de pássaros que viviam na região e também em razão da proximidade com o Rio Maracanã.(58)

A seleção brasileira teve um ótimo desempenho durante a Copa de 1950, chegando à final, que seria contra o Uruguai. O clima era de euforia. Os jogadores eram tratados como campeões do mundo. As rádios e os jornais criaram um ambiente de vitória antecipada.

---

(54) RAMOS, Raphael. Em 1950, Maracanã foi inaugurado inacabado e repleto de andaimes. *O Estado de S. Paulo*. 18 jan. 2014.Esportes. Disponível em: http://esportes.estadao.com.br/noticias/futebol,em-1950-maracana-foi-inaugurado-inacabado-e-repleto-de-andaimes,1120135. Acesso em: 28 nov. 2017.

(55) *Idem*.

(56) LEPIANI, Giancarlo. Maracanã abre as portas ainda em obras. Como em 1950. *Veja*, São Paulo, 27 abr. 2013. Disponível em: https://veja.abril.com.br/esporte/maracana-abre-as-portas-ainda-em-obras-como-em-1950/. Acesso em: 17 mar. 2019.

(57) HEBERT, Wilson. Em 1948, a construção do Maracanã levantou polêmicas parecidas com as de hoje em dia. *Fator Futebol*. 13 set. 2013. Disponível em: https://fatorfutebol.wordpress.com/2013/09/13/em-1948-a-construcao-do-maracana-levantou-polemicas-parecidas-com-as-de-hoje-em-dia/. Acesso em: 17 mar. 2019.

(58) *Idem*.

Na véspera do último jogo, os jogadores brasileiros, ao invés de se concentrarem, "[...] foram levados para o estádio de São Januário, onde sofreram assédio de torcedores e cartolas, ávidos por faturar em cima do sucesso garantido da seleção — essencial sobretudo num ano de sucessão presidencial como 1950".[(59)]

Na final, Brasil contra o Uruguai, aos trinta e dois minutos do segundo tempo, ocorreu um gol do Uruguai, marcado pelo atacante Gigghia, anotando o placar de 2x1. Esse resultado levava a seleção uruguaia à conquista do título de campeã do mundo.

Como aponta Carlos Eduardo Barbosa Sarmento:

> [...] A derrota de 1950 evidenciava a permanência do discurso sobre a dicotomia talento *versus* competitividade, que teve em Gilberto Freyre um de seus principais formuladores. Se, por um lado, o gol de Gigghia fez com que o futebol brasileiro mergulhasse em um abismo de autodepreciação, instaurando a 'síndrome de vira-latas' que Nelson Rodrigues diagnosticou, por outro, estabeleceu também a conquista do título mundial como uma aspiração nacional, uma verdadeira missão que passaria a nortear a ação dos dirigentes esportivos brasileiros. A massificação do futebol e o estabelecimento de uma estrutura centralizada de gestão, sob a égide do poder federal, haviam criado condições políticas e operacionais para que a CBD desenvolvesse um programa de ação e investimentos compatíveis como o desejo de conduzir o futebol nacional à condição de força de primeira grandeza no cenário mundial. A partir de então os dirigentes passaram a perseguir esse objetivo não somente como forma de resolver um dilema simbólico relacionado à identidade étnica e cultural do povo brasileiro, mas, principalmente, como coroamento do modelo de estabilidade política da direção desportiva nacional.[(60)]

Em 1954, o mundial retorna à Europa. O país-sede da Copa do Mundo foi a Suíça, escolhida por ser considerada neutra no contexto da Segunda Grande Guerra.

O Brasil, ainda assombrado pelo fracasso de 1950, contou com novo uniforme. Trocou o branco, que lembrava a inesquecível derrota no Maracanã para os uruguaios ("o Maracanazo"), pelo amarelo, o que lhe rendeu o apelido de "seleção canarinho" pelo radialista Geraldo José de Almeida.

O clima era de tensão, conforme se observa na mensagem de Getúlio Vargas ao se despedir dos jogadores que disputariam o torneio: "'E não esqueçam que representarão

---

(59) GUTERMAN, Marcos. *O futebol explica o Brasil:* uma história da maior expressão popular do país. São Paulo: Editora Contexto, 2010. p. 95.

(60) SARMENTO, Carlos Eduardo Barbosa. *A construção da Nação Canarinho:* uma história institucional da seleção brasileira de futebol, 1914-1970. Rio de Janeiro: Editora FGV, 2013. p. 93-94.

lá fora a habilidade, a força e a resistência de uma raça. Se vencerem, o Brasil será o vitorioso. Se perderem, quem perderá será o Brasil'".[(61)]

No entanto, o Brasil não teve uma boa participação no mundial e terminou a Copa de 1954 em sexto lugar, após uma derrota por 4 a 2 para a favorita seleção da Hungria, em um jogo marcado por forte violência por parte dos jogadores brasileiros.

No período seguinte, o Brasil inicia um novo momento no futebol. Conforme salienta Marcos Guterman: "Parecia, assim, que, no intervalo de cerca de três anos, entre 1953 e 1956, os deuses do futebol haviam decidido desequilibrar o jogo a favor do Brasil, fazendo nascer nos gramados, na mesma geração, Pelé e Garrincha."[(62)]

A transformação da organização do futebol nesse período foi decisiva para mudar os rumos desse esporte no país. Jean-Marie Faustin Goedefroid de Havelange, conhecido como João Havelange, assumiu a presidência da CBD em 1956, implementando uma organização empresarial e técnica à seleção brasileira. Para vice-presidente, João Havelange escolheu Paulo Machado de Carvalho, empresário de sucesso, proprietário de uma rede de rádios e da TV Record, a primeira emissora a transmitir um jogo de futebol na TV, o jogo entre Santos e Palmeiras direto da Vila Belmiro. A TV Record tornou-se a principal emissora esportiva dos anos de 1950.[(63)]

Para a Copa de 1958, que aconteceria na Suécia, os jogadores brasileiros convocados contaram com exame médico detalhado, o que nunca havia sido realizado antes. Ao *check-up* foi incluído atendimento odontológico e teste psicológico. Até as acomodações para a equipe e o cardápio dos jogadores foram definidos com antecedência.

Como parte do planejamento estratégico da seleção, foi contratado o técnico Vicente Feola. No sorteio das chaves, o Brasil pegou um grupo difícil com Inglaterra, URSS e Áustria. Diante de seu histórico de insucessos, o Brasil, mesmo contando com excelentes jogadores, ainda não era visto como um time que pudesse fazer frente aos times do futebol europeu.

Em crônica publicada, em 31 de maio de 1958, poucos dias antes da estreia do Brasil na Copa do Mundo, Nelson Rodrigues atribuiu a esse histórico da seleção brasileira o efeito do "complexo de vira-latas", que definiu como " a inferioridade em que o brasileiro se coloca, voluntariamente, em face do resto do mundo. [...] É um problema de

---

(61) "Uma Hungria no caminho do Brasil em 1954". Disponível em: http://www.museudosesportes.com.br/notícia. *Apud* GUTERMAN, Marcos. *O futebol explica o Brasil:* uma história da maior expressão popular do país. São Paulo: Editora Contexto, 2010. p. 106.

(62) GUTERMAN, Marcos. *O futebol explica o Brasil:* uma história da maior expressão popular do país. São Paulo: Editora Contexto, 2010. p. 119.

(63) *Ibidem*. p. 123-124.

fé em si mesmo. O brasileiro precisa se convencer de que não é um vira-latas e que tem futebol para dar e vender, lá na Suécia."[64]

A expressão criada por Nelson Rodrigues, que deu título à crônica, foi utilizada para descrever o sentimento que se abateu sobre a nação brasileira, a partir do fracasso frente ao Uruguai na Copa de 1950, no Maracanã, no Rio de Janeiro.

Em outro trecho, dizia a crônica:

> Eis a verdade, amigos: — Desde 50 que o nosso futebol tem pudor de acreditar em si mesmo. A derrota frente aos uruguaios, na última batalha, ainda faz sofrer, na cara e na alma, qualquer brasileiro. Foi uma humilhação nacional que nada, absolutamente nada, pode curar. Dizem que tudo passa, mas eu vos digo: menos a dor-de-cotovelo que nos ficou dos 2X1. E custa crer que um escore tão pequeno possa causar uma dor tão grande. O tempo passou em vão sobre a derrota. Dir-se-ia que foi ontem, e não há oito anos, que, aos berros, Obdulio arrancou, de nós o título. Eu disse "arrancou" como poderia dizer: —, "extraiu" de nós o título como se fosse um dente.[65]

Na estreia do Mundial, o Brasil venceu a Áustria por 3 a 0. Em seguida, empatou por 0 a 0 com a Inglaterra. No jogo contra a URSS, o jogo mais temido, Feola logo no início da partida escalou Garrincha, Vavá e Pelé, "[...] foi realmente uma 'avalanche, como relataram os cronistas da época – um deles chegou a dizer que se trataram dos 'maiores três minutos da história do futebol', ao final dos quais o Brasil já vencia por 1 a 0, gol de Vavá [...]"[66]. A seleção brasileira venceu os soviéticos por 2 a 0.

Nas quartas de final, a seleção venceu o País de Gales por 1 a 0, com um gol de Pelé. Na semifinal derrotou a França por 5 a 2. E na final contra a Suécia, o Brasil ganha de 5 a 2, do time da casa. Foram dois gols de Vavá, jogadas excepcionais de Garrincha, um gol de Zagallo e dois gols de Pelé.

Segundo Marcos Guterman, "[...] nascia ali não somente o rei do futebol, mas a seleção que seria sinônimo de arte no resto do mundo. E os negros, sobre cujos ombros restou a enorme responsabilidade pelo fracasso de 1950, estavam redimidos, assim como os próprios brasileiros [...]"[67].

---

(64) RODRIGUES, Nelson. *À sombra das chuteiras imortais:* crônicas de futebol. São Paulo: Companhia das Letras, 1993. p. 52.

(65) *Ibidem*, p.51.

(66) GUTERMAN, Marcos. *O futebol explica o Brasil:* uma história da maior expressão popular do país. São Paulo: Editora Contexto, 2010. p. 127.

(67) *Ibidem*, p. 129-130.

A vitória do Brasil na Copa de 1958 rendeu muito dinheiro aos principais clubes brasileiros que eram contratados para viajar pelo mundo. No entanto, os jogadores, além de não terem enriquecido, foram sobrecarregados com as inúmeras partidas e viagens.

A Copa de 1962 foi realizada no Chile. A seleção brasileira conseguiu o bicampeonato mundial com uma vitória sobre a Espanha. Os jogadores foram recebidos no Palácio da Alvorada pelo então presidente João Goulart, que ergueu a taça ao lado de Zagallo.

No período seguinte, o Brasil vivenciava o Golpe Militar de 1964. O país, com os títulos da Copa de 1958 e 1962, se afirmava mundialmente como potência do futebol, o que foi explorado pelos militares no sentido de associar a força do esporte a questões inerentes ao nacionalismo brasileiro, difundindo a ideia de um país com fortes condições de alçar o primeiro mundo.(68)

A disputa pela Copa de 1966, na Inglaterra, foi marcada por diversos erros que culminaram com a eliminação precoce da seleção brasileira no mundial, dando adeus ao tricampeonato. A visibilidade que a seleção atingira e o poder popular exercido por ela naquele momento acabaram por interferir na escalação do time e gerar uma pressão exacerbada sobre os jogadores.

Para a Copa de 1970, disputada no México, o Brasil conseguiu formar uma seleção que até hoje é considerada a melhor de todos os tempos. A soma das características do governo Médici "[...] — um governo no auge da repressão e um Presidente muito interessado no futebol e em seus efeitos populares — acabou por transformar a Copa de 1970 na mais paradoxal da histórica brasileira".(69)

No entanto, o sucesso da seleção se tornava um dilema na perspectiva do pensamento crítico nacional por representar um instrumento de poder nas mãos dos militares. Pelé, após marcar seu milésimo gol no jogo entre Santos e Vasco, em 19 de novembro de 1969, "[...] foi condecorado por Médici — tornara-se 'comendador'. Desfilou em carro aberto por Brasília como um herói. O feito de Pelé virou selo comemorativo [...]"(70).

---

(68) Como aponta Marcos Guterman, nesse contexto, o papel do futebol foi de grande importância: "Mais que isso: em 'ordem unida', era chegada a hora de transformar o país, explorando a suposta força inerente à 'brasilidade', cuja certeza moral era reforçada por conquistas como a do bicampeonato mundial de futebol. Àquela altura, havia plena convicção de que o Brasil, esse gigante que agora estava em 'boas mãos', podia ser conduzido ao Primeiro Mundo — já tinha o melhor futebol do planeta, para começar". GUTERMAN, Marcos. *O futebol explica o Brasil:* uma história da maior expressão popular do país. São Paulo: Editora Contexto, 2010. p. 153.

(69) GUTERMAN, Marcos. *O futebol explica o Brasil:* uma história da maior expressão popular do país. São Paulo: Editora Contexto, 2010. p. 162.

(70) *Ibidem*, p. 166.

A pressão do regime militar para que a seleção brasileira saísse vitoriosa no mundial do México era grande. A vitória do Brasil por 4 a 1 no primeiro jogo da Copa de 1970, disputado contra a Tchecoslováquia, levou o jornal Folha de S. Paulo, no dia 6 de junho, a publicar o seguinte texto:

> Saibam todos que Pelé, Jair e Rivelino, com os tentos que marcaram conseguiram esvaziar boa parte dos descontentamentos a que aludíamos e deram ao Presidente Médici uma colaboração valiosíssima. [...] Realmente, tudo leva a crer que, se a seleção brasileira levantar a Copa do Mundo, o acontecimento terá repercussões profundas para o país, dentro e fora dele. Na esfera interna, nem se fala. [...] As metas de uma administração dependem das metas nos campos esportivos. No caso brasileiro, essa interdependência é ainda mais profunda, de vez que nosso esporte, o futebol, está entranhado nas dobras mais íntimas da alma popular [...]. Por isso mesmo o governo do Presidente Médici andou bem em emprestar apoio ao nosso selecionado que peleja nos gramados estrangeiros.(71)

Na Copa de 1970 tem início o "mito verde e amarelo" e a utilização da imagem da seleção brasileira como um dos principais instrumentos de divulgação do regime ditatorial empresarial militar.(72)

Os patrocinadores do mundial realizaram um concurso para a composição de uma música para a Copa. Miguel Gustavo, famoso compositor da época, foi o vencedor com a música "Pra frente Brasil"(73). A letra criada por ele foi a partir de uma frase dita pelo presidente Médici em um jogo do Brasil no Maracanã. A letra trazia tudo que interessava ao regime militar: a ideia de unidade nacional, de um objetivo comum, de paixão pelo país e pelo povo brasileiro e a ordem de avançar, o que levava que muitos acreditassem que a música tivesse sido encomendada.(74)

A vitória da seleção brasileira por 4 a 1 na final, contra a seleção da Itália, levou o Brasil a conquistar o tricampeonato mundial.

---

(71) GUTERMAN, Marcos. *O futebol explica o Brasil:* uma história da maior expressão popular do país. São Paulo: Editora Contexto, 2010. p. 174.

(72) LUDUVICE, Paulo Vinícius Santos Sulli. (EN)CENA. *A seleção brasileira, Médici e os anos de chumbo.* 20 jun. 2014. Disponível em: http://encenasaudemental.net/comportamento/insight/a-selecao-brasileira-medici-e-os-anos-de-chumbo/. Acesso em: 28 nov. 2017.

(73) Dizia a música: "Noventa milhões em ação/Pra frente Brasil/Salve a seleção!/ De repente é aquela corrente pra frente/Parece que todo o Brasil deu as mãos/Todos ligados na mesma emoção/Tudo é um só coração! Todos juntos, vamos!/ Pra frente Brasil, Brasil/Salve a seleção!" GUTERMAN, Marcos. *O futebol explica o Brasil:* uma história da maior expressão popular do país. São Paulo: Editora Contexto, 2010. p. 178.

(74) GUTERMAN, Marcos. *O futebol explica o Brasil:* uma história da maior expressão popular do país. São Paulo: Editora Contexto, 2010. p. 178.

Para Marcos Guterman:

> O significado disso transcendida, e muito, o campo esportivo. O futebol abreviou dramaticamente as diferenças entre o público e o privado. Médici fez essa leitura ao dar a cada jogador, por meio da Caixa Econômica Federal, um cheque de 25 mil cruzeiros (o equivalente hoje a 20 mil reais), numa atitude que não mereceu reparos à época, apesar da evidente irregularidade.
>
> [...]
>
> Um dos aspectos mais importantes do momento era a formalização da integração nacional pela via do futebol. Construído desde a década de 1930 pelo regime varguista, esse fenômeno foi definitivamente sacramentado na Copa de 1970. O governo militar não tardou a perceber o potencial disso: em maio de 1969, a administração Costa e Silva criou a Loteria Esportiva, incluindo nela jogos de todo o país, o que obrigava o apostador a se interessar pelo que acontecia em outros estados. No mesmo ano, o governo pediu que a CBD elaborasse um campeonato realmente nacional, o que se confirmou em 1971, logo após a conquista do tri [...].(75)

O discurso da integração nacional foi amplamente favorecido pela consolidação da TV como meio de informação e entretenimento. A Copa de 1970 foi a primeira Copa a ser transmitida ao vivo, tendo sido vista pelo Distrito Federal e por mais 16 estados. A comoção gerada pela conquista do título, além de potencializar os sentimentos dos brasileiros, possibilitava o fortalecimento da crença no projeto nacional desenvolvimentista do país tão almejado por Médici.(76)

Um dos fatores levantados como pilar do tricampeonato conquistado na Copa de 1970 foi a rigorosa disciplina da seleção brasileira, a qual, da mesma forma, pretendia-se seguir na Copa de 1974, na Alemanha.

No entanto, na Copa de 1974, o Brasil não teve um bom resultado. Disputou o terceiro lugar com a seleção da Polônia e perdeu por 1 a 0. A derrota da seleção brasileira assinalava um novo período para o futebol brasileiro. Os craques da Copa de 1970 não seriam facilmente superados.

1.3. O futebol capturado pelo capitalismo: futebol S.A.

A partir de 1974, com a Copa da Alemanha, o futebol ganha novos contornos quando João Havelange vence as eleições e assume a presidência da FIFA. Até a década

---

(75) GUTERMAN, Marcos. *O futebol explica o Brasil:* uma história da maior expressão popular do país. São Paulo: Editora Contexto, 2010. p. 180.

(76) *Ibidem*, p. 182-184.

de 1970, a instituição possuía um patrimônio irrisório. Havia apenas um escritório na sede em Zurique, na Suíça, onde trabalhavam alguns poucos empregados. A tarefa de Havelange era cuidar da Copa do Mundo e assegurar que os campeonatos organizados pelas federações nacionais e pelas confederações ocorressem conforme as regras da entidade.(77)

As pretensões políticas do novo presidente da entidade o levaram a viajar o mundo todo em campanha. Apoiado na popularidade de Pelé, no tricampeonato do Brasil e na fama do time dos Santos, ele percorreu os países do terceiro mundo, antes desprezados pelos europeus. (78)

Décadas depois, contaria João Havelange que, junto com Abílio de Almeida e Carlos Alberto Pinheiro, estudou as possibilidades de voto junto aos países do bloco comunista da África e das Américas, uma vez que não tinha chance entre os europeus ocidentais. Era preciso buscar apoio fora da influência da Inglaterra e, assim, programaram a visita a 86 países.(79)

Nas eleições para a presidência da FIFA, em 11 de junho de 1974, apenas dois dias antes do início do Mundial, João Havelange venceu o inglês Stanley Rous que estava na presidência da entidade desde 1961.

Conforme ressaltam Amaury Ribeiro Jr, Leandro Cipoloni, Luiz Carlos Azenha e Tony Chastinet:

> [...] Havelange 68, Rous 52. Estava quebrado o monopólio europeu. Desde a sua fundação, em 1904, a FIFA havia tido seis Presidentes: três ingleses, dois franceses e um belga. Rous não acreditava. A América do Sul, o Leste Europeu, o Oriente Médio e, principalmente, a África faziam festa no salão de convenções do Frankfurt Airport Hotel. Mas, mais uma vez fazendo caridade com o chapéu alheio, Havelange ofereceu uma gorda aposentadoria a Rous pela FIFA. (80)

A busca por recursos para cumprir as promessas realizadas aos países periféricos acabou possibilitando a aproximação de Havelange com a Adidas e com Adolpho Dassler, fundador e dono da empresa, consolidando-se um grande acordo comercial que vai

(77) OURIQUES, Nilso. Megaeventos no Brasil, o desenvolvimento do subdesenvolvimento e o assalto ao Estado. In: CAPELA, Paulo Ricardo do Canto; TAVARES, Elaine (Orgs.). *Os megaeventos esportivos:* suas consequências, impactos e legados para a América Latina. Florianópolis: Insular, 2014. p. 13-44, p. 21.

(78) *Idem.*

(79) JOÃO HAVELANGE, ex-presidente da FIFA que tornou futebol negócio de bilhões. *O Globo.* 3 jul. 2017. Disponível em: http://acervo.oglobo.globo.com/em-destaque/joao-havelange-ex-Presidente-da-FIFA-que-tornou-futebol-negocio-de-bilhoes-21652831#ixzz4zv68DL9J . Acesso em: 30 nov. 2017.

(80) RIBEIRO JR., Amaury *et al. O lado sujo do futebol:* a trama de propinas, negociatas e traições que abalou o esporte mais popular do mundo. São Paulo: Planeta, 2014. p. 49-50.

mudar a história do futebol[(81)]. João Havelange acaba vinculando seu sonho político ao potencial econômico da multinacional, transformando o futebol em um negócio internacional e a FIFA em uma grande empresa. [(82)]

A aproximação de Havelange e Dassler ocorreu pouco tempo depois do término da Copa de 1974, que teve como campeã a Alemanha Ocidental, a seleção da casa.

Segundo os jornalistas Amaury Ribeiro Jr, Leandro Cipoloni, Luiz Carlos Azenha e Tony Chastinet:

> [...] Havelange e Dassler apertaram as mãos e decidiram que FIFA e Adidas seriam parceiras. Nestes termos: sem contrato, sem protocolo, sem sequer um papel de pão para registrar a aliança. Pode-se concluir também que sem qualquer controle de entrada e de saída de dinheiro. Havelange é grato, mas econômico nas palavras: "Há um ponto que devo dizer em favor do sr. Dassler. Quando queria montar programas de desenvolvimento no futebol, ele veio à FIFA e disse: 'Eu tenho a possibilidade de colocá-lo em contato com as pessoas da Coca-Cola'. Antes de assinar ao contrato com a Coca--Cola eu fui em 1975 a Nova York, à Warner Brothers; eles controlavam a Pepsi-Cola. Eu submeti a eles vários projetos da FIFA, que eu precisava financiar. Eles disseram: 'Vamos responder logo'. Tenho esperado por 24 anos. Enquanto isso, assinei com a Coca-Cola". Sob o apadrinhamento de Dassler, o acordo com a multinacional de bebidas foi firmado em 13 de maio de 1976, em Londres, com validade de 25 anos.[(83)]

Adolpho Dassler há muito tempo procurava romper com a ideia de não comercialização dos jogos. O investimento em propagandas esportivas não era visto pelos empresários como uma boa opção que pudesse trazer retornos rápidos e seguros. E neste contexto, a FIFA se mantinha com o arrecadado nos jogos, o que mal dava para pagar os custos da Copa, como hospedagem, alimentação e passagens aéreas.[(84)]

---

(81) "Em retribuição aos países que o elegeram, Havelange ampliou a Copa do Mundo de 16 para 24 participantes e, desde 1998, para os 36 atuais. Além disso, ajudou a levar a Copa do Mundo para a Ásia e a África. Em 1998, Havelange deixou a presidência da FIFA, passando o comando a Joseph Blatter, seu secretário-geral desde 1981, e tornou-se Presidente de honra." JOÃO HAVELANGE, ex-presidente da FIFA que tornou futebol negócio de bilhões. *O Globo*. 2 jul. 2017. Disponível em: https://acervo.oglobo.globo.com/em-destaque/joao-havelange-ex-presidente-da-fifa-que-tornou-futebol-negocio-de-bilhoes-21652831. Acesso em: 30 nov. 2017. Acesso em: 30 de nov. 2017.

(82) OURIQUES, Nilso. Megaeventos no Brasil, o desenvolvimento do subdesenvolvimento e o assalto ao Estado. In: CAPELA, Paulo Ricardo do Canto; TAVARES, Elaine (Orgs.). *Os megaeventos esportivos:* suas consequências, impactos e legados para a América Latina. Florianópolis: Insular, 2014. p. 13-44, p. 21-22.

(83) RIBEIRO JR., Amaury *et al. O lado sujo do futebol:* a trama de propinas, negociatas e traições que abalou o esporte mais popular do mundo. São Paulo: Planeta, 2014. p. 49-50.

(84) OURIQUES, Nilso. Megaeventos no Brasil, o desenvolvimento do subdesenvolvimento e o assalto ao Estado. In: CAPELA, Paulo Ricardo do Canto; TAVARES, Elaine (Orgs.). *Os megaeventos esportivos:* suas consequências, impactos e legados para a América Latina. Florianópolis: Insular, 2014. p. 13-44, p. 22.

Havelange, mesmo tendo vencido a eleição da FIFA, permanecia também na presidência da Confederação Brasileira de Desportos, entidade que presidiu por 17 anos. Em 2 de novembro de 1974, Havelange foi desligado do cargo pelo ministro da Educação, coronel Ney Braga. O novo presidente da CBD passa a ser o almirante Heleno Nunes, irmão do ministro da Marinha do governo Médici, almirante Adalberto Barros Nunes.[(85)]

A CBD era composta por mais de 20 modalidades esportivas. Em 1979, atendendo uma reivindicação antiga pela independência do futebol, a entidade é extinta, sendo aprovado o estatuto da Confederação Brasileira de Futebol (CBF). As demais modalidades criam suas próprias entidades que ficam sob a supervisão do Comitê Olímpico Brasileiro (COB).[(86)]

Na Copa da Argentina, em 1978, Duning, um agente esportivo vinculado a Adolpho Dassler, foi o responsável pelo planejamento de todo o processo de comercialização do Mundial. Elaborou a primeira proposta global de patrocínio de um grande evento esportivo que foi assinada com a Coca-Cola após seis meses de negociação. A Coca-Cola dominou a Copa da Argentina obtendo lucros imensos e difundindo para outras empresas a Copa do Mundo como uma excelente oportunidade de negócios. A partir daí surgem outros patrocinadores, como a Fuji Filme, Kodak, Visa e Mastercard.[(87)]

Pode-se dizer que "foi o futebol que abriu as portas da comercialização esportiva mundial através dos sonhos políticos de Havelange e do faro comercial da Adidas. Depois, os esportes de maneira geral cresceram, mas o futebol cresceu mais".[(88)]

Nesse contexto, as empresas de televisão começam a se interessar pelo evento esportivo como forma de ampliar mercados e aumentar a lucratividade. Intensifica-se o *marketing* esportivo. As grandes empresas e conglomerados econômicos passam a ver o futebol como um veículo publicitário.

Essa trama de interesses, como destaca Katia Rubio, também se verifica no campo olímpico, que de um sonho constituído por diversas culturas e etnias se transformou em um dos maiores negócios do planeta, "[...] uma fonte inesgotável de reprodução de valores culturais e de projeção da dinâmica social"[(89)].

---

(85) MAGALHÃES, Mário. João Havelange 1916-2016. *Folha de S. Paulo*. 16 ago. 2016. Disponível em: https://www1.folha.uol.com.br/esporte/2016/08/1803483-em-1998-especial-da-folha-contou-a-historia-de-vida-de-joao-havelange.shtml. Acesso em: 04 maio 2019.

(86) RIBEIRO JR., Amaury *et al. O lado sujo do futebol:* a trama de propinas, negociatas e traições que abalou o esporte mais popular do mundo. São Paulo: Planeta, 2014. p. 51-52.

(87) OURIQUES, Nilso. Megaeventos no Brasil, o desenvolvimento do subdesenvolvimento e o assalto ao Estado. In: CAPELA, Paulo Ricardo do Canto; TAVARES, Elaine (Orgs.). *Os megaeventos esportivos:* suas consequências, impactos e legados para a América Latina. Florianópolis: Insular, 2014. p. 13-44, p. 22-23.

(88) *Ibidem*.. p. 13-44, p. 23.

(89) RUBIO, Katia. O legado educativo dos megaeventos esportivos. *Motrivivência*, ano XXI, n. 32-33, p. 71-88, jun./Dez. 2009, p. 86.

A nova gestão da FIFA atendia ao processo de globalização econômica que se instaurava, provocando uma transformação gradual nos Mundiais.

No final da década de 1970, a FIFA autoriza o uso da publicidade nos uniformes das equipes, com exceção do uniforme das seleções nacionais, o que permanece até hoje. Antes desse período, a entidade mantinha certa distância de questões relacionadas a interesses econômicos e políticos.[(90)]

Na década de 1980, os clubes brasileiros mais expressivos assinaram contratos de publicidade na camisa. Em 1987, na "Copa União", por exemplo, campeonato nacional em que participaram os principais times brasileiros, a marca da Coca-Cola foi utilizada por 12 das 16 equipes, com exceção do Flamengo, Corinthians, São Paulo e Internacional.[(91)]

A Copa do Mundo de 1982, realizada na Espanha, contou com um número maior de seleções. As receitas decorrentes da negociação de direitos de transmissão e da formalização de contratos com patrocinadores aumentaram consideravelmente.

O Brasil tinha um time excepcional montado pelo técnico Telê Santana. A TV Globo havia comprado a exclusividade dos direitos de transmissão do Mundial. A euforia tomava conta das ruas que se tingiam de verde-amarelo. No entanto, a seleção brasileira perdeu o jogo para a Itália, terminando o mundial em 5º lugar.

A negociação de Havelange referente aos direitos de transmissão dos jogos para o mundo todo provocou uma transformação do futebol. Era possível acompanhar a Copa do Mundo ao vivo, de qualquer lugar. As competições de futebol se convertem em espetáculo. O futebol se tornava um dos negócios mais rentáveis do mundo.

Segundo Nilso Ouriques:

> [...] Como diria Guy Debord, essa foi a era na qual a mercadoria virou espetáculo e ganhou outra forma. Assim, não importava mais a qualidade

---

(90) Conforme salienta David Harvey: "Os futuros historiadores poderão coerentemente ver os anos 1978-80 como um ponto de ruptura revolucionário na história social e econômica do mundo [...]". Refere-se o autor à nova configuração econômica mundial denominada de globalização e provocada pelas profundas transformações decorrentes de diversos epicentros caracterizados pela atuação de Deng Xiaoping, na China, onde se dá os primeiros passos no sentido da liberalização da economia rumo ao dinamismo capitalista, de Paul Volcker ao assumir o comando do Banco Central dos Estados Unidos (FED) que em poucos meses muda drasticamente a política monetária, de Margaret Thatcher, eleita primeira-ministra da Grã-Bretanha com a missão de limitar o poder dos sindicatos e acabar com a estagnação inflacionária do país e de Ronald Reagan, eleito presidente dos Estados Unidos e impelindo a revitalização da economia de seu país por meio do apoio às decisões de Paul Volcker, adoção de políticas de restrição do poder do trabalho, desregulamentação da indústria, da agricultura, de setores extrativistas e liberação dos poderes das finanças tanto no âmbito interno quanto no cenário mundial. HARVEY. David. *O Neoliberalismo:* história e implicações. Tradução: Adail Sobral e Maria Stela Gonçalves. São Paulo: Edições Loyola, 2008. p. 11.

(91) GUTERMAN, Marcos. *O futebol explica o Brasil:* uma história da maior expressão popular do país. São Paulo: Editora Contexto, 2010. p. 208.

> dos jogos e o respeito ao corpo físico dos jogadores. Com a ajuda da telecracia, ou seja, da tecnologia televisiva, da mídia interessada na venda dos produtos, bem como de jornalistas esportivos, isso se firmou, embora não aparecendo para a população que está do outro lado da telinha. Dessa forma, a acumulação de capital no plano das empresas televisivas esconde-se atrás das imagens fantásticas, das superproduções esportivas que cativam, prendem e aprisionam os telespectadores. Nesse intenso jogo do poder e do capital, os próprios jogadores, na ânsia por conseguir transferências internacionais e assinar milionários contratos colocaram seu corpo para o sacrifício físico e modelaram a linguagem do silêncio para que nada atrapalhasse os negócios da FIFA. Assim foi criado o ídolo serviçal.(92)

E diante dessa transformação do esporte, conclui Eduardo Galeano:

> A história do futebol é uma triste viagem do prazer ao dever. Ao mesmo tempo em que o esporte se tornou indústria, foi desterrando a beleza que nasce da alegria de jogar só pelo prazer de jogar. Neste mundo do fim de século, o profissional condena o que é inútil, e é inútil o que não é rentável.
>
> [...]
>
> O jogo se transformou em espetáculo, com poucos protagonistas e muitos espectadores, futebol para olhar e o espetáculo se transformou num dos negócios mais lucrativos do mundo, que não é organizado para ser jogado, mas para impedir que se jogue. A tecnocracia do esporte profissional foi impondo um futebol de pura velocidade e muita força, que renuncia à alegria, atrofia a fantasia e proíbe a ousadia.(93)

No continente europeu, o processo de desestatização encerra o monopólio das TVs oficiais para a transmissão dos jogos de futebol e abre espaço para as emissoras privadas negociarem com as federações o direito de transmitir os jogos, levando os times a buscarem grandes astros do gramado.

E, nesse panorama se intensifica a saída de jogadores para jogar no exterior. Em 1985, 136 jogadores deixaram o Brasil. Em 1995, 381. E, em 2008, 1176.(94)

---

(92) OURIQUES, Nilso. Megaeventos no Brasil, o desenvolvimento do subdesenvolvimento e o assalto ao Estado. In: CAPELA, Paulo Ricardo do Canto; TAVARES, Elaine (Orgs.). *Os megaeventos esportivos:* suas consequências, impactos e legados para a América Latina. Florianópolis: Insular, 2014. p. 13-44, p. 24-25.

(93) GALEANO, Eduardo. *Futebol ao Sol e à Sombra*. Tradução de Eric Nepomuceno e Maria do Carmo Brito. Porto Alegre: L&PM, 2013. p. 10.

(94) GUTERMAN, Marcos. *O futebol explica o Brasil:* uma história da maior expressão popular do país. São Paulo: Editora Contexto, 2010. p. 231.

Na Copa de 1986, realizada no México, importantes jogadores brasileiros atuavam na Itália. Zico e Edinho jogavam na Udinese. Sócrates estava na Fiorentina. Falcão, na Roma, e Júnior, no Torino. Na Copa da Itália, em 1990, 12 jogadores brasileiros convocados para a seleção atuavam fora do Brasil.

Com a vitória da Argentina sobre a Alemanha na Copa de 1986, os jogadores receberam pelo bicho US$ 30 mil (cada um), sendo que se o Brasil tivesse ganhado o Mundial cada atleta receberia US$ 150 mil.(95)

Como aponta Marcos Guterman:

> Os "milhões" começaram a frequentar o noticiário esportivo a respeito das transferências, e o maior símbolo disso na época foi Maradona, que depois da Copa de 1982 trocou o Boca Juniors pelo Barcelona por US$ 8 milhões, a mais cara transação do futebol mundial até então. A partir da Copa da Espanha, a ideia de que o futebol não tinha mais fronteiras definitivamente se consolidou, e menos de dez anos depois a Europa se transformaria no destino obrigatório dos maiores jogadores do mundo, fazendo do futebol uma multinacional de astronômica lucratividade.(96)

Em 1989, Ricardo Teixeira, genro de Havelange, assume a presidência da Confederação Brasileira de Futebol. Com um histórico de atuação no mercado financeiro, Teixeira associava sua imagem à modernidade do futebol.

A relação de Ricardo Teixeira e Havelange era muito próxima, sendo "[...] difícil saber onde terminavam os negócios da CBF e começavam os da dupla Havelange--Teixeira.[...]".(97)

À frente da CBF, o primeiro ato de Teixeira foi polêmico. O dirigente, em razão de promessa durante a campanha, anunciou uma lista de 39 jogadores da nova seleção brasileira do técnico Sebastião Lazaroni.(98)

Ricardo Teixeira assumiu a CBF em um momento de forte crise da seleção brasileira que estava há quase 20 anos sem ganhar um título mundial. No âmbito financeiro,

---

(95) ACAMPORA, Ricardo. 1986: Maradona ganha a Copa para a Argentina. *BBC*. 05 abr; 2002. Disponível em: https://www.bbc.com/portuguese/noticias/2002/020326_copa86.shtml. Acesso em: 04 maio 2019.

(96) GUTERMAN, *Marcos. O futebol explica o Brasil:* uma história da maior expressão popular do país. São Paulo: Editora Contexto, 2010. p. 231.

(97) RIBEIRO JR., Amaury *et al. O lado sujo do futebol:* a trama de propinas, negociatas e traições que abalou o esporte mais popular do mundo. São Paulo: Planeta, 2014. p. 61.

(98) SALGADO, Diego. Há 25 anos, Ricardo Teixeira assumia o comando da CBF. *O Estado de S. Paulo*. 16 jan. 2014. Disponível em: https://www.estadao.com.br/esportes/futebol/ha-25-anos-ricardo-teixeira-assumia-o-comando-da-cbf/. Acesso em: 04 maio 2019.

a CBF também não estava bem. Em 1990, os jogadores ainda não tinham recebido os bichos da Copa de 1986.

Para Amaury Ribeiro Jr. *et al*:

> Aquele ano mostrou a que vinha o neófito dirigente: não entendia nada de futebol, mas conhecia muito bem o mundo dos negócios e das leis que o envolvem. Teixeira aproveitou a balbúrdia e deu um pulo do gato. Em 1990, a CBF abriu mão de sua única grande receita: o dinheiro oriundo da Loteria Esportiva. Sob o discurso de profissionalização, escondia-se uma jogada genial: sem dinheiro público, Ricardo Teixeira se livrou de ser processado, ao longo dos anos, por crimes como peculato, corrupção passiva e ativa, improbidade e outros que envolvam grana do contribuinte.(99)

Seria necessário muito trabalho para organizar o futebol no Brasil. Os campeonatos no país eram deficitários e a venda de jogadores para o exterior constituía a maior fonte de renda dos principais clubes. A média de público no Brasileirão de 1989 era a pior dos dez últimos anos.(100)

Logo que assumiu a presidência, em 1989, Ricardo Teixeira criou a Copa do Brasil, campeonato que proporcionou promoção nacional a clubes locais. No início, a Copa do Brasil contou com 32 clubes e, em 2014, atingiu um total de 86, com agremiações de todos os Estados. Com apoio de todos os presidentes das 27 federações, Teixeira garantiu o segundo mandato de dirigente por mais quatro anos. (101)

A CBF se transformava com os patrocínios e com os acordos comerciais firmados. Da mesma forma, ocorria com o patrimônio de seu dirigente, que, no entanto, afirmava que o aumento de sua renda era normal, compatível com sua riqueza anterior à entrada na entidade. O que não se evidenciava era o estreitamento das relações comerciais entre Teixeira e Havelange. Um exemplo foi o contrato firmado para a celebração da RLJ Participações Ltda., em maio de 1992, na Jucerj, a Junta Comercial do Rio de Janeiro. A sigla, que trazia as iniciais de Ricardo, Lúcia e João, confirmava que se tratava de um negócio familiar.(102)

Desentendimentos familiares entre Teixeira e Havelange encerram a possibilidade de Teixeira suceder o sogro na presidência do futebol mundial. Havelange apoia Joseph Blatter, secretário-geral da FIFA, que em troca assume o compromisso de trazer a Copa do Mundo para o Brasil.

---

(99) RIBEIRO JR., Amaury *et al. O lado sujo do futebol:* a trama de propinas, negociatas e traições que abalou o esporte mais popular do mundo. São Paulo: Planeta, 2014. p. 64.

(100) *Idem.*

(101) *Ibidem*, p. 65.

(102) *Ibidem*, p. 66.

A conquista do tetra da seleção brasileira em 1994, na Copa do Mundo dos Estados Unidos, quebra um jejum de 24 anos da seleção sem título mundial, rendendo a Ricardo Teixeira e sua equipe prestígio e dinheiro. O futebol jogado pela seleção brasileira se assemelhava ao futebol jogado na Europa, "[...] afinal, nossos melhores jogadores atuavam lá. A diferença foi Romário que ainda guardava alguma semelhança com os craques de DNA brasileiros pela possibilidade de inventar o jogo em um ínfimo espaço de campo"(103).

Uma nova configuração na organização de grandes eventos esportivos vai se consolidando. Na década de 1990, a Nike passa a investir no futebol. Em 1998, a FIFA contava com 205 países associados. Brasil, Itália, Holanda, Nigéria, Coreia do Sul e Estados Unidos foram países que contaram com o patrocínio da empresa. A marca passa a se valer de atletas campeões para associá-los à sua imagem. O esporte, de um modo geral, torna-se um segmento economicamente significativo.(104)

Segundo Katia Rubio:

> [...] Transformado em produto de consumo o esporte, de maneira genérica, e o olímpico, mais especificamente, tiveram que se adequar para satisfazer às exigências de um mercado consumidor ávido por limites e movimento, premido ainda pelo veículo máximo de exposição desses feitos: os diversos meios de comunicação de massa. Não se pode negar que a televisão transformou a audiência do esporte em todo o mundo, e na medida que começou a perder a capacidade de subsistir enquanto espetáculo ao vivo, tornou-se dependente de patrocínios gerados pela abrangência das transmissões televisivas. Essa situação provocou o incremento do profissionalismo no esporte, tanto no que se refere à possessão do espetáculo pela televisão como em relação àquele que protagoniza o espetáculo, o atleta.(105)

Em 2002, na Copa do Mundo da Coreia e Japão, o Brasil conquista o pentacampeonato. No entanto, como apontam Ronaldo Helal e Antônio Jorge Soares, os "heróis nacionais" pareciam não ser mais só nossos, "[...] é como se o Ronaldinho fosse mais da Nike do que do Brasil. Os jogadores mais importantes estão cada vez mais associados

(103) GUTERMAN, Marcos. *O futebol explica o Brasil:* uma história da maior expressão popular do país. São Paulo: Editora Contexto, 2010. p. 246.

(104) Salientam Amaury Ribeiro Jr., *et al* que: "[...] no século 21, o do consumismo individualizado, status por associação é fórmula que não falha. E as grandes empresas de material esportivo estão intimamente ligadas à ideia de que um tênis, uma camiseta ou um agasalho são mais que vestuários: são símbolos que em suas cores e modelos expressam status social." RIBEIRO JR., Amaury *et al. O lado sujo do futebol:* a trama de propinas, negociatas e traições que abalou o esporte mais popular do mundo. São Paulo: Planeta, 2014. p. 77.

(105) RUBIO, Katia. O legado educativo dos megaeventos esportivos. *Motrivivência*, ano XXI, n. 32/33, p. 71-88, jun./dez. 2009, p. 86.

ao "*jet set*" internacional: vivem na Europa e fazem contratos milionários com multinacionais [...]"(106).

De acordo com Marcelo Weishaupt Proni:

> A lógica do mercado foi dando o tom da modernização do futebol brasileiro. Muitos analistas acreditam que, cedo ou tarde, os interesses econômicos dos clubes-empresa conseguiram se impor aos interesses políticos que sustentavam a CBF e as federações estaduais. Como não tinham sido definidos limites ou parâmetros para esse processo de metamorfose, porém as inevitáveis rupturas poderiam se tornar mais profundas e suas consequências no longo prazo pareciam mais difíceis de remediar. No limite, talvez as contradições geradas por essas mudanças sem freios pudessem colocar em cheque a continuidade de tradições criadas ao longo do século. Por isso deixou de debater a necessidade das mudanças e passou-se a discutir o tipo de modernização que se pretendia, ou seja, como direcionar o processo e impedir uma ação abusiva da lógica mercantil.(107)

O futebol, tendo por expoente máximo o evento da Copa do Mundo, se torna um grande empreendimento comercial. A FIFA, detentora dos direitos comerciais da Copa, passa a comercializá-los com um extenso rol de empresas multinacionais interessadas em levar seus produtos para a Copa.

Como aponta Arlei Sander Damo "[...] não são apenas as regras do jogo que garantem a sobrevivência do futebol, são também esses arranjos a que se denominam copas ou campeonatos, cujo objetivo é agregar valor que de outro modo os jogos não teriam [...]"(108).

No momento em que a lógica dos negócios assume posição central "na nova competitividade global", seus elementos passam a se integrar, inclusive, setores ligados ao Estado, que se valem de conceitos e práticas administrativas para legitimar a sua atuação naquele contexto específico, fazendo surgir novos atores que vão dar sustentação a esses discursos.

O que se verifica é uma forma de associação entre os governos e certos segmentos empresariais para exploração conjunta e promíscua das benesses do futebol, cada um a

---

(106) HELAL, Ronaldo; SOARES, Antônio Jorge. *O Declínio da Pátria de Chuteiras:* futebol e identidade nacional na Copa do Mundo de 2002. Disponível em: http://www.compos.org.br/data/biblioteca_947.pdf, p. 17. Acesso em: 19 mar. 2019.

(107) PRONI, Marcelo Weishaupt. *A metamorfose do futebol*. Campinas, SP: UNICAMP/IE, 2000. p. 215.

(108) DAMO, Arlei Sander. O desejo, o direito e o dever – A trama que trouxe a Copa ao Brasil. *Revista Movimento*, Porto Alegre, v. 18, n. 02, p. 41-81, abr./jun. 2012, p. 64-65. Disponível em: https://seer.ufrgs.br/Movimento/article/viewFile/29910/19077. Acesso em: 19 mar. 2019.

seu modo. Os governos, para obtenção de dividendos políticos eleitorais; as empresas, para majoração de lucros.

A FIFA e o COI (Comitê Olímpico Internacional), a partir do grande poder que tinham nas mãos, passaram a ser tratados pelos governantes como "fontes milagrosas de capitais", sendo que o país que conseguisse sediar esses megaeventos "[...] teria uma justificativa de inquestionável popularidade para dispor de rios de dinheiro público em nome da "modernização" da cidade, alavancando negócios milionários para o setor privado", como no caso da construção civil, do mercado fundiário e imobiliário.(109)

Todavia, enquanto para as instituições organizadoras dos megaeventos os ganhos são exorbitantes com risco zero, para os patrocinadores a segurança não é a mesma, o que os leva a exigir medidas severas para o lucro ser garantido. Da mesma forma ocorre com os governos, uma vez que não possuem nenhuma garantia, ao menos do ponto de vista monetário. O prognóstico de lucro se dá na perspectiva político-eleitoral, o que os torna completamente submissos, chegando, inclusive, a aprovar leis específicas e excepcionais para serem mantidos os privilégios econômicos das entidades privadas.(110)

Toda essa lógica de mercantilização do futebol que tem por trás o jogo do poder e do capital vai se inserir no Brasil, mais fortemente, com a Copa do Mundo de 2014.

A realização desse megaevento, ao se associar com a realidade histórica da sociedade brasileira, seus mandos e desmandos políticos, suas mazelas sociais, sua raiz escravocrata, entre outros, encontrará um terreno fértil para o aprofundamento dessas questões, em que vão sair beneficiados certos setores econômicos, como também, evidentemente, a FIFA.

Como aponta Carlos Vainer, a partir de ensinamentos de Mao Tse-Tung, "uma fagulha pode incendiar uma pradaria", basta, para que isso aconteça, que a pradaria esteja seca, "pronta para incendiar-se".(111) Para Vainer, "essa pradaria são as nossas cidades"(112), para nós, estudiosos das questões jurídicas ligadas ao trabalho, a pradaria seria o Direito do Trabalho.

---

(109) FERREIRA, João Sette Whitaker. Apresentação. Um teatro milionário. In: *Brasil em Jogo:* o que fica da Copa e das Olimpíadas? Andrew Jennings, Raquel Rolnik; Antonio Lassance [*et al.*]. São Paulo : Boitempo: Carta Maior, 2014. p. 7-16, p. 8-9.

(110) *Idem.*

(111) VAINER, Carlos. Quando a cidade vai às ruas. Um teatro milionário. In: *Brasil em Jogo:* o que fica da Copa e das Olimpíadas? Andrew Jennings, Raquel Rolnik ; Antonio Lassance [*et al.*]. São Paulo: Boitempo: Carta Maior, 2014. p. 35-40, p. 36.

(112) *Ibidem*, p. 37.

Capítulo 2

O Direito do Trabalho de 2007 a 2014

No âmbito do Direito do Trabalho, na visão de Jorge Luiz Souto Maior, o ano de 2002 representa um marco histórico na desaceleração do movimento regressivo de direitos desencadeado na década de 90 no Brasil, o que não representa que se tenha, no período de 2003 a 2016, já sob a administração dos governos do Partido dos Trabalhadores (PT)[(113)], operado uma reversão completa dessa linha de regressão dos direitos trabalhistas, ao menos do ponto de vista legislativo[(114)], sobretudo, por conta da verificada assimilação de ideais neoliberais.[(115)]

---

(113) Após três derrotas consecutivas nas urnas, Luiz Inácio Lula da Silva (PT) vence as eleições presidenciais em 2002. Lula exerce seu primeiro mandato no período 2003-2006, sendo reeleito em 2006. Realiza seu segundo mandato no período 2007-2011. Dilma Rousseff (PT), após ser eleita em 2010, assume a Presidência da República para o período 2011-2014. Reeleita em 2014, Dilma toma posse em 1o de janeiro de 2015, para o segundo mandato. No entanto, no dia 2 de dezembro de 2015, o presidente da Câmara dos Deputados, Eduardo Cunha, acolheu o pedido de *impeachment* contra a presidenta Dilma, protocolado pelos juristas Hélio Bicudo, Miguel Reale Júnior e Janaína Paschoal, que culminou com a sua destituição da Presidência da República, em 31 de agosto de 2016, assumindo o cargo, o vice-presidente Michel Temer (PMDB).

(114) Como aponta Jorge Luiz Souto Maior, "passada a euforia inicial pela eleição, o próprio presidente Lula chegou a defender publicamente a flexibilização das leis trabalhistas e, pior, disse a operários, em manifestação em fábrica do ABC, que eles eram privilegiados por já terem emprego, buscando com isso deslegitimar a reivindicação que faziam por melhores salários, considerada, pois, um ato egoísta. [...] Em 2005, adveio um dos maiores baques aos direitos trabalhistas, a Lei n. 11.101, da recuperação judicial, que retirou do crédito trabalhista (superior a 150 salários mínimos) o caráter privilegiado com relação a outros créditos e buscou eliminar a sucessão trabalhista. Essa lei, aliás, tem sido utilizada até hoje como forma de institucionalização do calote trabalhista". SOUTO MAIOR. Jorge Luiz. *História do Direito do Trabalho no Brasil:* curso de Direito do Trabalho. Volume I: parte II. São Paulo: LTr, 2017. p. 408 e 409.

(115) Segundo Jorge Luiz Souto Maior, mesmo não havendo uma reversão do processo de retrocesso legislativo, o avanço da candidatura de Luiz Inácio Lula da Silva em 2002, acabou dando força aos atos de resistência contra os ataques aos direitos sociais, "[...] especialmente no âmbito acadêmico, com reflexos na Justiça do Trabalho, ainda que esta estivesse movida por preocupações corporativas, vez que ameaçada de extinção pelo projeto neoliberal. [...] Não quer isso dizer, no entanto, que os governos petistas de 2003 a 2016 tenham sido exatamente iguais aos governos tucanos e ao governo ilegítimo do PMDB, pois ao menos tornou possível se recomporem, ainda que timidamente, as bases organizacionais dos movimentos sociais e sindical, embora apenas de 2013 em diante, conforme se verá adiante, sendo que fora exatamente esse reforço social que estimulou a tentativa de retrocesso institucional em 2016". SOUTO MAIOR. Jorge Luiz. *História do Direito do Trabalho no Brasil:* curso de Direito do Trabalho. Volume I: parte II. São Paulo: LTr, 2017. p. 404 e 408.

Nesta perspectiva de análise, pode-se identificar, inclusive, no plano legislativo, uma espécie de continuísmo do movimento iniciado na década de 90 que proporcionou, em 2017, a aprovação da Lei n. 13.467/2007, a lei da "reforma" trabalhista.

Este estudo se dedica a trazer elementos de compreensão sobre o retrocesso imposto aos direitos trabalhistas na história recente do país, destacando a influência exercida pelos ajustes e interesses que se fizeram necessários para a realização da Copa do Mundo no Brasil, em 2014, que é, ademais, o ponto central da presente investigação.

Para aprofundar essa análise, fixou-se como ponto de partida o ano de 2007, quando o Brasil foi escolhido como o país-sede da Copa de 2014.

Considerando esse argumento, foi necessário verificar qual vinha sendo o percurso do Direito do Trabalho de 2007 a 2014, para o efeito de possibilitar uma comparação com o período posterior.

Essa tarefa foi facilitada pela coincidência da realização, no ano de 2007, da 1ª Jornada de Direito Material e Processual do Trabalho, que explicitou o pensamento majoritário da magistratura trabalhista sobre os temas mais relevantes do Direito do Trabalho, valendo lembrar que também foi relevante, em tal evento, a participação da advocacia e de membros do Ministério Público do Trabalho, de modo que, se pode dizer, que os entendimentos então expressos iam além da visão dos juízes e juízas.

Conforme se terá oportunidade de ver logo adiante, o conteúdo dos Enunciados, analisados em conjunto, apontava na direção da ampliação dos direitos dos trabalhadores e trabalhadoras.

No entanto, como se sabe, em 2017, o Direito do Trabalho sofreu enorme retrocesso, que representa uma mudança de rumos.

Como essa guinada se deu e por que é o desafio que se pretende enfrentar.

A hipótese, fixada neste estudo, é a de que para o advento da Copa do Mundo no Brasil (incluindo a sua preparação e realização), por conta de uma série de elementos não só culturais, mas também políticos e materiais, que envolvem a questão do futebol no nosso país, foram realizadas diversas concessões ao poder econômico e isso fez ampliar um processo de fissuras na rede de proteção social, abrindo os flancos para que os registros de precarização se generalizassem, fragilizando o Direito do Trabalho.

Não que a jurisprudência trabalhista, até 2014, fosse totalmente favorável aos trabalhadores e trabalhadoras. Diversos entendimentos do Tribunal Superior do Trabalho (TST) e do Supremo Tribunal Federal (STF) já acatavam a tese da flexibilização em alguns temas, que, inclusive, acabaram sendo integrados à Lei n. 13.467/17.

De todo modo, era bem distinto o estágio alcançado pelo Direito do Trabalho, em termos de busca da efetivação dos valores constitucionais sociais e do respeito aos princípios jurídicos trabalhistas, notadamente os da proteção e da progressividade, no período anterior à Copa, se comparado com o que se produziu depois da sua realização.

2.1. A 1ª Jornada de Direito Material e Processual na Justiça do Trabalho

Em 2007, foi realizada a 1ª Jornada de Direito Material e Processual na Justiça do Trabalho, nos dias 21, 22 e 23 de novembro, em Brasília/DF, na sede do Tribunal Superior do Trabalho.(116)

A Jornada foi organizada pelo Tribunal Superior do Trabalho (TST) em conjunto com a Escola Nacional de Formação e Aperfeiçoamento de Magistrados do Trabalho (Enamat) e com a Associação Nacional dos Magistrados da Justiça do Trabalho (Anamatra) e ainda com o apoio do Conselho de Escolas de Magistratura Trabalhista (Conematra).

Participaram do evento diversos profissionais do Direito do Trabalho, entre os quais juristas, ministros, desembargadores, juízes, procuradores, advogados, professores e servidores públicos, de várias regiões do país.

A mesa de honra da cerimônia de abertura da Jornada, que ocorreu no dia 21 de novembro de 2007, foi composta pelo vice-presidente do Tribunal Superior do Trabalho (TST), ministro Milton de Moura França, que representou o presidente do TST, ministro Rider Nogueira de Brito; pelo diretor da Escola de Formação e Aperfeiçoamento de Magistrados do Trabalho (Enamat), ministro Carlos Alberto Reis de Paula; pelo presidente da Associação Nacional dos Magistrados da Justiça do Trabalho (Anamatra), o juiz Cláudio José Montesso; pelo vice-presidente do Superior Tribunal de Justiça, ministro Francisco Peçanha Martins; pelo corregedor-geral da Justiça do Trabalho, ministro João Oreste Dalazen; pelo ministro aposentado do TST, José Luciano de Castilho Pereira; pelo secretário da Reforma do Judiciário, doutor Rogério Favreto; pela presidente do Conselho das Escolas de Magistratura do Trabalho (Conematra), a juíza do trabalho Graça Maria Borges de Freitas; e pelo procurador-geral do Trabalho, Otávio Brito Lopes.

O ministro Milton de Moura França, vice-presidente do TST, ao declarar a abertura do evento, expressou sua expectativa de que a 1ª Jornada encontrasse as melhores propostas e os melhores enunciados, para que pudessem contribuir com a prevenção e a solução dos conflitos das relações de trabalho.(117)

O ministro do TST, Carlos Alberto Reis de Paula, diretor da Escola Nacional de Formação e Aperfeiçoamento de Magistrados do Trabalho (Enamat), em seu pronunciamento enfatizou que o momento da realização da 1ª Jornada era muito oportuno, em

(116) MONTESSO, Cláudio José; STERN, Maria de Fátima Coelho Borges; ELY, Leonardo (Coords.). *1ª Jornada de Direito Material e Processual na Justiça do Trabalho*. São Paulo: LTr, 2008. *E-Book*.

(117) *Ibidem*, p. 3.

razão da ampliação da competência material constitucional da Justiça do Trabalho e da agitação econômica e social vivenciada pela sociedade brasileira. Salientou o ministro, que o fato do Direito do Trabalho relacionar-se com o cotidiano daquele que tem no trabalho sua forma de subsistência, além de consistir em mecanismo de afirmação pessoal e social, situa-se no centro das discussões relevantes de qualquer debate sobre questões atuais ou futuras, reforçando a relevância da 1ª jornada, como espaço para o debate e aproximação das instâncias trabalhistas.(118)

Para o presidente da Anamatra, Cláudio José Montesso, a 1ª Jornada era mais que um evento de natureza científica ou cultural. Tratava-se de um evento de caráter político, com a finalidade de reafirmação da importância da Justiça do Trabalho e de sua autonomia na análise e interpretação das normas, bem como sua afirmação no cenário nacional, sobretudo após a aprovação da Emenda Constitucional n. 45/2004.(119)

No mesmo sentido, o ministro do TST, José Luciano de Castilho Pereira, em sua palestra de abertura, em que abordou o tema *o Direito do Trabalho e a realidade brasileira*, ressaltou a oportunidade rara que constituía a 1ª Jornada de Direito Material e Processual na Justiça do Trabalho. Segundo ele, o evento não deveria servir para encontrar respostas, mas para "[...] tentar abalar o pensamento único, as falsas certezas e o grande desconhecimento que temos sobre a verdadeira realidade brasileira." (120)

Ressaltou ainda o ministro que:

> Com instigante ironia, o min. Eros Grau também chama a atenção para os que atendem mais à doutrina do que à realidade.
>
> Com essa advertência os debates devem ser travados.
>
> Não há como examinar o Direito do Trabalho brasileiro numa perspectiva europeia, americana do norte ou asiática, fazendo completa abstração da nossa realidade.
>
> Assim, ao cuidar dos Direitos Fundamentais e as Relações de Trabalho, não há como fugir da trágica realidade brasileira, em processo de mudança, na qual, mais do que nunca, é fundamental vincular o Direito do Trabalho aos Direitos Humanos, como está na própria origem desse Direito, que surgiu para humanizar o capitalismo.
>
> Enquanto instrumento de integração social e de distribuição de renda, o Direito do Trabalho interessa ao trabalhador e ao empregador, dentro do

(118) MONTESSO, Cláudio José; STERN, Maria de Fátima Coelho Borges; ELY, Leonardo (Coords.). *1ª Jornada de Direito Material e Processual na Justiça do Trabalho*. São Paulo: LTr. 2008. *E-Book*. p. 3.

(119) *Ibidem*, p. 5.

(120) *Ibidem*, p. 9-11.

> sistema capitalista, o qual — correta ou incorretamente — o Direito do Trabalho nunca pretendeu eliminar.
>
> Ao cuidar do Contrato de Emprego e outras Relações de Trabalho será enfrentado tema crucial para a Justiça do Trabalho, que passou a se defrontar com a dificuldade de decidir sobre qual direito aplicar, quando não se cuidar de relação de emprego. Aqui, deverá sempre ser invocado o art. 421/ CC, bem assim o CDC, ambos muito próximos do Direito do Trabalho, sempre de olhos na realidade brasileira. Ao tratar das Lides Sindicais-Direito Coletivo, é o próprio cerne do Direito do Trabalho que estará sendo enfrentado.
>
> Nesta terra de Santa Cruz, o negociado pode mesmo valer mais do que o legislado? [...].(121)

As comissões para análise e discussões das propostas de enunciados selecionados abordaram diversos temas: Comissão I: Direitos fundamentais e as relações de trabalho – Enunciados: 1 ao 17; Comissão II: Contrato de emprego e outras relações de trabalho – Enunciados: 18 ao 23; Comissão III: Lides sindicais — Direito coletivo — Enunciados: 24 ao 35; Comissão IV: Responsabilidade civil em danos patrimoniais e extrapatrimoniais e Comissão V: Acidente do trabalho e doença ocupacional Enunciados — Enunciados: 36 ao 54; Comissão VI: Penalidades administrativas e mecanismos processuais correlatos — Enunciados: 55 ao 62; Comissão VII: Processo na Justiça do Trabalho — Enunciados: 63 ao 79.

Foram discutidas e analisadas nas sete comissões temáticas, 140 propostas de enunciados selecionadas pela comissão científica do evento, dentre as 338 propostas enviadas, sobre questões de grande relevância para a Justiça do Trabalho.

Ao final, em sessão plenária, foram aprovados 79 Enunciados.

O conteúdo das teses aprovadas é revelador de um autêntico movimento em defesa da Justiça do Trabalho e contrário à pauta neoliberal de flexibilização de direitos e precarização do trabalho que havia dominado o cenário jurídico nacional na década de 90.

Dentre os 79 Enunciados aprovados, alguns deles nos auxiliam bem na identificação desse movimento. São eles:

> ENUNCIADO N. 2. DIREITOS FUNDAMENTAIS FORÇA NORMATIVA.
>
> I – **Art. 7º, inc. I, da Constituição da República**. **Eficácia plena**. Força normativa da Constituição. Dimensão objetiva dos direitos fundamentais e dever de proteção. **A**

(121) MONTESSO, Cláudio José; STERN, Maria de Fátima Coelho Borges; ELY, Leonardo (Coords.). *1ª Jornada de Direito Material e Processual na Justiça do Trabalho.* São Paulo: LTr. 2008. *E-Book*. p. 9-11.

omissão legislativa impõe a atuação do Poder Judiciário na efetivação da norma constitucional, garantindo aos trabalhadores a efetiva proteção contra a dispensa arbitrária.

II – **Dispensa abusiva do empregado. Vedação constitucional. Nulidade.** Ainda que o empregado não seja estável, deve ser declarada abusiva e, portanto, nula a sua dispensa quando implique a violação de algum direito fundamental, devendo ser assegurada prioritariamente a reintegração do trabalhador.

III – Lesão a direitos fundamentais. Ônus da prova. Quando há **alegação de que ato ou prática empresarial disfarça uma conduta lesiva** a direitos fundamentais ou a princípios constitucionais, **incumbe ao empregador o ônus de provar que agiu sob motivação lícita.**

ENUNCIADO N. 4. "DUMPING SOCIAL". DANO À SOCIEDADE. INDENIZAÇÃO SUPLEMENTAR. **As agressões reincidentes e inescusáveis aos direitos trabalhistas geram um dano à sociedade**, pois com tal prática desconsidera-se, propositalmente, a estrutura do Estado social e do próprio modelo capitalista com a obtenção de vantagem indevida perante a concorrência. A prática, portanto, reflete o conhecido "**dumping social"**, motivando a necessária reação do Judiciário trabalhista para corrigi-la. **O dano à sociedade configura ato ilícito**, por exercício abusivo do direito, já que extrapola limites econômicos e sociais, nos exatos termos dos arts. 186, 187 e 927 do Código Civil. Encontra-se no art. 404, parágrafo único do Código Civil, o fundamento de ordem positiva **para impingir ao agressor contumaz uma indenização suplementar,** como, aliás, já previam os arts. 652, *"d"*, e 832, § 1º, da CLT.

ENUNCIADO N. 6. GREVES ATÍPICAS REALIZADAS POR TRABALHADORES.

CONSTITUCIONALIDADE DOS ATOS. **Não há, no texto constitucional, previsão reducionista do direito de greve,** de modo que todo e qualquer ato dela decorrente está garantido, salvo os abusos. **A Constituição da República contempla a greve atípica,** ao fazer referência à liberdade conferida aos trabalhadores para deliberarem acerca da oportunidade da manifestação e dos interesses a serem defendidos. A greve não se esgota com a paralisação das atividades, eis que envolve a organização do evento, os piquetes, bem como a defesa de bandeiras mais amplas ligadas à democracia e à justiça social.

ENUNCIADO N. 9. FLEXIBILIZAÇÃO.

I – FLEXIBILIZAÇÃO DOS DIREITOS SOCIAIS. **Impossibilidade de desregulamentação dos direitos sociais fundamentais**, por se tratar de normas contidas na cláusula de intangibilidade prevista no art. 60, § 4º, inc. IV, da Constituição da República.

II – DIREITO DO TRABALHO. PRINCÍPIOS. EFICÁCIA. **A negociação coletiva que reduz garantias dos trabalhadores asseguradas em normas constitucionais e legais ofende princípios do Direito do Trabalho**. A quebra da hierarquia das fontes é válida na hipótese de o instrumento inferior ser mais vantajoso para o trabalhador.

ENUNCIADO N. 10. TERCEIRIZAÇÃO. LIMITES. RESPONSABILIDADE SOLIDÁRIA. **A terceirização somente será admitida na prestação de serviços especializados, de caráter transitório**, desvinculados das necessidades permanentes da empresa, mantendo-se, de todo modo, **a responsabilidade solidária** entre as empresas.

ENUNCIADO N. 11. TERCEIRIZAÇÃO. SERVIÇOS PÚBLICOS.

RESPONSABILIDADE SOLIDÁRIA. **A terceirização de serviços típicos da dinâmica permanente da Administração Pública**, não se considerando como tal a prestação de serviço público à comunidade por meio de concessão, autorização e permissão, **fere a Constituição da República**, que estabeleceu a regra de que os serviços públicos são exercidos por servidores aprovados mediante concurso público. Quanto aos efeitos da **terceirização ilegal**, preservam-se os direitos trabalhistas integralmente, com **responsabilidade solidária do ente público**.

ENUNCIADO N. 15. REVISTA DE EMPREGADO.

I - REVISTA - ILICITUDE. **Toda e qualquer revista, íntima ou não,** promovida pelo empregador ou seus prepostos em seus empregados e/ou em seus pertences**, é ilegal**, por ofensa aos direitos fundamentais da dignidade e intimidade do trabalhador.

II - REVISTA ÍNTIMA - VEDAÇÃO A AMBOS OS SEXOS. **A norma do art. 373-A, inc. VI, da CLT, que veda revistas íntimas nas empregadas, também se aplica aos homen**s em face da igualdade entre os sexos inscrita no art. 5o, inc. I, da Constituição da República.

ENUNCIADO N. 16. [...] II - TERCEIRIZAÇÃO. SALÁRIO EQÜITATIVO. PRINCÍPIO DA Não DISCRIMINAÇÃO. **Os empregados da empresa prestadora de serviços**, em caso de terceirização lícita ou ilícita, **terão direito ao mesmo salário dos empregados vinculados à empresa tomadora** que exercerem função similar.

ENUNCIADO N. 17. LIMITAÇÃO DA JORNADA. REPOUSO SEMANAL REMUNERADO. DIREITO CONSTITUCIONALMENTE ASSEGURADO A TODOS OS TRABALHADORES. INCONSTITUCIONALIDADE DO ART. 62 DA CLT. **A proteção jurídica ao limite da jornada de trabalho**, consagrada nos incisos XIII e XV do art. 7º da Constituição da República, confere, respectivamente, a todos os trabalhadores, indistintamente, os direitos ao repouso semanal remunerado e à limitação da jornada de trabalho, tendo-se por **inconstitucional o art. 62 da CLT**.

ENUNCIADO N. 18. PRINCÍPIO DA PROTEÇÃO INTEGRAL. TRABALHO DO ADOLESCENTE. ILEGALIDADE DA CONCESSÃO DE AUTORIZAÇÃO JUDICIAL. A Constituição Federal veda qualquer trabalho anterior à idade de dezesseis anos, salvo na condição de aprendiz, a partir dos quatorze anos (art. 7º, inciso XXXIII, CF, arts. 428 a 433 da CLT). **Princípio da proteção integral que se impõe com prioridade absoluta** (art. 227, *caput*), **proibindo a emissão de autorização judicial para o trabalho antes dos dezesseis anos.**

ENUNCIADO N. 25. CONDUTA ANTI-SINDICAL. PARTICIPAÇÃO EM GREVE. DISPENSA DO TRABALHADOR. **A dispensa de trabalhador motivada por sua participação lícita na atividade sindical, inclusive em greve, constitui ato de discriminação** e desafia a aplicação do art. 4º da Lei n. 9.029/95, devendo ser determinada a "**readmissão com ressarcimento integral de todo o período de afastamento**, mediante pagamento das remunerações devidas" **ou "a percepção, em dobro**, da remuneração do período de afastamento" sempre corrigidas monetariamente e acrescida dos juros legais.

ENUNCIADO N. 34. DISSÍDIO COLETIVO CLÁUSULAS PRÉ-EXISTENTES. **O § 2º do art. 114 da CF impõe aos Tribunais do Trabalho** que, no julgamento dos dissídios coletivos, **respeitem as disposições convencionadas anteriormente. Idêntico entendimento** deve ser aplicado às **cláusulas pré-existentes previstas em sentenças normativas.**

ENUNCIADO N. 37. RESPONSABILIDADE CIVIL OBJETIVA NO ACIDENTE DE TRABALHO. ATIVIDADE DE RISCO. **Aplica-se o art. 927, parágrafo único, do Código Civil nos acidentes do trabalho.** O art. 7º, XXVIII, da Constituição da República, não constitui óbice à aplicação desse dispositivo legal, visto que seu *caput* garante a inclusão de outros direitos que visem à melhoria da condição social dos trabalhadores.

ENUNCIADO N. 38. RESPONSABILIDADE CIVIL. DOENÇAS OCUPACIONAIS DECORRENTES DOS DANOS AO MEIO AMBIENTE DO TRABALHO. **Nas doenças ocupacionais decorrentes dos danos ao meio ambiente do trabalho, a responsabilidade do empregador é objetiva**. Interpretação sistemática dos arts. 7º, XXVIII, 200, VIII, 225, § 3º, da Constituição Federal e do art. 14, § 1º, da Lei n. 6.938/81.

ENUNCIADO N. 40. RESPONSABILIDADE CIVIL. ACIDENTE DO TRABALHO. EMPREGADO PÚBLICO. **A responsabilidade civil nos acidentes do trabalho envolvendo empregados de pessoas jurídicas de Direito Público interno é objetiva**. Inteligência do art. 37, § 6º da Constituição Federal e do art. 43 do Código Civil.

ENUNCIADO N. 44. RESPONSABILIDADE CIVIL. ACIDENTE DO TRABALHO. TERCEIRIZAÇÃO. SOLIDARIEDADE. **Em caso de terceirização de serviços, o tomador e o prestador respondem solidariamente pelos danos causados à saúde dos trabalhadores**. Inteligência dos arts. 932, III, 933 e 942, parágrafo único, do Código Civil e da Norma Regulamentadora 4 (Portaria n. 3.214/77 do Ministério do Trabalho e Emprego). (grifos nossos)

Conforme se verifica pelo conteúdo dos enunciados acima, o resultado da 1ª Jornada de Direito Material e Processual na Justiça do Trabalho revela uma magistratura do trabalho com olhos para a defesa dos preceitos constitucionais e a efetivação dos direitos dos trabalhadores e trabalhadoras.

De acordo com Emmanuel Teófilo Furtado e José Davi Cavalcante Moreira, os temas abordados na 1ª Jornada Material e Processual do Trabalho possuem "[...] a importância indelével para os trabalhadores, resgatando o papel do magistrado não somente como o inerte aplicador da legislação, mas também como o arguto observador da realidade [...]."[122]

Essa preocupação em torno da necessidade de uma atuação dos juízes voltada à efetivação dos direitos trabalhistas pode ser visualizada na seguinte passagem de texto escrito por Jorge Luiz Souto Maior:

> [...] aos juízes não cabe meramente exercer sua independência para, paradoxalmente, não atuar, ou para se alienar. A outra face da liberdade é a responsabilidade. O juiz, em razão da função importante que exerce na sociedade, não é livre para simplesmente dizer o que pensa, sem nenhum

(122) FURTADO, Emmanuel Teófilo; MOREIRA, José Davi Cavalcante. *Os Enunciados publicados na 1ª Jornada de Direito Material e Processual na Justiça do Trabalho:* inovação e posicionamento entre as fontes do Direito e do Direito do Trabalho. p. 2. Disponível em: http://www.publicadireito.com.br/conpedi/manaus/arquivos/anais/fortaleza/3520.pdf. Acesso em: 26 maio 2018.

> compromisso, mas para tornar concreta a promessa do direito de realizador da justiça, transpondo para o caso concreto a ordem jurídica. Esta ordem jurídica, ademais, vale lembrar, não se limita ao texto frio da lei. O juiz aplica o direito e não a lei "stricto sensu". O direito, integrado pela noção de princípios é algo muito mais amplo que a lei e serve ao objetivo maior da produção de justiça, sendo esta, no caso do direito do trabalho, uma justiça qualificada, qual seja, a justiça social.(123)

Para se atingir esse objetivo é necessário que se preservem as garantias da independência judicial, como salienta Valdete Souto Severo:

> O Juiz ou a Juíza que se reconhece como agente político sabe que sua função não se resume a produzir sentenças. Ele ajuda a "transformar a realidade social". Como afirma Márcio Túlio Viana, se o Juiz não cumpre essa função, 'não será sequer eficiente – por mais recordes que possa quebrar". E observa que o comprometimento político da atuação judicial não é um privilégio ou uma faculdade, é um dever. Tudo isso precisa ser compreendido dentro de uma lógica social que na aparência declara-se democrática e inclusiva, reconhece a fundamentalidade dos direitos sociais e empresta ao Poder Judiciário o rótulo de "guardião das promessas" da Constituição, mas que em sua essência é autoritária, raciocina a partir da posição social do destinatário da norma e tem no Judiciário uma representação muito clara dos interesses do capital [...].(124)

Verdade que os enunciados aprovados não vinculavam a atuação dos juízes e juízas do trabalho, mas, conforme advertem Emmanuel Teófilo Furtado e José Davi Cavalcante Moreira, ainda que os magistrados não estivessem vinculados aos enunciados, o conteúdo apresentado sinalizava o rumo da magistratura com potencial, inclusive, de influenciar a própria produção doutrinária, no sentido da defesa dos institutos do Direito do Trabalho.(125)

O advogado trabalhista João José Sady, em entrevista publicada pela revista eletrônica, Consultor Jurídico, em 28 de janeiro de 2008, matéria de Daniel Roncaglia,

---

(123) SOUTO MAIOR, Jorge Luiz. *Pai, afasta de mim esse cálice.* Disponível em: https://www.jorgesoutomaior.com/uploads/5/3/9/1/53916439/pai_afasta_de_mim_esse_c%C3%81lice.pdf. Acesso em: 20 jul. 2018.

(124) SEVERO, Valdete Souto. Os Juízes e Juízas do Trabalho diante do Desmanche. In: *Resistência II:* defesa e crítica da Justiça do Trabalho. Coordenadores Jorge Luiz Souto Maior, Valdete Souto Severo. 1. ed. São Paulo: Expressão Popular, 2018. p. 61-69, p. 68-69.

(125) FURTADO, Emmanuel Teófilo; MOREIRA, José Davi Cavalcante. *Os Enunciados publicados na 1ª Jornada de Direito Material e Processual na Justiça do Trabalho:* inovação e posicionamento entre as fontes do Direito e do Direito do Trabalho. p. 15-16. Disponível em: http://www.publicadireito.com.br/conpedi/manaus/arquivos/anais/fortaleza/3520.pdf. Acesso em: 26 maio 2018.

defende a aplicação dos enunciados da 1ª Jornada. Segundo ele: "Esses enunciados significariam um grande avanço caso venham a ser acolhidos pelos tribunais e transformados em jurisprudência".[126]

Em sentido contrário, a reportagem traz a opinião do advogado Marcos Alencar, que teceu críticas ao evento:

> [...] o pensamento da Anamatra não se adéqua aos novos tempos econômicos: "É preocupante esta tendência protecionista dos juízes que estão em descompasso com o desenvolvimento que precisamos". Segundo Alencar, este tipo de proteção apenas afasta os investidores estrangeiros.
>
> Alencar afirma que os enunciados demonstram que a Justiça do Trabalho ainda não dá autonomia ao trabalhador, que é tratado como "criança de colo". Para o advogado, as posições da Justiça do Trabalho burocratizam as relações de emprego e geram insegurança jurídica.[127]

E, ao final, a conclusão expressa pela reportagem é a de que "a leitura dos enunciados mostra que os juízes do Trabalho têm uma visão eminentemente de defesa do trabalhador", apontando, como exemplo, o enunciado referente à greve, que dispõe que não há na Constituição Federal qualquer previsão reducionista do direito de greve, estando garantido qualquer ato que decorra deste direito, salvo os abusos.[128]

Em outro artigo, intitulado "Resultado da 1ª Jornada de Direito do Trabalho é catastrófico", publicado em 17 de dezembro de 2007, no site Migalhas, o advogado Mário Gonçalves Júnior também critica o resultado da 1ª Jornada. Para ele, o resultado foi negativo e desestimularia outros eventos do gênero. Além disso, argumentou o advogado, que a função jurisdicional é indelegável e que, portanto, o TST não poderia delegar sua função aos juízes de 1º ou de 2º grau, da mesma forma que não seria possível legislar por meio da jurisprudência, visto que a função de legislar pertence ao Legislativo.[129]

Para Mário Gonçalves Júnior:

> [...] Até em matérias que expressamente só podem ser regulamentadas e ter eficácia plena por leis complementares e ordinárias ainda inexistentes, atreveu-se o colegiado em propor enunciados criando as regras. A mais ousada

(126) RONCAGLIA, Daniel. Enunciados da Anamatra mostram tendências dos juízes. *Consultor Jurídico*, 28 jan. 2008. Disponível em: https://www.conjur.com.br/2008-jan-28/enunciados_anamatra_mostram_tendencias_juizes. Acesso em: 02 jun. 2018.

(127) *Idem*.

(128) *Idem*.

(129) GONÇALVES FILHO, Mário. Resultado da 1ª Jornada de Direito do Trabalho é catastrófico. *Migalhas*. 17 dez. 2007. Disponível em: http://www.migalhas.com.br/dePeso/16,MI50954,11049-Resultado+da+1+Jornada+de+Direito+do+Trabalho+e+catastrofico. Acesso em: 16 maio 2018.

> dessas incursões legislativas encontra-se no "enunciado" n.. 2. O inciso I do art. 7º da Constituição somente pode ser regulamentado por lei complementar, mas sugere-se nesse "enunciado" seja regulamentado por súmula.
>
> É marcante a força do corporativismo na maioria dessas propostas, principalmente na esfera sindical, provavelmente um subterfúgio contra a reforma do Direito do Trabalho — temida pelos conservadores — tão prometida e que nunca chega. Falou-se em "*dumping social*" ("enunciado" n.. 4), greve por democracia e justiça social ("enunciado" n.. 6), inflexibilidade de direitos sociais "enunciado" n.. 9), condutas antissindicais ("enunciados" ns. 25 a 27) e organização sindical ("enunciados" ns. 5, 29 a 32).[...][(130)]

Pode-se dizer que os conteúdos dos Enunciados aprovados tiveram importante repercussão no âmbito da Justiça do Trabalho, pautando debates, bem como decisões judiciais, como, por exemplo, as condenações pela prática de *dumping social* (Enunciado n. 4), que passaram a se intensificar após a realização da 1ª Jornada de Direito Material e Processual da Justiça do Trabalho.[(131)]

Essa relevante atuação da magistratura trabalhista em defesa dos direitos constitucionais dos(as) trabalhadores(as), que, mais tarde, será refletida, inclusive, em Súmulas do TST, por outro lado, fez emergir movimentos de contraposição, como, por exemplo, demonstra o documento elaborado pela Confederação Nacional da Indústria (CNI) em 2012, "101 Propostas de Modernização Trabalhista", em que se propõe uma profunda alteração da legislação trabalhista no Brasil, como também da atuação da Justiça do Trabalho. [(132)]

Mesmo nos Enunciados em que se pode identificar alguma acolhida da flexibilização, como no enunciado n. 33, verifica-se a vedação ao retrocesso por meio da preservação do princípio da melhoria da condição social, o que é, portanto, bem diverso daquilo que se verificou por ocasião da "reforma" trabalhista. Com efeito, comparem-se os conteúdos do Enunciado 33 acima referido e do art. 611-A, § 2º, alterado pela Lei n. 13.467/17:

> ENUNCIADO N. 33. NEGOCIAÇÃO COLETIVA. SUPRESSÃO DE DIREITOS. NECESSIDADE DE CONTRAPARTIDA. **A negociação coletiva não pode ser utilizada somente como**

(130) GOÇALVES FILHO, Mário. Resultado da 1ª Jornada de Direito do Trabalho é catastrófico. *Migalhas.* 17 dez. 2007. Disponível em: https://www.migalhas.com.br/depeso/50954/resultado-da-1--jornada-de-direito-do-trabalho-e-catastrofico. Acesso em: 16 maio 2018.

(131) Diversas decisões de primeiro e segundo grau da Justiça do Trabalho são relacionadas na obra: SOUTO MAIOR, Jorge Luiz; MOREIRA, Ranúlio Mendes; SEVERO, Valdete Souto. Dumping *Social nas relações de trabalho.* 2. ed. São Paulo: LTr, 2014. p. 83-115.

(132) CNI. Confederação Nacional da Indústria. *101 propostas para modernização trabalhista.* Coordenador Emerson Casali. Brasília: CNI, 2012. p. 110.

um instrumento para a supressão de direitos, devendo sempre **indicar a contrapartida** concedida em troca do direito transacionado, **cabendo ao magistrado a análise da adequação da negociação coletiva realizada quando o trabalhador pleiteia em ação individual a nulidade de cláusula convencional.**

Art. 611-A, § 2º da CLT, "A inexistência de expressa indicação de contrapartidas recíprocas em convenção coletiva ou acordo coletivo de trabalho não ensejará sua nulidade por não caracterizar um vício do negócio jurídico". *(inserido pela Lei n. 13.467/2017)* (grifo nosso)

Dado bastante relevante do evento diz respeito ao fato de que a mobilização foi impulsionada, principalmente, por juízes e juízas de primeiro grau, contrapondo-se à ideia tradicional de que os entendimentos jurisprudenciais são construídos de cima para baixo, a partir da visão de mundo dos órgãos de cúpula.

Os juízes e juízas do trabalho, inclusive, se manifestaram, em ampla maioria, contrários à flexibilização dos direitos trabalhistas, demonstrando sua propensão ao debate sobre as relevantes questões presentes no dia a dia da Justiça do Trabalho e, ao mesmo tempo, a sua recusa em buscar uma solução do conflito sem avaliar os efeitos concretos das decisões proferidas.

2.2. A Jurisprudência do Tribunal do Superior do Trabalho

O período de 2007 a 2014 foi marcado por diversas alterações em Súmulas e Orientações Jurisprudenciais do Tribunal Superior do Trabalho (TST), que, reflexivamente, influenciaram o Direito do Trabalho como um todo.

Como apontam Magda Barros Biavaschi e Alisson Droppa:

> No Brasil, os conflitos individuais e coletivos de trabalho são julgados pelos Tribunais e Juízes do Trabalho, cabendo ao Tribunal Superior do Trabalho (TST), precipuamente, uniformizar a jurisprudência. Daí as Orientações Jurisprudenciais e as Súmulas que, conquanto não tenham força vinculante, acabam por interferir e, até, de certa forma, por moldar uma linha prevalente nas decisões judiciais.(133)

A investigação proposta neste estudo dará ênfase às Súmulas, que representam a posição do Tribunal Superior do Trabalho. Mais precisamente, se examinarão as alterações introduzidas nas Súmulas no período estudado.

---

(133) BIAVASCHI, Magda Barros; DROPPA, Alisson. A Dinâmica da Regulamentação da Terceirização no Brasil: as súmulas do Tribunal Superior do Trabalho, os projetos de lei e as decisões do Supremo Tribunal Federal. POLÍTICA & TRABALHO. *Revista de Ciências Sociais*, n. 41, out. 2014, p. 121-145, p. 123. Disponível em: http://www.femargs.com.br/uploads/artigos/a-historia-da-sumula-331/a-historia-da-sumula-331.pdf. Acesso em: 09 dez. 2018.

Isto porque as Orientações Jurisprudenciais (OJs), embora cumpram papel expressivo na uniformização da jurisprudência do Tribunal Superior do Trabalho, apresentam diferenças significativas em relação às Súmulas no aspecto da avaliação do direcionamento dominante na Corte.

Apesar de as Orientações Jurisprudenciais e as Súmulas visarem demonstrar a posição adotada pelo Tribunal Superior do Trabalho, a Súmula, além de ser mais estática, representa o julgamento uniforme de todo o Tribunal, sendo aprovadas pelo Tribunal Pleno, por meio de decisão de maioria absoluta de seus membros.(134)

Já a Orientação Jurisprudencial, criada pela Comissão de Jurisprudência, é dinâmica e representa o pensamento de um determinado órgão fracionado do Tribunal, podendo ser do Pleno e das Seções Especializadas, bem como, transitórias ou direcionadas a uma categoria profissional ou empresa.(135)

Nos anos de 2007 a 2014, muitas foram as alterações no entendimento jurisprudencial do Tribunal Superior do Trabalho, sendo possível identificar uma certa linha ascendente da proteção jurisprudencial dos direitos constitucionais trabalhistas. No entanto, também são verificados posicionamentos no sentido regressivo dos direitos dos(as) trabalhadores(as), que abrem fissuras nessa proteção jurídica, as quais esse movimento positivo da jurisprudência não foi capaz de fechar.(136)

No ano de 2007, houve apenas uma alteração nas Súmulas do Tribunal Superior do Trabalho (TST). Na sessão do dia 27 de setembro, o Tribunal Pleno, por meio da Resolução n. 142, cancelou a Súmula n. 194, que previa que as ações rescisórias ajuizadas na Justiça do Trabalho seriam admitidas, instruídas e julgadas de acordo com os arts. 485 e 495 do Código de Processo Civil de 1973, não sendo, necessário o depósito prévio, disposto nos arts. 488, II e 494, do referido código. Em 2008, algumas alterações ocorreram. No dia 24 de abril, por meio da Resolução n. 146, o Pleno do TST alterou a redação da Súmula n. 377, que passou a excluir a necessidade do preposto ser empregado, no caso de reclamação contra micro ou pequeno empresário. Tal entendimento era aplicável apenas na reclamação de empregado doméstico.

Pouco depois, em 26 de junho de 2008, por intermédio da Resolução n. 148, o TST alterou a Súmula n. 228 e cancelou a Súmula n. 17. A Súmula n. 17 estabelecia

(134) MIESSA, Élisson; CORREIA, Henrique. *Súmulas e Orientações Jurisprudenciais do TST*. 3. ed. São Paulo: Editora JusPodivm, 2013. p. 47.

(135) *Idem*.

(136) A pesquisa de jurisprudência do Tribunal Superior do Trabalho realizada (no item 2.2) foi extraída da seguinte fonte: JUSLABORIS. Biblioteca Digital da Justiça do Trabalho. Disponível em: https://juslaboris.tst.jus.br/handle/20.500.12178/1/discover?order=desc&rpp=20&sort_by=dc.date.issued_dt&page=1&group_by=none&etal=0&filtertype_0=especieato&filtertype_1=author&filter_0=Resolu%C3%A7%C3%A3o&filter_relational_operator_1=equals&filter_1=Brasil.+Tribunal+Superior+do+Trabalho+%28TST%29&filter_relational_operator_0=equals#main-container. Acesso em: 10 fev. 2018.

que o cálculo do adicional de insalubridade devido a empregado que, por previsão legal, convenção coletiva ou sentença normativa, percebesse salário profissional, seria sobre este calculado.

A alteração da Súmula n. 228 ocorreu em razão da publicação da Súmula Vinculante n. 4 do Supremo Tribunal Federal (STF), em 9 de maio de 2008, que estabeleceu que "salvo nos casos previstos na Constituição, o salário mínimo não pode ser usado como indexador de base de cálculo de vantagem de servidor público ou de empregado, nem ser substituído por decisão judicial".

O Tribunal Superior do Trabalho, na Súmula n. 228, apresentava entendimento pacífico indexando o adicional de insalubridade ao salário mínimo. Com a edição da Súmula Vinculante n. 4, o TST alterou a redação da Súmula n. 228 para dispor que: "A partir de 9 de maio de 2008, data da publicação da Súmula Vinculante n. 4 do Supremo Tribunal Federal o adicional de insalubridade será calculado sobre o salário básico, salvo critério mais vantajoso fixado em instrumento coletivo".

Tal alteração provocou grande celeuma jurídica levando ao ajuizamento de três reclamações junto ao Supremo Tribunal Federal, em que se questionava a validade da nova redação da Súmula n. 228: Reclamação n. 6.266, n. 6.275 e n. 6.277. A Reclamação n. 6.266[137], por exemplo, foi proposta pela Confederação Nacional da Indústria (CNI) que sustentou que o TST ao alterar a redação da Súmula n. 228 teria descumprido a Súmula Vinculante n. 4.[138]

O presidente do STF, à época, ministro Gilmar Mendes, com base no art. 13, inciso VIII, do Regimento Interno do Supremo Tribunal Federal, em 15 de julho de 2008, deferiu a liminar pleiteada e suspendeu a aplicação da Súmula n. 228 do TST, na parte em que permitia a utilização do salário básico para o cálculo do adicional de insalubridade. Segundo o ministro, a nova redação fixada para a Súmula n. 228 implicava em aplicação indevida da Súmula Vinculante n. 4, ao permitir, sem base normativa, a substituição do salário mínimo pelo salário básico no cálculo do adicional de insalubridade.

Com a Súmula n. 228 do TST suspensa foi retomada a discussão sobre a base de cálculo do adicional de insalubridade, que passou a ser regulada nos termos dos fundamentos da decisão proferida pela ministra Cármen Lúcia, no julgamento do Recurso Extraordinário (RE) 565.714[139], que contribuiu para a criação da Súmula Vinculante

(137) BRASIL. Supremo Tribunal Federal. *Reclamação n. 6.266* – Distrito Federal. Relatora: min. Cármen Lúcia. Data de Julgamento: 14/10/2008. Data de Publicação: 04.11.2008. Disponível em: https://stf.jusbrasil.com.br/jurisprudencia/14769500/reclamacao-rcl-6266-df-stf. Acesso em: 12 maio 2019.

(138) A Reclamação n. 6.275 foi proposta pela Unimed Ribeirão Preto Cooperativa de Trabalho Médico e a Reclamação 6.277 pela Confederação Nacional de Saúde, Hospitais e Estabelecimentos e Serviços — CNS.

(139) BRASIL. Supremo Tribunal Federal. *Recurso Extraordinário n. 565.714-1* – São Paulo. Relatora: Minª. Cármen Lúcia. Data de Julgamento: 30.04.2008. Data de Publicação: 8.8.2008. Republicação: 7.11.2008. (Tema 25 – Repercussão Geral). Disponível em: http://redir.stf.jus.br/paginadorpub/paginador.jsp?docTP=AC&docID=560067. Acesso em: 12 maio 2019.

n. 4. Segundo a decisão, o adicional de insalubridade deveria continuar sendo calculado com base no salário-mínimo, até que fosse superada a inconstitucionalidade por meio de lei ou convenção coletiva.(140)

Ainda em 2008, nova alteração jurisprudencial ocorreu. Em 17 de novembro, em Sessão Plenária, o Tribunal Superior do Trabalho, por meio da Resolução n. 152, cancelou a Súmula n. 295, e por meio da Resolução n. 153, alterou a redação do item III da Súmula n. 192. A Súmula n. 295 excluía, no caso de cessação do contrato de trabalho decorrente de aposentadoria espontânea do empregado, o direito ao recebimento de indenização relativa ao período anterior à opção. O depósito do FGTS na conta vinculada do trabalhador consistia faculdade do empregador. A Súmula n. 192, com a alteração do item III, passou a prever que em razão da previsão no art. 512 do CPC, era juridicamente impossível o pedido explícito de desconstituição de sentença quando substituída por acórdão do Tribunal Regional ou por sentença superveniente homologatória de acordo que colocasse fim ao litígio.

Em 2009, o Tribunal Superior do Trabalho anunciou novas alterações. Em 18 de fevereiro, por meio da Resolução n. 155, promoveu a alteração da redação da Súmula n. 333, prevendo que as decisões superadas por iterativa, notória e atual jurisprudência do TST, não ensejariam recurso de revista.

Por meio da Resolução n. 157, de 31 de agosto de 2009, cancelou a Súmula n. 106, que declarava que a Justiça do Trabalho era incompetente para julgar ação ajuizada em face da Rede Ferroviária Federal, no caso de pedido de complementação de aposentadoria de ex-empregado, entre outras questões, se pelas obrigações respondesse órgão da Previdência Social.

Em 16 de novembro de 2009, por intermédio da Resolução n. 160, editou a Súmula n. 424, estabelecendo que o § 1º do art. 636 da CLT, que prevê a exigência de prova do depósito prévio do valor da multa cominada, decorrente de autuação administrativa como pressuposto de admissibilidade de recurso administrativo, não foi recepcionado pela Constituição Federal de 1988, diante de sua incompatibilidade com o inciso LV, do art. 5º.

Na mesma sessão, por meio da Resolução n. 161, alterou a redação da Súmula n. 277, que passa a constar que: "as condições de trabalho alcançadas por força de sentença normativa, convenção ou acordos coletivos vigoram no prazo assinado, não integrando, de forma definitiva, os contratos individuais de trabalho". Excetua-se desse entendimento

(140) Em 11 abril de 2018, o ministro Ricardo Lewandowski, na Reclamação n. 6.275, anulou a parte da Súmula n. 228 do TST que declarava o salário básico do trabalhador como base de cálculo do adicional de insalubridade. Ministro anula parte de súmula do TST sobre base de cálculo do adicional de insalubridade. *Supremo Tribunal Federal*. 13.04.2018. *Notícias*. Disponível em: http://www.stf.jus.br/portal/cms/verNoticiaDetalhe.asp?idConteudo=375438. Acesso em: 13 maio. 2019.

o período entre 23.12.1992 e 28.07.1995, em que vigorou a Lei n. 8.542/1992, (que previa no § 1º, do art. 1º, a ultratividade das normas coletivas) revogada pela Medida Provisória n. 1.709, convertida na Lei n. 10.192, de 14.02.2001.

Em 2010, novas alterações jurisprudenciais foram anunciadas pelo Tribunal Superior do Trabalho. Em 26 de abril, o Pleno do TST, por meio da Resolução n. 165, editou a Súmula n. 425, que limitou o alcance do *jus postulandi* na Justiça do Trabalho às Varas do Trabalho e aos Tribunais Regionais do Trabalho, não atingindo a ação rescisória, a ação cautelar, o mandado de segurança e os recursos de competência do Tribunal Superior do Trabalho.

Na sessão de 16 de novembro de 2010, o TST, por meio da Resolução n. 169, alterou a Súmula n. 393, referente ao efeito devolutivo em profundidade do recurso ordinário. Autorizou-se a apreciação pelo Tribunal de pedido não analisado na sentença na hipótese contida no § 3º do art. 515 do CPC (CPC/1973). Por meio da Resolução n. 171, anunciou a alteração da Súmula n. 353 (conversão da OJ n. 293 da SBDI-1), que traz as hipóteses excepcionais de cabimento de embargos para a Seção de Dissídios Individuais de decisão de Turma proferida em agravo. A nova redação dada ao item "*f*" prevê a possibilidade dos embargos contra decisão de Turma pronunciada em Agravo interposto de decisão monocrática do relator, pautada no art. 557, § 1º-A, do CPC.

Ainda na sessão realizada em 16 de novembro, o Pleno do TST, por meio da Resolução n. 172, alterou a redação (item VI) da Súmula n. 6, que trata da equiparação salarial. Por meio da Resolução n. 173, alterou a redação da Súmula n. 337, que dispõe sobre os requisitos para a comprovação da divergência justificadora de recurso de revista e de embargos.

No ano de 2011, o Pleno do TST aprovou novas alterações em sua jurisprudência consolidada, em matéria de Direito do Trabalho e Processo do Trabalho. Na sessão, de 24 de maio, por meio da Resolução n. 174, o TST editou as Súmulas ns. 426, 427, 428 e 429. Foram revisadas as Súmulas ns. 74, 85, 219, 291, 326, 327, 331, 364, 369 e 387, mantido o teor da Súmula n. 102 e cancelada a Súmula n. 349.

As novas Súmulas dispuseram sobre: a) Súmula n. 426: forma do recolhimento do depósito recursal; b) Súmula n. 427: pedido expresso para que intimações e publicações sejam feitas em nome de determinado advogado; c) Súmula n. 428 (conversão da Orientação Jurisprudencial n. 49 da SBDI-1): sobreaviso aplicação analógica do art. 244, § 2º da CLT; d) Súmula n. 429: considerou-se como tempo à disposição do empregador (art. 4º, CLT) o tempo necessário ao deslocamento do empregado entre a portaria da empresa e o local de trabalho, desde que superior ao limite de 10 (dez) minutos diários.

Dentre as Súmulas, editadas em 2011, certo avanço pode ser identificado na Súmula n. 429, embora, limitado. Considerar o tempo de percurso no trajeto da portaria da empresa ao local de trabalho como integrado à jornada de trabalho representa uma melhoria para o trabalhador(a). No entanto, esse tempo de percurso só será considerado quando for maior que 10 (dez) minutos diários. Nesse caso, essa tolerância de 10 (dez) minutos será descontada do tempo livre do trabalhador, quando deveria ser considerada tempo à disposição do empregador.(141)

Das Súmulas revisadas pelo TST (Súmulas ns. 74, 85, 219, 291, 326, 327, 331, 364, 369 e 387) certo avanço também pode ser verificado em algumas delas.

Destacam-se as Súmulas n. 291 e n. 364. A Súmula n. 291 garante ao empregado, quando suprimida total ou parcial pelo empregador as horas extras prestadas com habitualidade durante pelo menos 1 (um) ano, o direito à indenização correspondente ao valor de 1 (um) mês das horas suprimidas, total ou parcialmente, para cada ano ou fração igual ou superior a seis meses de prestação de serviço acima da jornada normal.

A Súmula n. 364 cancelou o item II e conferiu nova redação ao item I. O item II da Súmula n. 364 permitia, por negociação coletiva, a fixação de adicional de periculosidade, em percentual inferior ao legal e proporcional ao tempo de exposição ao risco. Com o cancelamento do item II, o TST não mais autoriza, no caso do adicional de periculosidade, que o negociado prevaleça sobre a lei para reduzir direito do trabalhador. A nova redação dada à Súmula vem assegurar o direito ao adicional de periculosidade ao empregado exposto permanentemente ou que, de forma intermitente, se sujeita a condições de risco, sendo indevido, somente, quando o contato ocorrer de forma eventual, assim considerado o fortuito, ou o que, sendo habitual, ocorrer por tempo extremamente reduzido.

O cancelamento da Súmula n. 349 também sinaliza ampliação da proteção jurídica do direito dos(as) trabalhadores(as). Considerava a Súmula n. 349 que a validade de acordo coletivo ou convenção coletiva no caso de compensação de jornada de trabalho em atividade insalubre dispensava a inspeção prévia da autoridade competente em matéria de higiene do trabalho.

Por outro lado, no sentido da restrição dos direitos dos(as) trabalhadores(as), merece destaque a inserção do item V na Súmula n. 85 (compensação de jornada). Prevê o item V que "as disposições contidas nesta súmula não se aplicam ao regime compensatório na modalidade 'banco de horas', que somente pode ser instituído por negociação coletiva".

O TST procurando estabelecer requisitos para a modalidade de compensação "banco de horas", no item V, constou expressamente que a referida Súmula não se aplica ao "banco de horas" que pode ser pactuado mediante negociação coletiva.

---

(141) Marx denomina de "pequenos furtos" do capital essa subtração de minutos do tempo reservado ao trabalhador. KARL, Marx. *O capital:* crítica da economia política. Livro I: o processo de produção do capital. Tradução de Rubens Enderle. São Paulo: Boitempo, 2013. p. 316.

Cabe ressaltar que o art. 7º, inciso XIII, da Constituição Federal limita a jornada de trabalho em 8 horas diárias e 44 horas semanais, sendo qualquer trabalho superior a esses limites considerado trabalho extraordinário.

Nos termos do § 2º, do art. 59, da CLT, permite-se a prorrogação de duas horas ao dia, limitando a jornada máxima a 10 horas.

No entanto, o regime compensatório do "banco de horas" vem legitimar uma prática que ultrapassa os limites constitucionais, sendo lesiva aos(às) trabalhadores(as), uma vez que as horas suplementares realizadas nesse regime de compensação podem ser pagas como horas normais, sem o devido adicional de horas extras.

Como ressaltam Valdete Souto Severo e Jorge Luiz Souto Maior:

> [...] a concessão das folgas, pelo trabalho em sobrejornada já exercido, tem sido realizada na proporção de uma hora extra por uma hora de folga, quando, para que houvesse efetivo respeito à norma constitucional, seria necessário equivaler uma hora extra e uma hora e trinta minutos de folga, ainda mais quando essa folga é concedida mais de um mês após a realização da hora extra e atendendo aos interesses exclusivos do empregado.
>
> De fato, só se poderia conceber como minimamente razoável um banco de horas, com aprovação coletiva sindical, no qual primeiro houvesse as horas de folga e depois elas fossem "pagas" com horas extras, preservadas as diferenças quantitativas entre uma e outra, e realizadas com aviso prévio mínimo de 30 (trinta) dias. Fora disso, o banco de horas é apenas uma fórmula para obstar a eficácia do direito fundamental à limitação da jornada de trabalho, para impedir o pagamento do serviço extraordinário no porcentual e forma previstos constitucionalmente e, assim, massacrar os trabalhadores com elevadas jornadas não remuneradas, imprevisibilidade e insegurança.(142)

A Súmula n. 331 também corresponde a uma linha regressiva de direitos.

O TST na alteração realizada na Súmula n. 331 incluiu os itens V e VI e revisou o item IV.

Com a nova redação a Súmula n. 331 passou a prever o seguinte:

> [...]
>
> IV. O inadimplemento das obrigações trabalhistas, por parte do empregador, implica a responsabilidade subsidiária do tomador de serviços quanto àquelas obrigações, desde que haja participado da relação processual e conste também do título executivo judicial.

---

(142) SEVERO, Valdete Souto; SOUTO MAIOR, Jorge Luiz. *Manual da Reforma Trabalhista:* pontos e contrapontos. São Paulo: Sensus, 2017. p. 52-53.

> V. Os entes integrantes da administração pública direta e indireta respondem subsidiariamente, nas mesmas condições do item IV, caso evidenciada a sua conduta culposa no cumprimento das obrigações da Lei n. 8.666/93, especialmente na fiscalização do cumprimento das obrigações contratuais e legais da prestadora de serviço como empregadora. A aludida responsabilidade não decorre de mero inadimplemento das obrigações trabalhistas assumidas pela empresa regularmente contratada.
>
> VI. A responsabilidade subsidiária do tomador de serviços abrange todas as verbas decorrentes da condenação referentes ao período da prestação laboral.

A redação anterior do item IV estabelecia:

> IV. O inadimplemento das obrigações trabalhistas, por parte do empregador, implica a responsabilidade subsidiária do tomador dos serviços, quanto àquelas obrigações, inclusive quanto aos órgãos da administração direta, das autarquias, das fundações públicas, das empresas públicas e das sociedades de economia mista, desde que hajam participado da relação processual e constem também do título executivo judicial. *(art. 71 da Lei n. 8.666, de 21.06.1993)*

A redação conferida aos itens IV e V da Súmula n. 331 pelo TST foi no sentido de adequar sua jurisprudência ao entendimento do Supremo Tribunal Federal, estabelecido no julgamento da Ação Declaratória de Constitucionalidade n. 16, movida pelo Governador do Distrito Federal, cujo relator foi o ministro Cezar Peluso, em que se pleiteava a declaração de constitucionalidade do § 1º do art. 71[143], da Lei n. 8.666/93.

Por maioria, em Sessão Plenária, a ação foi julgada procedente para declarar a constitucionalidade do dispositivo legal sob o fundamento de que a Administração Pública não poderia ser responsabilizada automaticamente pelo pagamento dos encargos trabalhistas decorrentes do inadimplemento da empresa prestadora de serviços, sendo possível sua condenação em razão de eventual omissão na fiscalização das obrigações do contratado.[144]

O TST, ao revisar a redação da Súmula n. 331, considerou a possibilidade de a Administração Pública responder subsidiariamente pelos encargos trabalhistas dos empregados, não assumidos pela empresa prestadora de serviços, caso evidenciada a conduta

---

(143) "Art. 71. O contratado é responsável pelos encargos trabalhistas, previdenciários, fiscais e comerciais resultantes da execução do contrato. § 1º A inadimplência do contratado, com referência aos encargos trabalhistas, fiscais e comerciais não transfere à Administração Pública a responsabilidade por seu pagamento, nem poderá onerar o objeto do contrato ou restringir a regularização e o uso das obras e edificações, inclusive perante o Registro de Imóveis". BRASIL. Lei n. 8.666, de 21 de junho de 1993. Disponível em: http://www.planalto.gov.br/ccivil_03/leis/l8666cons.htm. Acesso em: 25 abr. 2019.

(144) BRASIL. Supremo Tribunal Federal. Ação Declaratória de Constitucionalidade n. 16 Distrito Federal. Relator: Min. Cesar Peluso. Data de Julgamento: 24.11.2010. Tribunal Pleno. Data de Publicação: 09/09/2011. Disponível em: https://stf.jusbrasil.com.br/jurisprudencia/20627841/acao-declaratoria-de-constitucionalidade-adc-16-df-stf. Acesso em: 12 julho 2018.

culposa no cumprimento das obrigações dispostas na Lei n. 8.666/93. No entanto, trouxe a ressalva que considerava que "a aludida responsabilidade não decorre de mero inadimplemento das obrigações assumidas pela empresa regularmente contratada," o que implica que a responsabilidade da Administração Pública só poderia decorrer de sua culpa *in eligendo* ou culpa *in vigilando*.

Vale lembrar que na 1ª Jornada de Direito Material e Processual na Justiça do Trabalho, realizada em 2007, a respeito da responsabilização do poder público na terceirização, havia sido fixado o entendimento de que:

> ENUNCIADO N. 11. TERCEIRIZAÇÃO. SERVIÇOS PÚBLICOS. RESPONSABILIDADE SOLIDÁRIA. A terceirização de serviços típicos da dinâmica permanente da Administração Pública, não se considerando como tal a prestação de serviço público à comunidade por meio de concessão, autorização e permissão, fere a Constituição da República, que estabeleceu a regra de que os serviços públicos são exercidos por servidores aprovados mediante concurso público. Quanto aos efeitos da terceirização ilegal, preservam-se os direitos trabalhistas integralmente, com responsabilidade solidária do ente público.[145]

Em 2012, foram muitas as alterações realizadas no entendimento jurisprudencial do Tribunal Superior do Trabalho nos mais diversos temas.

No dia 06 de fevereiro, em Sessão Plenária, o TST, por meio da Resolução n. 177, editou as Súmulas ns. 430, 431, 432, 433 e 434 e alterou a redação da Súmula n. 298.

Previam as novas Súmulas: a) Súmula n. 430: a convalidação dos efeitos do contrato de trabalho considerado nulo em razão de ausência de concurso público, quando pactuado originalmente com ente da Administração Pública Indireta, continuaria existindo após a sua privatização; b) Súmula n. 431: aplica-se o divisor 200 (duzentos) para o cálculo do valor do salário hora do empregado sujeito a 40 (quarenta) horas semanais de trabalho; c) Súmula n. 432: o recolhimento intempestivo da contribuição sindical rural não acarreta a aplicação da multa progressiva prevista no art. 600 da CLT, em decorrência da sua revogação tácita pela Lei n. 8.022, de 12 de abril de 1990; d) Súmula n. 433: vem dispor sobre a admissibilidade do recurso de embargos contra acórdão de Turma em recurso de revista em fase de execução; e) Súmula n. 434: dispõe sobre prazo recursal (corresponde à conversão da Orientação Jurisprudencial n. 357 da SBDI-1, com a inserção do item II à sua redação); e f) Súmula n. 298 dispõe sobre ação rescisória.

Em abril de 2012, na Sessão Plenária do dia 16, novas alterações são anunciadas pelo TST. Por meio da Resolução n. 181 são alteradas as redações das Súmulas n. 221 e 368 e cancelada a Súmula n. 207.

---

(145) MONTESSO, Cláudio José; STERN, Maria de Fátima Coelho Borges; ELY, Leonardo (Coords.). *1ª Jornada de Direito Material e Processual na Justiça do Trabalho*. São Paulo: LTr. 2008. *E-Book*.

A Súmula n. 221 dispõe sobre a admissibilidade de recurso de revista. A Súmula n. 368 refere-se a descontos previdenciários e fiscais. Com a alteração do item II, consolida-se o entendimento sobre a responsabilidade do empregador pelo recolhimento das contribuições resultantes de crédito do empregado decorrente de condenação judicial, devendo ser calculadas mês a mês. A Súmula n. 207 foi cancelada. Previa que a relação jurídica trabalhista deveria ser regida pelas leis vigentes no país da prestação de serviço e não por aquelas do local da contratação.

Ganha destaque o cancelamento da Súmula n. 207. A Súmula n. 207 estabelecia que a relação jurídica trabalhista era regida pelas leis vigentes no país da prestação de serviço e não por aquelas do local da contratação. Com o cancelamento da Súmula n. 207 passa a ser aplicável aos empregados contratados no Brasil e transferidos para o exterior a legislação trabalhista brasileira, dando ensejo à prevalência da interpretação que considerava a aplicação do princípio da norma mais favorável.

Ainda em 2012, na Sessão Plenária de 14 de setembro, o TST, por meio da Resolução n. 185, realizou uma profunda modificação em sua jurisprudência. Foi aprovada a alteração da Súmula n. 6 (item VI), da Súmula n. 10 e da Súmula n. 124. Cancelado o item II e conferida nova redação à Súmula n. 221. Acrescentado adendo à Súmula n. 228, alterada a redação do item III da Súmula n. 244, alterada a redação da Súmula n. 277, da Súmula n. 337 (item IV), inserido o item III na Súmula n. 378, alterada a redação da Súmula n. 369 (item I), alterada a redação da Súmula n. 385, da Súmula n. 428 e da Súmula n. 431. Convertida a Orientação Jurisprudencial n. 73 da SBDI-2 em Súmula, a Orientação Jurisprudencial n. 52 da SBDI-1 também em Súmula, com a inserção do item II à sua redação. Além da conversão das Orientações Jurisprudenciais ns. 307, 342, 354, 380 e 381 da SBDI-1 em Súmulas, da edição das Súmulas ns. 438, 439, 440, 441, 443 e 444, da conversão da Orientação Jurisprudencial n. 352 da SBDI-1 em Súmula e do cancelamento das Súmulas ns. 136 e 343.

Dentre essas alterações, de modo a demonstrar o direcionamento que vinha sendo tomado pela jurisprudência do TST, no sentido de conferir maior proteção jurídica aos(às) trabalhadores(as), merecem ser destacadas, a título exemplificativo, algumas Súmulas:

A alteração da Súmula n. 244 assegurou à empregada gestante o direito à estabilidade provisória no curso do contrato por tempo determinado. Anteriormente, o entendimento jurisprudencial do TST era praticamente unânime em considerar que a empregada contratada por prazo determinado, no caso de engravidar no curso do contrato, não teria direito à garantia no emprego, prevista no art. 10, II, alínea *"b"*, do ADCT, por entender que tal tipo de contrato não era compatível com a estabilidade, visto que a extinção de contratos a termo não aconteceria por meio de dispensa arbitrária ou sem justa causa, mas em razão do término de seu prazo.

No mesmo sentido, foi a alteração realizada na Súmula n. 378, que assegurou a estabilidade provisória para o empregado vítima de acidente de trabalho no curso do contrato de trabalho por tempo determinado.

Destaca-se, ainda, a nova redação dada à Súmula 277, que acolhe, expressamente, a teoria da ultratividade das normas coletivas. Com a nova redação, a Súmula n. 277 prevê que as cláusulas normativas dos acordos coletivos ou convenções coletivas integram os contratos individuais de trabalho e apenas poderão ser modificadas ou suprimidas por meio de negociação coletiva.(146)

A Súmula n. 369, com a alteração dada à redação do item I, também confere uma melhoria para o trabalhador. A nova redação assegura a estabilidade provisória para o empregado dirigente sindical, ainda que a comunicação do registro da candidatura ou da eleição e da posse seja efetivada fora do prazo previsto no art. 543, § 5º, da CLT, se a ciência ao empregador, por qualquer meio, for realizada na vigência do contrato de trabalho.

Na mesma linha também se verificou a alteração da Súmula n. 428. O item II considera "em sobreaviso o empregado que, à distância e submetido a controle patronal por instrumentos telemáticos ou informatizados, permanecer em regime de plantão ou equivalente, aguardando a qualquer momento o chamado para o serviço durante o período de descanso." Com esse entendimento o empregado que, em período de descanso, fosse escalado para aguardar, por celular, o chamado do empregador para trabalhar a qualquer momento, estaria em regime de sobreaviso. No entanto, no item I, o TST considerou que apenas o uso do celular, *pager* ou outro instrumento tecnológico de comunicação fornecido pelo empregador não configura garantia ao empregado do recebimento de horas extras nem caracterizaria submissão ao regime de sobreaviso.

Também merece destaque a conversão das Orientações Jurisprudenciais ns. 307, 342, 354, 380 e 381 da SBDI-1 na Súmula n. 437.

A Súmula n. 437 dispõe sobre o intervalo intrajornada para repouso e alimentação e estabelece: a não concessão ou concessão parcial do intervalo intrajornada mínimo implica o pagamento total do período correspondente com acréscimo de, no mínimo, 50% sobre o valor da remuneração da hora normal de trabalho; a invalidade de cláusula de acordo ou convenção coletiva de trabalho que contempla a supressão ou redução do intervalo intrajornada porque este constitui medida de higiene, saúde e segurança do trabalho, garantido por norma de ordem pública infenso à negociação coletiva; a natureza

(146) O prazo de vigência dos acordos e convenções de trabalho, anteriormente à alteração da Súmula n. 277, em 2012, pelo TST, não poderia ultrapassar 2 (dois) anos, conforme previsão do art. 614, § 3º, da CLT. E o prazo de vigência da sentença normativa, nos termos do art. 868, parágrafo único da CLT, estava limitado a 4 (quatro) anos. Com a alteração da redação da Súmula n. 277, em 2012, passa-se a assegurar a ultratividade condicionada das normas coletivas após o término de vigência dos instrumentos coletivos até que nova negociação coletiva venha modificá-las ou suprimi-las.

salarial (quando não concedido ou reduzido pelo empregador o intervalo mínimo intrajornada para repouso e alimentação repercute no cálculo de outras parcelas salariais), e ultrapassada habitualmente a jornada de seis horas de trabalho será devido o gozo do intervalo intrajornada mínimo de uma hora, sendo o empregador obrigado a remunerar o período para descanso e alimentação não usufruído como extra, acrescido do respectivo adicional.

Ressalta-se, ainda, a edição da Súmula n. 440 e n. 443. A Súmula n. 440 assegura o direito à manutenção de plano de saúde ou de assistência médica ao empregado no caso de suspensão do contrato de trabalho em decorrência de auxílio-doença acidentário ou de aposentadoria por invalidez. A Súmula n. 443 presume discriminatória a despedida de empregado portador do vírus HIV ou de outra doença grave que suscite estigma ou preconceito, garantindo ao trabalhador o direito à reintegração no emprego.

Em 2012, no sentido regressivo de direitos, cabe destacar a aprovação da Súmula n. 444 que dispõe sobre a jornada 12 x 36:

> JORNADA DE TRABALHO. NORMA COLETIVA. LEI. ESCALA DE 12 POR 36. VALIDADE. - Res. n. 185/2012, DEJT divulgado em 25, 26 e 27.09.2012 - republicada em decorrência do despacho proferido no processo TST-PA-504.280/2012.2 - *DEJT* divulgado em 26.11.2012.
>
> É válida, em caráter excepcional, a jornada de doze horas de trabalho por trinta e seis de descanso, prevista em lei ou ajustada exclusivamente mediante acordo coletivo de trabalho ou convenção coletiva de trabalho, assegurada a remuneração em dobro dos feriados trabalhados. O empregado não tem direito ao pagamento de adicional referente ao labor prestado na décima primeira e décima segunda horas.

De acordo com o TST, o art. 7º, inciso XXVI, da Constituição Federal reconhece as pactuações celebradas por meio de convenções e acordos coletivos de trabalho, e o disposto no inciso XIII faculta a compensação de horários e a redução da jornada, por meio de acordo ou convenção coletiva de trabalho. Para a Corte Trabalhista, no regime 12x36, a jornada mensal tem um total de 180 horas, a qual é mais favorável do que o limite constitucional de 220 horas. Fixou-se o entendimento que essa jornada especial só pode ser adotada por meio de negociação coletiva e que os feriados trabalhados devem ser remunerados. No entanto, reconhecida a validade da jornada, o empregado não fará jus ao adicional de hora extra pelo trabalho nas 11ª e 12ª hora.

Entretanto, a autorização para uma jornada de 12 horas viola a norma constitucional que fixa o limite máximo diário em 8 horas, visto que o direito à limitação da jornada consiste em norma de ordem pública que visa assegurar a manutenção da saúde física e mental do trabalhador, bem como daquele com quem ele convive.

O ano de 2013 contou com novas alterações jurisprudenciais. O Tribunal Superior do Trabalho, em Sessão Plenária, realizada em 27 de fevereiro, por meio da Resolução n. 189, editou a Súmula n. 445 e alterou a redação da alínea *"f"* da Súmula n. 353.

A Súmula n. 445 estabelece a incompatibilidade da indenização por frutos percebidos pela posse de má-fé, prevista no art. 1.216 do Código Civil, com o Direito do Trabalho, por se tratar de regra referente a direitos reais, não sendo devida no caso de inadimplemento de verbas trabalhistas. A alteração da redação da alínea "*f*" da Súmula n. 353 prevê o cabimento de embargos para a Seção de Dissídios Individuais de decisão de Turma proferida em agravo, "contra decisão de Turma proferida em agravo em recurso de revista, nos termos do art. 894, II, da CLT" (alínea "*f*").

Na Sessão Plenária, em 11 de dezembro, por meio da Resolução n. 193, o TST editou as Súmulas ns. 446 e 447, incluiu o item II na Súmula n. 288 e alterou a redação da Súmula n. 392.

As duas Súmulas editadas pelo TST trazem o seguinte teor: A Súmula n. 446 garante também ao ferroviário maquinista integrante da categoria "c" (equipagem de trem em geral) o intervalo intrajornada, previsto no art. 71 da CLT, por se tratar de medida de higiene, saúde e segurança do empregado, dispondo inexistir incompatibilidade entre as regras inscritas nos arts. 71, § 4º[147], e 238, § 5º, da CLT. Segundo a Súmula n. 447, os tripulantes e demais empregados em serviços auxiliares de transporte aéreo que permanecem a bordo no momento do abastecimento da aeronave não têm direito ao adicional de periculosidade previstos no art. 193 da CLT e no Anexo 2, item 1, "c", da NR-16 do MET.

As Súmulas alteradas pelo TST passaram a ter as seguintes redações: Súmula n. 288 (inserção do item II), "na hipótese de coexistência de dois regulamentos de planos de previdência complementar, instituídos pelo empregador ou por entidade de previdência privada, a opção do beneficiário por um deles tem efeito jurídico de renúncia às regras do outro". A Súmula n. 392 estabelece a competência da Justiça do Trabalho para processar e julgar ações de indenização por dano moral e material, decorrentes da relação de trabalho, inclusive provenientes de acidente de trabalho e doenças a ele equiparadas, nos termos do art. 114, inc. VI, da Constituição Federal de 1988.

---

(147) "Art. 71 – Em qualquer trabalho contínuo, cuja duração exceda de 6 (seis) horas, é obrigatória a concessão de um intervalo para repouso ou alimentação, o qual será, no mínimo, de 1 (uma) hora e, salvo acordo escrito ou contrato coletivo em contrário, não poderá exceder de 2 (duas) horas. [...] § 4º Quando o intervalo para repouso e alimentação, previsto neste artigo, não for concedido pelo empregador, este ficará obrigado a remunerar o período correspondente com um acréscimo de no mínimo 50% (cinqüenta por cento) sobre o valor da remuneração da hora normal de trabalho *(Incluído pela Lei n. 8.923, de 27.7.1994)*. Registra-se que referido § 4º, do art. 71, foi alterado pela Lei n. 13.467/2017.

"Art. 238. Será computado como de trabalho efetivo todo o tempo, em que o empregado estiver à disposição da estrada *(Restaurado pelo Decreto-lei n. 5, de 4.4.1966)*. [...] § 5º O tempo concedido para refeição não se computa como de trabalho efetivo, senão para o pessoal da categoria c, quando as refeições forem tomadas em viagem ou nas estações durante as paradas. Esse tempo não será inferior a uma hora, exceto para o pessoal da referida categoria em serviço de trens *(Restaurado pelo Decreto-lei n o 5, de 4.4.1966)*".

BRASIL. *Decreto-lei n. 5.452, de 1º de maio, de 1943*. Disponível em: http://www.planalto.gov.br/ccivil_03/Decreto-lei/del5452.htm. Acesso em: 07 maio. 2019.

Merece destaque, entre as alterações de 2013, a Súmula n. 446 que assegurou ao maquinista ferroviário integrante da categoria "c" (equipagem de trem em geral) o direito ao intervalo intrajornada, reforçando a importância do intervalo como medida de higiene, saúde e segurança do empregado.

Em 2014, por meio da Resolução n. 194, de 19 de maio, o Pleno do Tribunal Superior do Trabalho alterou o item II da Súmula n. 262; converteu em Súmulas as Orientações Jurisprudenciais ns. 372, 386, 390, 404, 406 e 414 da Subseção I Especializada em Dissídios Individuais sem alteração de texto; converteu em Súmulas as Orientações Jurisprudenciais ns. 4, 353, 373, 387 e 405 da Subseção I Especializada em Dissídios Individuais com modificações de redação.

De acordo com a Súmula n. 262, item II (alterado), o recesso forense e as férias coletivas dos ministros do Tribunal Superior do Trabalho suspendem os prazos recursais. As Súmulas decorrentes da conversão das Orientações Jurisprudenciais de n. 372, 386, 390, 404, 406 e 414 da Subseção I Especializada em Dissídios Individuais sem alteração de texto são: a) Súmula n. 449 (conversão da Orientação Jurisprudencial n. 372 da SBDI-1) — não prevalece mais cláusula prevista em convenção ou acordo coletivo que elastece o limite de 5 minutos que antecedem e sucedem a jornada de trabalho para fins de apuração das horas extras, a partir da vigência da Lei n. 10.243/2001, que acrescentou o § 1º ao art. 58 da CLT; b) Súmula n. 450 (conversão da Orientação Jurisprudencial n. 386 da SBDI-1) — descumprido o prazo para pagamento da remuneração das férias até dois dias antes do início do respectivo período (art.145, CLT), ainda que gozadas na época própria, o empregador efetuará o pagamento em dobro incluído o terço constitucional; c) Súmula n. 451 (conversão da Orientação Jurisprudencial n. 390 da SBDI-1) — a instituição de vantagem por meio de acordo coletivo ou norma regulamentar que condiciona o recebimento da parcela participação nos lucros e resultados ao fato do contrato de trabalho estar em vigor na data prevista para a distribuição dos lucros fere princípio da isonomia. Também na rescisão contratual antecipada, é devido o pagamento da parcela de forma proporcional aos meses trabalhados, uma vez que o ex-empregado concorreu para os resultados positivos da empresa; d) Súmula n. 452 (conversão da orientação jurisprudencial n. 404 da SBDI-1) — no caso de pedido de pagamento de diferenças salariais decorrentes da não observância dos critérios de promoção determinados em Plano de Cargos e Salários criado pela empresa, a prescrição aplicável é a parcial, pois a lesão é sucessiva e se renova mês a mês; e) Súmula n. 453 (conversão da Orientação Jurisprudencial n. 406 da SBDI-1) — o pagamento de adicional de periculosidade realizado por mera liberalidade da empresa, mesmo que de forma proporcional ao tempo de exposição ao risco ou em percentual inferior ao máximo previsto na lei, dispensa a realização da prova técnica exigida pelo art. 195 da CLT, visto que torna incontroversa a existência do trabalho em condições perigosas; f) Súmula n. 454 (conversão da Orientação Jurisprudencial n. 414 da SBDI-1) — é competente a Justiça do Trabalho para a execução de ofício da contribuição relacionada ao Seguro de Acidente de Trabalho (SAT), que tem natureza de contribuição para a seguridade social (art. 114, VIII, e 195, I, "*a*", da CF), por se destinar ao financiamento de benefícios referentes à incapacidade do empregado decorrente de infortúnio no trabalho (art. 11 e 22 da Lei n. 8.212/1991).

As Orientações Jurisprudenciais ns. 4, 353, 373, 387 e 405 da Subseção I Especializada em Dissídios Individuais convertidas em Súmulas, com modificação de redação, apresentam o seguinte teor: a) Súmula n. 448 *(conversão da Orientação Jurisprudencial n. 4 da SBDI-1 com nova redação do item II)* — a higienização de instalações sanitárias de uso público ou coletivo de grande circulação, bem como a respectiva coleta de lixo, implicam no pagamento de adicional de insalubridade em grau máximo, pelo fato de não se equipararem à limpeza em residências e escritórios; b) Súmula n. 455 *(conversão da Orientação Jurisprudencial n. 353 da SBDI-1 com nova redação)* — não se aplica à sociedade de economia mista a vedação à equiparação prevista no art. 37, XIII, da CF/1988, pois, ao admitir empregados sob o regime da CLT, equipara-se a empregador privado, conforme disposto no art. 173, § 1º, II, da CF/1988; c) Súmula n. 456 *(conversão da Orientação Jurisprudencial n. 373 da SBDI-1 com nova redação)* — o instrumento de mandato firmado em nome de pessoa jurídica que não contenha, pelo menos, o nome do outorgante e do signatário da procuração é inválido, pois estes dados configuram elementos que os individualizam; d) Súmula n. 457 *(conversão da Orientação Jurisprudencial n. 387 da SBDI-1 com nova redação)* — dispõe sobre a responsabilidade da União pelo pagamento dos honorários de perito quando a parte sucumbente no objeto da perícia for beneficiária da assistência judiciária gratuita, considerando o procedimento disposto nos arts. 1º, 2º e 5º da Resolução n. 66/2010 do Conselho Superior da Justiça do Trabalho — CSJT; e) Súmula n. 458 *(conversão da Orientação Jurisprudencial n. 405 da SBDI-1 com nova redação)* — em causas sujeitas ao procedimento sumaríssimo, apesar da limitação imposta no art. 896, § 6º, da CLT à interposição de recurso de revista, são admitidos os embargos interpostos na vigência da Lei n. 11.496, de 22.06.2007, que estabeleceu nova redação ao art. 894 da CLT, quando demonstrada a divergência jurisprudencial entre Turmas do TST, fundada em interpretações diversas no que tange a aplicação de mesmo dispositivo constitucional ou de matéria sumulada.

A mesma linha ascendente quanto à proteção aos direitos trabalhistas pode ser apontada nas Súmulas ns. 449, 448, 450, 451, 453 e 454.

2.2.1. As decisões do TST no caso Embraer e na greve dos metroviários em 2007

Uma avaliação acerca do direcionamento jurisprudencial do TST, ainda que com o recorte utilizado da análise das Súmulas, não seria completo sem indicar duas decisões que são emblemáticas e sintetizam, com maior precisão, o pensamento predominante do Tribunal nesse período.

Em 2009, além das alterações dos entendimentos sumulados, importante ressaltar, em razão da relevância do tema, o posicionamento adotado pela Secção Especializada em Dissídios Coletivos do Tribunal Superior do Trabalho, em matéria de dispensa coletiva, ao julgar, em sede de recurso ordinário, no dia 10 de agosto, o dissídio coletivo de natureza jurídica ajuizado pelo Sindicato dos Metalúrgicos de São José dos Campos e Região e outros, em face da Empresa Brasileira de Aeronáutica S.A. e outra.(148)

A empresa Embraer, no dia 19 de fevereiro de 2009, havia demitido 4.273 empregados, sob alegação de dificuldades financeiras e necessidade de redução de custos. Em 26 de fevereiro, os sindicatos ajuizaram dissídio coletivo no TRT da 15ª Região, requerendo a concessão de medida liminar para que fosse determinada a suspensão cautelar das rescisões contratuais e, ao final do processo, declarada a nulidade das dispensas coletivas.(149)

Em 27 de fevereiro, o presidente do Tribunal Regional do Trabalho (TRT) da 15ª Região, desembargador Luís Carlos Cândido Sotero da Silva, concedeu a liminar determinando a suspensão das rescisões contratuais sem justa causa ou sob o fundamento de dificuldades financeiras decorrentes da crise econômica global efetuadas pela suscitada, desde o dia 19 de fevereiro, bem como aquelas que viessem a ocorrer até a data da audiência de conciliação, designada para 05 de março de 2009.(150)

Em 18 de março, o TRT da 15ª Região, em Sessão Plenária, conheceu do dissídio coletivo e, no mérito, por 10 votos a 1, decidiu que as demissões foram abusivas, mas não poderiam ser canceladas por inexistir previsão legal ou em normas coletivas (referente à estabilidade ou garantia de emprego) que justificasse a reintegração, salvo um ou outro caso individual. O TRT concedeu a cada empregado dispensado o direito a receber uma compensação financeira.(151)

Em 13 de abril de 2009, o presidente do Tribunal Superior do Trabalho, ministro Milton de Moura França, em decisão liminar, deferiu o pedido formulado pela Empresa

---

(148) BRASIL. Tribunal Superior do Trabalho. *Recurso ordinário em Dissídio Coletivo n. 30900-12.2009.5.15.0000.* Relator: Ministro Mauricio Godinho Delgado. Data de Julgamento: 10.08.2009. Seção Especializada em Dissídios Coletivos. Data de Publicação: 04.09.2009. Disponível em: https://tst.jusbrasil.com.br/jurisprudencia/5353045/recurso-ordinario-em-dissidio-coletivo-rodc-3090012200951500000-30900-1220095150000. Acesso em: 06 maio 2018.

(149) *Boletim Informativo do Tribunal Regional do Trabalho da 15ª Região.* Fevereiro/março 2009 – v. 23 n. 222, p. 20-21. Disponível em: http://portal.trt15.jus.br/documents/10157/32608/Fevereiro+-+Mar%C3%A7o.pdf/32db1f9a-6e8e-4758-80b5-4f43aa114a24?version=1.1. Acesso em: 26 abr. 2019.

(150) BRASIL. Tribunal Regional do Trabalho da 15ª Região. *Processo 0030900-12.2009.5.15.0000.* Desembargador Luís Carlos Cândido Martins Sotero Da Silva, presidente do TRT da 15ª Região e da Seção De Dissídios Coletivos. Disponível em: http://portal.trt15.jus.br/documents/10157/32608/Fevereiro+-+Mar%C3%A7o.pdf/32db1f9a-6e8e-4758-80b5-4f43aa114a24?version=1.1. Acesso em: 06 maio 2018.

(151) BRASL. Tribunal Regional do Trabalho da 15ª Região. Seção Dissídio Coletivo. *DC 0030900-12.2009.5.15.0000.* Desembargador relator José Antônio Pancotti. Data de Julgamento: 18.03.2009. Data de Publicação: 30.03.2009.

Embraer, concedendo efeito suspensivo à decisão do Tribunal Regional do Trabalho da 15ª Região, até o julgamento final do recurso ordinário pelo TST.

Em seu despacho, considerou o presidente do TST:

> Logo, evidenciada está a motivação das dispensas, devendo ser salientado, ainda, como reforço à essa conclusão, o inquestionável fato de que quase todos os seguimentos produtivos do País estão sofrendo as mesmas consequências desse terremoto financeiro, como diariamente noticiam todos os meios de comunicação.
>
> Por isso mesmo, não se pode deixar de reconhecer que a recorrente nada mais fez do que exercitar seu direito de legitimamente denunciar contratos de trabalho, em observância estrita das leis vigentes, com pagamento de todas as verbas devidas.
>
> [...]
>
> Realmente, todo esse contexto revela, *data venia*, o equívoco da decisão, se considerado que as dispensas foram em caráter definitivo, em 19/2/2009, e todas elas acompanhadas do devido pagamento de indenizações, reafirme-se mais uma vez, parcelas que, como não se desconhece, são manifestamente incompatíveis com a projeção da relação empregatícia até 13.3.2009.
>
> Presentes, pois, ambos os pressupostos da cautelar, conclusão fruto de cognição sumária, própria da natureza do procedimento, **defiro** o pedido, para conceder efeito suspensivo ao recurso ordinário até seu final julgamento por esta Corte.[152]

No dia 10 de agosto de 2009, em Seção Especializada em Dissídios Coletivos do Tribunal Superior do Trabalho, por maioria, acordaram os ministros em dar provimento ao recurso ordinário para afastar a declaração de abusividade das dispensas, fixando para casos futuros a premissa da imprescindibilidade da negociação coletiva prévia com o sindicato para as demissões em massa de trabalhadores(as), como forma de minimizar as consequências nocivas dessas demissões.

Segundo ementa da decisão proferida pelo TST:

> [...]
>
> Na vigência da Constituição de 1988, das convenções internacionais da OIT ratificadas pelo Brasil relativas a direitos humanos e, por consequência, direitos trabalhistas, e em face da leitura atualizada da legislação infraconstitucional do país, é inevitável concluir-se pela presença de um Estado Democrático de Direito no Brasil, de um regime de império da norma jurídica (e não do poder incontrastável privado), de uma sociedade civilizada, de uma cultura de bem-estar social e respeito à dignidade dos seres humanos, tudo repelindo, imperativamente, dispensas massivas de pessoas, abalando empresa, cidade e toda uma importante região. Em consequência, fica fixada, por interpretação

(152) BRASIL. Tribunal Superior do Trabalho. *AG-ES – 207660/2009-000-00-00.7*. Data de Publicação: 14.04.2009. Decisão liminar proferida pelo Presidente do TST, Ministro Milton de Moura França. Disponível em: http://www.trtsp.jus.br/geral/tribunal2/Informa/2009/4B_2009.html. Acesso em: 12 fev. 2019.

da ordem jurídica, a premissa de que — a negociação coletiva é imprescindível para a dispensa em massa de trabalhadores —. DISPENSAS COLETIVAS TRABALHISTAS. EFEITOS JURÍDICOS. A ordem constitucional e infraconstitucional democrática brasileira, desde a Constituição de 1988 e diplomas internacionais ratificados (Convenções OIT ns. 11, 87, 98, 135, 141 e 151, ilustrativamente), não permite o manejo meramente unilateral e potestativista das dispensas trabalhistas coletivas, por de tratar de ato/fato coletivo, inerente ao Direito Coletivo do Trabalho, e não Direito Individual, exigindo, por consequência, a participação do (s) respectivo (s) sindicato (s) profissional (is) obreiro (s). Regras e princípios constitucionais que determinam o respeito à dignidade da pessoa humana (art. 1º, III, CF), a valorização do trabalho e especialmente do emprego (arts. 1º, IV, 6º e 170, VIII, CF), a subordinação da propriedade à sua função socioambiental (arts. 5º, XXIII e 170, III, CF) e a intervenção sindical nas questões coletivas trabalhistas (art. 8º, III e VI, CF), tudo impõe que se reconheça distinção normativa entre as dispensas meramente tópicas e individuais e as dispensas massivas, coletivas, as quais são social, econômica, familiar e comunitariamente impactantes. **Nesta linha, seria inválida a dispensa coletiva enquanto não negociada com o sindicato de trabalhadores, espontaneamente ou no plano do processo judicial coletivo. A d. Maioria, contudo, decidiu apenas fixar a premissa, para casos futuros, de que — a negociação coletiva é imprescindível para a dispensa em massa de trabalhadores —, observados os fundamentos supra. Recurso ordinário a que se dá provimento parcial.**[153]

Esse posicionamento da Justiça do Trabalho, no entanto, gerou muitos embates jurídicos. Reportagem veiculada no site da Anamatra, em 12 de abril de 2009,[154] apresentou a opinião de advogados trabalhistas, consultados pela Folha de S. Paulo, sobre as decisões judiciais trabalhistas.

Para o advogado trabalhista Estêvão Mallet, "a Justiça do Trabalho tem julgado em desacordo com a legislação vigente porque não há lei no Brasil que estabeleça requisitos ou condição para dispensas coletivas". Segundo ele, as decisões judiciais proferidas pela Justiça do Trabalho "cerceiam a liberdade" das empresas nas dispensas coletivas e causam "enorme insegurança jurídica"[155].

Ressaltou ainda Mallet: "O que é uma dispensa coletiva? Demitir 5, 10, 20, 200 empregados ou 10% do quadro de pessoal? A lei brasileira não especifica procedimentos para demissões em massa"[156].

---

(153) BRASIL. Tribunal Superior do Trabalho. *Recurso Ordinário em Dissídio Coletivo n. 30900-12.2009.5.15.0000*. Relator: Min. Mauricio Godinho Delgado. Data de Julgamento: 10/08/2009, Seção Especializada em Dissídios Coletivos. Data de Publicação: 04.09.2009. Disponível em: https://tst.jusbrasil.com.br/jurisprudencia/5353045/recurso-ordinario-em-dissidio-coletivo-rodc-30900122009515 0000-30900-1220095150000/inteiro-teor-11683664. Acesso em: 12 mar. 2019.

(154) Proibição de demissões é alvo de críticas. *Anamatra*. 12 abr. 2009. Disponível em: https://www.anamatra.org.br/imprensa/anamatra-na-midia/23294-proibicao-de-demissoes-e-alvo-de-criticas. Acesso em: 2 jul. 2018.

(155) *Idem*.

(156) *Idem*.

Na mesma linha foi o entendimento expresso pelo advogado Ives Gandra da Silva Martins que ressaltou: "quem deve definir o nível de emprego em uma empresa é 'o mercado', e não a Justiça". Se não há produto para vender, como a empresa vai manter os empregados? Nesse caso, a demissão não pode ser considerada arbitrária nem sem justa causa"(157).

Em sentido contrário, o advogado trabalhista Luís Carlos Moro destacou a necessidade de ser evitada a "hipocrisia da crise". Segundo ele, não era possível, por exemplo, "[...] uma empresa como a Vale [...] pedir a flexibilização de direitos trabalhistas, mandar trabalhadores embora, colocar milhares de funcionários em férias coletivas, ganhar tempo e depois divulgar um balanço mostrando que, em 2008, lucrou R$ 21 bilhões".(158)

É preciso consignar que o posicionamento adotado pelo TST constituiu um marco contra a dispensa coletiva, sobretudo, no contexto, à época, marcado pela crise financeira mundial iniciada em 2008, nos Estados Unidos, e que começava a gerar especulações no Brasil. Várias foram as empresas no país que, sob o argumento de combater os efeitos da crise anunciaram dispensas em massa de seus trabalhadores.(159)

Em 2009, merece destaque ainda o julgamento do Tribunal Superior do Trabalho referente à greve dos metroviários de São Paulo, ocorrida nos dias 2 e 3 de agosto de 2007, em que os(as) trabalhadores(as) reivindicavam participação nos lucros e resultados da empresa, entre outras questões.

Os ministros da Seção Especializada em Dissídios Coletivos, por unanimidade, em 08 de junho de 2009, no Processo n. TST-RODC-20313/2007-000-02-00.8(160),

(157) Proibição de demissões é alvo de críticas. *Anamatra*. 12 abr. 2009. Disponível em: https://www.anamatra.org.br/imprensa/anamatra-na-midia/23294-proibicao-de-demissoes-e-alvo-de-criticas. Acesso em: 02 jul. 2018.

(158) *Idem*.

(159) Em dezembro de 2008, a empresa Vale do Rio Doce realizou 1.300 demissões em todo o mundo e concedeu férias coletivas, de forma escalonada, para 5,5 mil empregados. Fonte: Vale do Rio Doce corta 1,3 mil empregos no mundo. *Gazeta do Povo*. 03 dez. 2008. Disponível em: http://www.gazetadopovo.com.br/economia/vale-do-rio-doce-corta-13-mil-empregos-no-mundo-bb5rf4jvw1jyese1bgsuu05se. Acesso em: 03 jul. 2017.

A Companhia Siderúrgica Nacional (CSN), a partir de dezembro de 2008, realizou 590 demissões de empregados da usina de Volta Redonda (RJ). Fonte: Demissões da CSN são questionadas na Justiça. *Estadão*. 20 fev. 2009. Disponível em: http://economia.estadao.com.br/noticias/geral,demissoes-da-csn-sao-questionadas-na-justica,327116. Acesso em: 03 jul. 2017.

Em abril de 2009 o Frigorífico Independência realizou 750 demissões, ao fechar a unidade em Presidente Venceslau (SP) e em março de 2009 já havia demitido 6.600 trabalhadores nos Estados de São Paulo, Goiás, Mato Grosso e Mato Grosso do Sul ao entrar com pedido de recuperação judicial. Fonte: Proibição de demissões é alvo de críticas. *Anamatra*. 12 abr. 2009. Disponível em: https://www.anamatra.org.br/imprensa/anamatra-na-midia/23294-proibicao-de-demissoes-e-alvo-de-criticas. Acesso em: 02 jul. 2018.

(160) BRASIL. Tribunal Superior do Trabalho. *Recurso Ordinário em Dissídio Coletivo n. 20313/2007-000-02-00.8*. Relator: Min. Márcio Eurico Vitral Amaro. Data de julgamento: 08.06.2009. Data de Publicação: 19.06.2009. Disponível em: https://tst.jusbrasil.com.br/jurisprudencia/4312322/recurso-ordinario-em-dissidio-coletivo-rodc-2031300232007502 2031300 2320075020000/inteiro-teor-11120390. Acesso em: 15 maio 2018.

ao julgarem o dissídio coletivo de greve, em sede de recurso ordinário, interposto pelo Sindicato dos Metroviários/SP, reformaram a decisão proferida pelo Tribunal Regional do Trabalho da 2ª Região, considerando não abusiva a greve realizada pelos empregados do Metrô/SP.

Entendeu o TST que a observância dos limites operacionais mínimos fixados pelo TRT da 2ª Região, visando a manutenção das atividades do metrô em 85% (oitenta e cinco por cento) nos horários de pico e em 60% (sessenta por cento) nos demais horários, impossibilitaria o exercício do direito de greve pelos trabalhadores(as).

O TRT da 2ª Região ao julgar o dissídio coletivo de greve havia decidido pela abusividade da greve e autorizado o desconto dos dois dias de paralisação, reiterando a aplicação da multa de R$100.000,00 (cem mil reais) fixada em medida liminar, além de atribuir a responsabilidade ao Sindicato dos Metroviários pelo atendimento das atividades essenciais durante a greve.

O Tribunal Regional ainda condenou o sindicato profissional "ao pagamento de indenização correspondente a 5% (cinco por cento) de 1,5 (uma e meia) folha de salários líquida da Empresa Recorrida, bem como ao pagamento de multa por litigância de má-fé, calculada sobre o valor máximo a que alude o art. 18 do CPC"[(161)].

O TST ao declarar a não abusividade da greve dos metroviários também considerou a não existência de litigância de má-fé por parte do sindicato profissional, suspendendo todas as multas aplicadas ao sindicato.

A ementa proferida no acórdão pelo TST foi a seguinte:

> RECURSO ORDINÁRIO EM DISSÍDIO COLETIVO. RECURSO DO SINDICATO DOS METROVIÁRIOS. GREVE. SERVIÇOS ESSENCIAIS. LIMITES. ABUSIVIDADE. A Lei de Greve, no tocante aos serviços essenciais, obriga as partes, de comum acordo, a fixar limites operacionais mínimos para o atendimento a necessidades inadiáveis da comunidade. É, todavia, encargo atribuído às partes, consoante a dicção do art. 11 da Lei de Greve. Havendo dificuldades insuperáveis para o acordo sobre o tema, pode o Poder Judiciário fixar tais limites. Portanto, não afronta o art. 9º da Constituição Federal a determinação de percentuais mediante os quais as partes providenciem o atendimento das necessidades inadiáveis, contudo, o percentual nem pode ser tão alto a ponto de inviabilizar o direito de greve, nem tão baixo que não atenda ao mínimo indispensável. No caso, os elementos dos autos, examinados sob o prisma dos dispositivos específicos da Lei de Greve, não ensejam a

(161) BRASIL. Tribunal Superior do Trabalho. *Recurso Ordinário em Dissídio Coletivo n. 20313/2007-000-02-00.8*. Relator: Min. Márcio Eurico Vitral Amaro. Data de julgamento: 08.06.2009. Data de Publicação: 19.06.2009. Disponível em: https://tst.jusbrasil.com.br/jurisprudencia/4312322/recurso-ordinario-em-dissidio-coletivo-rodc-2031300232007502-2031300-2320075020000/inteiro-teor-11120390. Acesso em: 15 maio 2018.

> conclusão pelo não atendimento das necessidades inadiáveis da comunidade, pelo que se deve declarar a greve não abusiva, excluída a multa por descumprimento da liminar.
>
> **RECURSO DO METRÔ.** Não procede pleito de reforma do acórdão no tocante à atribuição de responsabilidade pelo pagamento de custas, porquanto, em dissídio coletivo, as partes vencidas devem responder solidariamente pelo encargo (art. 789, § 4º, da CLT). Recurso a que se nega provimento.(162)

O ministro relator, Márcio Eurico Vitral Amaro,(163) reconheceu em seu voto que a greve, sobretudo no âmbito do setor de transportes coletivos urbanos, guarda grande complexidade, sendo que a fixação de percentuais mínimos para a manutenção das atividades essenciais à comunidade não deve apresentar um percentual "[...] tão alto a ponto de inviabilizar o direito de greve, nem tão baixo que não atenda ao mínimo indispensável"(164).

O TST, no entanto, negou provimento ao pedido do Sindicato dos Metroviários para a reintegração de 61 (sessenta e um) empregados dispensados no período posterior ao julgamento do dissídio coletivo. Considerou o TST que, pela documentação apresentada pelo Metrô, não seria possível presumir que as despedidas foram realizadas em caráter de retaliação, resultando inviável determinar a reintegração dos trabalhadores.

2.3. Posicionamentos do Supremo Tribunal Federal

Refletindo o momento político, o Supremo Tribunal Federal (STF), no período de 2007 a 2014, volta-se, com maior intensidade, à questão trabalhista. No entanto, com algumas poucas exceções, o STF, no geral, não se direciona, com a mesma intensidade, na linha de uma postura garantidora dos direitos das trabalhadoras e trabalhadores, como se viu no TST, sendo diversas as decisões no sentido da restrição de direitos, que vão se intensificar, ainda mais, no pós-Copa de 2014.

Algumas decisões do STF vêm ilustrar o posicionamento do STF em matéria trabalhista no período em questão:

Em 25 de outubro de 2007, o Supremo Tribunal Federal (STF), por unanimidade, em Sessão Plenária, no julgamento dos Mandados de Injunção, MI n. 670, MI n. 708 e MI n. 712, declarou a omissão legislativa referente à edição da lei que regulamenta o

(162) BRASIL. Tribunal Superior do Trabalho. *Recurso Ordinário em Dissídio Coletivo n. 20313/2007-000-02-00.8*. Relator: Min. Márcio Eurico Vitral Amaro. Data de julgamento: 08.06.2009. Data de Publicação: 19.06.2009. Disponível em: https://tst.jusbrasil.com.br/jurisprudencia/4312322/recurso-ordinario-em-dissidio-coletivo-rodc-2031300232007502-2031300-2320075020000/inteiro-teor-11120390. Acesso em: 15 maio 2018.

(163) *Idem*

(164) *Idem.*

exercício do direito de greve do servidor público e, por maioria, entendeu pela aplicação, no que couber, da lei de greve que rege o setor privado (Lei n. 7.783/89).(165)

No Mandado de Injunção n. 712, por exemplo, o relator, ministro Eros Grau, acolheu a pretensão do Sindicato dos Trabalhadores do Poder Judiciário do Estado do Pará (Sinjep), determinado a aplicação da Lei n. 7.783/1989 para disciplinar o exercício do direito de greve dos servidores públicos civis, até que sobreviesse a norma integrativa de que trata referido dispositivo constitucional (art. 37, inciso VII(166)). O ministro Eros Grau foi acompanhado pela maioria dos ministros do STF.(167)

Considerou o ministro Eros Grau que a Lei n. 7.783/89 para regular o exercício do direito de greve dos servidores públicos necessitaria de determinados acréscimos, como também, de algumas reduções do seu texto, sendo que apenas alguns artigos da lei poderiam ser aplicados no caso de greve dos servidores públicos. Como apontou o ministro:

> A norma supletiva, na amplitude que a ela deve ser conferida no âmbito do presente mandado de injunção, compreende conjunto integrado pelos arts. 1º ao 9º, 14, 15 e 17 da Lei n. 7.783/89, com as seguintes alterações necessárias ao atendimento das peculiaridades da greve nos serviços públicos: apenas a paralisação parcial do trabalho é facultada; durante a greve serão necessariamente mantidas em atividade equipes de servidores com o propósito de assegurar a regular continuidade da prestação do serviço público; o comprometimento da regular continuidade na prestação do serviço público é inadmissível, consubstanciando abuso de direito de greve.(168)

Ao fundamentar seu voto, reconheceu o relator, o amplo direito de greve de todos os trabalhadores, nos termos do art. 9º da Constituição Federal, ressaltando que a Constituição se refere aos trabalhadores em geral e não prevê limitação ao direito de greve, dispondo competir a eles decidir sobre a oportunidade de exercer esse direito e sobre os interesses que devam por meio dele defender, devendo a lei proteger esse direito e não o restringir.

---

(165) BRASIL. Supremo Tribunal Federal. *Mandado de Injunção MI 670*. Relator: Min. Gilmar Mendes. MI 708. Relator: Min. Gilmar Mendes; MI 712 Relator: Min. Eros Grau. Julgamento: 25.10.2007.

(166) Art. 37, inciso VII, da CF/88. "VII – o direito de greve será exercido nos termos e nos limites definidos em lei específica". *BRASIL. Constituição da República Federativa do Brasil, 05 de outubro de 1988*. Disponível em: http://www.planalto.gov.br/ccivil_03/constituicao/constituicao.htm. Acesso em: 06 jun. 2018.

(167) Votaram com o relator, ministro Eros Grau, os ministros Gilmar Mendes, Celso de Mello, Sepúlveda Pertence (aposentado), Carlos Ayres Britto, Cármen Lúcia Antunes Rocha, Cezar Peluso e Ellen Gracie. Ficaram parcialmente vencidos os ministros Ricardo Lewandowski, Joaquim Barbosa e Marco Aurélio, que apresentaram as mesmas ressalvas no julgamento dos três mandados de injunção.

(168) BRASIL. Supremo Tribunal Federal. Mandado de Injunção n. 712-8/PA. Rel. Min. Eros Grau. Data de Julgamento: 25.10.2007. Órgão Julgador: Tribunal Pleno. Data de Publicação: 31.10.2008. O STF também julgou os MIs 670/ES e ao MI 708/DF, conferindo, excepcionalmente, caráter *erga omnes* a todos esses Mandados de Injunção, julgados em 25.10.2007.

Enfatizou, ainda, Eros Grau, que a Constituição admite todos os tipos de greve "[...] greves reivindicatórias, greves de solidariedade, greves políticas, greves de protesto"[(169)], prevendo que os abusos do exercício do direito de greve, devem sujeitar os responsáveis às penas da lei. Lei que, conforme ele frisou, não pode restringir o uso do direito, mas apenas, conforme previsto no art. 9º, § 1º, definir os serviços ou atividades essenciais e dispor sobre o atendimento das necessidades inadiáveis da comunidade.[(170)]

Em 30 de abril de 2008, o Supremo Tribunal Federal (STF), por unanimidade, em Sessão Plenária, no julgamento do Recurso Extraordinário (RE 565714), com repercussão geral reconhecida, decidiu pela inconstitucionalidade da vinculação do adicional de insalubridade ao salário mínimo, como também pela impossibilidade da alteração da base de cálculo por via de interpretação jurídica.[(171)] A decisão ensejou a edição da Súmula Vinculante n. 4, pelo Pleno do STF, em 30 de março de 2008.[(172)]

No dia 10 de setembro de 2008, o Plenário do Supremo Tribunal Federal, no julgamento do Recurso Extraordinário RE 579.648/MG, com repercussão geral reconhecida, por maioria, considerou que para a determinação da competência da Justiça do Trabalho bastava que a questão submetida à apreciação do Poder Judiciário fosse decorrente da relação de emprego. Nas ações de interdito proibitório, o STF, com base no disposto do no art. 114, inciso II, da CF, com redação dada pela EC n. 45/2004, reconheceu a competência da Justiça do Trabalho quando a causa de pedir fosse decorrente do movimento grevista. No entanto, considerou que se o movimento grevista envolvesse servidores públicos, a competência seria da Justiça Comum.[(173)]

Em 2009, na Sessão Plenária de 02 de dezembro, foram aprovadas pelo Supremo Tribunal Federal as Súmulas Vinculantes ns. 22 e 23.

---

(169) BRASIL. Supremo Tribunal Federal. *Mandado de Injunção n. 712-8/PA*. Rel. Min. Eros Grau. Data de Julgamento: 25.10.2007. Órgão Julgador: Tribunal Pleno. Data de Publicação: 31.10.2008, p. 395. Disponível em: Disponível em: http://redir.stf.jus.br/paginadorpub/paginador.jsp?docTP=AC&docID=558553. Acesso em: 18 jul. 2017.

(170) *Idem*.

(171) BRASIL. Supremo Tribunal Federal. *Recurso Extraordinário (RE) 565.714-1 São Paulo*. Relatora: Minª. Cármen Lúcia. Data de Julgamento: 30.04.2008. Disponível em: http://redir.stf.jus.br/paginadorpub/paginador.jsp?docTP=AC&docID=560067. Acesso em: 12 jun. 2018.

(172) Súmula Vinculante n. 4: "Salvo nos casos previstos na Constituição, o salário mínimo não pode ser usado como indexador de base de cálculo de vantagem de servidor público ou de empregado, nem ser substituído por decisão judicial". Supremo Tribunal Federal. Súmula Vinculante n. 4. Disponível em: http://www.stf.jus.br/portal/jurisprudencia/menuSumario.asp?sumula=1195. Acesso em: 15 jun. 2018.

(173) BRASIL Supremo Tribunal Federal. *Recurso Extraordinário n. 579.648-5 Minas Gerais*. Relator originário: Ministro Menezes Direito. Relatora para o acórdão: Minª. Cármen Lúcia. Data de Julgamento: 8.09.2008. Disponível em: http://redir.stf.jus.br/paginadorpub/paginador.jsp?docTP=AC&docID=579797. Acesso em: 15 Jun. 2018.

A Súmula Vinculante n. 22 estabelece a competência da Justiça do Trabalho para processar e julgar as ações de indenização por danos morais e patrimoniais oriundas de acidente de trabalho propostas pelo empregado em face do empregador, incluindo as ações que ainda não tinham sentença de mérito em 1º grau no momento da promulgação da Emenda Constitucional n. 45/2004.

Anteriormente, considerava o Supremo Tribunal Federal, ao interpretar o inciso I, art. 109, da CF/1988, que as ações de indenização por danos morais e patrimoniais decorrentes de acidente do trabalho, inclusive as propostas pelo empregado em face do ex-empregador, eram de competência da Justiça Comum Estadual. No entanto, o Plenário do STF, no julgamento do Conflito de Competência n. 7.204[(174)], concluiu que a Constituição Federal de 1988 conferiu competência à Justiça do Trabalho. O Plenário, por maioria, decidiu que o marco temporal da competência da Justiça trabalhista seria o advento da Emenda Constitucional n. 45/2004, determinando que as ações que no momento da promulgação da Emenda Constitucional n. 45/2004 já tinham sentença de mérito proferida na Justiça Comum, não seriam remetidas para a Justiça do Trabalho.

A Súmula Vinculante n. 23 determinou a competência da Justiça do Trabalho para processar e julgar ação possessória proposta em virtude do exercício do direito de greve pelos trabalhadores da iniciativa privada. O julgamento do Recurso Extraordinário RE 579.648/MG[(175)] contribuiu para a edição da Súmula Vinculante n. 23.

No dia 27 de maio de 2009, o Supremo Tribunal Federal (STF), por maioria, julgou totalmente improcedente a Ação Direta de Inconstitucionalidade (ADI 3934-2)[(176)] proposta pelo Partido Democrático Trabalhista (PDT) em impugnação aos arts. 60, parágrafo único, 83, I e IV, c, e 141, II, da Lei n. 11.101, de 9 de fevereiro de 2005, que regula a recuperação judicial, a extrajudicial e a falência do empresário e da sociedade empresária.

Dentre os artigos impugnados, o inciso II do art. 141 da Lei n. 11.101/05 prevê que "o objeto da alienação estará livre de qualquer ônus e não haverá sucessão do arrematante nas obrigações do devedor, inclusive as de natureza tributária, as derivadas da legislação do trabalho e as decorrentes de acidentes de trabalho", e o inciso I do art. 83 que limita a 150 salários mínimos por credor, os créditos derivados da legislação do trabalho.

---

(174) BRASIL. Supremo Tribunal Federal. *Conflito de Competência 7.204-1 Minas Gerais*. Relator: Min. Ayres Britto. Data de Julgamento: 29.6.2005. Data de Publicação: 9.12.2005. Disponível em: http://redir.stf.jus.br/paginadorpub/paginador.jsp?docTP=AC&docID=25686. Acesso em: 15 jun. 2018.

(175) BRASIL Supremo Tribunal Federal. Recurso Extraordinário n. 579.648- 5 Minas Gerais. Relator originário: Ministro Menezes Direito. Relatora para o acórdão: Minª. Cármen Lúcia. Data de Julgamento: 8.09.2008. Disponível em: http://redir.stf.jus.br/paginadorpub/paginador.jsp?docTP=AC&docID=579797. Acesso em: 15 jun. 2018.

(176) BRASIL. Ação *Direta de Inconstitucionalidade n. 3.934 Distrito Federal*. Relator: Min. Ricardo Lewandowski. Data de Julgamento: 14.04.2009. Data de Publicação: 22.04.2009. Disponível em: http://www.stf.jus.br/arquivo/cms/noticiaNoticiaStf/anexo/ADI3934RL.pdf. Acesso em: 14 ago. 2018.

Na referida ação, na qualidade de *amicus curiae*, foi deferido o ingresso do Sindicato Nacional dos Aeroviários, como também da Confederação Nacional da Indústria (CNI).

Considerou o relator, ministro Ricardo Lewandowski que:

> [...] é possível constatar que a Lei n. 11.101/2005 não apenas resultou de amplo debate com os setores sociais diretamente afetados por ela, como também surgiu da necessidade de preservar-se o sistema produtivo nacional inserido em uma ordem econômica mundial caracterizada, de um lado, pela concorrência predatória entre seus principais agentes e, de outro, pela eclosão de crises globais cíclicas altamente desagregadoras. Nesse contexto, os legisladores optaram por estabelecer que adquirentes de empresas alienadas judicialmente não assumiriam os débitos trabalhistas, por sucessão [...].
>
> Do ponto de vista teleológico, salta à vista que o referido diploma legal buscou, antes de tudo, garantir a sobrevivência das empresas em dificuldades – não raras vezes derivadas das vicissitudes por que passa a economia globalizada -, autorizando a alienação de seus ativos, tendo em conta, sobretudo, a função social que tais complexos patrimoniais exercem, a teor do disposto no art. 170, III, da Lei Maior.(177)

Em seguida, ao analisar a alegada inconstitucionalidade material dos dispositivos legais, ressaltou o ministro:

> [...] entendo que os arts. 60, parágrafo único, e 141, II, do texto legal em comento mostram-se constitucionalmente hígidos no aspecto em que estabelecem a inocorrência de sucessão dos créditos trabalhistas, particularmente porque o legislador ordinário, ao concebê-los, optou por dar concreção a determinados valores constitucionais, a saber, a livre iniciativa e a função social da propriedade — de cujas manifestações a empresa é uma das mais conspícuas — em detrimento de outros, com igual densidade axiológica, eis que os reputou mais adequados ao tratamento da matéria.
>
> Superadas tais objeções, passo agora ao exame do último argumento da presente ação direta, isto é, o da inconstitucionalidade da conversão de créditos trabalhistas, a partir de um certo patamar, em quirografários.
>
> Também nesse tópico não vejo qualquer ofensa à Constituição no tocante ao estabelecimento de um limite máximo de 150 (cento e cinquenta) salários mínimos, para além do qual os créditos decorrentes da relação de trabalho deixam de ser preferenciais.
>
> É que — diga-se desde logo — não há aqui qualquer perda de direitos por parte dos trabalhadores, porquanto, independentemente da categoria em que tais créditos estejam classificados, eles não deixam de existir nem se tornam inexigíveis. Quer dizer, os créditos trabalhistas não desaparecem pelo simples fato de serem convertidos em quirografários, mas apenas perdem o seu caráter preferencial, não ocorrendo, pois, nesse aspecto, qualquer afronta ao texto constitucional.(178)

---

(177) BRASIL. *Ação Direta de Inconstitucionalidade n. 3.934 Distrito Federal*. Relator: Min. Ricardo Lewandowski. Data de Julgamento: 14.04.2009. Data de Publicação: 22.04.2009. p. 17-19. Disponível em: http://www.stf.jus.br/arquivo/cms/noticiaNoticiaStf/anexo/ADI3934RL.pdf. Acesso em: 14 ago. 2018.

(178) *Ibidem*, p. 22-23.

Em 2010, o Supremo Tribunal Federal, no dia 24 de novembro, ao julgar em Sessão Plenária a Ação Direta de Constitucionalidade (ADC) n. 16 DF,(179) declarou, por maioria, a constitucionalidade do § 1º do art. 71 da Lei n. 8.666/93. A Ação Declaratória de Constitucionalidade foi proposta pelo Governador do Distrito Federal.

Estabelece o art. 71 da Lei n. 8.666/93:

> Art. 71. O contratado é responsável pelos encargos trabalhistas, previdenciários, fiscais e comerciais resultantes da execução do contrato.
>
> § 1º A inadimplência do contratado, com referência aos encargos trabalhistas, fiscais e comerciais não transfere à Administração Pública a responsabilidade por seu pagamento, nem poderá onerar o objeto do contrato ou restringir a regularização e o uso das obras e edificações, inclusive perante o Registro de Imóveis.(180)

Na ação, alegou o autor que esse dispositivo estava sofrendo retaliação, sobretudo por parte do Tribunal Superior do Trabalho, que nos termos do Enunciado n. 331, IV, conferia interpretação diversa ao texto da lei, prevendo a responsabilidade subsidiária do ente público tomador de serviço de terceiros.

Com a decisão proferida na ADC n. 16, confirmou o STF a plena validade constitucional do § 1º do art. 71 da Lei n. 8.666/93, entendendo juridicamente incompatível com a Constituição a transferência automática, em detrimento da Administração Pública, dos encargos trabalhistas, fiscais, comerciais e previdenciários resultantes da execução do contrato na hipótese de inadimplência da empresa contratada. Enfatizou, no entanto, o STF, que essa declaração de constitucionalidade não impediria que, no caso concreto, houvesse o reconhecimento de eventual culpa do Poder Público.

No ano de 2013, em 20 de fevereiro, o Pleno do Supremo Tribunal Federal, por maioria, no julgamento do RE 586.453, com repercussão geral reconhecida, decidiu ser da Justiça Comum e não da Justiça do Trabalho a competência para julgar processos decorrentes de contrato de previdência complementar privada, prevalecendo a tese da ministra relatora, Ellen Gracie, que considerou a inexistência de relação trabalhista entre o beneficiário e a entidade fechada de previdência complementar, por entender que a competência não poderia ser definida considerando o contrato de trabalho já extinto.(181)

---

(179) BRASIL. Supremo Tribunal Federal. *Ação Declaratória de Constitucionalidade n. 16 Distrito Federal*. Relator: Min. Cezar Peluso. Data de Julgamento: 24.11.2010. Tribunal Pleno. Data de Publicação: 09.09.2011. Disponível em: https://stf.jusbrasil.com.br/jurisprudencia/20627841/acao-declaratoria-de-constitucionalidade-adc-16-df-stf. Acesso em: 12 jul. 2018.

(180) BRASIL. *Lei n. 8.666, 21 de junho de 1993*. Disponível em: http://www.planalto.gov.br/ccivil_03/leis/l8666cons.htm. Acesso em: 13 maio 2019.

(181) BRASIL. Supremo Tribunal Federal. *Recurso Extraordinário n. 586453 Sergipe*. Relatora: Minª. Ellen Gracie. Relator do acórdão: Min. Dias Toffoli. Data de Julgamento: 20.02.2013. Disponível em: http://redir.stf.jus.br/paginadorpub/paginador.jsp?docTP=AC&docID=630014. Acesso em: 12 jan. 2017.

Em 20 de março de 2013, o Pleno do Supremo Tribunal Federal, no julgamento do RE 589.998, com repercussão geral reconhecida, fixou o entendimento que os empregados públicos das empresas públicas e sociedades de economia mista não têm direito à estabilidade prevista no art. 41 da Constituição Federal, no entanto, considerou que a dispensa desses empregados públicos dever ser motivada.(182)

Em 2014, após a realização da Copa, na Sessão de 13 de novembro, o Plenário do Supremo Tribunal Federal (STF), por maioria, ao julgar o Recurso Extraordinário com Agravo (ARE) 709.212, com repercussão geral reconhecida, proferiu decisão que pode ser considerada um marco no novo direcionamento de conteúdo restritivo de direitos do STF com relação aos trabalhadores e trabalhadoras. (183)

O STF declarou inconstitucional o § 5º do art. 23 da Lei n. 8.036/1990, e o art. 55 do Decreto n. 99.684/1990, e, com isso, fixou que os prazos prescricionais para reclamar o não recolhimento dos depósitos do FGTS seriam aqueles previstos no inciso XXIX do art. 7º da Constituição Federal e não mais o de 30 (trinta) anos, como previsto na lei do FGTS.

O relator, ministro Gilmar Mendes, ao justificar em seu voto a alteração do entendimento jurisprudencial consolidado do STF com relação à matéria, ressaltou:

> Contudo, conforme já explanado por mim no julgamento do RE 522.897, a jurisprudência desta Corte não se apresentava concorde com a ordem constitucional vigente quando entendia ser o prazo prescricional trintenário aplicável aos casos de recolhimento e de não recolhimento do FGTS.
>
> Isso porque o art. 7º, XXIX, da Constituição de 1988 contém determinação expressa acerca do prazo prescricional aplicável à propositura das ações atinentes a "créditos resultantes das relações de trabalho".(184)

Com relação à aplicação do prazo trintenário pela Justiça do Trabalho, salientou o ministro:

> O princípio da proteção do trabalhador, não obstante a posição central que ocupa no Direito do Trabalho, não é apto a autorizar, por si só, a interpretação — defendida por alguns doutrinadores e tribunais, inclusive pelo Tribunal Superior do Trabalho —

(182) BRASIL. Supremo Tribunal Federal. *Recurso Extraordinário n. 589.998 Piauí.* Relator: Min. Ricardo Lewandowski. Tribunal Pleno. Tema de Repercussão Geral n. 131. Data de Julgamento: 20.03.2013. Data de Publicação: 12.09.2103. Disponível em: http://www.stf.jus.br/portal/jurisprudencia/menuSumarioTese.asp?tipo=TRG&tese=3800. Acesso em: 12 jan. 2018.

(183) BRASIL. Supremo Tribunal Federal. *Repercussão Geral no Recurso Extraordinário com Agravo n. 709.212 Distrito Federal.* Relator: Min. Gilmar Mendes. Data de Julgamento: 25.10.2012. Data de Publicação: 27.05.2013. Disponível em: https://stf.jusbrasil.com.br/jurisprudencia/311629222/repercussao-geral-no-recurso-extraordinario-com-agravo-rg-are-709212-df-distrito-federal/inteiro-teor-311629229. Acesso em: 13 maio 2019.

(184) *Ibidem*, p. 13.

segundo a qual o art. 7º, XXIX, da Constituição estabeleceria apenas o prazo prescricional mínimo a ser observado pela legislação ordinária, inexistindo óbice à sua ampliação, com vistas à proteção do trabalhador.

[...]

Ademais, o princípio da proteção do trabalhador não pode ser interpretado e aplicado de forma isolada, sem a devida atenção aos demais princípios que informam a ordem constitucional. De fato, a previsão de prazo tão dilatado para o ajuizamento de reclamação contra o não recolhimento do FGTS, além de se revelar em descompasso com a literalidade do Texto Constitucional, atenta contra a necessidade de certeza e estabilidade nas relações jurídicas, princípio basilar de nossa Constituição e razão de ser do próprio Direito.(185)

Na mesma linha, restritiva de direitos aos trabalhadores, em 23 de dezembro de 2014, o ministro Ricardo Lewandowski, em decisão monocrática, deferiu uma liminar na Ação Direta de Inconstitucionalidade ADI 5.209(186), protocolada pela Associação Brasileira de Incorporadoras Imobiliárias (Abrainc), determinando a suspensão da publicação do Cadastro de Empregadores que tenham submetido trabalhadores a condições análogas à escravidão, por meio da suspensão da Portaria Interministerial MTE/SDH n. 2, de 12 de maio de 2011 e da portaria MTE n. 540, de 19 de outubro de 2004 até o julgamento definitivo da ADI 5.209.(187)

A Associação Brasileira de Incorporadoras Imobiliárias (Abrainc) impugna o ato que enuncia as regras sobre o Cadastro de Empregadores e revoga a Portaria MTE n. 540, de 19 de outubro de 2004, bem como que autoriza o Ministério do Trabalho e Emprego (MTE) a atualizar, de modo semestral, o Cadastro de Empregadores a que se refere, incluindo no respectivo cadastro o nome de empregadores que tenham submetido trabalhadores a condições análogas à escravidão.(188)

---

(185) BRASIL. Supremo Tribunal Federal. *Repercussão Geral no Recurso Extraordinário com Agravo n. 709.212 Distrito Federal*. Relator: Min. Gilmar Mendes. Data de Julgamento: 25.10.2012. Data de Publicação: 27.05.2013. Disponível em: https://stf.jusbrasil.com.br/jurisprudencia/311629222/repercussao-geral-no-recurso-extraordinario-com-agravo-rg-are-709212-df-distrito-federal/inteiro-teor-311629229. p. 14-15. Acesso em: 13 maio 2019.

(186) BRASIL. Supremo Tribunal Federal. *Ação Direta de Inconstitucionalidade n. 5.209 Distrito Federal*. Relatora: Minª. Cármen Lúcia. Data de Julgamento: 23.12.2014. Data de Publicação: 03.02.2015. Disponível em; http://portal.stf.jus.br/processos/detalhe.asp?incidente=4693021. Acesso em: 13 maio 2019.

(187) "Em 31.3.2015, a Portaria Interministerial n. 2 (*DOU* 1º.04.2015) recriou os critérios para o cadastro de empregadores flagrados com mão de obra análoga à de escravo, utilizando a Lei de Acesso à Informação como amparo legal, porém, foi revogada pela Portaria Interministerial n. 4, publicada no *DOU*, em 13.05.2016. [...]". Fonte: ZULMA, Renata. *Série retrospectiva:* a "lista suja" do trabalho escravo. Disponível em: http://ostrabalhistas.com.br/serie-retrospectiva-lista-suja-do-trabalho-escravo/. Acesso em: 24 abr. 2019.

(188) BRASIL. Supremo Tribunal Federal. *Ação Direta de Inconstitucionalidade n. 5.209 Distrito Federal*. Relatora: Minª. Cármen Lúcia. Data de Julgamento: 23.12.2014. Data de Publicação: 03.02.2015. Disponível em; http://portal.stf.jus.br/processos/detalhe.asp?incidente=4693021. Acesso em: 13 maio 2019.

Sustenta a Associação Brasileira de Incorporadoras Imobiliárias (Abrainc) que os ministros de Estado(189), ao editarem o ato impugnado, "extrapolaram o âmbito de incidência do inciso II, do art. 87, do Texto Constitucional, eis que inovaram no ordenamento jurídico brasileiro, usurpando a competência do Poder Legislativo".

O ministro Ricardo Lewandowski, em sua decisão(190), considerou que embora se mostrasse louvável a intenção de criação do Cadastro de Empregadores que tivessem submetido trabalhadores a condições análogas à escravidão, não se verificava a existência de uma lei formal que respaldasse a edição da Portaria n. 2/2011 pelos ministros de Estado, mesmo porque constou do bojo do ato impugnado o propósito de regulamentar o art. 186 da Constituição Federal de 1988 que trata da função social da propriedade rural.(191)

2.4. As ameaças aos direitos dos(as) trabalhadores(as)

2.4.1. A Emenda n. 3 do Projeto de Lei da "Super Receita"

Em 2007, no bojo do Projeto de Lei n. 6.272, de 2005, que instituiu a Secretaria da Receita Federal do Brasil ou "Super-Receita" (Lei n. 11.457/2007)(192), foi inserida a denominada Emenda 3, que trazia enormes ataques aos direitos trabalhistas.

---

(189) A ação foi endereçada aos ministros do Trabalho e Emprego, Manoel Dias, e da Secretaria de Direitos Humanos da Presidência da República, Ideli Salvatti.

(190) BRASIL. Supremo Tribunal Federal. *Ação Direta de Inconstitucionalidade n. 5.209 Distrito Federal.* Relatora: Minª. Cármen Lúcia. Data de Julgamento: 23.12.2014. Data de Publicação: 03.02.2015. Disponível em: http://portal.stf.jus.br/processos/detalhe.asp?incidente=4693021. Acesso em: 13 maio 2019.

(191) Conforme matéria de Daniel Santini veiculada no *Repórter Brasil*: "A suspensão acontece no mesmo mês em que a "lista suja" recebeu prêmio da Controladoria-Geral da União (CGU), tendo vencido o Concurso de Boas Práticas da CGU na categoria Promoção da Transparência Ativa e/ou Passiva. "Ficamos surpresos com a liminar impeditiva, ainda mais considerando o momento em que o cadastro ganhou justamente por dar transparência às ações do poder público", diz Alexandre Lyra, chefe da Divisão de Fiscalização para Erradicação do Trabalho Escravo da Secretaria de Inspeção do Trabalho do MTE. [...] A suspensão do cadastro em questão prejudica as mais de 400 empresas que respeitam a legislação trabalhista e foram signatárias do Pacto Nacional pela Erradicação do Trabalho Escravo. Tais empresas se comprometem a estabelecer restrições quanto à realização de negócios com quem está na "lista suja". A relação também servia de referência para que bancos e instituições federais avaliassem concessão de créditos e financiamentos, sendo utilizada por Banco do Brasil, Caixa Econômica Federal, Banco da Amazônia, Banco do Nordeste e BNDES. A lista tinha também o reconhecimento do Conselho Monetário Nacional, que determinou em decisão que os bancos, incluindo os privados, adotassem restrições ao crédito rural aos empregadores que se beneficiaram da escravidão." SANTINI, Daniel. Ação de Construtoras barram publicação da 'lista suja' do trabalho escravo. *Repórter Brasil*. 30 dez. 2014. Disponível em: http://reporterbrasil.org.br/2014/12/lobby-de-construtoras-barra-publicacao-da-lista-suja-do-trabalho-escravo/. Acesso em: 14 ago. 2018.

(192) A Lei n. 11.457 criou a Super Receita, englobando a fusão das estruturas de arrecadação e fiscalização dos ministérios da Fazenda e da Previdência Social com objetivo de reorganizar a administração tributária federal. O novo órgão (Receita Federal do Brasil) começou a funcionar no dia 02 de maio de 2007, com a responsabilidade "[...] de administração tributária e aduaneira (atividades de fiscalização, arrecadação e normatização) dos principais tributos federais, incluindo as contribuições previdenciárias. Com a unificação, a Receita Federal do Brasil passou a ser formada por 32 mil servidores, sendo 22 mil da Receita Federal e 10

A Emenda n. 3, de autoria do ex-senador Nei Suassuna (PMDB-PB), modificava a redação do § 4º do art. 6º da Lei n. 10.593, de 2002, acrescentado pelo art. 9º do Projeto de Lei n. 6.272/2005, para dispor:

> Art. 6º [...] § 4º No exercício das atribuições da autoridade fiscal de que trata esta Lei, a desconsideração da pessoa, ato ou negócio jurídico que implique reconhecimento de relação de trabalho, com ou sem vínculo empregatício, deverá sempre ser precedida de decisão judicial. (NR)

A Emenda n. 3 tentava retirar dos auditores fiscais o poder de fiscalização das empresas na verificação da existência de vínculo de emprego em uma relação de trabalho, proibindo, por exemplo, os auditores fiscais de multarem empresas que contratassem serviços por meio de pessoas jurídicas, além de trazer sérias repercussões negativas ao combate ao trabalho análogo ao de escravo no Brasil.(193)

Diversas foram as manifestações contrárias à Emenda n. 3. Em 9 de fevereiro de 2007, a Associação Nacional dos Magistrados Trabalhistas — ANAMATRA, a Associação Nacional dos Procuradores do Trabalho — ANPT, a Associação dos Juízes Federais do Brasil — AJUFE, a Confederação Nacional dos Trabalhadores na Agricultura — CONTAG e o Sindicato Nacional dos Auditores Fiscais do Trabalho — SINAIT publicaram uma Nota Pública conjunta rejeitando a Emenda n. 3, anexa ao Projeto de Lei n. 6.272/05, alertando a sociedade e, sobretudo, os trabalhadores para a gravidade do tema.

Segundo as entidades, tratava-se da pior das reformas trabalhistas, sendo imensuráveis os prejuízos dessa medida para a classe trabalhadora. Ressaltavam que na prática, caso a Emenda 3 fosse aprovada, os empregadores poderiam trocar empregados por autônomos e não sofreriam nenhuma sanção, não havendo como exigir o adimplemento das verbas decorrentes da relação de emprego.(194)

O SINAIT (Sindicato Nacional dos Auditores Fiscais do Trabalho) reforçando o entendimento pela rejeição à Emenda n. 3, em Nota Pública, ressaltou:

---

mil da Receita Previdenciária. Antes da sanção da lei, em 2005, as entidades de fiscalização já haviam atuado conjuntamente por força de uma Medida Provisória que o Congresso Nacional deixou de apreciar dentro do prazo". FAUSTA, Cristina. Super Receita Completa 10 anos. *Sindifisco Nacional*. 02/05/2017. Disponível em: https://www.sindifisconacional.org.br/index.php?option=com_content&view=article&id=32634:super-receita-completa-10-anos&catid=44&Itemid=515. Acesso em: 13 maio. 2019.

(193) SILVA JUNÍOR, Walter Nunes da. Super-Receita é retrocesso no combate ao trabalho escravo. *Consultor Jurídico*. 23 fev. 2007. Disponível em: https://www.conjur.com.br/2007-fev-23/super-receita_retrocesso_combate_trabalho_escravo. Acesso em: 06 de set. 2018.

(194) Nota Pública. Nota conjunta Super Receita. *ANPT*. Associação Nacional dos Procuradores do Trabalho. Disponível em: http://www.anpt.org.br/publicacoes/notas-publicas/689-nota-publica-nota-conjunta-emenda-03-super-receita. Acesso em: 15 jun. 2017.

> A Emenda n. 3, apresentada pelo senador Ney Suassuna (PFL/PB) e assinada por mais de 60 senadores, atende a interesses patronais, divergentes dos trabalhadores brasileiros. Ela impede que os Auditores Fiscais do Trabalho, no exercício normal de suas atividades, verifiquem as condições previstas na lei que comprovem a relação de trabalho, formalizada ou não. Remete a responsabilidade de comprovar o vínculo empregatício para a Justiça do Trabalho e, enquanto a análise judicial não for concluída, a Fiscalização do Trabalho fica impedida de agir: exigir o reconhecimento do vínculo, autuar, multar. Se a Emenda n. 3 prosperar na Câmara dos Deputados, o trabalho de combate ao trabalho escravo, por exemplo, será o primeiro prejudicado. Na ação dos Grupos Especiais de Fiscalização Móvel, a relação de emprego é comprovada na hora, em flagrante, e o empregador é obrigado a assinar as Carteiras de Trabalho e pagar as indenizações devidas aos trabalhadores pelo tempo trabalhado e serviços prestados. Igualmente prejudicados estarão o combate às falsas cooperativas, à terceirização irregular nas empresas e a fiscalização rural [...].[195]

A classe trabalhadora aderiu fortemente aos movimentos contrários à Emenda n. 3. De acordo com o Dieese, três greves se destacaram em 2007, por terem sido grandes mobilizações organizadas por Centrais Sindicais e por reivindicarem a manutenção do veto presidencial à Emenda n. 3. Duas greves envolveram trabalhadores de empresas públicas e privadas de diferentes setores e uma terceira greve contou com a participação desses trabalhadores, além de funcionários públicos dos governos federal, estadual e municipal.[196]

Segundo estudo realizado pelo Dieese intitulado "A situação do trabalho no Brasil na primeira década dos anos 2000," a luta tendo por base o veto à Emenda n. 3 travada pelas entidades sindicais, com participação dos auditores fiscais do trabalho, possibilitou, inclusive, uma redução no crescimento na contratação de autônomos, como artifício para burlar o pagamento dos encargos sociais da relação de emprego.[197]

Em 16 de março de 2007, o presidente Luiz Inácio Lula da Silva sancionou a Lei n. 11. 457 que cria a "Super-Receita", mas vetou a Emenda n. 3 do Projeto de Lei.

> [...]
>
> **Razões do veto**
>
> As legislações tributária e previdenciária, para incidirem sobre o fato gerador cominado em lei, independem da existência de relação de trabalho entre o tomador do serviço e o

---

(195) Nota Pública pelo Sinait. *Repórter Brasil*. 13 fev. 2007. Disponível em: http://reporterbrasil.org.br/2007/02/nota-publicada-pelo-sinait/. Acesso em: 15 jun. 2017.

(196) Segundo pesquisa do Dieese dessas três greves "[...] duas que envolveram trabalhadores de empresas públicas e privadas de diferentes setores; e uma com participação de trabalhadores deempresas públicas e privadas, igualmente de diferentes setores, mais funcionários públicos dos governos federal, estadual e municipal." Departamento Intersindical de Estatística e Estudos Socioeconômicos. Dieese. *Estudos e Pesquisas:* balanços das greves em 2007. Disponível em: https://www.dieese.org.br/balancodasgreves/2007/estPesq41Greves2007.pdf. Acesso em: 13 jun. 2017.

(197) Departamento Intersindical de Estatística e Estudos Socioeconômicos. Dieese. *A situação do trabalho no Brasil na primeira década dos anos 2000*. São Paulo: Dieese, 2012. p. 73-74.

prestador do serviço. Condicionar a ocorrência do fato gerador à existência de decisão judicial não atende ao princípio constitucional da separação dos Poderes.(198)

2.4.2. A "Nova" CLT — PL n. 1.987/2007

O Projeto de Lei n. 1.987 apresentado, em 06 de setembro de 2007, pelo deputado Cândido Vaccarezza, (PT/SP), presidente (coordenador) do Grupo de Trabalho instituído pelo Congresso Nacional, propunha a criação de uma nova CLT.

O Projeto de Lei, com 423 páginas, consolida dispositivos normativos referente ao Direito Material Trabalhista, e revoga leis extravagantes e os arts. 1º ao 642 da Consolidação das Leis do Trabalho (CLT).(199)

De acordo com o Projeto de Lei, 204 normas da CLT seriam revogadas, total ou parcialmente. A CLT passaria a ter 1.687 artigos.

A reforma trabalhista era considerada uma das prioridades da indústria, como mecanismo para o crescimento do país. A promessa era a de que nenhum direito assegurado aos(às) trabalhadores(as) seria extinto, sendo visto o PL n. 1.987 como uma etapa necessária à reforma.

Os mesmos argumentos, que recentemente se fizeram presentes na defesa da "reforma" trabalhista de 2017, foram utilizados em 2007 para atacar a CLT, conforme se pode atestar pelo teor do artigo de Leonardo S. Passafaro Júnior publicado no Conjur, em 16 de novembro de 2007:

> Dizer que CLT (Consolidação das Leis do Trabalho) é extensa e pormenorizada, concedendo muitos direitos e garantias aos trabalhadores do Brasil já virou rotina quando o assunto é o combate ao desemprego. Afinal, é lugar comum atribuir a este Diploma Legal datado de 1943, época em que sopravam entre nós os ventos do totalitarismo trazidos pelo governo de Getúlio Vargas, toda a responsabilidade pelo "engessamento" das relações de trabalho provocado por um suposto "paternalismo" desta Legislação, que desestimulou o empresário, ao longo do tempo, a gerar os empregos que o país tanto necessita para absorver a mão de obra disponível.
>
> Assim é que, diariamente, assistimos a imensos debates na TV e nos jornais onde até mesmo a imprensa parece que já se convenceu da responsabilidade da CLT no aumento do número de desempregados do Brasil, fazendo coro

(198) BRASIL. *Lei n. 11.457, de 16 de março de 2007* (mensagem n. 140, de 16 de março de 2007). Disponível em: http://www.planalto.gov.br/ccivil_03/_Ato2007-2010/2007/Msg/VEP-140-07.htm. Acesso em: 6 set. 2018.

(199) BRASIL. *Projeto de Lei n. 1987, de 2007*. Disponível em: https://www.camara.leg.br/proposicoesWeb/fichadetramitacao?idProposicao=366731. Acesso em: 30 abr. 2018.

> com os defensores da necessidade de "completas e urgentes" mudanças nas regras trabalhistas, como se estes fossem os cavaleiros do Juízo Final distribuindo a justiça e, mais ainda, como se pudessem resolver os problemas de emprego de milhões de pessoas com uma simples "canetada" que autorize os empregadores a "negociar" com os trabalhadores os direitos de cada empresa, de cada trabalhador. É a chamada flexibilização da Legislação Trabalhista que, segundo a mídia, seria o bálsamo capaz de acabar com o atraso do Brasil nesta matéria.[200]

O tema da reforma trabalhista foi debatido no 2º Encontro Nacional da Indústria (ENAI) realizado em outubro de 2007, em Brasília (DF). De acordo com o presidente do Conselho Temático de Relações do Trabalho da Confederação Nacional da Indústria (CNI), Dagoberto Godoy, a legislação trabalhista estava defasada, visto que "concebida em outra realidade econômica e histórica, ainda na primeira metade do século passado, é um entrave à conquista de um desenvolvimento pleno e sustentável".[201]

O objetivo com a reforma, como apontou Godoy, era buscar uma legislação trabalhista que garantisse os direitos fundamentais dos(as) trabalhadores(as), no entanto, sem que fosse prejudicial à competitividade da economia. Para ele, "a visão moderna de Relações do Trabalho é aquela em que uma legislação básica resguarda os direitos mínimos dos trabalhadores e deixa as demais questões a cargo das partes envolvidas, uma negociação para cada caso".[202]

De acordo com reportagem de Tiago Pariz, veiculada no G1, o presidente Luiz Inácio Lula da Silva, no dia 17 de maio de 2007, em discurso realizado no Conselho de Desenvolvimento Econômico e Social (CDES) para uma plateia constituída, sobretudo por sindicalistas e empresários, defendeu a atualização da legislação trabalhista, bem como a adoção de contratos especiais para jovens desempregados, de 15 a 24 anos.[203]

Conforme pronunciou o presidente Lula, "não é possível que algumas coisas feitas em 1943 não precisem de mudanças para 2007, 2008. O mundo do trabalho mudou, houve evolução, a condição de trabalho é outra".[204]

---

(200) PASSAFARO JÚNIOR, Leonardo S. *Responsabilidade pelo desemprego não é da CLT.* Disponível em: https://www.conjur.com.br/2007-nov-16/responsabilidade_desemprego_nao_clt. Acesso em: 2 maio 2019.

(201) Legislação trabalhista defasada é entrave ao crescimento do país. *Diário Comércio Indústria e Serviço — DCI.* 23 out. 2007. Disponível em: https://www.dci.com.br/economia/legislac-o-trabalhista-defasada-e-entrave-ao-crescimento-do-pais-1.124327. Acesso em: 06 abr. 2019.

(202) *Idem.*

(203) PARIZ. Tiago. Lula defende atualização das leis trabalhistas. *G1.* 17 maio 2007. Disponível em: http://g1.globo.com/Noticias/Politica/0,,MUL38002-5601,00-LULA+DEFENDE+ATUALIZACAO+DAS+LEIS+TRABALHISTAS.html. Acesso em: 06 abr. 2019.

(204) *Idem.*

O Projeto de Lei n. 1.987/2007 tramitou na Câmara dos Deputados em regime de urgência, tendo sido concedido prazo restrito de 30 dias para manifestação da sociedade, a partir da publicação do projeto no Diário Oficial realizada em 30 de outubro de 2007.(205)

Diversas entidades se posicionaram contrárias ao projeto, com o intuito de impedir sua aprovação. A Ordem dos Advogados do Brasil (OAB)(206), a Associação Nacional dos Magistrados do Trabalho (ANAMATRA)(207) e a Associação Brasileira de Advogados Trabalhistas (ABRAT)(208) entraram com pedido de retirada imediata do projeto por entenderem que ele traria sérios riscos aos trabalhadores no sentido da flexibilização dos direitos trabalhistas e da precarização das relações de trabalho.

O ofício encaminhado por Cezar Britto, presidente nacional da OAB, à época, ao deputado federal Cândido Vaccarezza – PT/SP, visando à retirada do PL teve por base a manifestação da Comissão Nacional de Direito Sociais (Assessoria Parlamentar do Conselho Federal da OAB), sobre a matéria, sendo relator, Renato Kliemann Paese e presidente da Comissão, Roberto de Figueiredo Caldas.(209)

Segundo o parecer do relator Kliemann Paese, a proposição legislativa que se apresentava sob o pretexto de compilação de normas trabalhistas esparsas e de atualização da CLT criava uma nova CLT. Para o relator, era temeroso em espaço de tempo tão exíguo (prazo de 30 dias) se posicionar com relação às questões de fundo de um projeto de lei de tal amplitude:

> Conclui-se, assim, ser inexeqüível proceder à análise do Projeto, com a profundidade que a matéria demanda, no exíguo prazo imposto pelo Legislativo.
>
> 5.– Ora, o debate jurídico e político de uma proposta desta envergadura não pode ser feito de afogadilho. Fazendo-se um paralelo, se para a reforma

---

(205) Nos termos do *DOU*. Seção 3, de 30 de outubro de 2007. p.1055-1111. Câmara dos Deputados abriu-se prazo de 30 dias para oferecimento de sugestões ao Projeto de Consolidação, Projeto de Lei n. 1.987/2007.

(206) OAB Nacional pede retirada imediata de PL que cria nova CLT. *OAB Nacional*. 29 nov. 2007. Disponível em: http://www.oab.org.br/noticia/11926/oab-nacional-pede-retirada-imediata-de-pl-que-cria-nova-clt. Acesso em: 30 abr. 2017.

(207) "O Presidente da Anamatra, Cláudio José Montesso, acompanhado do diretor de direitos e prerrogativas da entidade, Marco Freitas, entregou em data de 28.11.07 ao deputado Cândido Vacarrezza (PT-SP) um estudo com as considerações da entidade ao PL n. 1.987/2007, de autoria do parlamentar". Disponível em: http://uj.novaprolink.com.br/doutrina/4593/Nova_CLT__Anamatra_entrega_do_Dep_Candido_Vacareza_pedido_de_retirada_do_PL1987_da_pauta. Acesso em: 30 abr. 2017.

(208) NUNES, Ana Lúcia. Modificar a CLT é golpe. *A Nova Democracia*, ano VI, n. 39, jan. 2008. Disponível em: http://anovademocracia.com.br/no-39/190-modificar-a-clt-e-golpe. Acesso em: 30 abr. 2017.

(209) Ofício. OAB Nacional pede retirada imediata de PL que cria nova CLT. *Migalhas*. 30 nov. 2007. Disponível em: https://www.migalhas.com.br/Quentes/17,MI50044,101048-OAB+Nacional+pede+retirada+imediata+de+PL+que+cria+nova+CLT. Acesso em: 06 abr. 2019.

(parcial) do Código Civil foram empregados mais de vinte anos nos debates entre os juristas, parlamento e sociedade, a ideia de alterar a CLT, com a possibilidade de manifestação da atores sociais no prazo de trinta dias, beira as raias, até, do preconceito para com o Direito do Trabalho: as questões do mundo do trabalho seriam simples; não demandariam grande elaboração/avaliação teórica...

Afinal, a CLT é um patrimônio do Brasil !

6.– Portanto, afigura-se inaceitável que um projeto de um Código do Trabalho seja encaminhado sem a realização de um amplo debate com a sociedade civil, com as entidades sindicais representativas das categorias econômicas e profissionais, com a OAB, a Anamatra, a ANPT, a ABRAT e demais entidades ligadas ao Direito do Trabalho, requisito este irrealizável no prazo de trinta dias.

Aduza-se, ainda, o fato de que o Fórum Nacional do Trabalho, realizado no primeiro mandato do governo Lula, com participação de diversos segmentos do Mundo do Trabalho, concluiu, por consenso dos seus participantes, que primeiro deveria ser debatida e aprovada a Reforma Sindical para só depois se ingressar na análise da Reforma Trabalhista.

Neste sentido, eventuais alterações na legislação trabalhista, mesmo para adaptá-la nos tópicos já superados, só poderiam ser feitas depois de estabelecidas as novas prerrogativas negociais dos Sindicatos, bem como seu alcance.

7.– Além das questões de método e de procedimento, a proposta lançada tem recebido críticas de diversos segmentos da sociedade.

Efetivamente, o XXIX Congresso Nacional dos Advogados Trabalhistas, realizado em Recife/PE, de 31.10 a 03.11.07, decidiu, à unanimidade do plenário (composto de mais de setecentos operadores jurídicos trabalhistas), pela proposta de rejeição e arquivamento do projeto de lei.[...][(210)]

Conforme ressaltou Luiz Salvador, presidente da Associação Brasileira dos Advogados Trabalhistas (ABRAT), em relação ao Projeto de Lei n. 1.987:

Para nós um verdadeiro Código do Trabalho e que ao que tudo indica para atender a interesses do "deus mercado" que seguidamente têm defendido a

(210) Ofício. OAB Nacional pede retirada imediata de PL que cria nova CLT. *Migalhas*. 30 nov. 2007. Disponível em: http://www.migalhas.com.br/Quentes/17,MI50044,101048-OAB+Nacional+pede+retirada+imediata+de+PL+que+cria+nova+CLT. Acesso em: 15 jun. 2010.

> extinção da Justiça do Trabalho, a flexibilização das leis trabalhistas, deixando que os direitos dos trabalhadores sejam regulados em "livre negociação" pela já ultrapassada "autonomia da vontade" em que para nós a prevalência do negociado tem demonstrado na prática que é o ***"trabalhador com o pescoço e o empregador com a guilhotina"***.[211]

Diversos eram os dispositivos do Projeto de Lei n. 1.987/2007 prejudiciais aos(às) trabalhadores(as). Vejamos alguns deles[212]:

SEÇÃO II

DA JORNADA DE TRABALHO

Art. 52 – A duração normal do trabalho, para os empregados em qualquer atividade privada, não excederá de 8 (oito) horas diárias e quarenta e quatro semanais, f**acultada a compensação de horários e a redução da jornada, mediante acordo individual** ou convenção coletiva de trabalho.

[...]

Art. 53. A duração normal do trabalho poderá ser acrescida de horas suplementares, em número não excedente de 2 (duas), mediante acordo individual escrito entre empregador e empregado, ou mediante contrato coletivo de trabalho.

[...]

§ 2º **Poderá ser dispensado o acréscimo de salário se, por força de acordo individual escrito ou convenção coletiva de trabalho, o excesso de horas em um dia for compensado pela correspondente diminuição em outro dia.**

[...]

SEÇÃO III

DA REDUÇÃO DA JORNADA DE TRABALHO EM RAZÃO DA CONJUNTURA ECONÔMICA

Art. 54. A empresa que, **em face de conjuntura econômica**, devidamente comprovada, se encontrar em condições que recomendem, transitoriamente, **a redução da jornada normal ou do número de dias do trabalho,** poderá fazê-lo, mediante prévio acordo com a entidade sindical representativa dos seus empregados, homologado pela Delegacia Regional do Trabalho, por prazo certo, não excedente de 3 (três) meses, prorrogável, nas mesmas condições, se ainda indispensável, **e sempre de modo que a redução do**

(211) SALVADOR, Luiz. *Acorda Brasil. É golpe preocupante a proposta da nova CLT em curso no Congresso Nacional.* (grifo do autor). Disponível em: https://www.monografias.com/pt/trabalhos910/acorda-brasil-golpe/acorda-brasil-golpe.shtml. Acesso em: 02 maio 2019.

(212) BRASIL. *Projeto de Lei n. 1987, de 2007.* Disponível em: http://www.camara.gov.br. Acesso em: 06 abr. 2019. Disponível em: http://www.camara.gov.br/proposicoesWeb/prop_mostrarintegra;jsessionid=1416A526DA4A5A5DB8092B92E3887C7C.proposicoesWebExterno1?codteor=514727&filename=PL+1987/2007. Acesso em: 30 abr. 2017.

salário mensal resultante não seja superior a 25% (vinte e cinco por cento) do salário contratual, respeitado o salário-mínimo regional e **reduzidas proporcionalmente a remuneração e as gratificações de gerentes e diretores.**

[...]

§ 3º **A redução de que trata esse artigo não é considerada alteração unilateral do contrato individual de trabalho** para os efeitos do disposto no art. 335 desta Consolidação.

[...]

SEÇÃO IV

DA HORA EXTRA

Art. 57. [...]

§ 2º **Nos casos de excesso de horário por motivo de força maior e no demais casos de excesso previstos neste artigo**, a remuneração será, pelo menos, 50% (cinquenta por cento) superior à da hora normal, **e o trabalho não poderá exceder de 12 (doze) horas**, desde que a lei não fixe expressamente outro limite.

[...]

SEÇÃO V

DOS PERÍODOS DE DESCANSO

[...]

Art. 73. [...]

§ 4º **Quando o intervalo para repouso e alimentação, previsto neste artigo, não for concedido pelo empregador, este ficará obrigado a remunerar o período correspondente com um acréscimo de no mínimo 50%** (cinqüenta por cento) sobre o valor da remuneração da hora normal de trabalho.

[...]

SEÇÃO II

DO CONTRATO POR TEMPO DETERMINADO DE INCENTIVO AS CONTRATAÇÕES

Art. 286. **As convenções e os acordos coletivos de trabalho poderão instituir contrato de trabalho por prazo determinado**, de que trata o art. 276 da Consolidação da Legislação Material Trabalhista — CLMT, independentemente das condições estabelecidas em seu § 2º, **em qualquer atividade desenvolvida pela empresa ou estabelecimento, para admissões que representem acréscimo no número de empregados.**

[...]

SEÇÃO VII

DA PROVA

Art. 305. [...]

Parágrafo único. A falta de prova ou inexistindo cláusula expressa e tal respeito, **entender-se-á que o empregado se obrigou a todo e qualquer serviço compatível com a sua condição pessoal.**

SEÇÃO IV

DOS DESCONTOS

Art. 311. [...]

§ 1º **Em caso de dano causado pelo empregado, o desconto será lícito, desde que esta possibilidade tenha sido acordada** ou na ocorrência de dolo do empregado.

[...]

CAPÍTULO V

DO DIREITO DE GREVE

[...]

Art. 350. Observadas as condições previstas neste Capítulo, **a participação em greve suspende o contrato de trabalho**, devendo as relações obrigacionais, durante o período, ser regidas pelo acordo, convenção, laudo arbitral ou decisão da Justiça do Trabalho.

[...]

CAPÍTULO VI

DA RESCISÃO

[...]

Art. 364. Constituem justa causa para rescisão do contrato de trabalho pelo empregador: Parágrafo único. **Constitui igualmente justa causa para dispensa de empregado a prática,** devidamente comprovada em inquérito administrativo, **de atos atentatórios à segurança nacional.**

[...][(213)] (grifo nosso)

Como se vê, a reforma trabalhista que se pretendia implementar por meio do PL n. 1.987/2007 era bem ampla.

O Projeto de Lei n. 1.987/2007 após longa tramitação foi arquivado, em 31 de janeiro de 2015, pela Câmara dos Deputados.

2.4.3. As 101 propostas da CNI para "modernização" da legislação trabalhista

Nos dias 5 e 6 de dezembro de 2012, a Confederação Nacional da Indústria (CNI) lança no 7º Encontro Nacional da Indústria (ENAI)[(214)] realizado no Centro de

(213) BRASIL. Projeto de Lei n. 1987, de 2007. Disponível em: http://www.camara.gov.br/proposicoesWeb/prop_mostrarintegra;jsessionid=1416A526DA4A5A5DB8092B92E3887C7C.proposicoesWebExterno1?codteor=514727&filename=PL+1987/2007. Acesso em: 30 abr. 2017.

(214) Encontro Nacional da Indústria (ENAI). Convenção anual do setor industrial brasileiro organizado pela Confederação Nacional da Indústria (CNI) desde 2006.

Convenções Ulysses Guimarães, em Brasília (DF), o documento "101 Propostas para Modernização Trabalhista"(215).

O encontro promovido anualmente pela Confederação Nacional da Indústria (CNI) reúne empresários, líderes de entidades de representação da indústria, de diversos setores e de todo o Brasil, bem como representantes do governo, tendo se consagrado como o evento mais representativo da indústria brasileira.

O encontro teve como tema central "O Futuro da Indústria". O 7º Encontro Nacional da Indústria (ENAI) contou com a participação da presidenta Dilma Rousseff que durante o seu discurso na abertura do evento fez um balanço das medidas lançadas em seu governo em apoio à competitividade das empresas e ao crescimento da economia, destacando a redução dos juros, das tarifas de energia e a desoneração da folha de pagamento.(216)

Conforme reportagem veiculada pela FIERGS, em 07 de dezembro de 2012, Dilma Rousseff afirmou: "O meu desafio é buscar uma maior competitividade dos diversos segmentos da economia. Mas, sem sombra de dúvida, da indústria" [...]. "Eu fiz da defesa de uma indústria forte e mais competitiva uma questão central para o nosso desenvolvimento"(217).

O último painel do 7º ENAI denominado "Legislação Trabalhista: Há espaço institucional para Relações do Trabalho apoiar a competitividade?" teve como debatedores convidados: Carlos Daudt Brizola (ministro do Trabalho e Emprego), ministro Carlos Alberto Reis de Paula (Tribunal Superior do Trabalho — TST), Adauto Duarte (diretor de Relações Industriais FIAT Chrysler para América Latina), Alexandre Furlan (presidente do Conselho de Relações do Trabalho) e José Pastore (professor Titular da Universidade de São Paulo – USP).

Segundo notícia veiculada, em 6 de dezembro de 2012, no site Agência de Notícias da CNI, o ministro do Tribunal Superior do Trabalho (TST), ministro Carlos Alberto de Paula, disse que concordava com a criação e alteração de toda e qualquer norma ou dispositivo trabalhista por meio de negociações tripartites (com representantes do governo, trabalhadores e empresários). A proposta havia partido do diretor de Relações Industriais da Fiat Chrysler para a América Latina, Adauto Duarte, que considerou que a medida seria o melhor mecanismo contra o caráter discricionário da maioria das decisões

(215) Confederação Nacional da Indústria. 101 propostas para modernização trabalhista. Emerson Casali (Coord.). Brasília: *CNI*, 2012. Disponível em: http://www.portaldaindustria.com.br/relacoesdotrabalho/media/publicacao/chamadas/101.pdf. Acesso em: 6 jul. 2017.

(216) Dilma afirma no ENAI o compromisso em defesa de uma indústria forte e competitiva. *Sistema Fiergs*, Porto Alegre, 7 dez. 2012, n. 49, ano XVII. Disponível em: https://www.fiergs.org.br/sites/default/files/fiergs_12_semana_-_num_49.pdf. Acesso em: 16 abr. 2019.

(217) *Idem*.

na esfera trabalhista, que não levavam em conta os efeitos econômicos que causam. Para Duarte, tal questão poderia ser adotada por projeto de lei votado no Congresso Nacional.(218)

Quanto ao diagnóstico de que a modernização da legislação trabalhista brasileira era essencial para ampliar a competitividade das empresas brasileiras, Duarte, Pastore e Furlan foram unânimes. Consideraram a legislação anacrônica, burocrática, responsável por uma crescente insegurança jurídica, bem como por altos passivos trabalhistas e previdenciários.(219)

De acordo com o diretor da Fiat Chrysler, Adauto Duarte, as sentenças na área trabalhista representaram, em 2012, "desembolsos de quase R$ 18 bilhões". Segundo Duarte, anualmente tramitam no país mais de 2 bilhões de reclamações trabalhistas, o que é incompatível com a necessidade de ampliação da produtividade do trabalho e com a competitividade das empresas brasileiras.(220)

Para o presidente do Conselho de Relações do Trabalho da CNI, Alexandre Furlan, o documento "101 Propostas para Modernização Trabalhista", com sugestões de alteração da legislação trabalhista pela CNI, "é um grande passo para se abrir as discussões no Congresso, no governo e nas centrais sindicais sobre a necessidade de se adaptar a Consolidação das Leis do Trabalho (CLT) às necessidades atuais da atividade econômica"(221).

Conforme apontou Alexandre Furlan, "temos uma legislação trabalhista ultrapassada, que estimula a informalidade. Com este documento, o empresariado sai de uma postura reativa para se tornar propositivo".(222)

O documento elaborado pela CNI, "101 Propostas para Modernização Trabalhista," lista os 101 problemas da legislação trabalhista, também denominados de irracionalidades da legislação. De acordo com a CNI, o fato da Consolidação das Leis do Trabalho (CLT) ser da década de 40 (século passado) implica na premissa de que todos os(as) trabalhadores(as) são hipossuficientes e nesse caso a legislação mais rígida se justificaria como a principal alternativa para reger as relações de trabalho e garantir direitos trabalhistas. No entanto, no momento atual os(as) trabalhadores(as) são diferentes, com objetivos e necessidades diversas, mas tratados do mesmo modo, como hipossuficientes.

(218) Ministro do TST concorda com negociações tripartites na criação de normas trabalhistas. *CNI*. 6 dez. 2102. Agência de notícias. Disponível em: http://www.portaldaindustria.com.br/agenciacni/noticias/2012/12/Ministro-do-tst-concorda-com-negociacoes-tripartites-na-criacao-de-normas-trabalhistas/. Acesso em: 6 jul. 2017.

(219) *Idem.*

(220) *Idem.*

(221) *Idem.*

(222) *Idem.*

Com relação à legislação trabalhista e às Súmulas da Justiça do Trabalho, salienta a Confederação Nacional da Indústria (CNI):

> O descasamento entre a legislação em vigor e as necessidades das diferentes realidades, a ausência de regras claras e o reduzido espaço dado às negociações criam um ambiente de insegurança jurídica nas relações do trabalho. Em várias circunstâncias as interpretações dissonantes da legislação trabalhista feitas pelos poderes públicos chegam a tornar até o passado incerto em função de alterações retroativas na aplicação de dispositivos legais. De fato, ao se decidir a partir de súmulas que determinada norma deveria ter sido interpretada de forma diferente da que consta na lei, ou até de forma diferente da exposta em entendimentos jurisprudenciais consolidados, muda-se a regra para os cinco anos anteriores, gerando passivos muitas vezes incalculáveis. Esse quadro limita as possibilidades de se conhecer a real dimensão de passivos trabalhistas e previdenciários e reduz a propensão ao investimento com consequentes impactos negativos na geração de empregos.(223)

O documento da CNI, ao longo das 136 páginas, lista os 101 problemas da legislação trabalhista, nos mais variados temas. Aponta as consequências desses problemas (custos, insegurança jurídica, burocracia e restrições à produtividade/inovação), e em seguida propõe uma solução (proposta). Destaca suas implicações (ganho esperado com as alterações e a medida necessária/instrumento) jurídicas.

Segundo o documento, algumas linhas centrais orientaram a construção das propostas para modernização da legislação. A primeira linha e a mais emblemática foi a "valorização dos processos de negociação". Uma segunda linha refere-se à determinação de "regras claras, seguras e justas para todos os envolvidos", na qual se insere, por exemplo, a proposta de modulação de efeitos de súmulas do Tribunal Superior do Trabalho (TST). Uma terceira linha abrange soluções para o aumento da produtividade, que inclui propostas de sistemas de remuneração estratégica, compensações de jornada e flexibilização do trabalho por prazo determinado, entre outras.

Também são trazidas pelo documento propostas que visam "reduzir o risco associado a contratações", que envolvem propostas relacionadas à maternidade, à inexistência de estabilidade em contratos por prazo determinado e a planos de saúde em afastamentos por invalidez, de modo a transferir responsabilidades para a segurança social.

---

(223) 101 propostas para modernização trabalhista. *Confederação Nacional da Indústria.* CASALI, Emerson (Coord.). Brasília: CNI, 2012. p. 15. Disponível em: https://www.portaldaindustria.com.br/publicacoes/2013/2/101-propostas-para-modernizacao-trabalhista/. Acesso em: 6 jul. 2017.

Outras propostas referem-se à "desoneração do trabalho formal", envolvendo, por exemplo, a desoneração da folha salarial, a extinção da multa adicional de 10% sobre o Fundo de Garantia do Tempo de Serviço (FGTS) e a não incidência de contribuições previdenciárias sobre verbas indenizatórias. Há ainda propostas que visam a "redução da burocracia e de irracionalidades", sendo o ponto eletrônico, o exemplo principal. Propostas que foram pensadas com o intuito de "afastar entraves a benefícios aos trabalhadores", abrangendo aspectos relacionados às restrições que dificultam o acesso à previdência complementar, à possibilidade de negociação da redução do intervalo intrajornada, bem como à extensão do Programa de Alimentação do Trabalhador (PAT). Outras propostas estimulariam a adoção de "políticas públicas pró-emprego", de modo a atender especialmente grupos populacionais específicos, como exemplo, a reabilitação profissional, os incentivos para contratação de egressos do sistema penitenciário e a manutenção parcial do Benefício de Prestação Continuada (BPC) nos empregos de pessoas com deficiência.

Diversas propostas se associam ainda a temas considerados pela CNI como inviável ou totalmente irrazoável. Exemplo: NR-12, caracterização de trabalho em condição análoga à escravidão, ultratividade e proibição do trabalho a céu aberto.

Entre as "101 Propostas para Modernização Trabalhista" elaboradas pela CNI, destacam-se: i) Valorização da negociação coletiva. Propõe a valorização e o fortalecimento da negociação coletiva para que as partes regulem amplamente suas relações de trabalho, ainda que de modo diverso da legislação. Proposta de Emenda à Constituição (PEC) e/ou projeto de lei ordinária; ii) Espaços de negociação individual. Estabelece que os empregados não hipossuficientes, como gerentes, diretores e profissionais altamente especializados e com altos salários, poderão ajustar as condições de trabalho mediante negociação individual, prevalecendo sobre o disposto em lei, bem como negociações coletivas. Proposta de Emenda à Constituição (PEC); iii) Intervalo Intrajornada para repouso. Propõe a possibilidade de redução do intervalo intrajornada mediante negociação coletiva. Proposta de Projeto de lei para alteração do § 3º do art. 71 da CLT; iv) Terceirização. Propõe a regulamentação para permitir a terceirização de qualquer atividade da empresa, sendo mantida as devidas proteções legais para trabalhadores terceirizados. Projeto de lei regulamentando a terceirização (PL 4.330/2004 em tramitação no Congresso Nacional).

Para sanar os 101 problemas apontados, a CNI propõe ao todo, 65 projetos de lei, 3 projetos de lei complementar, 5 projetos de emenda à Constituição (PECs), 13 atos normativos, 7 revisões de súmulas do TST, 6 decretos, 5 portarias e 2 normas de regulamentação (NR) do Ministério do Trabalho na área de saúde e segurança do trabalho.(224)

---

(224) 101 propostas para modernização trabalhista. *Confederação Nacional da Indústria*. CASALI, Emerson (Coord.). Brasília: CNI, 2012. p. 15. Disponível em: http://www.portaldaindustria.com.br/publicacoes/2013/2/101-propostas-para-modernizacao-trabalhista/. Acesso em: 06 jul. 2017.

2.4.4. A ampliação da terceirização

A terceirização sempre esteve entre as principais pautas de discussões sobre as relações de trabalho no Brasil, em razão das precárias condições que gera para os trabalhadores e trabalhadoras.(225)

Na terceirização, segundo Márcio Túlio Viana:

> [...] o que se comercializa já não é a *força de trabalho*, mas o *homem que trabalha*, com todas as suas carnes e ossos. Nesse sentido, a terceirização *sempre* precariza. Se o capital tem por lógica transformar tudo em mercadoria, agora ele rompe a última barreira, chega ao último reduto, atinge o seu clímax, o seu ponto absoluto, e desse modo se torna — digamos assim — coerente por inteiro.(226)

Em 2007, o Departamento Intersindical de Estatística e Estudos Socioeconômicos (Dieese) elaborou um Relatório Técnico sobre o processo de terceirização e seus efeitos sobre os(as) trabalhadores(as) no Brasil, apresentando um panorama de diferentes dimensões e aspectos da terceirização.

Segundo o Relatório, desde os anos 1990, período em que a terceirização foi intensificada e disseminada no Brasil, no contexto da reestruturação produtiva, o debate sobre a questão no país diminuiu de modo gradativo, embora a terceirização tenha adquirido dimensões consideráveis e ter sido utilizada como uma das principais formas de precarização das relações de trabalho. (227)

Ao invés do debate sobre os perversos efeitos que a terceirização provoca para as trabalhadoras e os trabalhadores, a questão foi naturalizada e a terceirização foi incorporada no dia a dia das empresas.(228)

A terceirização, no Brasil, embora se apresente como uma forma de aumentar a produtividade e a qualidade dos serviços de uma empresa, sua principal finalidade acaba

---

(225) Renata Dutra e Vitor Filgueira definem terceirização como "uma estratégia de contratação de pessoal através de um intermediário, que é uma entidade interposta entre um trabalhador e um gestor efetivo do trabalho e da produção." DUTRA, Renata Queiroz; FILGUEIRAS, Vitor Araújo. A polêmica sobre o conceito de terceirização e sua regulação. *Revista Jurídica Trabalho e Desenvolvimento Humano*, Campinas, v. 4, p. 1-31, 2021, p. 10.

(226) VIANA, Márcio Túlio. *A terceirização em perguntas e respostas:* tentando diminuir as confusões. Disponível em: https://blogdaboitempo.com.br/2015/04/01/o-que-e-a-terceirizacao/. Acesso em: 02 maio 2019.

(227) Departamento Intersindical de Estatística e Estudos Socioeconômicos. Dieese. *Relatório Técnico* — O Processo de Terceirização e seus Efeitos sobre os Trabalhadores no Brasil. Dez. 2007, p. 3. Disponível em: https://www.dieese.org.br/relatoriotecnico/2007/terceirizacao.pdf. Acesso em: 07 abr. 2019.

(228) *Idem*

sendo a de organização e de gestão da produção, por meio da redução dos custos com a força de trabalho.[229]

De acordo com pesquisa realizada pela CNI (Confederação Nacional da Indústria), para 91% das empresas, a principal motivação para a terceirização de parte de suas atividades é a redução de custo. Somente para 2%, a motivação é a especialização técnica.[230]

Dados do Dieese evidenciam as precárias condições das atividades terceirizadas. A Nota Técnica n. 172, de março de 2017, "Terceirização e precarização das condições de trabalho: condições de trabalho e remuneração em atividades tipicamente terceirizadas e contratantes", a partir de dados obtidos no ano de 2014, aponta que: a) a taxa de rotatividade de mão de obra é duas vezes maior nas atividades tipicamente terceirizadas, correspondendo a 57,7%[231]. Nas atividades tipicamente contratantes essa taxa é de 28,8%. A alta rotatividade implica na duração do tempo médio do vínculo empregatício. Em 2014, os vínculos de emprego duravam, em média, 34,1 meses (2 anos e 10 meses) nas atividades tipicamente terceirizadas, enquanto a duração média dos vínculos nas atividades tipicamente contratantes era de 70,3 meses (5 anos e 10 meses);[232] b) Nas atividades tipicamente terceirizadas, o percentual de afastamentos por acidentes de trabalho típicos é maior do que nas atividades tipicamente contratantes (9,6% contra 6,1%); c) Os salários eram em média 23,4% menor nas atividades tipicamente terceirizadas do que nas atividades tipicamente contratantes (R$ 2.011 contra R$ 2.639), entre outros dados.[233]

Conforme aponta a matéria publicada na Carta Capital, em 17 de agosto de 2020, intitulada "Terceirização tem 'cara': é preta e feminina," o trabalho terceirizado, por representar, majoritariamente, o setor de serviços ou a informalidade, afeta sobretudo as

(229) Departamento Intersindical de Estatística e Estudos Socioeconômicos. Dieese. *Relatório Técnico* — O Processo de Terceirização e seus Efeitos sobre os Trabalhadores no Brasil. Dez. 2007, p. 11. Disponível em: https://www.dieese.org.br/relatoriotecnico/2007/terceirizacao.pdf. Acesso em: 07 abr. 2019.

(230) Dossiê Terceirização e desenvolvimento: uma conta que não fecha. *CUT*. Disponível em: https://www.cut.org.br/system/uploads/ck/files/Dossie-Terceirizacao-e-Desenvolvimento.pdf, p.9. Acesso em: 07 abr. 2019.

(231) O Dieese refere-se à taxa de rotatividade descontada que é obtida: "Quando se exclui do total de vínculos rompidos aqueles que ocorreram a pedido do trabalhador, por morte ou aposentadoria e as transferências de trabalhadores entre unidades da mesma empresa." Departamento Intersindical de Estatística e Estudos Socioeconômicos. *Dieese*. Terceirização e precarização das condições de trabalho: condições de trabalho e remuneração em atividades tipicamente terceirizadas e contratantes. Nota Técnica n. 172, de março de 2017. Disponível em: https://www.dieese.org.br/notatecnica/2017/notaTec172Terceirizacao.pdf, p. 23 Acesso em: 19 dez. 2019.

(232) Departamento Intersindical de Estatística e Estudos Socioeconômicos. *Dieese*. Terceirização e precarização das condições de trabalho: condições de trabalho e remuneração em atividades tipicamente terceirizadas e contratantes. Nota Técnica n. 172, de março de 2017. Disponível em: https://www.dieese.org.br/notatecnica/2017/notaTec172Terceirizacao.pdf, p. 7. Acesso em: 19 dez. 2019.

(233) *Idem*.

pessoas em situação de maior vulnerabilidade no Brasil, atingindo de forma desproporcional a população negra.(234)

Rachel Gouveia Passos, em sua tese de doutorado, Trabalhadoras do care na saúde mental: contribuições marxianas para profissionalização do cuidado feminino, por exemplo, destaca a grande prevalência de mulheres negras entre as cuidadoras terceirizadas dos serviços residenciais terapêuticos do município do Rio de Janeiro, no ano de 2014. Eram 72 % de trabalhadoras negras e 26% de brancas.(235)

Como salientam Ricardo Antunes e Graça Druck:

> No quadro mais geral da dinâmica da acumulação flexível, a precarização social contemporânea do trabalho se torna o centro das transformações produtivas do capitalismo em suas várias dimensões. Nesta última década no Brasil, o crescimento e a difusão da terceirização a reafirma como uma modalidade de gestão, organização e controle do trabalho num ambiente comandado pela lógica da acumulação financeira, que, no âmbito do processo de trabalho, das condições de trabalho e do mercado de trabalho, exige total flexibilidade em todos os níveis, instituindo um novo tipo de precarização que passa a dirigir a relação capital-trabalho em todas as suas dimensões [...].(236)

Até 2017(237), a terceirização no Brasil não possuía uma regulamentação específica, sendo regulada pela Súmula n. 331, do Tribunal Superior do Trabalho (editada em 1993). A Súmula n. 331, embora trouxesse certo regramento para a utilização da terceirização, não impediu que a terceirização se alastrasse pelo país, vitimando milhões de trabalhadores e trabalhadoras e beneficiando inúmeras empresas.

Como salienta Jorge Luiz Souto Maior, "é impossível ir à Justiça do Trabalho e não se deparar, nas milhares audiências que ocorrem a cada dia, com ações nas quais

---

(234) COUTINHO, Renata. Terceirizar tem 'cara': é preta e feminina. *Carta Capital*. 17 ago. 2020. Disponível em: https://www.cartacapital.com.br/carta-capital/terceirizacao-tem-cara-e-preta-e-feminina/. Acesso em: 20 de nov. 2020.

(235) PASSOS, Rachel Gouveia. *Trabalhadoras do Care na saúde mental:* contribuições marxianas para a profissionalização do cuidado feminino. 2016. 256 f. Tese (Doutorado em Serviço Social) – Programa de Estudos Pós-Graduados em Serviço Social, Pontifícia Universidade Católica de São Paulo, São Paulo, 2016. p. 199.

(236) ANTUNES, Ricardo; DRUCK, Graça. A Terceirização como regra? *Revista do Tribunal Superior do Trabalho (TST)*, Brasília, vol. 79, n. 4, out./dez. 2013, p. 219.

(237) Em 31 de março de 2017 é aprovada a Lei n. 13.429 que altera dispositivos da Lei n. 6.019, de 3 de janeiro de 1974 (trabalho temporário) e dispõe sobre as relações de trabalho na empresa de prestação de serviços a terceiros.

trabalhadores terceirizados buscam direitos de verbas rescisórias, que deixaram de ser pagas por empresas terceirizadas, que sumiram"[238].

A disputa pela regulamentação da terceirização, bem como a pressão por sua ampliação sempre foram pautas dos setores econômicos no Brasil.

Em 2008, por exemplo, a Secretaria de Inspeção do Trabalho editou a Nota Técnica de n. 88, considerando lícita a terceirização da atividade-fim na indústria da construção civil, por meio de contrato de empreitada, pautado em interpretação do art. 455 da CLT.[239]

A Nota Técnica divergia da Súmula n. 331 do TST e da Instrução Normativa n. 03/1997 do próprio Ministério do Trabalho, possibilitando a defesa das construtoras diante de autos de infração e a ampliação da terceirização para todas as suas atividades, o que gerou enorme perplexidade na Auditoria Fiscal do Trabalho.[240]

Diversos auditores fiscais do trabalho, contrários à Nota Técnica, elaboraram o documento "Carta de Siriema", direcionada ao secretário de Inspeção do Trabalho, Luiz Felipe Brandão de Mello, requerendo o cancelamento da Nota Técnica n. 88/2008/HCC/DEFIT/SI.[241]

Em 19 de dezembro, por meio da Nota Técnica n. 394/2012/DMSC/SIT, o secretário de Inspeção do Trabalho considerou razoáveis e consentâneas com o ordenamento jurídico as alegações presentes no documento intitulado "Carta de Siriema", propondo o cancelamento da Nota Técnica n. 88/2008.[242]

Em 2011, nova ameaça surgiu com o intuito de ampliar a terceirização. Em 16 de fevereiro, foi desarquivado o Projeto de Lei (PL) n. 4.330/2004, de autoria do deputado federal Sandro Mabel (PR/GO), que "dispõe sobre o contrato de prestação de serviço a terceiros e as relações de trabalho dele decorrentes"[243].

Cinco outros projetos de lei correram apensados ao PL n. 4.330/2004 e seriam conjuntamente analisados: PL 5.439/2005, PL 6.975/2006, PL 1.621/2007, PL 6.832/2010, PL 3.237/2012.[244]

---

(238) SOUTO MAIOR, Jorge Luiz. *PL 4.330, o Shopping Center Fabril:* Dogville mostra a sua cara e as possibilidades de redenção. Disponível em: http://www.jorgesoutomaior.com/uploads/5/3/9/1/53916439/pl_4.330_o_shopping_center_fabril.pdf, p. 2. Acesso em: 02 maio 2019.

(239) BARRETO, Branquinho Aldo. *Terceirização na Construção Civil.* Disponível em: https://www.sinait.org.br/arquivos/artigos/artigo9acfb63325c9cd918f04b2972b8123dc.pdf, p. 1. Acesso em: 18 jul. 2017.

(240) *Idem.*

(241) MINISTÉRIO DO TRABALHO E EMPREGO. *Nota Técnica n. 394/2012/DMSC/SIT.* Disponível em: https://pt.scribd.com/document/192729510/Cancelada-Nt-88-Mte. Acesso em: 18 de jul. 2017.

(242) *Idem*

(243) BRASIL. *Projeto de Lei n. 4.330/2004.* Disponível em: https://www.camara.leg.br/proposicoesWeb/fichadetramitacao?idProposicao=267841. Acesso em: 3 maio 2019.

(244) MAEDA, Patrícia. *A Era dos zero direitos:* trabalho decente, terceirização e contrato zero-hora. São Paulo: LTr, 2017. p. 104-105.

Diante da relevância do tema, em 2011, nos dias 04 e 05 de outubro, foi realizada pelo Tribunal Superior do Trabalho a primeira audiência pública para debater a terceirização.[245]

A proposta de realização da audiência foi feita pelo ministro João Oreste Dalazen, presidente do TST. O objetivo era que a audiência pudesse fornecer informações técnicas, econômicas e sociais ligadas à terceirização, visando contribuir para o esclarecimento de muitos questionamentos envolvendo a utilização da terceirização no Brasil. O Tribunal Superior do Trabalho (TST) contava com cerca de 5.000 processos em que se discutia a terceirização, além de outros milhares que tramitavam por toda a Justiça do Trabalho.

Mais de duzentos pedidos de inscrição de profissionais interessados em expor a matéria foram enviados ao TST. Ao final, foram selecionados 51 expositores, de opiniões diversas, entre juristas, economistas, sociólogos, sindicalistas, representantes patronais, parlamentares, administradores de empresa, para uma apresentação de 15 minutos cada um sobre a matéria. A audiência contou com nove blocos divididos por temas: Abertura; Terceirização em Geral; Marco Regulatório da Terceirização; Setor Bancário e Financeiro; Telecomunicações; Indústria; Serviços; Setor Elétrico; Tecnologia de Informação.

O presidente do TST, ministro João Oreste Dalazen, ao abrir o evento, apontou a terceirização como um fenômeno mundial irreversível que necessita de uma releitura. Segundo ele, "são os fatos da organização capitalista que investem sobre o arcabouço jurídico laboral, exigindo da Justiça do Trabalho esforços interpretativos para a compreensão dos resultados e efeitos dessa inovação." Dalazen ressaltou a ausência de uma lei geral disciplinando a matéria e a necessidade urgente de um marco regulatório, no âmbito da Administração Pública e da iniciativa privada.[246]

O sociólogo Ricardo Antunes evidenciou claramente sua posição contrária à terceirização. Para ele, "[...] *a liberação ou a ampliação da terceirização vai ser um caminho mais seguro para o aumento da precarização estrutural do trabalho em escala global*"[247].

Gesner Oliveira, representante da Associação Brasileira de Distribuidores de Energia Elétrica, se posicionou em defesa da terceirização como um mecanismo de competitividade, que permite "'[...] *o fortalecimento da economia global, e consequentemente*

(245) TST realiza primeira audiência pública da história do Tribunal. *Migalhas*, 03 out. 2011. Disponível em: https://www.migalhas.com.br/Quentes/17,MI142499,71043-TST+realiza+primeira+audiencia+publica+da+historia+do+Tribunal. Acesso em: 07 abr. 2019.

(246) PRIMEIRA AUDIÊNCIA pública do TST discute a terceirização de mão de obra. *Migalhas*. 06 out. 2011. Disponível em: https://www.migalhas.com.br/Quentes/17,MI142804,81042Primeira+audiencia+publica+do+TST+discute+a+terceirizacao+de+mao+de. Acesso em: 07 abr. 2019.

(247) BARBOSA, Attila Magno e Silva; SILVA, Rodrigo Hinz da. Audiência pública do TST sobre terceirização como espaço social de luta política-cognitiva. *Política e Sociedade*, Florianópolis, 14, n. 30, maio/ago. 2015, p. 89. (grifo do autor).

a geração de empregos, pois ela possibilita às empresas focalizarem em suas atividades centrais, isto é, naquelas competências [...] que vão permitir melhores produtos e melhores serviços.'" (248)

Sandro Mabel, deputado federal (PR/GO), presidente do Conselho de Administração do Grupo Mabel, e autor do Projeto de Lei n. 4.330/2004, salientou ter "*a honra de ser da turma empresarial*", e defendeu a ampliação da terceirização para qualquer atividade da empresa, pois segundo ele "[...] *hoje não é possível distinguir atividade-meio de atividade-fim. Não existe mais isso de atividade-meio e atividade-fim*"(249).

E acrescentou o deputado federal, "[...] *tomador de serviço não tem que ser solidário não, por que ele tem que ser solidário? Quando uma empresa normal quebra quem é solidário? O governo paga? Alguém paga?*"(250).

O deputado federal (PT/SP) Vicente Paulo da Silva (Vicentinho)(251), representante dos trabalhadores, ao iniciar sua exposição ressaltou, "[...] *a minha reflexão é que, se nós pudéssemos não ter a terceirização, seria o ideal*"(252).

Ao final da audiência pública, o presidente do TST, ministro João Oreste Dalazen defendeu a adoção da responsabilidade solidária, nos casos de descumprimento de obrigações trabalhistas, afirmando que "seria um avanço social e induziria as empresas que contratam a prestação de serviços a participar mais do processo de fiscalização"(253).

Salientou ainda o ministro Dalazen: "a terceirização na atividade fim é, na minha opinião, a negação do Direito do Trabalho"(254).

De acordo com Attila Magno e Silva Barbosa e Rodrigo Hinz da Silva, a audiência pública poderia ser considerada como um dos principais espaços sociais em que a luta política-cognitiva sobre a terceirização estava sendo travada no Brasil e o fato de a

---

(248) BARBOSA, Attila Magno e Silva; SILVA, Rodrigo Hinz da. Audiência pública do TST sobre terceirização como espaço social de luta política-cognitiva. *Política e Sociedade*, Florianópolis, 14, n. 30, maio/ago. 2015. p. 92. (grifo do autor).

(249) *Ibidem*, p. 93. (grifo do autor)

(250) *Ibidem*, p. 94. (grifo do autor)

(251) Autor do Projeto de Lei n. 1.621/2007. *PL n. 1621/2007.* "Dispõe sobre as relações de trabalho em atos de terceirização e na prestação de serviços a terceiros no setor privado e nas sociedades de economia mista". CÂMARA DOS DEPUTADOS. Disponível em: https://www.camara.leg.br/proposicoesWeb/fichadetramitacao?idProposicao=359983. Acesso em: 07 abr. 2019.

(252) BARBOSA, Attila Magno e Silva; SILVA, Rodrigo Hinz da. Audiência pública do TST sobre terceirização como espaço social de luta política-cognitiva. *Política e Sociedade*, Florianópolis, 14, n. 30, maio/ago. 2015. p. 94. (grifo do autor)

(253) PRESIDENTE do TST defende responsabilidade solidária. *Conjur.* 05 out. 2011. Disponível em: https://www.conjur.com.br/2011-out-05/Presidente-tst-defende-responsabilidade-solidaria-terceirizacao. Acesso em: 10 abr. 2019.

(254) *Idem.*

realização da audiência ter partido do TST, um dos órgãos do Poder Judiciário, implica, inclusive:

> [...] que o Estado é uma realidade ambígua que não se constitui como mero instrumento a serviço dos grupos dominantes, já que, apesar de não ser neutro, pode desenvolver certa autonomia e força a partir da condição de antiguidade enquanto lugar de incorporação e registro de conquistas sociais em suas estruturas. A persistência de um quadro de fragilização de direitos tende a naturalizar situações que — longe de serem produtos de um *regime econômico* regido por leis inflexíveis que expressam uma espécie de "natureza" dos mercados capitalistas — são manifestações de um *regime político* instaurado não apenas por meio da simples anuência dos poderes realmente políticos, mas, com a cumplicidade passiva ou ativa deles.(255)

Para os autores, os diferentes argumentos e posicionamentos apresentados, inclusive antagônicos, apresentados na audiência pública, evidenciaram que a dinâmica dessa luta cria "movimentos pendulares de construção/desconstrução e naturalização/desnaturalização da realidade social concernente à terceirização," e naquele momento a luta sobre a terceirização parecia pender para uma maior flexibilização do Direito do Trabalho.(256)

No dia 17 de novembro de 2011, foi criado em Brasília, o Fórum Nacional de Combate à Terceirização e lançado o "Manifesto em defesa dos direitos dos trabalhadores ameaçados pela Terceirização!"(257).

Com relação à mobilização das Centrais Sindicais, apontam Magda Barros Biavaschi e Alisson Droppa que:

> [...] O repúdio das Centrais Sindicais ficara expresso no ato unitário de 11 de julho e, posteriormente, na greve nacional de 30 de agosto de 2013. Programada a votação para setembro de 2013, o Fórum convocou reunião para o dia 10 de setembro, em Brasília, sendo aprovada nota pública em defesa

---

(255) BARBOSA, Attila Magno e Silva; SILVA, Rodrigo Hinz da. Audiência pública do TST sobre terceirização como espaço social de luta política-cognitiva. *Política e Sociedade*, Florianópolis, vol. 14, n. 30, maio/ago. 2015, p. 96.

(256) *Ibidem*, p. 94.

(257) Participaram do evento diferentes setores da sociedade, entre os quais o Dieese, a Central dos Trabalhadores e Trabalhadoras do Brasil (CTB), a Central Única dos Trabalhadores (CUT), a Associação Nacional dos Procuradores do Trabalho (ANPT), o Centro de Estudos da Unicamp, a Associação dos Advogados Trabalhistas da América Latina e a Associação dos Juízes da América Latina.

dos trabalhadores. Intensificaram-se as pressões contrárias e favoráveis à proposta.(258)

Em 27 de agosto de 2013, o Tribunal Superior do Trabalho elaborou uma nota pública, assinada por 19 ministros (16 ministros e 3 ministras)(259), e destinada ao deputado Décio Lima (PT-SC), presidente da Comissão de Constituição e Justiça, em que os ministros do TST apresentaram suas considerações contra o PL n. 4330/2004:

> [...]
>
> Projeto de Lei esvazia o conceito constitucional e legal da categoria, permitindo transformar a grande maioria de trabalhadores simplesmente em "prestadores de serviços" e não mais "bancários", "metalúrgicos", "comerciários", etc. Como se sabe que os direitos e garantias dos trabalhadores terceirizados são manifestamente inferiores aos dos empregados efetivos, principalmente pelos níveis de remuneração significativamente mais modestos, o resultado será o profundo e rápido rebaixamento do valor social do trabalho na vida econômica e social brasileira, envolvendo potencialmente milhões de pessoas.
>
> [...](260)

Importante movimento na luta contra o PL n. 4.330/2004 foi também a campanha de iniciativa da Anamatra, "Todos contra a Terceirização," em parceria com o Movimento Humanos Direitos (MHUD), em que atores e atrizes brasileiras integrantes do movimento gravaram vídeos denunciando os perversos efeitos da terceirização.(261)

---

(258) BIAVASCHI, Magda Barros; DROPPA, Alisson. A Dinâmica da Regulamentação da Terceirização no Brasil: as súmulas do Tribunal Superior do Trabalho, os projetos de lei e as decisões do Supremo Tribunal Federal. POLÍTICA & TRABALHO. *Revista de Ciências Sociais*, n. 41, out. 2014, p. 121-145, p. 135. Disponível em: http://www.femargs.com.br/uploads/artigos/a-historia-da-sumula-331/a-historia-da-sumula-331.pdf. Acesso em: 09 dez. 2018.

(259) ministro Antonio José de Barros Levenhagen; ministro João Oreste Dalazen; ministro Emmanoel Pereira; ministro Lelio Bentes Corrêa; ministro Aloysio Silva Corrêa da Veiga; ministro Luiz Philippe Vieira de Mello Filho; ministro Alberto Luiz Bresciani de Fontan Pereira; ministra Maria de Assis Calsing; ministro Fernando Elzo Ono; ministro Márcio Eurico Vitral Amaro; ministro Walmir Oliveira da Costa; ministro Mauricio Godinho Delgado; ministra Kátia Magalhães Arruda; ministro Augusto César Leite de Carvalho; ministro José Roberto Freire Pimenta; ministra Delaíde Alves Miranda Arantes; ministro Hugo Carlos Scheuermann; ministro Alexandre de Souza Agra Belmonte; ministro Cláudio Mascarenhas Brandão.

(260) OFÍCIO Tribunal Superior do Trabalho. *Conjur*. 27 ago. 2013. Disponível em: https://www.conjur.com.br/dl/oficio-tst-terceirizacao.pdf. Acesso em: 09 abr. 2019.

(261) Participaram das gravações: Camila Pitanga, Dira Paes, Gilberto Miranda, Priscila Camargo, Bete Mendes, Osmar Prado e Wagner Moura. Os vídeos foram veiculados no canal da TV Anamatra no Youtube (www.youtube.com/tvanamatra) e também no portal da entidade (www.anamatra.org.br). Vídeos da campanha *"Todos contra a Terceirização" estão disponíveis no canal da Anamatra no Youtube.* Disponível em: https://www.anamatra.org.br/imprensa/noticias/21516-videos-da-campanha-todos-contra-a-terceirizacao-estao-disponiveis-no-canal-da-anamatra-no-youtube. Acesso em: 10 abr. 2019.

No dia 14 de maio de 2013, foi criada a Mesa Permanente de Negociação entre as Centrais e o Governo Federal, sendo um dos itens de pauta a regulamentação da terceirização. Em 11 de junho, a votação do PL n. 4.330/2004 na Comissão de Constituição e Justiça e Cidadania (CCJC) foi suspensa por 30 dias, em razão de acordo firmado com o governo e as Centrais Sindicais para discussão dos projetos de terceirização em tramitação e negociação na mesa quadripartite (governo, trabalhadores, empregadores e o Congresso Nacional) de um projeto único.[262]

Naquele momento a luta contra o PL n. 4.330/04 produziu efeito. No entanto, por certo, o setor econômico não abandonou o ideário, tanto que tão logo as condições políticas se mostraram favoráveis, a terceirização foi posta em pauta.[263]

2.5. Conclusão parcial

Dos dados trazidos é possível verificar que, no plano jurisprudencial, nos anos de 2007 e 2008, poucas foram as alterações promovidas nos entendimentos do TST.

De maior relevo, foi apenas a alteração, em 2008, da Súmula n. 228, mas que se deu em razão da edição da Súmula Vinculante n. 4, pelo Supremo Tribunal Federal, envolvendo a discussão sobre a base de cálculo do adicional de insalubridade.

Em 2009 e 2010, novas modificações na jurisprudência do TST foram anunciadas, especificamente em matéria processual trabalhista. Para além do entendimento sumulado, duas importantes decisões da Corte Trabalhista proferidas em 2009 foram destacadas, ambas na esfera do Direito Coletivo do Trabalho. Uma que fixou a necessidade de negociação coletiva prévia com o sindicato obreiro para a realização de dispensa coletiva de trabalhadores e outra que considerou não abusiva a greve dos metroviários de São Paulo ocorrida nos dias 02 e 03 de agosto de 2007.

No ano de 2011, já é possível identificar por meio das alterações do entendimento consolidado do TST, uma tendência na direção da proteção jurídica dos(as) trabalhadores(as). No entanto, também se verificam Súmulas no sentido da regressão dos direitos dos(as) trabalhadores(as), como é o caso da Súmula n. 85, que autoriza, por intermédio de negociação coletiva, a instauração de regime compensatório na modalidade de banco de horas, e a Súmula n. 331, que legitima a terceirização em atividades consideradas não essenciais ao empreendimento econômico (atividade-meio) e fixa uma responsabilidade

(262) Linha histórica da regulamentação da terceirização. CUT. 03/06/2013. Disponível em: https://cut.org.br/system/uploads/ck/files/migracao/linha-historica-da-regulamentacao-da-terceirizacao-jun13-3.pdf. Acesso em: 03 maio 2019.

(263) Como já advertia Jorge Luiz Souto Maior, "a pauta da ampliação da terceirização [...] que foi barrada nas ruas e nas reações jurídicas, certamente não foi abandonada e se situa, hoje, no centro das preocupações da representação empresarial [...]". (SOUTO MAIOR, Jorge Luiz. *Os direitos trabalhistas sob o fogo cruzado da crise política*. Disponível em: https://www.jorgesoutomaior.com/blog/os-direitos-trabalhistas-sob-o-fogo-cruzado-da-crise-politica. Acesso em: 10 abr. 2019).

meramente subsidiária da tomadora de serviços, afastando a responsabilidade solidária que vinha sendo defendida por parte significativa da magistratura trabalhista, como verificado, por exemplo, no Enunciado n. 33 da 1ª Jornada Material e Processual da Justiça do Trabalho em 2007.

Em 2012, a tendência da natureza protetiva dos direitos dos(as) trabalhadores(as) se acentua, sendo verificada na grande maioria dos entendimentos sumulados do TST. No sentido restritivo de direitos, importa destacar a Súmula n. 444 do TST, que autoriza a jornada de 12 horas de trabalho por 36 horas de descanso, contrariando norma constitucional que fixa o limite máximo da jornada em 8 horas.

Em 2013 e 2014, a prevalência é de uma jurisprudência trabalhista positiva.

Em 2013, a Súmula n. 392 estabeleceu a competência da Justiça do Trabalho para processar e julgar ações de indenização por dano moral e material, decorrentes da relação de trabalho, inclusive provenientes de acidente de trabalho e doenças a ele equiparadas, nos termos do art. 114, inc. VI, da Constituição Federal de 1988. A Súmula n. 446 assegurou ao maquinista ferroviário integrante da categoria "c" (equipagem de trem em geral) o direito ao intervalo intrajornada, reforçando a importância do intervalo como medida de higiene, saúde e segurança do empregado.

Em 2014, a Súmula n. 450 estabeleceu que descumprido o prazo para pagamento da remuneração das férias até dois dias antes do início do respectivo período (art.145, CLT), ainda que gozadas na época própria, o empregador deveria efetuar o pagamento em dobro incluído o terço constitucional. A Súmula n. 451 fixou o entendimento de que fere o princípio da isonomia instituir vantagem por meio de acordo coletivo ou norma regulamentar que condiciona o recebimento da parcela participação nos lucros e resultados ao fato do contrato de trabalho estar em vigor na data prevista para a distribuição dos lucros. Além disso, estabeleceu que na rescisão contratual antecipada é devido o pagamento da parcela de forma proporcional aos meses trabalhados, pois o ex-empregado concorreu para os resultados positivos da empresa. A Súmula n. 452 dispôs que no caso de pedido de pagamento de diferenças salariais decorrentes da não observância dos critérios de promoção determinados em Plano de Cargos e Salários criado pela empresa, a prescrição aplicável é a parcial, visto que a lesão é sucessiva e se renova mês a mês. A Súmula n. 453 previu que o pagamento de adicional de periculosidade realizado por mera liberalidade da empresa, mesmo que de forma proporcional ao tempo de exposição ao risco ou em percentual inferior ao máximo previsto na lei, dispensa a realização da prova técnica exigida pelo art. 195 da CLT, pois torna incontroversa a existência do trabalho em condições perigosas. E a Súmula n. 449 assegurou a impossibilidade dos instrumentos coletivos de trabalho eliminarem direitos e garantias legais, ao dispor sobre a não validade de cláusula prevista em convenção ou acordo coletivo que elastece o limite de 5 minutos que antecedem e sucedem a jornada de trabalho para fins de apuração das horas extras.

Assim, por meio do relato do percurso da jurisprudência sumulada do Tribunal Superior do Trabalho, no período de 2007 a 2014, pode-se dizer que de um modo geral foi um período ascendente no sentido de se conferir maior proteção aos direitos constitucionais trabalhistas.

No entanto, é preciso consignar que as fissuras abertas pela própria jurisprudência, exemplificadas nos entendimentos contidos nas Súmulas acima citadas, Súmulas n. 331 (terceirização), Súmula n. 85 (banco de horas) e Súmula n. 444 (jornada 12 x 36) que já acolhiam a tese da flexibilização dos direitos trabalhistas, acabaram sendo, inclusive, integradas à Lei n. 13.467/17, visto que o movimento positivo da jurisprudência não foi capaz de fechá-las.

No âmbito do Supremo Tribunal Federal (STF), em uma linha garantidora dos direitos das trabalhadoras e trabalhadores, ou ao menos não regressiva de direitos, pode ser apontado o julgamento, em 2007, dos Mandados de Injunção, MI n. 670, MI n. 708 e MI n. 712, em que foi declarada a omissão legislativa referente à edição da lei que regulamenta o exercício do direito de greve do servidor público, aplicando, no que couber, a lei de greve que rege o setor privado (Lei n. 7.783/89).

Entretanto, prevalecem as decisões claramente no sentido da restrição dos direitos trabalhistas, entre as quais: a) julgamento de total improcedência da Ação Direta de Inconstitucionalidade (ADI 3.934-2)[(264)] em que se impugnava os arts. 60, parágrafo único, 83, I e IV, "c", e 141, II, da Lei n. 11.101, de 9 de fevereiro de 2005, que regula a recuperação judicial, a extrajudicial e a falência do empresário e da sociedade empresária; b) julgamento da Ação Direta de Constitucionalidade (ADC) n. 16 DF[(265)], em que se declarou a constitucionalidade do parágrafo 1º do art. 71 da Lei n. 8.666/93, entendendo juridicamente incompatível com a Constituição a transferência automática, em detrimento da Administração Pública, dos encargos trabalhistas, fiscais, comerciais e previdenciários resultantes da execução do contrato na hipótese de inadimplência da empresa contratada; c) julgamento do Recurso Extraordinário com Agravo (ARE) 709212, com repercussão geral reconhecida, em 13.11.2014, em que o STF declarou inconstitucional o § 5º do art. 23 da Lei n. 8.036/1990, e do art. 55 do Decreto n. 99.684/1990, e, com isso, fixou que os prazos prescricionais para reclamar o não recolhimento dos depósitos do FGTS seriam aqueles previstos no inciso XXIX do art. 7º da Constituição Federal e não mais o de 30 (trinta) anos, como previsto na lei do FGTS, entre outras decisões.

---

(264) BRASIL. Supremo Tribunal Federal. *Ação Direta de Inconstitucionalidade. n. 3.934 Distrito Federal*. Relator: Min. Ricardo Lewandowski. Data de Julgamento: 14.04.2009. Data de Publicação: 22.04.2009. Disponível em: http://www.stf.jus.br/arquivo/cms/noticiaNoticiaStf/anexo/ADI3934RL.pdf. Acesso em: 14 ago. 2018.

(265) BRASIL. Supremo Tribunal Federal. *Ação Declaratória de Constitucionalidade n. 16 Distrito Federal*. Relator: Min. Cezar Peluso. Data de Julgamento: 24.11.2010. Tribunal Pleno. Data de Publicação: 09.09.2011. Disponível em: https://stf.jusbrasil.com.br/jurisprudencia/20627841/acao-declaratoria-de-constitucionalidade-adc-16-df-stf. Acesso em: 12 jul. 2018.

Somam-se a tudo isso, no período de 2007 a 2014, as diversas tentativas de implementação de uma flexibilização na legislação trabalhista, como abordado anteriormente: A Emenda n. 3 do Projeto de Lei da "Super Receita", "Nova" CLT, as investidas sobre essa legislação, como as "101 propostas de modernização da legislação trabalhista" elaborada pela CNI, e ainda outros ataques aos direitos dos(as) trabalhadores(as), como a tentativa de ampliação da terceirização (PL n. 4.330/2014).

Importa ainda considerar, como já apontava Jorge Luiz Souto Maior, que estamos nos referindo a um país que conviveu 388 anos com a escravização da pessoa negra, que possui uma das piores distribuições de riquezas do mundo, e que do ponto de vista das relações de trabalho apresenta uma realidade:

> [...] — de 12 milhões de terceirizados, que são conduzidos à invisibilidade e à supressão sistemática de direitos; — [...] de relações de trabalho rural, cujos direitos somente começaram a ser reconhecidos, mais amplamente, em 1963, com o Estatuto do Trabalhador rural, sendo que somente em 1988 foram integrais e apenas em 1995 passaram a ser fiscalizados pelo Ministério do Trabalho; — [...] de milhões de reclamações trabalhistas, sendo que 40% se referem a verbas rescisórias não pagas; de recuperações judiciais engendradas para salvar o patrimônio de empresas socialmente irresponsáveis, assim como de seus sócios, deixando milhões de trabalhadores sem o efetivo recebimento de seus direitos; — da institucionalização do salário "por fora", que é tida meramente como estratégia de gestão quando, de fato, se trata de crime de sonegação e grave ilícito trabalhista; — de extensas jornadas de trabalho (o Brasil é um dos países onde mais se realizam horas extras); — da exigência e do não pagamento de horas extras, acompanhados da elaboração de cartões de ponto fraudulentos; — de baixos salários (o salário mínimo no Brasil é um dos menores do mundo); — de reiterados casos de trabalho infantil; da recorrente frustração dos trabalhadores nas reclamações trabalhistas, pois mesmo ganhando não levam, já que 70% das execuções trabalhistas não são efetivas, ou seja, não chegam a atingir o ponto do efetivo pagamento ao reclamante; — de falência estrutural dos serviços públicos nas áreas da educação, da saúde e do transporte, impondo sofrimentos aos que, como os trabalhadores cujos direitos está aqui sendo considerados, deles dependem; — da péssima distribuição da renda produzida pelo trabalho; da contradição consistente da situação de que no mundo do desemprego, os que têm emprego morrem de tanto trabalhar.[(266)]

(266) SOUTO MAIOR, Jorge Luiz. *Vamos falar séria e honestamente sobre a Reforma Trabalhista?* Disponível em: https://www2.camara.leg.br/atividade-legislativa/comissoes/comissoes-temporarias/especiais/55a-legislatura/pl-6787-16-reforma-trabalhista/documentos/audiencias-publicas/prof-jorge-luiz-souto-maior. p. 42-44. Acesso em: 9 maio 2019.

E, como se verá, mais adiante, após a Copa as falas econômicas contra o Direito do Trabalho ganham muito espaço midiático e adquirem força política, aproveitando-se, inclusive, do momento de fragilização do governo petista e da própria ação sindical.

O que se verifica, então, é o advento de iniciativas legislativas regressivas de direitos, que, no entanto, o governo não tem como levar adiante. O Supremo Tribunal Federal acatando as demandas econômicas em ações trabalhistas, diante da posição do Tribunal Superior do Trabalho, que, até então, se mantinha resistente.

O ambiente que se desenvolve é extremamente desfavorável aos direitos trabalhistas e vai desembocar na "reforma", no ano de 2017.

Nos tópicos seguintes, veremos, de modo mais especificado, como isso deu: as exigências para a realização da Copa; as alianças do governo para a realização do evento; a submissão do governo aos interesses econômicos e internacionais; a ampliação do estado de exceção; o aumento da influência do poder econômico; a fragilização dos alicerces do Direito do Trabalho; e o advento da "reforma".

Capítulo 3

O Advento da Copa do Mundo no Brasil

3.1. O estado de exceção

O interesse de diversos países em sediar os megaeventos esportivos, de modo geral, está atrelado tanto na possibilidade de atrair investimentos quanto na possibilidade de proporcionar maior visibilidade internacional ao país.

No Brasil, no caso da Copa do Mundo de Futebol de 2014, a esse fato se associa a representatividade que o futebol historicamente possui para a sociedade brasileira, envolvendo fortes sentimentos e a paixão pelo esporte.

Para justificar a realização dos megaeventos no país e se legitimar frente à população, o poder público enfatiza os benefícios que seriam gerados para a sociedade. Dentre os benefícios apontados, destacam-se as melhorias nos espaços urbanos decorrentes das obras de infraestrutura (estádios, aeroportos, transporte, avenidas), melhorias no comércio, no turismo, bem como a geração de empregos.

No entanto, como salienta Arlei Sander Damo, a experiência de vivenciar uma Copa do Mundo de Futebol, na posição de país-sede ou de um participante da competição, com outras tantas seleções nacionais que integram o mundial, possui grande diferença. Trata-se de distintas formas de engajamento do Estado-nação, com implicações econômicas, políticas e culturais muito diversas.(267)

Como participante da Copa, a mobilização do país ocorre na perspectiva do sentimento, da emoção que se projeta no time que o representa. Na condição de país-sede da competição há também o comprometimento com a organização do mundial, seguindo os termos assumidos com a FIFA.(268)

---

(267) DAMO, Arlei Sander Damo; OLIVEN, Ruben George. O Brasil no horizonte dos megaeventos esportivos de 2014 e 2016: sua cara, seus sócios e seus negócios. *Horizontes Antropológicos* [*Online*], 40/2013, p. 19. Disponível em: http://journals.openedition.org/horizontes/117. Acesso em: 23 mar. 2019.

(268) *Idem*.

Verifica-se que o Mundial, embora seja organizado por uma instituição privada, no caso a FIFA, essa entidade, para a realização do evento, impõe aos governos diversas exigências para que sejam assegurados os investimentos, exigindo garantias que digam respeito à execução dos serviços de infraestrutura urbana, à adoção de medidas administrativas, legais, financeiras, tudo para que o evento aconteça atendendo às expectativas do setor econômico.

Conforme ressalta Arlete Moysés Resende:

> Grandes eventos significam uma das formas pelas quais o Estado define, permite, influencia e acelera intervenções do capital nacional e internacional, por meio de organizações privadas como a *Fédération Internationale de Football Association — FIFA*, e Comitê Olímpico Internacional — COI. Há uma interferência direta e indireta no espaço socialmente produzido, uma condição para a competitividade, tornando-o um meio rápido e eficiente de aplicar os excedentes de capitais e, assim, inseri-los ainda mais na competitividade do e para o mercado.[269]

O Estado brasileiro, visando cumprir as reivindicações da FIFA, e para se reafirmar na sua condição de país-sede, como adverte a autora, teve que atuar na lógica de um estado de exceção, nos moldes da conceituação proposta por Giorgio Agamben.[270]

Segundo Agamben o estado de exceção é:

> a abertura de um espaço em que aplicação e norma mostram sua separação e em que uma pura força de lei realiza (isto é, aplica desaplicando) uma norma cuja aplicação foi suspensa. Desse modo, a união impossível entre norma e realidade, e a consequente constituição do âmbito da norma, é operada sob a forma da exceção, isto é, pelo pressuposto de sua relação. Isso significa que, para aplicar uma norma, é necessário, em última análise, suspender sua aplicação, produzir uma exceção [...].[271]

Para a preparação e realização da Copa do Mundo, leis e normas foram alteradas ou suspensas de acordo com as imposições da FIFA.

De acordo com Arlete Moysés Resende, na produção e na reprodução do espaço urbano é estabelecida uma relação direta entre o Estado e a FIFA (organização de direito

(269) RODRIGUES, Arlete Moysés. Os megaeventos na produção e reprodução do espaço urbano. *Geotextos*, v. 9, n. 2, dez, 2013, p.13-25, 15.

(270) *Ibidem*, p. 16.

(271) AGAMBEN, Giorgio. *Estado de Exceção*. Tradução de Iraci D. Poleti. 2. ed. São Paulo: Boitempo, 2004. p. 63.

internacional privado), como também com a CBF (representante nacional da FIFA), dando origem a uma relação de submissão e ao mesmo tempo de conivência e subserviência do governo brasileiro às normas dessas entidades privadas, sob a justificativa de que as modificações são necessárias para a realização do evento esportivo.(272)

Tal situação, pensada a partir das lições de Gilberto Bercovici, pode ser identificada como mera explicitação da realidade de estado de exceção permanente já verificada nos países periféricos, eis que submetidos aos comandos do mercado.(273)

Nesse sentido, considera Agamben que o estado de exceção atingiu hoje o seu ponto mais alto em âmbito planetário, visto que o aspecto normativo do direito pode ser "[...] impunemente eliminado e contestado por uma violência governamental que, ao ignorar no âmbito externo o direito internacional e produzir no âmbito interno um estado de exceção permanente, pretende, no entanto, ainda aplicar o direito"(274).

Para melhor falar sobre estado de exceção, basta verificarmos os fatos concretos que marcaram a preparação e a realização da Copa do Mundo de 2014 no Brasil.

Vejamos como isso se deu.

3.1.1. A escolha do Brasil como país-sede

A escolha do Brasil como país-sede da Copa do Mundo de 2014 foi anunciada em 30 de outubro de 2007, em Zurique, na Suíça, pelo presidente da Federação Internacional de Futebol (FIFA), Joseph Blatter. No entanto, diversas outras questões ocorreram antes disso.

Em agosto de 2000, o Comitê Executivo da FIFA, a fim de escolher os futuros países-sede das Copas do Mundo, estabeleceu um sistema de rodízio, visando alternar os continentes-sede das Copas do Mundo.(275) Como parte do novo sistema de rodízio, em março de 2003, decidiu o Comitê que a Copa de 2010 aconteceria na África do Sul e a de 2014, em um país da América do Sul.

Em 2003, Ricardo Teixeira apresentou junto à Confederação Sul-Americana de Futebol, a CONMEBOL, a candidatura do Brasil a país-sede da Copa de 2014.

Em 2002, Luiz Inácio Lula da Silva vence as eleições presidenciais. Em 2004, o então presidente Lula, um apaixonado pelo futebol, propõe à Confederação Brasileira de

---

(272) RODRIGUES, Arlete Moysés. Os megaeventos na produção e reprodução do espaço urbano. *Geotextos*, v. 9, n. 2, dez, 2013, p.13-25, 17.

(273) BERCOVICI, Gilberto. O estado de exceção econômico e a periferia do capitalismo. *Pensar*, Fortaleza, v. 11, p. 95-99, fev. 2006, p. 96.

(274) AGAMBEN, Giorgio. *Estado de Exceção.* Tradução de Iraci D. Poleti. 2. ed. São Paulo: Boitempo, 2004. p. 131.

(275) O mundial de 1994 foi realizado na América do Norte (Estados Unidos); o de 2002, na Ásia (Coreia do Sul e Japão; e o mundial de 2010, na África (África do Sul).

Futebol (CBF) a realização de um jogo amistoso no Haiti, com o intuito de consolidar e dar publicidade à missão de paz chefiada pelo Brasil no país. Aproveitando a oportunidade, Ricardo Teixeira solicitou ao técnico Carlos Alberto Parreira a convocação dos titulares da seleção brasileira, entre os quais Ronaldinho Gaúcho e Ronaldo Nazário, para o jogo que ocorreria em 18 de agosto de 2004, em Porto Príncipe.(276)

De acordo com o pesquisador Arlei Sander Damo, a realização desse jogo entre Haiti e Brasil teve grande relevância para deslanchar as negociações entre a CBF e a Presidência da República, bem como para que se acreditasse que era possível tirar proveito da popularidade da seleção brasileira:

> Do ponto de vista futebolístico o jogo não possuiu sequer o status de um treinamento para a seleção brasileira, mas pelo viés diplomático foi um gol de placa. O governo brasileiro aproveitou a ocasião para exibir-se como líder de uma missão de paz da ONU, pouco importa se era no combalido Haiti. Já o Presidente da CBF foi bem sucedido na aproximação com o Presidente Lula. O fato de o Brasil ter se tornado, três anos mais tarde, sede da Copa, não é culpa do Haiti, é claro, e nem se explica apenas pela aproximação entre Teixeira e Lula. Todavia, esta aproximação foi essencial, pois sem trânsito no governo a CBF não teria qualquer possibilidade de levar adiante a postulação encaminhada à CONMEBOL.(277)

No dia 17 de março de 2006, os países da Confederação Sul-Americana de Futebol (CONMEBOL) adotaram a campanha do Brasil como país-sede da Copa de 2014. A Argentina e a Colômbia também manifestaram interesse pela vaga.

Em 23 setembro de 2006, Pelé aceita o convite da CBF (Confederação Brasileira de Futebol) para ser presidente do Comitê Organizador da Copa de 2014, se o Mundial realmente acontecesse no Brasil.

No dia 28 de setembro, o presidente Lula se reúne em Brasília, com Joseph Blatter, presidente da FIFA, que mencionou o favoritismo do Brasil para sediar o Mundial. No entanto, Blatter ressaltou a necessidade de garantias governamentais para que o evento realmente acontecesse no país.

Conforme matéria de Eduardo Scolese e Pedro Dias Leite, veicula na Folha de S. Paulo, em 29 de setembro de 2006:

---

(276) DAMO, Arlei Sander. O desejo, o direito e o dever — A trama que trouxe a Copa ao Brasil. *Revista Movimento*, Porto Alegre, v. 18, n. 02. p. 41-81, abr./jun. 2012, p. 68. Disponível em: https://seer.ufrgs.br/Movimento/article/viewFile/29910/19077. Acesso em: 15 out. 2018.

(277) *Idem*.

> Em conversa ontem com o Presidente Luiz Inácio Lula da Silva no Palácio do Planalto, o mandatário da FIFA, **Joseph Blatter, afirmou que a Copa de 2014 somente não acontecerá no Brasil caso governo federal, clubes e iniciativa privada fracassem na elaboração de uma plataforma de obras de infra-estrutura e de novos estádios. "A bola está no campo do Brasil"**, comentou o suíço. O encontro de Lula com Blatter durou uma hora e meia. O Presidente da CBF, Ricardo Teixeira, e o Ministro do Esporte, Orlando Silva Jr., também participaram. Em entrevista, após a conversa com o petista, **o Presidente da FIFA citou o favoritismo do Brasil para abrigar o evento, mas deixou claro que o país deve cumprir algumas etapas antes disso,** como a construção de novas arenas, investimento nacional em infra-estrutura — como transportes — e a capacidade de atrair capital privado e estrangeiro. **"Se o Brasil necessita de uma nova infra-estrutura de transporte, deve começar a fazê-la agora. E deve apresentar em seus documentos de candidatura trabalhos que serão feitos com ou sem a Copa do Mundo", declarou o dirigente, que citou a necessidade de o país construir pelo menos dez novos estádios para receber o Mundial.** (278)

Para Arlei Sander Damo, essa conversa entre Blatter e Lula, que ocorreu uma semana antes do primeiro turno das eleições presidenciais, selou a parceria entre eles, sendo que para "[...] Lula, a conversa não poderia ter sido agendada em melhor hora, pois ela praticamente confirmava o Brasil como sede da Copa de 2014, algo noticiado havia pelo menos seis meses, depois de declarações do presidente Blatter"(279).

Nessa perspectiva, com o intuito de fortalecer as pretensões do país em sediar o Mundial de 2014, o presidente Lula, por meio do Decreto de 1º de novembro de 2006, instituiu o Grupo de Trabalho Interministerial para elaborar plano estratégico e definir ações de competência do Governo Federal com a finalidade de dar cumprimento às exigências contidas no caderno de encargos estabelecidos pela Federação Internacional de Futebol — FIFA (at. 3º, I) e realizar as articulações necessárias para a implementação eficaz das ações, inclusive na esfera dos Estados, Municípios e Distrito Federal (art. 3º, II) para que o Brasil pudesse se candidatar como país-sede da Copa do Mundo de Futebol de 2014.(280)

---

(278) SCOLESE, Eduardo; LEITE, Pedro Dias. FIFA cobra, e Lula repete apoio à Copa. *Folha de S. Paulo*, 29 set. 2006. Disponível em: http://www1.folha.uol.com.br/fsp/esporte/fk2909200602.htm. Acesso em: 11 abr. 2017. (grifo nosso).

(279) DAMO, Arlei Sander. O desejo, o direito e o dever – A trama que trouxe a Copa ao Brasil. *Revista Movimento*, Porto Alegre, v. 18, n. 02, p. 41-81, abr./jun. 2012, p. 68. Disponível em: https://seer.ufrgs.br/Movimento/article/viewFile/29910/19077. Acesso em: 15 out. 2018.

(280) BRASIL. Decreto de 1º de novembro de 2006. Disponível em: http://www.planalto.gov.br/ccivil_03/_Ato2004-2006/2006/Dnn/Dnn11042.htm. Acesso em: 18 out. 2018.

O Grupo de Trabalho era formado por um representante de cada um dos seguintes órgãos: Ministério do Esporte (coordenador do Grupo); Casa Civil da Presidência da República; Ministério do Planejamento, Orçamento e Gestão; Ministério da Fazenda; Ministério das Relações Exteriores; Ministério da Justiça; Ministério das Cidades; e Ministério do Turismo (art. 2º).

A Confederação Brasileira de Futebol (CBF), entidade desportiva nacional da modalidade e representante do Brasil perante a FIFA, era convidada permanente para as reuniões do Grupo de Trabalho (§ 3º, art. 2º). A participação no Grupo de Trabalho era considerada serviço público relevante, não ensejando remuneração (art. 4º).

O presidente da CBF, Ricardo Teixeira, em 13 de dezembro de 2006, oficializa, em Tóquio, a candidatura do Brasil para sediar a Copa do Mundo de 2014, entregando a Jim Brown, diretor de competições da FIFA, a proposta de candidatura do país.(281)

Em 13 de abril de 2007, a FIFA confirma o Brasil como único candidato a país-sede da Copa do Mundo, após a Federação Colombiana ter desistido de sua candidatura sob o argumento de que não teria condições de arcar com os altos custos que decorreriam da adequação do país aos encargos exigidos pela FIFA.

No dia 07 de maio de 2007, o ministro do Esporte, Orlando Silva, recebe representantes da Presidência da República e de outros ministérios para discutir as exigências da FIFA.

Em 15 de junho de 2007, o presidente Lula assina um documento assumindo o compromisso de que o governo atenderia as 11 garantias exigidas pela FIFA, para assegurar a realização do Mundial no Brasil.(282)

Em 30 de julho de 2007, Ricardo Teixeira, em cerimônia na sede da FIFA, em Zurique, na Suíça, que contou com a participação do jogador Romário, do escritor brasileiro Paulo Coelho e do coordenador da candidatura brasileira, Rui Rodrigues, fez a entrega ao presidente da FIFA, Joseph Blatter, de um dossiê com a proposta oficial da candidatura do Brasil para sediar a Copa de 2014, sendo um dos documentos do dossiê, a declaração assinada pelo presidente Lula.

De acordo com o primeiro relatório sobre a organização e o planejamento dos investimentos para a Copa 2014 realizado pelo Grupo Executivo da Copa (GECOPA), em janeiro de 2011, as 11 garantias impostas pela FIFA, para assegurar a realização do Mundial no Brasil e que foram assumidas pelo governo brasileiro eram: 1. Permissões

(281) CBF oficializa candidatura do Brasil para sediar Copa de 2014. *O GLOBO*, 13 dez. 2006. Disponível em: http://oglobo.globo.com/esportes/cbf-oficializa-candidatura-do-brasil-para-sediar-copa-de-2014-4539896. Acesso em: 04 abr. 2017.

(282) LULA assina garantias à copa 2014 e conta com iniciativa privada. *G1*, 15 jun. 2006. Disponível em: http://g1.globo.com/Noticias/Politica/0,,AA1565213-5601,00.html. Acesso em: 5 maio 2019.

para Entrada e Saída do País; 2. Permissões de Trabalho; 3. Direitos Alfandegários e Impostos; 4. Isenção Geral de Impostos para a FIFA; 5. Segurança e Proteção; 6. Bancos e Câmbio; 7. Procedimentos de Imigração, Alfândega e Check-In; 8. Proteção e Exploração de Direitos Comerciais; 9. Hinos e Bandeiras Nacionais; 10. Indenização; 11. Telecomunicações e Tecnologia da Informação.(283)

O compromisso assumido com a FIFA pelo governo federal foi, inclusive, noticiado pelo site do Ministério do Esporte:

> A carta-compromisso traz questões relativas a várias áreas que envolvem, entre outras, permissão de propriedade intelectual, permissões de trabalho a estrangeiros, vistos, isenções de tributos, segurança pública e transporte. O documento, acompanhado da candidatura brasileira para sediar a Copa, será formalizado pela Confederação Brasileira de Futebol (CBF), junto à FIFA, até o próximo dia 31 de julho, na Suíça. Na solenidade no Palácio do Planalto, Lula defendeu que o governo faça pesados investimentos na modernização da infra-estrutura esportiva para o Brasil ser sede dos jogos, sob o argumento do "efeito multiplicador" que a realização de uma Copa do Mundo é capaz de gerar como empregos e grandes investimentos [...].(284)

No período de 22 a 31 de agosto de 2007, a Comissão de Inspeção da FIFA visita as 18 cidades brasileiras que pleiteavam receber os jogos da Copa e, em 26 de outubro, divulga o relatório afirmando que o Brasil tem condições de organizar a Copa do Mundo. Entretanto, salienta que o país não possui nenhum estádio apropriado para a realização do Mundial.

Em 30 de outubro de 2007, em Zurique, na Suíça, o Brasil é anunciado pelo presidente da FIFA, Joseph Blatter, como país-sede da Copa de 2014. O país, pela segunda vez na história, receberia o principal evento esportivo do mundo. O Brasil havia sediado a Copa do Mundo de 1950.

A delegação brasileira contou com a participação de várias autoridades, estavam presentes: o presidente Lula, ministros, senadores e 12 governadores, bem como o ex-jogador de futebol Romário e o escritor Paulo Coelho.(285)

---

(283) 1º BALANÇO da Copa 2014. Jan. 2011, p. 6-7. *Portal da Copa*. Disponível em: http://portal.esporte.gov.br/arquivos/futebolDireitosTorcedor/copa2014/balancoCopa2014.pdf. Acesso em: 5 dez. 2017.

(284) BRASIL assina garantias para sediar Copa de 2014. *Ministério da Cidadania*. 15 jun. 2007. Secretaria Especial do Esporte. Disponível em: http://esporte.gov.br/index.php/noticias/24-lista-noticias/40229-brasil-assina-garantias-para-sediar-copa-de-2014. Acesso em: 4 abril 2018.

(285) PRONI, Marcelo Weishaupt; SILVA, Leonardo Oliveira da. Impactos econômicos da Copa do Mundo de 2014: projeções superestimadas. *IE/Unicamp*, Campinas, n. 211, out. 2012, p. 6. Disponível em: www.eco.unicamp.br/docprod/downarq.php?id=3219&tp=a. Acesso em: 8 abr. 2017.

A FIFA define o COL (Comitê Organizador Local da Copa do Mundo FIFA 2014) como a entidade responsável pela organização da Copa do Mundo no Brasil, bem como por garantir a realização do evento propriamente dito. O relacionamento do COL com as cidades-sede da Copa teria por base os compromissos celebrados entre a FIFA e as cidades-sede, o Acordo das Cidades-sede (*"Host City Agreements"*) e Acordo dos Estádios (*"Stadium Agreements"*) e sua interlocução com o Governo Federal ocorreria por meio do Ministério do Esporte, coordenador do Comitê Gestor da Copa, o CG-COPA.(286)

Em 2009, no dia 31 de maio, em Nassau, nas Bahamas, foi anunciada a escolha das cidades-sede dos jogos. Inicialmente, dezoito cidades disputaram a sede dos jogos, mas ao final foram escolhidas, por Blatter, doze cidades: Belo Horizonte (MG), Brasília (DF), Cuiabá (MT), Curitiba (PR), Fortaleza (CE), Manaus (AM), Natal (RN), Porto Alegre (RS), Recife (PE), Rio de Janeiro (RJ), Salvador (BA) e São Paulo (SP).

3.1.2. O porquê da escolha

Em Zurique, ao anunciar o Brasil como país-sede da Copa de 2014, o presidente da FIFA publicamente enfatiza a responsabilidade do país frente à organização da Copa do Mundo, reforçando o compromisso assumido pelo governo brasileiro com a FIFA.

Conforme pronunciou Blatter: "[...] o comitê executivo decidiu, unanimemente, dar a responsabilidade, não só o direito, mas a responsabilidade de organizar a Copa mundial da FIFA de futebol 2014 ao país Brasil".(287)

Logo após o anúncio de Blatter, o presidente Luiz Inácio Lula da Silva, em seu discurso, reafirma o desafio assumido perante a FIFA:

> No fundo, no fundo, nós estamos aqui assumindo uma responsabilidade enquanto nação, enquanto Estado brasileiro, para provar ao mundo que nós temos uma economia crescente e estável, que nós somos um dos países que está com uma estabilidade conquistada. Somos um país que temos muitos problemas sim, mas somos um país com homens determinados a resolvermos esses problemas.(288)

Como adverte Arlei Sader Damo, a escolha do país-sede da Copa do Mundo não é alguma coisa que a FIFA faça como em uma disputa de cara ou coroa, sendo o inegável sucesso obtido pela entidade na realização das últimas Copas, resultado do acúmulo de

---

(286) 1º Balanço Copa 2014. *Ministério do Esporte*. Jan. 2011. p. 1-85, p. 15. Disponível em: http://portal.esporte.gov.br/arquivos/futebolDireitosTorcedor/copa2014/balancoCopa2014.pdf. Acesso em: 05 dez. 2017.

(287) Brasil 2014 (anúncio oficial). *YouTube*. 30 out, 2007. Disponível em: https://www.youtube.com/watch?v=lFxgh1vOv4E. Acesso em: 17 out. 2018.

(288) Brasil é sede da Copa de 2014. Parte 2 de 2. *YouTube*. 30 out. 2007. 4:40 min. Disponível em: https://www.youtube.com/watch?v=yKPTd7yAJGU. Acesso em: 17 out. 2018.

um *"savoir faire"*, lembrando que a FIFA, além da venda dos direitos de imagem, possui parcerias comerciais com multinacionais que esperam do evento muito mais que um *"fair-play"*.(289)

Nesse sentido, ressalta o autor, que a FIFA ao compreender a magnitude comercial da Copa vai tratar o país-sede como parceiro, buscando convencê-lo dos benefícios que a realização do megaevento trará para o país. E mais que isso, a FIFA procurará se precaver que o negócio seja lucrativo, sobretudo para ela. Para a FIFA, o mais importante é garantir o sucesso do empreendimento, o que depende do seu parceiro de realização, o país-sede, bem como das condições que serão oferecidas por ele, em especial os recursos públicos, o que não quer dizer que este parceiro seja também um parceiro de lucros.(290)

Assim, pode-se dizer que na perspectiva da FIFA, a escolha do país-sede vai muito além da observância de um sistema de rodízio. Antes disso, é fundamental que a entidade tenha a garantia de que o "país-parceiro" assumirá efetivamente o compromisso de realizar o evento, nos termos exigidos por ela. A FIFA, na verdade, como salienta Arlei Sader, "[...] compromete um governo e, segura disso, anuncia o país ao qual aquele governo corresponde como o local da Copa".(291)

Além disso, verifica-se que a lógica mercadológica do processo de expansão e consolidação do megaevento, se dá em uma concepção progressiva, em que se espera que a edição posterior da Copa do Mundo, seja ainda mais lucrativa que a anterior.

Sem desprezar as proporções e peculiaridades de cada Copa, e de seu país-sede, o lucro da FIFA nas Copas de 2010, 2014 e 2018, por exemplo, teve um aumento significativo. O lucro passou de R$ 4,9 bilhões, em 2010, na Copa na África do Sul(292), para R$ 18,6 bilhões, em 2014, com a Copa realizada no Brasil(293), e cerca de R$ 23,7 bilhões na Copa da Rússia(294), sendo que a possibilidade da FIFA ampliar de 32 para 48 o número

---

(289) DAMO, Arlei Sander. O desejo, o direito e o dever – A trama que trouxe a Copa ao Brasil. *Revista Movimento*, Porto Alegre, v. 18, n. 02, p. 41-81, abr./jun. 2012, p. 66. Disponível em: https://seer.ufrgs.br/Movimento/article/viewFile/29910/19077. Acesso em: 15 out. 2018.

(290) *Idem.*

(291) *Idem.*

(292) COPA gera retorno de US$ 4,9 bilhões à África do Sul. *Globoesporte.com.* 05 jul. 2010. Joanesburgo. África do Sul. Disponível em: http://globoesporte.globo.com/futebol/copa-do-mundo/noticia/2010/07/copa-gera-retorno-de-us-49-bilhoes-africa-do-sul.html. Acesso em: 24 mar. 2019.

(293) CAPELO, Rodrigo. Mais lucrativa da história, Copa do Mundo de 2014 gera R$ 18 bilhões para a Fifa. *G1*, [Rio de Janeiro?], 20 mar. 2015. Dinheiro em Jogo. Disponível em: http://globoesporte.globo.com/blogs/especial-blog/dinheiro-em-jogo/post/mais-lucrativa-da-historia-copa-do-mundo-de-2014-gera-r-18-bilhoes-para-fifa.html. Acesso em: 22 out. 2018.

(294) FIFA deve ter recorde bilionário em lucros na Copa, mas economiza milhões com voluntários. *G1*. Economia. 14 jul.2018. Disponível em: https://g1.globo.com/economia/concursos-e-emprego/noticia/FIFA-deve-ter-recorde-bilionario-em-lucros-na-copa-mas-economiza-milhoes-com-voluntarios.ghtml. Acesso em: 24 mar. 2019.

de seleções para a Copa do Mundo do Catar de 2022 poderá gerar um acréscimo no lucro da entidade "'entre 300 e 400 milhões de dólares' (R$ 1,1 bi e 1,5 bi)".(295)

Mais do que uma competição futebolística, portanto, a Copa do Mundo de Futebol há muito se tornou um verdadeiro negócio para a FIFA e seus parceiros comerciais. Um negócio que ocorre de quatro em quatro anos e que é programado para render dividendos.(296)

Por outro lado, como aponta Arlei Sader Damo, o governo brasileiro parece não ter levado muito a sério o caderno de encargos da FIFA "[...] de tal maneira que as exigências que lá estavam só se mostraram incômodas quando a FIFA tratou de efetivá-las, mas isso só ocorreu muito tempo depois do anúncio oficial do Brasil como sede da Copa".(297)

Para o governo brasileiro, a realização da Copa se apresentava como uma oportunidade rara e a recusa à proposta oferecida pela FIFA parecia algo fora das pretensões do governo, visto que se acreditava na capacidade de concretizá-la.

Como bem salientou o presidente Lula em seu pronunciamento na Suíça, em 2007:

> [...] o país tem uma tarefa incomensurável pela frente, mas que será abraçada por toda a nação.
>
> Vocês verão no Brasil grandes jogadores, a natureza exuberante e grandes estádios, mas o que vai emocionar vocês mesmo, tenho certeza, será o comportamento extraordinário do nosso povo.(298)

No mesmo sentido otimista, declarou o ministro do Esporte Orlando Silva:

> A Copa do Mundo vai permitir fazer investimentos que mais cedo ou mais tarde o país teria que realizar em segurança, estradas, portos, aeroportos, transporte urbano e qualificar serviços na área de hotelaria, hospitalidade

(295) MUNDIAL com 48 seleções pode elevar em até US$400 milhões o lucro da FIFA. *Gazeta Esportiva*, 13 mar. 2019. Disponível em: https://www.gazetaesportiva.com/campeonatos/copa-do-mundo/mundial-com-48-selecoes-pode-elevar-em-ate-us400-milhoes-o-lucro-da-FIFA/. Acesso em: 24 mar. 2019.

(296) DAMO, Arlei Sander. O desejo, o direito e o dever — A trama que trouxe a Copa ao Brasil. *Revista Movimento*, Porto Alegre, v. 18, n. 02, p. 41-81, abr./jun. 2012, p. 44. Disponível em: https://seer.ufrgs.br/Movimento/article/viewFile/29910/19077. Acesso em: 15 out. 2018.

(297) *Ibidem*, p. 69.

(298) FAREMOS a melhor Copa da história da FIFA, garante Ministro Orlando Silva. *Ministério da Cidadania*. Secretaria Especial do Esporte. 30 out. 2007. Disponível em: http://esporte.gov.br/index.php/noticias/24-lista-noticias/39865-faremos-a-melhor-copa-da-historia-da-FIFA-garante-Ministro-orlando-silva. Acesso em: 24 mar. 2019.

> e saúde. Esses investimentos se transformarão em legados, ficarão no país depois da Copa do Mundo [...].
>
> Nos preparamos 57 anos para isso. Desde então, nos tornamos penta-campões do mundo e o país passou por transformações profundas. A Copa de 2014 é um projeto nacional num momento em que o país passa por uma fase de desenvolvimento econômico e distribuição de renda.(299)

No encerramento de seu discurso, o ministro Orlando Silva fez referência ao escritor Nelson Rodrigues e ressaltou: "Hoje, mais do que nunca, somos a pátria de chuteiras".(300)

3.1.3. As exigências da FIFA

Definido o Brasil como país-sede da Copa de 2014, bem como as doze cidades-sede dos jogos, a atuação do governo federal seguiu no sentido de preparar o país para o mundial de futebol. Algumas secretarias e órgãos, diretamente ligadas ao Ministério do Esporte, são criados, com o intuito de dar suporte para as obras de infraestrutura urbana que seriam realizadas no país.

Por meio do Decreto de 14 de janeiro de 2010, assinado pelo presidente Lula, foi criado o Comitê Gestor da Copa (CGCOPA). Esse decreto foi alterado em 26 de julho de 2011, pela presidenta Dilma Rousseff, sendo incluído novos atores na estrutura de governança.

O Comitê Gestor da Copa (CGCOPA) possui 25 órgãos, entre os quais a Advocacia Geral da União, Casa Civil da Presidência da República, diversos ministérios e secretarias (art. 2º).(301) Sua atribuição é estabelecer as diretrizes do Plano Estratégico das Ações do Governo Brasileiro para a realização da Copa do Mundo FIFA 2014, como também supervisionar os trabalhos do Grupo Executivo da Copa do Mundo FIFA 2014 (GECOPA)(302), vinculado ao CGCOPA, que tem as seguintes funções:

> Art. 3º [...]
>
> I – instituir o Plano Estratégico das Ações do Governo Brasileiro para a realização da Copa do Mundo FIFA 2014;

---

(299) FAREMOS a melhor Copa da história da FIFA, garante Ministro Orlando Silva. *Ministério da Cidadania.* Secretaria Especial do Esporte. 30 out. 2007. Disponível em: http://esporte.gov.br/index.php/noticias/24-lista-noticias/39865-faremos-a-melhor-copa-da-historia-da-FIFA-garante-Ministro-orlando-silva. Acesso em: 24 mar. 2019.

(300) *Idem.*

(301) BRASIL. Decreto de 14 de janeiro de 2010. Disponível em: http://www.planalto.gov.br/ccivil_03/_ato2007-2010/2010/dnn/dnn12391.htm Acesso em: 19 out. 2018.

(302) O Comitê Gestor da Copa no Brasil é formado por 16 ministérios e sete órgãos de Assessoria da Presidência da República, com a coordenação do Ministério do Esporte.

> II – estabelecer metas e monitorar os resultados de implementação e execução do Plano a que se refere o inciso I;
>
> III – discriminar as ações do Orçamento Geral da União vinculadas às atividades governamentais relacionadas à Copa do Mundo FIFA 2014;
>
> IV – coordenar e aprovar as atividades governamentais referentes à Copa do Mundo FIFA 2014 desenvolvidas por órgãos e entidades da administração federal direta e indireta ou financiadas com recursos da União, inclusive mediante patrocínio, incentivos fiscais, subsídios, subvenções e operações de crédito; e
>
> V – acompanhar a execução das atividades de que trata o inciso IV.
>
> Parágrafo único. As atividades governamentais referentes à Copa do Mundo FIFA 2014 abrangem todas as medidas necessárias à preparação e à realização das competições e eventos correlatos, inclusive as concernentes à Copa das Confederações FIFA de 2013.[303]

A Advocacia-Geral da União (AGU) possui a atribuição de constituir grupo responsável para prestar auxílio jurídico ao Grupo Executivo (GECOPA), como também aos órgãos e entidades da administração federal direta e indireta responsáveis pela execução do Plano Estratégico das Ações do Governo Brasileiro para a realização da Copa de 2014 (art. 4º-A).

O Ministério do Esporte forneceria o suporte administrativo necessário ao funcionamento do CGCOPA e do GECOPA, com a possibilidade de requisitar informações pertinentes ao tema, aos órgãos e entidades da administração federal direta e indireta (art. 4º-B).

Em janeiro de 2011, é publicado o 1º Balanço da Copa FIFA 2014, elaborado pelo Grupo Executivo da Copa do Mundo FIFA 2014 (GECOPA), em que o interesse do governo brasileiro na realização da Copa de 2014 fica bem evidenciado:

> Os grandes eventos esportivos são reconhecidamente uma oportunidade para catalisar planos de investimentos que tenham por objetivo melhorar a infraestrutura e as condições de vida da sociedade. A Copa do Mundo é, portanto, mais do que organizar jogos de futebol. O país acolheu essa tarefa compreendendo seu caráter estratégico para consolidar uma perspectiva de crescimento econômico de longo prazo, tendo como ponto de partida o bom momento econômico que o país atravessa. Além do investimento em infraestrutura, os grandes eventos esportivos fortalecem a imagem do país no cenário externo. Essa perspectiva era bastante diferente em 1950, quando organizamos nossa primeira Copa. Naquele momento nem sequer havia transmissão televisiva. E aos olhos do mundo não havia uma identificação tão forte entre Brasil e futebol. Pelo menos essa percepção não era disseminada, como é hoje. [...][304]

---

(303) BRASIL. Decreto de 14 de janeiro de 2010. Disponível em: http://www.planalto.gov.br/ccivil_03/_ato2007-2010/2010/dnn/dnn12391.htm http://www.planalto.gov.br/. Acesso em: 19 out. 2018.

(304) 1o Balanço Copa 2014. *Ministério do Esporte*. Jan. 2011. p. 1-85, p. 3. Disponível em: http://portal.esporte.gov.br/arquivos/futebolDireitosTorcedor/copa2014/balancoCopa2014.pdf. Acesso em: 5 dez. 2017.

O 1º Balanço da Copa do Mundo traz, além de um relatório sobre a organização e o planejamento dos investimentos para o mundial, as 11 garantias governamentais[(305)] que o Brasil concedeu à FIFA para que o país "conquistasse" o direito de sediar a Copa de 2014 e que agora precisam ser efetivadas.

Cada uma das onze garantias vem acompanhada pelos Ministérios responsáveis por sua execução, bem como pelo diploma legal que assegurará sua efetivação:

1. *Permissões para Entrada e Saída do País. Responsabilidade*: Ministério das Relações Exteriores. *Garantia à FIFA*: os vistos de entrada e as permissões de saída do país deverão ser incondicionalmente concedidos para os membros das delegações da FIFA e de seus parceiros comerciais e operacionais, bem como para os espectadores que portarem ingressos. Nos termos dessa garantia não há a necessidade de nenhuma alteração legislativa por ser considerado que esta garantia já está contemplada no Estatuto do Estrangeiro (Lei n. 6.815/1980).

2. *Permissões de Trabalho. Responsabilidade:* Ministério do Trabalho e Emprego. *Garantia à FIFA*: emissão incondicionada de permissões de trabalho para estrangeiros e suspensão de qualquer legislação brasileira que possa restringir o exercício de atividades relacionadas à Copa, aos membros das delegações da FIFA e de seus parceiros comerciais e operacionais. Nos termos do documento essa garantia será contemplada por legislação específica, a Lei Geral da Copa.

3. *Direitos Alfandegários e Impostos. Responsabilidade*: *Responsabilidade:* Ministério da Fazenda. *Garantia à FIFA:* garantia de que a importação e a exportação de bens, necessárias para a organização da Copa de 2014, serão permitidas pelo Brasil, bem como estarão isentas dos impostos cobrados pelas autoridades federais, estaduais ou locais ou ainda por quaisquer outras autoridades ou órgãos no país. Para atender essa garantia houve a necessidade de elaboração de legislação específica, a Lei n. 12.350, de 20 de dezembro de 2010. Em 27 de julho foi editada a Medida Provisória n. 497 pelo presidente Luiz Inácio Lula da Silva, convertida, posteriormente, na Lei n. 12.350/2010.

4. *Isenção Geral de Impostos para a FIFA. Responsabilidade:* Ministério da Fazenda. *Garantia à FIFA:* concessão de isenção geral de impostos à FIFA, bem como para seus parceiros comerciais e operacionais. Para atender essa garantia houve a necessidade de elaboração de legislação específica, Lei n. 12.350, de 20 de dezembro, de 2010 (conversão da Medida Provisória n. 497, de 27 de julho 2010, editada pelo presidente Luiz Inácio Lula da Silva).

(305) 1º Balanço Copa 2014. *Ministério do Esporte*. Jan. 2011. p. 1-85, p. 15. Disponível em: http://portal.esporte.gov.br/arquivos/futebolDireitosTorcedor/copa2014/balancoCopa2014.pdf. Acesso em: 5 dez. 2017.

5. *Segurança e Proteção. Responsabilidade*: Ministério da Justiça. *Garantia à FIFA:* assegurar que todas as providências necessárias à garantia de segurança da Copa e das pessoas que estejam com ela envolvidas vão ser tomadas. Nos termos do documento essa garantia está contemplada pela Constituição Federal, pelo Estatuto do Torcedor (Lei n. 10.671/2003) e pelo Código de Defesa do Consumidor (Lei n. 8.078/1990).

6. *Bancos e Câmbio. Responsabilidade:* Ministério da Fazenda. *Garantia à FIFA:* assegurar de modo irrestrito a entrada e saída de moedas estrangeiras do Brasil, como também a conversão destas moedas para dólares dos Estados Unidos, Euros ou Francos Suíços à FIFA e seus parceiros comerciais e operacionais. Nos termos do documento essa garantia está atendida pela Resolução do Conselho Monetário Nacional (CMN) n. 3.568/2008, pelo Decreto n. 42.820/1957, e pela Lei n. 9.069/1995.

7. *Procedimentos de Imigração, Alfândega e Check-In. Responsabilidade:* Ministérios da Fazenda, Ministério da Justiça e Ministério da Defesa. *Garantia à FIFA:* assegurar prioridade de tratamento aos procedimentos de Imigração, Alfândega e Check-In aos membros e dirigentes da FIFA, das confederações e associações da FIFA, aos dirigentes de jogos e às equipes. Nos termos do documento essa garantia está contemplada pelo Estatuto do Estrangeiro (Lei n. 6.815/1980). No entanto, depende de regulamentação dos Ministérios das Relações Exteriores e do Trabalho e Emprego (via Conselho Nacional de Imigração) junto à Polícia Federal para que seja atendida a agilidade requerida.

8. *Proteção e Exploração de Direitos Comerciais. Responsabilidade:* Ministérios da Justiça, do Desenvolvimento, Indústria e Comércio, da Cultura e da Ciência e Tecnologia. *Garantia à FIFA:* refere-se aos direitos comerciais relativos aos eventos, abrangendo o registro de marcas, "marketing de emboscada", propriedade intelectual, entre outros. Nos termos do documento essa garantia será contemplada por legislação específica, a Lei Geral da Copa.

9. *Hinos e Bandeiras Nacionais. Responsabilidade:* Ministério das Relações Exteriores. *Garantia à FIFA:* assegurar a todos os países participantes do Mundial que os hinos sejam reproduzidos e as bandeiras nacionais hasteadas antes de cada jogo do qual participem. Nos termos do documento essa garantia está contemplada pela Lei n. 9.615/98 (Lei Pelé) e em suas alterações.

10. *Indenização – Responsabilidade:* Advocacia Geral da União (AGU). *Garantia à FIFA:* assegurar todas as providências necessárias para que o Brasil garanta indenização à FIFA em decorrência de todos os eventos relacionados à organização e realização da Copa. A previsão desta garantia constará na Lei Geral da Copa.

11. *Telecomunicações e Tecnologia da Informação. Responsabilidade:* Ministério das Comunicações. *Garantia à FIFA:* assegurar a disponibilização à FIFA e aos demais usuários de uma rede de infraestrutura de telecomunicações de acordo com os requisitos da FIFA e em conformidade com as tecnologias mais avançadas da área. Essa garantia está contemplada na Lei Geral de Telecomunicações (Lei n. 9.472/1997). Previa-se a necessidade de diligências junto à Anatel e ao Ministério das Comunicações para a realização da homologação de equipamentos, licenciamentos de uso de espectro, bem como de outras ações na área de telecomunicações.

Como se verifica, o fato de muitas exigências da FIFA não serem abrangidas pela legislação nacional impôs ao governo federal a necessidade da criação de normas específicas e excepcionais que viessem contemplar as garantias para o "sucesso" do Mundial. São provenientes desse compromisso a Lei n. 12.350, de 20 de dezembro de 2010, para atender às questões tributárias, e a Lei Geral da Copa, Lei n. 12.663, de 5 de junho de 2012, para os demais assuntos.

Diversas outras normas jurídicas tiveram a sua eficácia suspensa para que a Copa do Mundo de 2014 acontecesse, entre as quais disposições do Estatuto da Criança e do Adolescente (Lei Federal n. 8.069/1990), do Código de Defesa do Consumidor (Lei Federal n. 8.078/1990), da Lei Geral de Licitações (Lei Federal n. 8.666/1993), do Estatuto do Torcedor (Lei Federal n. 10.671/2003) e do Estatuto do Idoso (Lei Federal n. 10.741/2003).[(306)]

Conforme ressaltam Andressa Caldas *et al.*, um novo quadro jurídico é desenhado pela FIFA, desafiando a ordem institucional estabelecida, gerando condições excepcionais para a realização da Copa do Mundo de 2014. A aprovação dessa nova legislação sob o argumento da urgência e da necessidade do megaevento ingressa no ordenamento jurídico com o aval dos poderes legislativos (municipal, estadual e federal), possibilitando a flexibilização das leis, a criação de novos procedimentos, bem como a suspensão ou negação de direitos.[(307)]

Em entrevista veiculada na Gazeta do Povo, em 09 de junho de 2011, matéria de Themys Cabral, o presidente da Comissão de Direito e Mundialização da Ordem dos Advogados de São Paulo (OAB-SP), à época, Eduardo Carvalho Tess Filho, considerou que "essa interferência de uma instituição privada, com interesses privados, é inadmissível. O lobby não poderia influenciar a discussão no Congresso"[(308)].

---

(306) MATOS, Andityas Soares de Moura Costa. A Copa da exceção no tribunal da Teoria Pura do Direito *Revista Direito e Práxis*, vol. 5, n. 8, 2014, p. 49-75, p. 64.

(307) CALDAS, Andressa. *et al.* Legislação de Exceção no Contexto dos Megaeventos Esportivos no Brasil. In: *Na Sombra dos Megaeventos no Brasil:* Exceção e Apropriação Privada. Rio de Janeiro: Instituto Políticas Alternativas para o Cone Sul — PACS e Justiça Global. Apoio: Heinrich Böll Stiftung, 2012. p. 14.

(308) CABRAL, Themys. Brasil prepara alteração de leis para o Mundial de 2014. *Gazeta do Povo*. 09 jun. 2011. Disponível em: http://www.gazetadopovo.com.br/esportes/copa/2014/brasil-prepara-alteracao-de-leis-para-o-mundial-de-2014-4qou1sptp79s3xlj3q6vtgtou. Acesso em: 12 dez. 2017.

Por outro lado, o consultor jurídico do Ministério dos Esportes, Wladimir Camargos, salientou que a Lei Geral da Copa, por ser uma norma com vigência temporária, com prazo para terminar depois dos jogos, não afeta a soberania do país. Segundo ele, "foi vontade do Brasil assinar as garantias à FIFA. Não fazemos [mudanças] porque a FIFA impõe, mas porque achamos justo para ter um evento melhor."(309)

Segundo Andityas Soares de Moura Costa Matos:

> o uso ideológico da soberania [...] não é mais do que um caso especial da retórica do interesse público, sempre reativada pelo poder excepcional quando pretende escapar à regulação jurídica. Tal fenômeno, comum em todos os ordenamentos jurídicos, mesmo naqueles mais estáveis, toma proporções gigantescas nas situações de exceção, quando a violência precisa se justificar com base no suposto interesse das pessoas que oprime.(310)

Assevera Jorge Luiz Souto Maior que, "[...] uma vez aberta a porta do desrespeito à previsibilidade normativa não se tem mais parâmetros ou limites para criar regras particulares ou para negar, seletivamente, a sua vigência"(311).

Nesse sentido salienta Andityas Soares de Moura Costa Matos:

> Com efeito, ninguém pode acreditar seriamente que os imensos investimentos na construção de estádios, hotéis e estruturas de transporte se limitam aos megaeventos que inicialmente os exigem. Ao contrário, são formas permanentes que aderem ao Estado-hospedeiro, determinando, por exemplo, seu redesenho urbanístico calcado em padrões de mercado, com a "sanitarização" de zonas antes ocupadas pelos mais pobres que, sob o pretexto de "se limpar a casa para a Copa", são permanentemente desalojados e mandados sabe-se lá para onde. Do mesmo modo, as obras públicas e privadas realizadas para receber os megaeventos só se justificam na dimensão retórica do argumento de emergência [...].(312)

---

(309) CABRAL, Themys. Brasil prepara alteração de leis para o Mundial de 2014. *Gazeta do Povo*. 09 jun. 2011. Disponível em: http://www.gazetadopovo.com.br/esportes/copa/2014/brasil-prepara-alteracao-de-leis-para-o-mundial-de-2014-4qou1sptp79s3xlj3q6vtgtou. Acesso em: 12 dez. 2017.

(310) MATOS, Andityas Soares de Moura Costa. A Copa da exceção no tribunal da Teoria Pura do Direito *Revista Direito e Práxis*, vol. 5, n. 8, 2014, p. 49-75, p. 51.

(311) SOUTO MAIOR, Jorge Luiz. *Estado de exceção contra a Costa Rica:* e a gente com isso!? Disponível em: https://www.jorgesoutomaior.com/uploads/5/3/9/1/53916439/estado_de_exce%C3%A7ao_contra_a_costa_rica. Acesso em: 25 mar. 2019.

(312) MATOS, Andityas Soares de Moura Costa. A Copa da exceção no tribunal da Teoria Pura do Direito *Revista Direito e Práxis*, vol. 5, n. 8, 2014, p. 49-75, p. 67.

A grande questão que se verifica é que, em nome do espetáculo do futebol, medidas de exceção econômica vão sendo tomadas em nome do interesse público.

3.1.4. A Lei Geral da Copa

Dentre as novas leis aprovadas para atender as garantias governamentais exigidas pela FIFA para o mundial de 2014, merece ser destacada a Lei Geral da Copa, Lei n. 12.663, sancionada pela presidenta da República, Dilma Rousseff, em 5 de junho de 2012, com prazo de vigência até o dia 31 de dezembro de 2014.

O Projeto da Lei Geral da Copa (PL n. 2.330/2011), de autoria do Poder Executivo, foi apresentado ao Congresso Nacional, em 19 de setembro de 2011, por meio da Mensagem n. 389, da presidenta da República, Dilma Rousseff. O PL n. 2.330 dispõe sobre medidas referentes à Copa das Confederações FIFA 2013 e à Copa do Mundo FIFA 2014, que seriam realizadas no Brasil, para atender os compromissos assumidos pelo governo federal perante a FIFA, quando da escolha do país como sede dos campeonatos.(313)

O PL n. 2.330/2011 traz o seguinte conteúdo: definições diversas pertinentes às competições referindo-se às entidades, às pessoas, aos locais e aos objetos (cap. 1); proteção e exploração de direitos comerciais (cap. 2); vistos de entrada e das permissões de trabalho (cap. 3); responsabilidade civil (cap. 4); venda de ingressos (cap. 5); disposições finais, entre as quais autoriza a criação de juizados especiais, varas, bem como turmas ou câmaras especializadas para o processamento e julgamento das causas relacionadas às competições (art. 37).(314)

Para analisar o PL n. 2.330/11, em 03 de outubro de 2011, foi criada uma Comissão Especial na Câmara dos Deputados encarregada de apresentar parecer sobre a proposta, formada por 26 parlamentares, presidida pelo deputado federal Renan Filho (PMDB-AL). Como relator do Projeto de Lei foi indicado o deputado Vicente Cândido (PT-SP). Também foram integrantes da comissão: Romário (PSB-RJ) e Jonas Donizette (PSB-SP) como titulares e, José Stédile (PSB-RS) e Leopoldo Meyer (PSB-PR), como suplentes.

---

(313) Apresentação da Mensagem n. 389/2011, pelo Poder Executivo, que: "Submete à deliberação do Congresso Nacional o texto do projeto de lei que 'Dispõe sobre as medidas relativas à Copa das Confederações FIFA de 2013 e à Copa do Mundo FIFA de 2014, que serão realizadas no Brasil". BRASIL. *Projeto de Lei n. 23.330, de setembro de 2011.* Dispõe sobre as medidas relativas à Copa das Confederações FIFA de 2013 e à Copa do Mundo FIFA de 2014, que serão realizadas no Brasil. Disponível em: http://www.camara.gov.br/proposicoesWeb/fichadetramitacao?idProposicao=520245. Acesso em: 30 out. 2018.

(314) BRASIL. *Projeto de Lei n. 23.330, de setembro de 2011.* Dispõe sobre as medidas relativas à Copa das Confederações FIFA de 2013 e à Copa do Mundo FIFA de 2014, que serão realizadas no Brasil. Disponível em: http://www.camara.gov.br/proposicoesWeb/fichadetramitacao?idProposicao=520245. Acesso em: 30 out. 2018.

O relator do Projeto da Lei Geral da Copa, na Comissão Especial da Câmara, deputado Vicente Cândido, apresentou no dia 06 de dezembro de 2011, o relatório, bem como o Substitutivo do PL n. 2.330/2011 anexo.(315)

Importante registrar que coube à Comissão Especial se pronunciar sobre a constitucionalidade, a juridicidade e a técnica legislativa do Projeto de Lei n. 2.330, de 2011.

Nos termos do relatório, no que se refere à constitucionalidade (formal e material) do projeto de lei, considerou o relator, deputado Vicente Cândido, que não foi vislumbrado qualquer vício em relação aos dispositivos constantes do projeto.

No que tange à juridicidade entendeu o relator que "o projeto harmoniza-se com o ordenamento jurídico vigente, não havendo qualquer impedimento à sua aprovação."(316)

No entanto, afirmou o relator:

> É necessário frisar que o evento "Copa do Mundo" possui especificidades que o distinguem de outros eventos desportivos realizados no país, o que por si só possibilita o afastamento de normas constantes da legislação pátria, como o Estatuto do Torcedor, por serem incompatíveis com o evento.(317)

Ao se referir à técnica legislativa, também entendeu o relator que "[...] não há qualquer óbice ao texto empregado no projeto, ele está de acordo com as normas impostas pela Lei Complementar n. 95, de 26 de fevereiro de 1998, com a redação dada pela Lei Complementar n. 107, de 26 de abril de 2001"(318).

Dentre as questões polêmicas apresentadas pelo relatório está a autorização da venda de bebidas alcoólicas nos estádios das competições.

Segundo o relator, deputado Vicente Cândido:

> Ainda sobre o Capítulo V, que também dispõe sobre as condições para o acesso e a permanência de qualquer pessoa nos locais oficiais de competição, julgamos oportuno esclarecer, no substitutivo, que estará permitida a venda e o consumo de bebidas desde que isso seja feito exclusivamente nos bares, restaurantes e estabelecimentos similares em funcionamento nos re-

---

(315) Confira a íntegra do Relatório do deputado Vicente Cândido. *Portal da Copa*. 06 dez. 2011. Disponível em: http://www.copa2014.gov.br/pt-br/noticia/confira-integra-do-relatorio-da-lei-geral-da-copa-redigido-pelo-deputado-vicente-candido. Acesso em: 30 out. 2018.

(316) *Idem*.

(317) *Idem*.

(318) *Idem*.

cintos esportivos. Aproveitamos a oportunidade para inserir na Lei n. 10.671, de 2003 (Estatuto do Torcedor), novo dispositivo com esse mesmo teor.

Atualmente o art. 13-A, inciso II, dessa Lei determina que estão proibidos o acesso e a permanência, nos recintos esportivos, de qualquer pessoa que porte objetos, bebidas ou substâncias proibidas ou suscetíveis de gerar ou possibilitar a prática de atos de violência. Apesar de haver na doutrina (Ronaldo Batista Pinto, em Estatuto do torcedor Comentado, 2011, Editora Revista dos Tribunais, p. 39-43) interpretação de que esse dispositivo do Estatuto do Torcedor não proibiu a venda de bebida alcoólica nos locais em que se realizam os eventos esportivos, mas "o acesso e a permanência do torcedor no recinto esportivo que porte bebida suscetível de acarretar um perigo de dano, gerador em potencial de atos de violência, como, por exemplo, uma lata ou garrafa de vidro contendo bebida", a matéria tem se mostrado controversa. Optamos, portanto, por incluir, no substitutivo, novo dispositivo que esclarece a permissão de venda de bebida, nos termos citados, e a alteração do Estatuto de Defesa do Torcedor, de forma a encerrar a polêmica. A restrição para o consumo e venda apenas nos estabelecimentos em funcionamento nas arenas desportivas, em nosso entendimento, é medida de segurança necessária.[319]

Prevê o art. 29 do Substitutivo ao Projeto de Lei n. 2.330/2011:

> Art. 29. A venda e o consumo de bebidas, em especial as alcóolicas, nos Locais Oficiais de Competição, são admitidos desde que o produto esteja acondicionado em copos de plástico, vedado o uso de qualquer outro tipo de embalagem. Parágrafo único. A vedação imposta no final do artigo não se aplica às áreas de hospitalidade.[320]

A autorização da venda de bebidas alcoólicas nos estádios durante as partidas foi mantida pelo Plenário da Câmara, sendo suspensas as normas do Estatuto do Torcedor (Lei n. 10.671/03) sobre a questão, ficando a cargo de cada estado regulamentar o assunto.[321]

Outras questões presentes no Projeto de Lei n. 2.330/2011 que ensejaram grandes polêmicas foram: determinação do preço dos ingressos exclusivamente pela FIFA (art. 25)

---

(319) Confira a íntegra do Relatório do deputado Vicente Cândido. *Portal da Copa*. 06 dez. 2011. Disponível em: http://www.copa2014.gov.br/pt-br/noticia/confira-integra-do-relatorio-da-lei-geral-da-copa-redigido-pelo-deputado-vicente-candido. Acesso em: 30 out. 2018.

(320) *Idem*.

(321) Câmara aprova a Lei Geral da Copa. *Câmara dos Deputados*. Notícia. 28 mar. 2012.Reportagem Eduardo Piovesan. Disponível em: http://www2.camara.leg.br/camaranoticias/noticias/ESPORTES/413191-CAMARA-APROVA-A-LEI-GERAL-DA-COPA.html. Acesso em: 12 dez. 2017.

e a criação de uma cota de pelo menos 300 mil ingressos (cerca de 10% do total) para a Categoria 4 (estudantes, idosos, indígenas e beneficiários de programas sociais do governo), com preços mais baixos, o que exclui a previsão do direito à meia-entrada (art. 26); autorização do trabalho voluntário prestado por pessoa física para auxiliar a FIFA e a Subsidiária FIFA no Brasil ou o COL na organização e realização dos Eventos (art. 52); autorização do uso de aeroportos militares para embarque e desembarque de passageiros, trânsito e estacionamento de aeronaves civis durante o Mundial (art. 54), entre outras.[(322)]

Após intensos debates e discussões, o texto principal do PL n. 2.330/11 foi aprovado, em 6 de março de 2012, pela Comissão Especial na Câmara dos Deputados, e em 28 de março de 2012, aprovado pelo Plenário da Câmara.

O PL n. 2.330/11 seguiu para o Senado Federal, sendo aprovado pelo Plenário em 10 de maio de 2012, como o PLC n. 10/2012[(323)], sem alterações que implicassem o retorno do projeto à Câmara dos Deputados.

Conforme manifestação de alguns congressistas sobre a aprovação da venda de bebidas alcoólicas durante as competições do Mundial, verifica-se o seguinte:

> Durante seu pronunciamento, a senadora Ana Amélia Lemos (PP/RS), relatora na Comissão de Educação, Cultura e Esporte (CE), lamentou a aprovação da venda de bebidas alcoólicas durante o Mundial, mas enfatizou a importância de a modificação no Estatuto do Torcedor só ter validade durante os eventos. "A liberação deve ser marcada pela transitoriedade da lei e a excepcionalidade para a Copa do Mundo e das Confederações", reiterou.
>
> Já o senador Blairo Maggi (PR/MT), relator do texto na Comissão de Meio Ambiente, Defesa do Consumidor e Fiscalização e Controle (CMA), lembrou de sua participação na candidatura do país para receber o Mundial, quando era governador do Mato Grosso, confirmado como uma das sedes. "Eu era integrante daquela comitiva, quando fomos com o Presidente Lula e queríamos fazer a Copa e dar à FIFA as condições para o Brasil fazer o

(322) "Art. 54. Durante a realização dos Eventos fica autorizado o uso de Aeroportos Militares para embarque e desembarque de passageiros, trânsito e estacionamento de aeronaves civis, ouvido o Ministério da Defesa e demais órgãos do Setor Aéreo Brasileiro, mediante convênio próprio, que poderá prever custeio das operações aludidas. Parágrafo único. As autoridades aeronáuticas deverão estimular a utilização dos aeroportos nas cidades limítrofes dos municípios que sediarão os Eventos, propondo assim benefícios e investimentos nestes aeródromos." Confira a íntegra do Relatório do deputado Vicente Cândido. *Portal da Copa*. 06 dez. 2011. Disponível em: http://www.copa2014.gov.br/pt-br/noticia/confira-integra-do-relatorio-da-lei-geral-da-copa-redigido-pelo-deputado-vicente-candido. Acesso em: 30 out. 2018..

(323) BRASIL. Senado Federal. *Projeto de Lei da Câmara n. 10, de 2012*. Lei Geral da Copa. Disponível em: https://www25.senado.leg.br/web/atividade/materias/-/materia/104814. Acesso em: 31 out. 2018.

> evento. E nós, como governadores, naquela época, sabíamos dos compromissos, como a questão das bebidas. Hoje está havendo toda essa discussão, mas cada um dos estados já assumiu isso", disse.
>
> Francisco Dornelles (PP/RJ), relator pela Comissão de Assuntos Econômicos (CAE), defendeu a necessidade de cumprir, na questão da venda de bebidas alcoólicas, com os compromissos assumidos perante a FIFA em 2007. "Existe um compromisso firmado pelo Presidente Lula, e qualquer proibição colocaria em jogo a imagem do país perante o mundo. E vale lembrar que a liberação só é válida para as competições, não sendo estendida para outras competições". O senador Vital do Rêgo (PMDB-PB), da Comissão de Constituição, Justiça e Cidadania, falou da discussão que levou a aprovação do projeto de lei enviado pelo governo ao Congresso. "O Senado está dando ao país, ao governo e ao mundo uma lição de responsabilidade política e pública, por unir esforços em comissões importantes e analisar o tema. O acertado não é caro. E agora estamos homologando o que foi acertado. A bebida é um dos pontos. O texto que hoje analisamos é fruto de mais de seis meses de discussão na Câmara dos Deputados. Entidades da sociedade civil, governo e a própria FIFA deram contribuição para melhorar a lei. Não identificamos nenhum reparo a fazer no PLC n. 10/2012", relatou.(324)

A Lei Geral da Copa, Lei n. 12.663, de 05 de junho de 2012, foi sancionada pela presidenta Dilma Rousseff e publicada em 06 de junho de 2012. Composta por 71 artigos e dividida em dez Capítulos dispõe sobre as medidas relativas à Copa das Confederações FIFA 2013, à Copa do Mundo FIFA 2014 e também à Jornada Mundial da Juventude — 2013, trazendo disposições sobre Direito Penal, Responsabilidade Civil, Propriedade Intelectual, Direito Urbanístico, Direito do Trabalho e Direito Administrativo, entre outras questões.(325)

A presidenta Dilma Rousseff vetou cinco arts.: § 3º do art. 26 (reserva de percentual para venda antecipada de ingressos); art. 59 e art. 60 (trabalho voluntário); art. 48 e art. 49 (obtenção de visto no país de origem do estrangeiro) e § 9º do art. 26 (suspensão de descontos, gratuidades ou outras preferências, aplicáveis aos ingressos):

> **MENSAGEM N. 243, DE 5 DE JUNHO DE 2012.**
>
> Senhor Presidente do Senado Federal,

---

(324) Lei Geral da Copa é aprovada e segue para sanção presidencial. *Ministério do Turismo.* 10 maio 2012. Disponível em: http://www.turismo.gov.br/ultimas-noticias/560-lei-geral-da-copa-e-aprovada-e-segue-para-sancao-presidencial.html. Acesso em: 12 dez. 2017.

(325) BRASIL. *Lei n. 12.663, de 05 de junho de 2012*. Disponível em: http://www.planalto.gov.br/ccivil_03/_ato2011-2014/2012/Lei/L12663.htm. Acesso em: 16 ago. 2018.

Comunico a Vossa Excelência que, nos termos do § 1º do art. 66 da Constituição, decidi vetar parcialmente, por contrariedade ao interesse público e inconstitucionalidade, o Projeto de Lei n. 10, de 2012 (n. 2.330/11 na Câmara dos Deputados), que "Dispõe sobre as medidas relativas à Copa das Confederações FIFA 2013, à Copa do Mundo FIFA 2014 e à Jornada Mundial da Juventude — 2013, que serão realizadas no Brasil; altera as Leis ns. 6.815, de 19 de agosto de 1980, e 10.671, de 15 de maio de 2003; e estabelece concessão de prêmio e de auxílio especial mensal aos jogadores das seleções campeas do mundo em 1958, 1962 e 1970".

Ouvido, o Ministério do Esporte manifestou-se pelo veto aos seguintes dispositivos:

§ 3º do art. 26

"§ 3º Será garantida, no mínimo, a venda de 10% (dez por cento) do total de Ingressos de cada partida para a categoria 4 em que participe a Seleção Brasileira de Futebol, dentro de prazo razoável que evite filas ou constrangimento."

Razões do veto

"O dispositivo criará grandes dificuldades para sua operacionalização, pois a venda de ingressos para as partidas posteriores à fase de grupos é realizada antecipadamente à definição do chaveamento eliminatório, não sendo possível definir previamente qual partida estará sujeita ao condicionante referente à Seleção Brasileira de Futebol. Ademais, a reserva de percentual para venda antecipada acaba por diminuir a oferta ao público em geral, mitigando o aspecto democrático na destinação dos ingressos."

Arts. 59 e 60

"Art. 59. As atividades de serviço voluntário não poderão substituir empregos assalariados ou precarizar relações de trabalho já existentes, sob pena de se configurar a relação de emprego e a aplicação das normas trabalhistas."

"Art. 60. Aplicar-se-ão a todos que prestarem serviço voluntário as disposições atinentes às profissões regulamentadas, e não será permitido o serviço voluntário em atividades que possam colocar em risco a segurança e o bem-estar do público."

Razões dos vetos

"Não obstante o mérito da proposta, o tema já é previsto na legislação trabalhista brasileira, que prevê regramentos para evitar a utilização do voluntariado como mecanismo de precarização de relações laborais. Assim, para evitar duplicidade normativa e preservar a higidez normativa do ordenamento, optou-se pelo veto ao dispositivo."

Ouvidos, também, o Ministério da Justiça e a Advocacia-Geral da União manifestaram-se pelo veto ao dispositivo abaixo:

§ 9º do art. 26

"§ 9º As disposições constantes da legislação estadual e municipal referentes a descontos, gratuidades ou outras preferências, aplicáveis aos Ingressos ou outros tipos de entradas para atividades esportivas, artísticas, culturais e de lazer, não se aplicam aos Eventos, excetuando-se o disposto no § 10 deste artigo."

Razões do veto

"Conforme os incisos V e IX combinados com os §§ 1º a 3º do art. 24 e os incisos I e II do art. 30 da Constituição, é competência concorrente da União, Estados e Distrito Federal legislar sobre consumo e cultura, bem como cabe aos Municípios suplementarem as legislações federal e estadual e legislar sobre assuntos de interesse local. Ademais, lei federal que suspenda gratuidades e descontos previstos em normas de Estados e Municípios pode representar violação ao pacto federativo."

O Ministério das Relações Exteriores e a Advocacia-Geral da União opinaram, ainda, pelo veto aos seguintes dispositivos:

Arts. 48 e 49

"Art. 48. O art. 9º da Lei n. 6.815, de 19 de agosto de 1980, passa a vigorar acrescido dos seguintes §§ 1º a 5º:

'Art. 9º (...).

§ 1º O visto poderá ser obtido no país de origem do estrangeiro, perante as Missões diplomáticas, Repartições consulares de carreira, Vice-Consulados e, quando autorizados pela Secretaria de Estado das Relações Exteriores, pelos Consulados honorários, ou por meio eletrônico, para fins de captação de turistas.

§ 2º Para a obtenção de visto por meio eletrônico, o estrangeiro deverá:

I – preencher e enviar, com antecedência mínima de 30 (trinta) dias da data do seu embarque para o Brasil, formulário eletrônico de solicitação, disponível no sítio do órgão competente;

II – apresentar, por meio eletrônico, os documentos solicitados para comprovar o que tiver sido declarado no requerimento;

III – pagar os emolumentos e taxas respectivos;

IV – seguir o rito procedimental previsto no regulamento desta Lei.

§ 3º O resultado da solicitação de visto por meio eletrônico deverá ser comunicado ao solicitante, em prazo com caráter prioritário, contado da data do envio da solicitação, respeitado o horário oficial brasileiro, conforme dispuser o regulamento desta Lei.

§ 4º Em caso de necessitar viajar com urgência para o Brasil, o estrangeiro poderá requerer o visto nos termos do regulamento desta Lei.

§ 5º O valor do visto solicitado por meio eletrônico não poderá ser superior ao cobrado nas representações diplomáticas.' (NR)"

"Art. 49. A Lei n. 6.815, de 19 de agosto de 1980, passa a vigorar acrescida dos seguintes arts. 9º-A e 9º-B:

'Art. 9º-A. O estrangeiro que fornecer informações falsas ou descumprir as regras previstas nesta Lei e nas demais normas legais pertinentes estará sujeito às penalidades fixadas nos incisos I, III, IV, V, XIII, XV e XVI do art. 125 e no art. 126 desta Lei, sem prejuízo de outras cominações legais cabíveis.'

'Art. 9º-B. O descumprimento do que dispõe o § 2º do art. 9º desta Lei acarretará, para os servidores ou agentes públicos responsáveis, a incidência das penalidades previstas nas Leis n.s 8.112, de 11 de dezembro de 1990, e 9.784, de 29 de janeiro de 1999.'"

Razões dos vetos

"Ao determinar que o visto somente será obtido no país de origem do estrangeiro e estabelecer prazo mínimo de 30 dias de antecedência para envio do formulário de solicitação, a proposta traz retrocessos à atual sistemática da emissão de visto, que prescinde de tais limitações. Como decorrência, impõe-se o veto também ao art. 49, que faz referência ao teor do disposto no art. 48."

Essas, Senhor Presidente, as razões que me levaram a vetar os dispositivos acima mencionados do projeto em causa, as quais ora submeto à elevada apreciação dos Senhores Membros do Congresso Nacional.

Este texto não substitui o publicado no *DOU* de 6.6.2012.[326]

No entanto, permaneceram diversas polêmicas com a sanção da Lei Geral da Copa, entre as quais a venda de bebida alcoólica nos estádios e a meia entrada.

No caso da liberação de bebida, a diferença é que a questão passaria a ser discutida agora pela FIFA com cada cidade-sede. No estado de São Paulo, por exemplo, a Lei estadual n. 9.470, de 27 de dezembro de 1996, proíbe as bebidas alcoólicas nos estádios de futebol (arts. 5º e 6º). Na cidade de São Paulo, a Lei municipal n. 14.726, de 15 de maio de 2008, também proíbe (art. 1º). No estado de Pernambuco há a proibição pela Lei n. 13.748/2009 (art. 1º).

Dentre os vetos aos dispositivos da Lei Geral da Copa, importa ressaltar os vetos referentes aos arts. 59 e 60 sobre trabalho voluntário.

Na redação do Projeto de Lei, os dispositivos ns. 59 e 60 estabeleciam que as atividades de serviço voluntário não poderiam substituir empregos assalariados ou ainda precarizar relações de trabalho já existentes, o que configuraria relação de emprego e consequentemente a aplicação das normas trabalhistas. Também não seria permitido o serviço voluntário em atividades que pudessem colocar em risco a segurança e o bem-estar do público.

Sob a justificativa de que o tema já estava previsto na legislação trabalhista brasileira e, nesse caso, sua sanção implicaria duplicidade normativa, a presidenta Dilma Rousseff barrou a inclusão desses regramentos na Lei Geral da Copa.[327]

(326) BRASIL. *Mensagem n. 243, de 5 de junho de 2012*. Disponível em: http://www.planalto.gov.br/ccivil_03/_ato2011-2014/2012/Msg/VEP-243.htm. Acesso em: 12 dez. 2017.

(327) Esses artigos referentes ao trabalho voluntário foram inseridos no Projeto de Lei graças à atuação sindical e nesse caso a decisão da presidenta Dilma Rousseff de vetar tais dispositivos acaba gerando uma indisposição entre o governo e o meio sindical. EXMAN. Fernando. Vetos de Dilma à Lei Geral da Copa indispõem Planalto com sindicalistas. *Valor Econômico*. 08 jun. 2012. Brasília. Disponível em: https://www.valor.com.br/politica/2696164/vetos-de-dilma-lei-geral-da-copa-indispoem-planalto-com-sindicalistas. Acesso em: 29 out. 2018.

No entanto, permaneceram os dispositivos ns. 57 e 58, autorizando o trabalho voluntário para serviços ligados à atividade econômica sem atender as especificações da Lei n.. 9.608/98:

> Art. 57. O serviço voluntário que vier a ser prestado por pessoa física para auxiliar a FIFA, a Subsidiária FIFA no Brasil ou o COL na organização e realização dos Eventos constituirá atividade não remunerada e atenderá ao disposto neste artigo.
>
> § 1º O serviço voluntário referido no *caput*:
>
> I – não gera vínculo empregatício, nem obrigação de natureza trabalhista, previdenciária ou afim para o tomador do serviço voluntário; e
>
> II – será exercido mediante a celebração de termo de adesão entre a entidade contratante e o voluntário, dele devendo constar o objeto e as condições de seu exercício.
>
> § 2º A concessão de meios para a prestação do serviço voluntário, a exemplo de transporte, alimentação e uniformes, não descaracteriza a gratuidade do serviço voluntário.
>
> § 3º O prestador do serviço voluntário poderá ser ressarcido pelas despesas que comprovadamente realizar no desempenho das atividades voluntárias, desde que expressamente autorizadas pela entidade a que for prestado o serviço voluntário.
>
> Art. 58. O serviço voluntário que vier a ser prestado por pessoa física a entidade pública de qualquer natureza ou instituição privada de fins não lucrativos, para os fins de que trata esta Lei, observará o disposto na Lei n. 9.608, de 18 de fevereiro de 1998.(328)

Com relação à Lei Geral da Copa, outras questões merecem, ainda, serem destacadas:

No Capítulo II, arts. 3º ao 18 tratam da "Da Proteção e Exploração de Direitos Comerciais". O art. 11 dispõe sobre a fixação de limites nas áreas de exclusividade relacionadas aos locais oficiais de competição:

> Art. 11. A União colaborará com os Estados, o Distrito Federal e os Municípios que sediarão os Eventos e com as demais autoridades competentes para assegurar à FIFA e às pessoas por ela indicadas a autorização para, com exclusividade, divulgar suas marcas, distribuir, vender, dar publicidade ou realizar propaganda de produtos e serviços, bem como outras atividades promocionais ou de comércio de rua, nos Locais Oficiais de Competição, nas suas imediações e principais vias de acesso.
>
> § 1º Os limites das áreas de exclusividade relacionadas aos Locais Oficiais de Competição serão tempestivamente estabelecidos pela autoridade competente, considerados os requerimentos da FIFA ou de terceiros por ela indicados, atendidos os requisitos desta Lei e observado o perímetro máximo de 2 km (dois quilômetros) ao redor dos referidos Locais Oficiais de Competição.

---

(328) BRASIL. *Lei n. 12.663, de 05 de junho de 2012*. Disponível em: http://www.planalto.gov.br/ccivil_03/_ato2011-2014/2012/Lei/L12663.htm. Acesso em: 11 maio 2018.

> § 2º A delimitação das áreas de exclusividade relacionadas aos Locais Oficiais de Competição não prejudicará as atividades dos estabelecimentos regularmente em funcionamento, desde que sem qualquer forma de associação aos Eventos e observado o disposto no art. 170 da Constituição Federal.

Grande polêmica gerou a fixação desses limites, visto que provocou uma alteração no modo como o trabalho, normalmente, era realizado nesses espaços. Os ambulantes, por exemplo, foram impedidos de trabalhar. Os comerciantes poderiam manter suas atividades, no entanto, teriam que se adequar às exigências da FIFA. Foi estabelecida uma restrição à publicidade (imóveis, painéis, cartazes e outdoors), com relação aos produtos que não fossem de empresas patrocinadoras do evento.

É preciso consignar que a restrição imposta a trabalhadores(as) e comerciantes em relação a seus locais de trabalho para atender os interesses da FIFA (art. 11, § 1º) contraria a Constituição Federal, que no art. 5º, inciso XIII, prevê que "é livre o exercício de qualquer trabalho, ofício ou profissão, atendidas as qualificações profissionais que a lei estabelecer" e no art. 6º dispõe sobre os direitos sociais, entre os quais o trabalho.

Conforme enfatizado no Dossiê da Articulação Nacional dos Comitês Populares da Copa:

> A constitucionalidade da Lei Geral da Copa é bastante questionável, considerando, dentre outras coisas, a tipificação de condutas que atentam contra bens específicos da FIFA, além da previsão de áreas de restrição comercial (ver Capítulo 2), que representam uma ingerência indevida de uma entidade privada sobre o espaço público, competindo à FIFA a definição do que pode ser comercializado e como isto pode ser feito nos entornos principalmente dos estádios, durante os jogos da Copa do Mundo.
>
> O estabelecimento das "áreas de restrição comercial" é uma das maiores expressões do processo de privatização do espaço público que os megaeventos propiciam, pois naquele espaço são os interesses da FIFA e seus patrocinadores que valem, inclusive com a utilização do aparato policial estatal para fazer valer tais interesses.[329]

Com relação à venda dos ingressos regulada no Capítulo V da Lei Geral da Copa, arts. 25 a 27, prevê a lei que a estipulação do preço dos ingressos é determinada livremente pela FIFA (art. 25), cabendo-lhe, exclusivamente, definir os critérios para cancelamento, devolução e reembolso de ingressos. Concedeu-se à FIFA, também, as liberdades de definir os critérios para alocação, realocação, marcação, remarcação e cancelamento

---

(329) DOSSIÊ DA ARTICULAÇÃO NACIONAL DOS COMITÊS POPULARES DA COPA. *Megaeventos e violações de direitos humanos no Brasil*. 112 p. + 34 anexos. p. 114. Disponível em: https://comitepopulario.files.wordpress.com/2014/11/ancop_dossie2014_web.pdf. Acesso em: 22 jan. 2019.

de assentos nos locais dos Eventos, podendo inclusive dispor sobre a possibilidade de modificar datas, horários ou locais dos eventos, desde que seja concedido o direito ao reembolso do valor do ingresso ou o direito de comparecer ao evento remarcado. Do mesmo modo, se conferiu à FIFA, a forma da venda de ingresso avulso, da venda com pacotes turísticos ou de hospitalidade, assim como do estabelecimento de cláusula penal no caso de desistência da aquisição do ingresso após a confirmação de que o pedido de ingresso foi aceito ou após o pagamento do valor do ingresso, independentemente da forma ou do local da submissão do pedido ou da aquisição do Ingresso (art. 27).

Outra importante questão a ser considerada refere-se à alteração dos calendários escolares dos sistemas de ensino em 2014, para atender os interesses da FIFA. Nos termos do art. 64 da Lei Geral da Copa, os sistemas de ensino, nos estabelecimentos de ensino das redes pública e privada, deveriam ajustar os calendários escolares de modo que as férias escolares decorrentes do encerramento das atividades letivas do primeiro semestre do ano, abrangessem todo o período entre a abertura e o encerramento da Copa do Mundo FIFA 2014 de Futebol.

3.1.4.1. A AD1 n. 4.976/DF

Em 7 de maio de 2014, o Supremo Tribunal Federal julgou improcedente a Ação Direta de Inconstitucionalidade, ADI n. 4.976/DF, movida pela Procuradoria Geral da República, em 18 de junho de 2013, questionando dispositivos da Lei Geral da Copa (Lei n. 12.663/2012). Por dez votos a um, ficou parcialmente vencido o ministro Joaquim Barbosa.

Os dispositivos questionados foram os arts. 23, 37 a 47 e 53, que diziam respeito à responsabilização da União por prejuízos causados por terceiros e por fenômenos da natureza; concessão de prêmio em dinheiro e auxílio mensal aos jogadores das seleções brasileiras campeãs das Copas de 1958, 1962 e 1970, e sobre a isenção da FIFA e suas subsidiárias do pagamento de custas e outras despesas judiciais. Para a Procuradoria Geral da República os dispositivos afrontavam os arts. 5º, *caput*, 19, III, 37, *caput* e § 6º, 150, II e 195, § 5º, da Constituição Federal.[(330)]

Segundo o relator, min. Ricardo Lewandowski, o rito adotado no julgamento da ADI n. 4.976 (Ação Direta de Inconstitucionalidade) foi o previsto no art. 12 da Lei n. 9.868/1999, em razão da relevância da matéria, como também de seu especial significado para a ordem social e a segurança jurídica.[(331)]

---

(330) BRASIL. *Ação Direta de Inconstitucionalidade (ADI) n. 4.976.* Distrito Federal. Relator ministro Ricardo Lewandowski. Data de Julgamento: 07 maio 2014. Disponível em: http://www.stf.jus.br/arquivo/cms/noticiaNoticiaStf/anexo/ADI_4976_VOTO_MRL.pdf. Acesso em: 10 maio 2019.

(331) "Art. 12. Havendo pedido de medida cautelar, o relator, em face da relevância da matéria e de seu especial significado para a ordem social e a segurança jurídica, poderá, após a prestação das informações, no prazo de dez dias, e a manifestação do Advogado-Geral da União e do Procurador-Geral da República,

O relator, min. Ricardo Lewandowski, com relação à responsabilidade da União, considerou:

> **Em resumo, penso que se está diante de garantia adicional, de natureza tipicamente securitária — além da extracontratual prevista na Carta Magna — assumida pela União — que funciona, no caso, como verdadeira asseguradora — , mediante autorização legal, em favor de vítimas de danos incertos que podem emergir em razão dos eventos patrocinados pela FIFA**, excluídos os prejuízos para os quais a própria entidade organizadora ou mesmo as vítimas tiverem concorrido.
>
> Desse modo, relativamente ao art. 23 da Lei n. 12.663/2012, para mim, forçoso é concluir que o pedido de declaração de inconstitucionalidade, nos termos em que foi formulado, não merece prosperar.(332)

No que se refere à concessão de prêmio em dinheiro e pagamento de auxílio especial mensal aos ex-jogadores ressaltou o relator:

> No caso sob análise, o requerente afirma que o discrímen estabelecido pelas normas impugnadas é patentemente inconstitucional, eis que — segundo entende — não prestigia nenhum valor, interesse público ou projeto de relevância social deduzível do texto constitucional.
>
> [...]
>
> Não obstante tais alegações, registro, por oportuno, que esse mesmo art. 217 impõe ao Poder Público, como valor a ser necessariamente observado, "a proteção e o incentivo às manifestações desportivas de criação nacional" (art. 217, IV, grifei).
>
> [...]
>
> Isso quer dizer, a meu sentir, que **o futebol, como esporte plenamente incorporado aos costumes nacionais, deve ser protegido e incentivado por expressa imposição constitucional, mediante qualquer meio que a Administração Pública considerar apropriado. É escusado lembrar que, por mais que alguém, entre nós, seja indiferente ou mesmo refratário a tudo o que diga respeito ao futebol, a relação da sociedade brasileira com os mais variados aspectos desse esporte é estreita e singularíssima, estando ele definitivamente incorporado à cultura popular, seja na música, seja na literatura, seja no cinema, seja, enfim, nas artes em geral, fazendo-se presente, em especial, na maioria das grandes festas nacionais.** Vale lembrar, ainda nesse diapasão, que o art. 215, § 1º, da Carta Magna dispõe que "o Estado protegerá as manifestações das culturas populares", constituindo patrimônio cultural brasileiro, segundo reza o art. 216 da mesma Carta, os bens de natureza imaterial, portadores de referência à identidade dos diferentes grupos formadores da sociedade brasileira, nos

---

sucessivamente, no prazo de cinco dias, submeter o processo diretamente ao Tribunal, que terá a faculdade de julgar definitivamente a ação." BRASIL. *Lei n. 9.868, de 10 de novembro de 1999*. Disponível em: http://www.planalto.gov.br/ccivil_03/leis/l9868.htm. Acesso em: 11 maio 2019.

(332) BRASIL. *Ação Direta de Inconstitucionalidade (ADI) n. 4.976/DF*. Relator ministro Ricardo Lewandowski. Data de Julgamento: Disponível em: http://www.stf.jus.br/arquivo/cms/noticiaNoticiaStf/anexo/ADI_4976_VOTO_MRL.pdf, p. 12. Acesso em: 10 maio 2019. (grifo nosso).

quais se incluem as variadas "formas de expressão" e "os modos de criar, fazer e viver". **Diante dessas diretrizes constitucionais, parece-me plenamente justificada a iniciativa dos legisladores federais — legítimos representantes que são da vontade popular — em premiar materialmente a incalculável visibilidade internacional positiva proporcionada por esse grupo específico e restrito de atletas, bem como em evitar que a extrema penúria material enfrentada por alguns deles ou por suas famílias — com a perda de dignidade pessoal que acompanha essas circunstâncias — ponha em xeque o profundo sentimento nacional em relação às seleções brasileiras que disputaram as Copas do Mundo de 1958, 1962 e 1970 da FIFA, as quais representam, ainda hoje, uma das expressões mais relevantes, conspícuas e populares da identidade nacional.**

[...]

Afasto, assim, a alegação de ofensa ao art. 195, § 5º, da Constituição Federal.(333)

E sobre a isenção de custas e outras despesas judiciais, declarou o Relator Min. Ricardo Lewandowski:

Alega o requerente, nesse aspecto, que a isenção concedida à FIFA, às suas subsidiárias no Brasil e aos seus representantes legais, consultores e empregados quanto ao pagamento das custas processuais devidas aos órgãos do Poder Judiciário da União de qualquer instância, salvo comprovada má-fé, não se qualificaria como um benefício fiscal adequado, "mas como um verdadeiro favorecimento ilegítimo".

[...]

Afasto, de plano, pela evidente fragilidade, concessa venia, essa última alegação, segundo a qual a isenção de custas e despesas processuais teria sido concedida à FIFA de maneira ampla e irrestrita, quer dizer, sem nenhum bializamento material ou temporal.

Com efeito, embora a Lei Geral da Copa tenha, em seu Capítulo IX, disposições permanentes, o art. 53 em estudo encontra-se inserido no Capítulo X, relativo às disposições finais. Isso quer dizer que se aplica à referida norma o previsto no art. 1º, que estabelece, como objeto específico daquele diploma, dispor, primordialmente, sobre "as medidas relativas à Copa das Confederações FIFA 2013, à Copa do Mundo FIFA 2014 e aos eventos relacionados, que serão realizados no Brasil".

[...]

Trata-se, pois, de norma cuja vigência encontra, ao contrário do que afirmado pelo requerente, expressa limitação temporal e material.

[...]

Aqui, do mesmo modo, a isenção em debate encontra-se plenamente inserida no contexto da adoção de todas as medidas necessárias — inclusive jurídicas — para

(333) BRASIL. *Ação Direta de Inconstitucionalidade (ADI) n. 4.976/DF*. Relator ministro Ricardo Lewandowski. Data de Julgamento: Disponível em: http://www.stf.jus.br/arquivo/cms/noticiaNoticiaStf/anexo/ADI_4976_VOTO_MRL.pdf, p. 16-17;25. Acesso em: 10 maio 2019. (grifo nosso).

assegurar a realização, no Brasil, dos grandes eventos Copa das Confederações FIFA 2013 e Copa do Mundo FIFA 2014.

[...]

Assim, é de se concluir, por tudo quanto foi exposto, que a isenção das custas judiciais ora tratada não foi concedida a um beneficiário em particular, de modo a configurar um privilégio indevido.

Ao contrário, cuida-se de benefício fiscal concedido por um Estado soberano que, mediante uma política pública formulada pelo governo, buscou garantir a realização, em seu território, de eventos da maior expressão, quer nacional, quer internacional, o que torna legítimos os estímulos destinados a atrair o principal e indispensável parceiro envolvido, qual seja, a FIFA, de modo a alcançar os benefícios econômicos e sociais pretendidos.

Para atingir esse mesmo desiderato, outras isenções tributárias de impostos e contribuições sociais federais foram concedidas à FIFA, à subsidiária desta no Brasil e aos seus prestadores de serviços, relativas aos fatos geradores decorrentes das atividades diretamente vinculadas à organização ou realização dos referidos eventos, por meio da Lei n. 12.350/2010.

O próprio autor desta ação direta reconhece, em sua inicial, que a concessão de isenção àqueles contribuintes que podem pagar "somente se dá ante interesses constitucionais relevantes".

Ora, parece-me fora de dúvida que a realização de grandes eventos internacionais esportivos – a exemplo dos sediados, no passado recente, em países desenvolvidos como Itália (1990), Estados Unidos (1994), França (1998), Japão e Coreia do Sul (2002) e Alemanha (2006) –, dotados de inegável potencial de gerar empregos e atrair investimentos, configura um interesse constitucionalmente relevante.

Isso posto, julgo igualmente improcedente o pedido formulado na inicial com relação ao art. 53 da Lei n. 12.663/2012.(334)

O presidente do Supremo Tribunal Federal, Ministro Joaquim Barbosa, divergiu do voto do relator, com relação às concessões fiscais:

[...]

Agora, a minha divergência, em relação a todos os demais votos já proferidos, diz respeito à concessão de isenções. **A concessão de isenções fiscais a entidades e empresas privadas envolvidas no evento, a meu ver, viola tanto o princípio da isonomia como a imprescindibilidade de motivação idônea para qualquer tipo de exoneração fiscal.** Todas as entidades privadas envolvidas no evento são sabidamente dotadas de uma gigantesca capacidade contributiva; não há dúvida quanto a isso. A exploração do futebol nos dias atuais gera sabidamente riquezas vultosas, pouco se sabe para quem. Somam-se, nesse negócio, a cessão onerosa de direitos de transmissão de imagem e de som, o

(334) BRASIL. *Ação Direta de Inconstitucionalidade (ADI) n. 4.976/DF*. Relator Ministro Ricardo Lewandowski. Data de Julgamento: 07 maio 2014. Disponível em: http://www.stf.jus.br/arquivo/cms/noticiaNoticiaStf/anexo/ADI_4976_VOTO_MRL.pdf, p. 25-26;30;32-34. Acesso em: 10 maio 2019. (grifo nosso).

> licenciamento de todo tipo de mercadoria, a promoção de propaganda e *marketing*, as concessões para a exploração dos locais de serviço e de fornecimento de alimentação e talvez o menos rentável de todos, que é a venda dos ingressos. Essa é a atividade, provavelmente, menos rentável.
>
> [...]
>
> Portanto, por entender que falta uma motivação idônea para essa desoneração, eu, divergindo minimamente, como já disse, do voto do Relator, voto pela inconstitucionalidade do art. 53, aquele que diz que a FIFA e as suas subsidiárias no Brasil, seus representantes legais, consultores e empregados são isentos do adiantamento de custas, emolumentos, caução, etc.(335)

A decisão do STF é uma demonstração nítida do quanto o estado de exceção foi assumido como natural e necessário para a realização do evento, disseminando por todas as instituições do Estado.

A aprovação de uma normatividade específica, para atender os interesses da FIFA e de seus parceiros comerciais e operacionais, nos moldes como ocorreu com a Lei Geral da Copa, segundo aponta Gustavo Seferian Scheffer Machado, nos faz lembrar a obra de Carl Schmitt (Teologia Política), na qual, já na abertura do texto, aborda a figura do soberano, considerado como aquele que decide no estado de exceção. (336)

Fazendo um paralelo com o contexto da Copa do Mundo de 2014, Gustavo Seferian salienta:

> [...] quem é o soberano, quem dá a última palavra nesse estado de coisas? Nossa resposta é direta: a FIFA, agência do capital financeiro internacional, que para garantir e ampliar seus maiores e únicos interesses — quais sejam, de obtenção de lucros — teve carta branca para "impor procedimentos que visam regulamentar o bom andamento do evento, inclusive mediante alteração legislativa nacional, com o intuito de fomentar condições mais favoráveis às relações comerciais e o interesse dos patrocinadores" [...].(337)

As restrições de direitos e garantias impostas pela vontade soberana da FIFA, embora marcadas pela temporalidade, permitiram a fragilização de preceitos antes considerados como fundamentais, diante da postura assumida pelas instituições públicas brasileiras.

---

(335) BRASIL. *Ação Direta de Inconstitucionalidade (ADI) n. 4.976/DF*. Relator ministro Ricardo Lewandowski. Data de Julgamento: 07 maio 2014. Disponível em: http://portal.stf.jus.br/processos/downloadPeca.asp?id=271761504&ext=.pdf. p. 87 (inteiro teor do acórdão). Acesso em: 11 de maio 2019. (grifo nosso).

(336) MACHADO, Gustavo Seferian Scheffer. Reflexões sobre soberania e servilismo no trato da valorização social do trabalho: o caso do trabalho voluntário na Copa do Mundo de 2014. *Revista dos Tribunais*, São Paulo, ano 108, v. 999, p. 780-792, jan. 2019. p. 790.

(337) *Idem*.

3.1.5. O Projeto de Lei n. 499/2013 ("lei antiterrorismo")

Em 2013, duas minutas de projetos de lei sobre terrorismo foram apresentadas à Comissão Mista do Congresso Nacional, destinada a consolidar a legislação federal e a regulamentar dispositivos da Constituição Federal. Uma minuta do deputado Miro Teixeira (PDT-RJ) e outra do senador Romero Jucá (PMDB-RR).

Essa Comissão Mista foi criada em março de 2013[(338)] com o intuito de regulamentar diversas matérias previstas na Constituição Federal de 1988 que ainda se encontravam com regulamentação pendente. Foram analisados pela Comissão diversos temas, como trabalho doméstico, direito de greve de servidores públicos, eleição indireta de presidente da República e vice-presidente, em caso de vacância nos últimos dois anos de mandato, como também, terrorismo.

Na Constituição Federal de 1988 se fez menção ao terrorismo no art. 4º, inciso VIII, estabelecendo-se o repúdio ao terrorismo como um dos princípios que regem as relações internacionais do país. No art. 5º, inciso XLIII, restou disposto que a lei considerará o terrorismo entre os crimes inafiançáveis e insuscetíveis de graça ou anistia.

A adoção de uma lei antiterrorismo no Brasil, embora justificada na necessidade de atender a previsão constitucional da regulamentação da matéria, traz grande discussão, sobretudo diante do temor da criminalização dos movimentos sociais, em razão da indefinição constitucional quanto ao que de fato constitui o terrorismo.[(339)]

A dificuldade em conceituar terrorismo já foi apontada, inclusive, nos debates da Assembleia Constituinte, conforme ressalta Guilherme de Jesus France:

> Curioso notar, todavia, como já se manifestava nos debates da Assembleia Constituinte o problema da imprecisão do termo terrorismo, o qual afligiria todo o debate sobre a Lei Antiterrorismo — o Deputado Constituinte José Genoíno (PT-SP) apresentou destaque para que a referência ao terrorismo

(338) BRASIL. Ato Conjunto dos Presidentes do Senado e da Câmara n. 2, de 2013. Disponível em: http://www25.senado.leg.br/web/atividade/materias/-/materia/111807. Acesso em: 14 out. 2018.

(339) Ressalta Guilherme de Jesus France, que no período da ditadura militar, "no campo jurídico, parte da atuação do governo contra grupos de esquerda era de fato prevista na legislação brasileira e justificada como combate à subversão, ao comunismo e ao terrorismo. A legislação que pretendia resguardar a segurança nacional foi adotada em 1967 — o Decreto-lei n. 314 —, contendo definições tão amplas e genéricas que tornava possível a criminalização de praticamente qualquer comportamento [...]. FRANCE, Guilherme de Jesus. *As origens da lei antiterrorismo:* os tortuosos caminhos de localização das normas internacionais de combate ao terrorismo no Brasil. 2017. Dissertação (Mestrado em História, Política e Bens Culturais) – Centro de Pesquisa e Documentação de História Contemporânea do Brasil, Fundação Getúlio Vargas, Rio de Janeiro, Rio de Janeiro, 2017. Disponível em: http://bibliotecadigital.fgv.br/dspace/bitstream/handle/10438/18496/Disserta%C3%A7%C3%A3o_Origens%20da%20Lei%20Antiterrorismo.pdf. Acesso em: 12 nov. 2018, p. 99.

> fosse retirada do texto final sob essa justificativa. Esse destaque acabou sendo derrotado, com 68 votos favoráveis e 335 contrários [...].(340)

A definição do crime de terrorismo, longe de ser consensual e universal, tanto no plano internacional, como no plano doméstico, decorre do tema se inserir em um campo de disputa social e política.(341)

Salienta Guilherme de Jesus France que:

> [...] O fato de o Estado reivindicá-la gera definições que excluem do seu escopo atos praticados por eles próprios que poderiam ser definidos como terrorismo estatal. As definições presentes em legislações domésticas raramente fazem menção à possibilidade de o Estado ou seus agentes serem autores de atos de terrorismo. Em geral, são mencionados apenas como possíveis alvos ou vítimas. (342)

Diante da inexistência de uma definição para terrorismo no âmbito internacional(343), incumbe a cada país a elaboração dessa definição, em conformidade com suas particularidades, o que pode levar a determinação de conceitos imprecisos que sejam convenientes a interesses específicos.

No Brasil, diversos projetos de lei foram apresentados ao Congresso Nacional para tipificar o crime de terrorismo no país.(344)

---

(340) FRANCE, Guilherme de Jesus. *As origens da lei antiterrorismo:* os tortuosos caminhos de localização das normas internacionais de combate ao terrorismo no Brasil. 2017. Dissertação (Mestrado em História, Política e Bens Culturais) – Centro de Pesquisa e Documentação de História Contemporânea do Brasil, Fundação Getúlio Vargas, Rio de Janeiro, Rio de Janeiro, 2017. Disponível em: http://bibliotecadigital.fgv.br/dspace/bitstream/handle/10438/18496/Disserta%C3%A7%C3%A3o_Origens%20da%20Lei%20Antiterrorismo.pdf. Acesso em: 12 nov. 2018, p. 120.

(341) *Ibidem*, p. 83-84.

(342) *Ibidem*, p. 85.

(343) Nos termos do Relatório Parcial da Comissão Mista, relator, senador Romero Jucá: "Já foram elaborados, no âmbito da Organização das Nações Unidas, pelo menos 13 instrumentos internacionais sobre a matéria, sem que se chegasse, contudo, a um consenso universal sobre quais elementos essenciais deveriam compor a definição típica do crime de terrorismo. A Convenção Interamericana Contra o Terrorismo, assinada pelo Brasil em 2002, limitou-se a caracterizar a prática como "uma grave ameaça para os valores democráticos e para a paz e a segurança internacionais". Comissão Mista destinada a consolidar a legislação federal e a regulamentar dispositivos da Constituição Federal. Disponível em: https://www25.senado.leg.br/web/atividade/materias/-/materia/111807. Acesso em: 14 nov. 2018.

(344) Entre os projetos, o PLS n. 762, de 2011, de autoria do senador Aloysio Nunes Ferreira (PSDB-SP), o PLS n. 588/2011, apresentado pelo senador Demóstenes Torres (DEM/GO), o PLS n. 236, de 2012, nos arts. 239 a 242 (projeto de reforma do Código Penal), de autoria do senador José Sarney (MDB/AP), o PL n. 4.674, de 2012, apresentado pelo Deputado Walter Feldman (PSDB-SP) e o PLS n. 499, de 2013 elaborado pela Comissão Mista de Consolidação da Legislação Federal e Regulamentação de Dispositivos da Constituição Federal.

A minuta de projeto de Lei, de autoria do deputado Miro Teixeira, foi apresentada em 9 de maio de 2013, na 5ª reunião da Comissão Mista, com a finalidade de regulamentar, o art. 5º, inciso XLIII,[345] da Constituição Federal de 1988, em face da prática do crime de terrorismo.[346]

A minuta definia terrorismo e estabelecia as condutas do agente que configuravam o crime. Previa que não constituiria crime de terrorismo a conduta individual ou coletiva de pessoas movidas por propósitos sociais ou reivindicatórios (art. 4º) e ainda previa a proteção legal do agente que colaborasse com a investigação ou processo criminal (art. 5º).[347]

Na justificativa, ressaltou o deputado Miro Teixeira que várias foram as propostas no Brasil que trataram sobre terrorismo e que serviram de base para a referida minuta de projeto de lei[348], em especial, o Projeto de Lei n. 236, do Senado Federal, no que se refere a definição do crime de terrorismo, sendo que ao estabelecer as condutas caracterizadoras do tipo penal, acrescentou aquelas definidas em tratados, convenções e protocolos internacionais aprovados pelos membros do Congresso Nacional[349].

Afirmou Miro Teixeira que, no âmbito interno, seu "projeto dá a mesma importância aos crimes cometidos em ocasiões especiais, como grandes eventos esportivos, e aos que podem ocorrer no dia a dia das pessoas, independentemente de ocasiões determinadas"[350].

Em 13 de junho de 2013, na 9ª Reunião da Comissão Mista, foi apresentada a minuta de projeto de lei de autoria do senador Romero Jucá, mais ampla que a minuta do deputado Miro Teixeira.

---

(345) Nos termos do inciso XLIII – "a lei considerará crimes inafiançáveis e insuscetíveis de graça ou anistia a prática da tortura, o tráfico ilícito de entorpecentes e drogas afins, o terrorismo e os definidos como crimes hediondos, por eles respondendo os mandantes, os executores e os que, podendo evitá-los, se omitirem" (art. 5º, CF, 1988).

(346) Ata da 5ª reunião da Comissão Mista destinada a consolidar a legislação federal e a regulamentar dispositivos da Constituição Federal. Disponível em: https://www25.senado.leg.br/web/atividade/materias/-/materia/111807. Acesso em: 14 nov. 2018.

(347) BRASIL. *Projeto de Lei, de 2013 (deputado Miro Teixeira)*. Disponível em: legis.senado.leg.br/sdleg-getter/documento?dm=3970871. Acesso em: 19 nov. 2018.

(348) O deputado Miro Teixeira cita 44 propostas de projeto de lei sobre terrorismo que abrangem os anos de 1989 a 2013.

(349) Entre as convenções e tratados internacionais citadas pelo deputado Miro Teixeira, se encontra a Convenção Interamericana contra o Terrorismo, assinada em Barbados, em três de junho de 2002, promulgada pelo Decreto n. 5.639, de 26 de dezembro de 2005, por força do Decreto Legislativo n. 890, de 1º de setembro de 2005.

(350) BRASIL. *Projeto de Lei, de 2013 (deputado Miro Teixeira)*. Disponível em: legis.senado.leg.br/sdleg- getter/documento?dm=3970871. Acesso em: 19 nov. 2018.

A minuta, do senador Romero Jucá, além de definir o crime de terrorismo, previa as circunstâncias em que ele se configurava, tratando também de outros crimes correlatos, como financiamento ao terrorismo, terrorismo contra coisa, favorecimento pessoal, associação terrorista. Previa também a competência da Justiça Federal e disposições específicas para cumprimento da pena.(351)

Em sua justificativa, salientou o senador Romero Jucá a urgência em estabelecer contornos jurídicos concretos e razoáveis para a repressão penal de atos terroristas, pois eles são expurgados pela Constituição Federal de 1988, como também por diversos tratados ratificados pelo Brasil, gerando a obrigação de sua realização.

Ressaltou o senador Romero Jucá:

> De fato, não é incomum a reação de Estados em definir o terrorismo em perspectiva defensiva. Um dos conceitos de atos terroristas trabalhados no plano internacional, que não prosperou totalmente, tem sua raiz em assassinatos de personalidades públicas, ocorridos em Marselha (França).
>
> Derivado dessa situação elaborou-se, em 1937, tratado no seio da Liga das Nações para a prevenção e repressão do terrorismo, que nunca entrou em vigor. Essa convenção definia o terrorismo como atos criminosos contra o Estado ou com o fim de criar uma situação de terror nas mentes de pessoas particulares, grupo de pessoas ou no público em geral.
>
> Quanto à segunda perspectiva da convenção de 1937, de que o objetivo central desse crime é provocar uma situação de terror em grupos de pessoas ou no público em geral, cremos que é um bom ponto de partida. Nesse sentido, o tipo penal aqui apresentado enfrenta a conduta nuclear de *provocar ou infundir terror ou pânico generalizado*. Em outros termos, o fim é gerar, causar, impor terror ou pânico em grupos ou população. A expressão *generalizado* no tipo contrasta com a de particular, privado, singular, conferindo ao crime de terrorismo dimensão ampliada.
>
> Evidentemente, restar o tipo penal concentrado somente nesse objetivo nuclear seria excessivamente aberto e não responderia às críticas que fizemos sobre sua potencial e perigosa maleabilidade. Portanto, contextualizamos esse crime pela motivação ideológica, religiosa, política ou de preconceito racial ou étnico. Desse modo, separamos o objetivo concreto, material, de provocar ou infundir terror ou pânico, da motivação íntima, subjetiva. Essa forma de conceber o ato terrorista aclara confusão doutrinária e afasta aplicação desse tipo em várias situações, como aquelas sem o devido contexto

(351) BRASIL. PL Terrorismo Senador Romero Jucá. Disponível em: www.camara.leg.br/internet/agencia/pdf/Minuta_projeto_Terrorismo.docx. Acesso em: 15 nov. 2018.

> motivacional subjetivo, a exemplo de indivíduo com problemas mentais que metralha pessoas no cinema, ou sem o contexto motivacional material, como movimentos sociais, que não possuem o objetivo de causar terror ou pânico. Entretanto, se conjugadas ambas as motivações, teríamos a base para o crime de terrorismo, podendo ele ser cometido individualmente, por pequeno grupo, grande grupo ou agentes estatais.(352)

De acordo com o Relatório Parcial da Comissão Mista sobre o crime de terrorismo, sendo relator o próprio senador Romero Jucá, o ordenamento jurídico brasileiro trata do terrorismo ainda de modo indefinido, o que não é um problema somente do Brasil.

O senador Romero Jucá, no Relatório, ressaltou que no âmbito internacional, a Convenção Interamericana Contra o Terrorismo, aprovada em 2002, da qual o Brasil é signatário, caracteriza, de modo limitado, o crime como "uma grave ameaça para os valores democráticos e para a paz e a segurança internacionais". Destaca o senador a urgência da tipificação legal do terrorismo no Brasil, visto que, a partir do ano seguinte, 2014, eventos internacionais de grande relevância chegariam ao país, especificamente, a Copa do Mundo (2014) e os Jogos Olímpicos (2016). Diante disso, a Agência Brasileira de Inteligência (ABIN) já havia alertado sobre a possibilidade real de ocorrer atentados terroristas no País em decorrência da realização desses eventos. (353)

O Relatório parcial da Comissão Mista do Congresso acabou definindo pelo acolhimento da segunda minuta (do senador Romero Jucá), sob o fundamento de que a minuta do deputado Miro Teixeira era mais enxuta e restrita, e que todos os elementos essenciais da primeira minuta estavam inseridos na segunda, que explorava outras facetas do terrorismo que não constavam da primeira minuta, como o seu financiamento, a incitação, a associação para a prática de ações terroristas, o abrigo ou a guarida de terrorista, entre outras, e ainda, que ambas as minutas apresentadas excluíam o crime para o caso de movimentos sociais reivindicatórios.

Em 28 de novembro de 2013, foi apresentada a conclusão do Relatório Parcial n. 6 da Comissão Mista destinada a consolidar a legislação e regulamentar dispositivos da Constituição Federal, que resultou no Projeto de Lei do Senado n. 499, de 2013.(354)

---

(352) BRASIL. PL Terrorismo Senador Romero Jucá. Disponível em: www.camara.leg.br/internet/agencia/pdf/Minuta_projeto_Terrorismo.docx. Acesso em: 15 nov. 2018.

(353) BRASIL. Senado Federal. *Relatório Parcial n. 6, 2013 – CN*. Gabinete do Senador Romero Jucá. Disponível em: https://legis.senado.leg.br/sdleg-getter/documento?dm=3971187&ts=1553239077686&disposition=inline. Acesso em: 4 mar. 2019.

(354) *Projeto de Lei do Senado n. 499, de 2013*. Disponível em: https://www25.senado.leg.br/web/atividade/materias/-/materia/115549. Acesso em: 08 nov. 2018.

O PLS n. 499, de 2013,(355) conhecido como "Lei Antiterrorismo", tipifica o crime de terrorismo no Brasil. A elaboração do PLS pela Comissão Mista do Congresso, que se dedicou a tratar do tema, possibilitou que o projeto fosse enviado diretamente para o Plenário do Senado para sua apreciação.

O PLS tipifica como terrorismo a conduta de "provocar ou infundir terror ou pânico generalizado mediante ofensa ou tentativa de ofensa à vida, à integridade física, à saúde ou à privação da liberdade de pessoa". A pena do crime é de 15 a 30 anos de reclusão, e de 24 a 30 anos, se resultar em morte (art. 2º).

Também são tipificadas as condutas que caracterizam o crime de financiamento do terrorismo (art. 3º), o terrorismo contra coisa (art. 4º), a incitação ao terrorismo (art. 5º), o favorecimento pessoal no terrorismo (art. 6º), o grupo terrorista (art. 7º). Dispõe sobre arrependimento e proteção legal (art. 8º), cumprimento da pena, determinando que o condenado só terá direito ao regime de progressão após o cumprimento de quatro quintos (4/5) do total da pena em regime fechado (9º). Prevê ainda que os crimes previstos no PLS são inafiançáveis e insuscetíveis de graça, anistia ou indulto (art. 10) e estabelece a competência da Justiça Federal para o seu processamento e julgamento (art. 11).

De acordo com a justificativa apresentada no PLS n. 499/2013, era urgente estabelecer contornos jurídicos concretos e razoáveis para a repressão penal dos atos de terrorismo, os quais são repudiados pela Constituição Federal e por Tratados Internacionais ratificados pelo Brasil.

No âmbito interno, a tipificação desse crime se faz por um único tipo penal previsto na Lei de Segurança Nacional, Lei n. 7.170, de 1983 (art. 20), que remonta ao final do regime militar no Brasil. Referido dispositivo padece de vários vícios conceituais, porque o conceito amplo de crime de terrorismo era utilizado até mesmo para reprimir opositores (referidos pela lei como *inconformismos políticos*)(356). Tal dispositivo, da Lei de Segurança Nacional, inclusive, foi revogado pelo, art. 13, do PLS n. 499/2013.

A tramitação do PLS n. 499/2013, nos termos do art. 142 do Regimento Comum, foi iniciada no Senado Federal. O PLS n. 499 foi objeto de grande debate, tendo recebido treze emendas.

---

(355) *PL n. 499, de 2013*. Disponível em: https://www25.senado.leg.br/web/atividade/materias/-/materia/115549. Acesso em: 08 nov. 2018.

(356) Art. 20 – Devastar, saquear, extorquir, roubar, seqüestrar, manter em cárcere privado, incendiar, depredar, provocar explosão, **praticar atentado pessoal ou atos de terrorismo, por inconformismo político** ou para obtenção de fundos destinados à manutenção de organizações políticas clandestinas ou subversivas. Pena: reclusão, de 3 a 10 anos. Parágrafo único – Se do fato resulta lesão corporal grave, a pena aumenta-se até o dobro; se resulta morte, aumenta-se até o triplo. (grifo nosso). BRASIL. *Lei n. 7.170, de 14 de dezembro de 1983*. Disponível em: http://www.planalto.gov.br/ccivil_03/leis/l7170.htm. Acesso em: 13 nov. 2018.

Em 07 de fevereiro de 2014, foram recebidas as Emendas n. 1 a 5 de Plenário do senador Pedro Taques. As Emendas ns. 6 a 11 de Plenário do senador Romero Jucá, em 17 de fevereiro. A Emenda n. 12 de Plenário, do senador Acir Gurgacz, no dia 18 de fevereiro e a Emenda n. 13 de Plenário, do senador Romero Jucá, em 25 de fevereiro.

Dentre as Emendas apresentadas, destaca-se, por exemplo, a Emenda n. 4 do senador Pedro Taques, que pretendia estabelecer no projeto uma normatividade que excluía os movimentos sociais.

Por meio da Emenda n. 4 pretendia-se acrescentar o art. 8º ao PLS n. 499/ 2013. A redação do art. 8º seria: "Art. 8º Não constitui crime de terrorismo a conduta individual ou coletiva de pessoas movidas por propósitos sociais ou reivindicatórios, desde que os objetivos e meios sejam compatíveis e adequados à sua finalidade."

Conforme a justificativa do senador Pedro Taques, durante a elaboração do Relatório Parcial da Comissão Mista, o relator, senador Romero Jucá, em um primeiro momento, havia acatado a sugestão de excluir, de maneira expressa, do crime de terrorismo as reivindicações de movimentos sociais. No entanto, na última versão do PLS n. 499/2013, o anterior art. 3º foi excluído, não havendo qualquer ressalva quanto às atividades de reivindicação dos movimentos sociais. Segundo o senador:

> Sabe-se que há argumento de que não se deve prever expressamente causa de exclusão de ilicitude dos movimentos sociais, casos eles pratiquem atos terroristas. O argumento está equivocado como se pretende demonstrar. É evidente que a mencionada excludente de ilicitude não objetiva deixar impune atos terroristas, sejam eles praticados por militantes de movimentos sociais ou não. Atos terroristas são atos criminosos independente dos sujeitos que os praticam. Entretanto, não se pode esquecer da importante função intimidatória e simbólica do direito penal. O direito penal aponta quais condutas são expressamente rejeitadas e, caso praticadas, reprimidas com rigor penal. É inegável que a existência de um tipo penal abrangente pode intimidar condutas legítimas em decorrência da fluidez semântica das palavras a que invariavelmente está sujeito o direito — inclusive o direito penal. Além disso, a ausência de ressalva expressa das atividades de movimentos sociais poderá levar a abusos praticados pelos órgãos de repressão do Estado — polícia, Ministério Público e Poder Judiciário — de modo que reivindicações legítimas sejam abafadas pelo temor à prática do crime de terrorismo. [...] A previsão expressa de excludente de ilicitude das atividades reivindicatórias de movimentos sociais, desde que por meios adequados, é importante válvula de escape para que essas atividades não sejam simplesmente abafadas com a ameaça de se configurar atos terroristas.(357)

A preocupação com a aprovação do PLS n. 499/2013 guarda relação com o desenvolvimento de uma legislação sobre terrorismo que possibilite sua utilização para criminalizar os movimentos sociais, o que foi manifestado, inclusive, por parte de determinados setores (congressistas, movimentos sociais, pesquisadores, entre outros), contrários à aprovação

(357) Emenda n. 4 – Plenário. *PLS n. 499, de 2013*. Disponível em: http://legis.senado.leg.br/sdleg-getter/documento?dm=3753943&disposition=inline. Acesso em: 19 nov. 2018.

dessa normatização,(358) sobretudo em razão das manifestações populares de junho que marcaram o ano de 2013.

As manifestações de junho de 2013 ganharam as ruas de todo o país, motivadas, de imediato, contra o aumento das tarifas dos transportes coletivos, ampliadas com reivindicações e questões diversas, tais como: corrupção, má qualidade de serviços públicos, sobretudo nas áreas da educação, saúde, segurança, gastos públicos elevados com a organização da Copa do Mundo de Futebol.

Nesse sentido, suspeitava-se que a aprovação do PLS n. 499/2013 serviria para tentar impedir que manifestações sociais desse porte ocorressem durante a Copa do Mundo de Futebol que se aproximava, bem como nos demais eventos que seriam realizados no Brasil, como os Jogos Olímpicos em 2016.

Outra questão que poderia justificar a tentativa de aprovação desse projeto de lei no Brasil foi a constatação de que, em 2010, por ocasião da realização da Copa na África do Sul, vários foram os movimentos grevistas, o que poderia sugerir que o mesmo pudesse a vir ocorrer no Brasil, em 2014.

Na África do Sul, paralisações atingiram o setor industrial, de mineração, da construção civil, energia elétrica, funcionários públicos, sistema de transporte ferroviário, entre outros. A greve na construção civil, em julho de 2009, por exemplo, paralisou as atividades nos estádios da Copa e no projeto de trem de alta velocidade para a região no entorno de Johanesburgo.(359) Em maio de 2010, a 16 dias da abertura da Copa do

(358) Um exemplo que justifica o temor da utilização dessa legislação contra os movimento sociais é trazido por Guilherme de Jesus France: "O Brasil já foi condenado pela Corte Interamericana de Direitos Humanos por grampear associações de trabalhadores rurais ligadas ao MST no Paraná, em 1999. Essa condenação se refere à autorização concedida pela Juíza Estadual Elisabeth Khater para que a Polícia Militar do Paraná interceptasse linhas telefônicas, sem fundamentação, de acordo com a ONG Justiça Global, responsável pelo recurso à Corte. Reiterados pedidos de revisão daquela decisão judicial e de investigação das condutas da magistrada e da PM-PR foram ignorados ou rejeitados pelo Judiciário brasileiro. Uma investigação conduzida pelo Ministério Público paranaense concluiu que "a diligência não possuía o objetivo de investigar e elucidar a prática de crimes, mas sim monitorar os atos do MST, ou seja, possuía cunho estritamente político, em total desrespeito ao direito constitucional à intimidade, à vida privada e à livre associação" (Tognolli, 2009). FRANCE, Guilherme de Jesus. *As origens da lei antiterrorismo:* os tortuosos caminhos de localização das normas internacionais de combate ao terrorismo no Brasil. 2017. Dissertação (Mestrado em História, Política e Bens Culturais) – Centro de Pesquisa e Documentação de História Contemporânea do Brasil, Fundação Getúlio Vargas, Rio de Janeiro, Rio de Janeiro, 2017. Disponível em: http://bibliotecadigital.fgv.br/dspace/bitstream/handle/10438/18496/Disserta%C3%A7%C3%A3o_Origens%20da%20Lei%20Antiterrorismo.pdf. Acesso em: 12 nov. 2018, p. 140.

(359) COPA de 2010: greve de trabalhadores na África do Sul chega ao sexto dia. *Globo Esporte*. 14 jul. 2009. Disponível em: http://globoesporte.globo.com/Esportes/Noticias/Futebol/0,,MUL1229351-9842,00-COPA+DE+GREVE+DE+TRABALHADORES+NA+AFRICA+DO+SUL+CHEGA+AO+SEXTO+DIA.html. Acesso em: 26 mar. 2019.

Mundo, 16 mil trabalhadores da *Eskom*, companhia de energia elétrica da África do Sul, paralisaram as atividades por um dia reivindicando um aumento salarial de 18%.[(360)]

A associação do PLS n. 499 à Copa do Mundo de Futebol FIFA de 2014 foi mencionada em diversas reportagens. De acordo com matéria de Anderson Vieira, publicada em 30.1.2014, no site do Senado Federal (Senado Notícias), "Congresso enfrenta desafio de definir Lei Antiterrorismo até a Copa"[(361)]. Reportagem da UOL, matéria de Aiuri Rebello, em 6.2.2014, aponta: "Congresso corre para aprovar lei contra terrorismo antes da Copa".[(362)] Outra reportagem da UOL, em 17.4.2014, matéria de Marcelo Freixo, destaca: "Lei para coibir protestos na Copa trata manifestante como terrorista".[(363)] Em 11.2.2014, segundo a Carta Capital: "A lei antiterror ameaça a democracia"[(364)]. A Adusp (Associação dos Docentes da Universidade de São Paulo), em 4.4.2014, ressalta: "Projetos de lei antiterrorismo lembram Ditadura"[(365)]. No Senado Notícias, em14.7.2014: "Criminalização dos movimentos sociais novamente em debate"[(366)].

Para Guilherme de Jesus France:

> Parece haver uma clara intencionalidade política para não definir nem se importar por discutir critérios objetivamente aplicáveis para se referir ao fenômeno do terrorismo. Perpetuar a ambiguidade desse termo mantido em sentido vago permite a quem dispõe da força e dar o direito de aplica-lo conforme suas necessidades [...]. Com a aplicação do termo a grupos ou movimentos sociais, religiosos ou étnicos, pretende-se amedrontar os mesmos e inibir seu acionar. Assim foram enquadrados movimentos como

(360) Greve na África do Sul: 16 mil de companhia elétrica param. *Globo Esporte*. 26 maio 2010. Disponível em: http://globoesporte.globo.com/futebol/copa-do-mundo/noticia/2010/05/greve-na-africa-do-sul-16-mil-param-em-companhia-eletrica.html. Acesso em: 26 mar. 2019.

(361) VIEIRA, Anderson. Congresso enfrenta desafio de definir Lei Antiterrorismo até a Copa. *Senado Notícias*. Disponível em: https://www12.senado.leg.br/noticias/materias/2014/1/30/congresso-enfrenta-desafio-de-definir-lei-antiterrorismo-ate-a-copa. Acesso em: 13 maio 2019.

(362) REBELLO, Aiuri. Congresso corre para aprovar lei contra terrorismo antes da Copa. *Uol*. 6 fev. 2014. Disponível em: https://copadomundo.uol.com.br/noticias/redacao/2014/2/6/congresso-tentara-aprovar-lei-contra-terrorismo-antes-da-copa.htm?cmpid=copiaecola. Acesso em: 19 nov. 2018.

(363) FREIXO, Marcelo. Lei para coibir protestos na Copa trata manifestante como terrorista. *Uol*. 17 abr. 2014. Disponível em: https://noticias.uol.com.br/opiniao/coluna/2014/04/17/lei-para-coibir-protestos-na-copa-trata-manifestante-como-terrorista.htm?cmpid=copiaecola. Acesso em: 19 nov. 2018.

(364) A LEI antiterror ameaça a democracia. *Carta Capital*. 11 fev. 2014. Disponível em: https://www.cartacapital.com.br/sociedade/a-lei-antiterror-ameaca-a-democracia-4800.html. Acesso em: 19 nov. 2018.

(365) PROJETOS de lei antiterrorismo lembram ditadura. *Adusp*. 31 mar. 2014. Disponível em: https://www.adusp.org.br/index.php/sem-categoria/1887-projetos-de-lei-antiterrorismo-lembram-ditadura. Acesso em: 19 nov. 2018.

(366) CRIMINALIZAÇÃO dos movimentos sociais novamente em debate. *Senado Notícias*. 14 jul. 2014. Disponível em: https://www12.senado.leg.br/noticias/materias/2014/07/14/criminalizacao-dos-movimentos-sociais-novamente-em-debate. Acesso em: 19 nov. 2018.

> o Movimento dos Sem Terra no governo Fernando Henrique Cardoso no Brasil, as FARC-EP durante o mandato de Uribe na Colômbia, as manifestações de protesto durante a Copa do Mundo de 2014 no governo Dilma Rousseff [...].(367)

Para o advogado e presidente do Instituto de Defesa dos Direitos Humanos (DDH), João Tancredo, em entrevista realizada ao site do jornal "Brasil de Fato", matéria de Cátia Guimarães, não se justifica a criação de uma legislação específica sobre terrorismo. Segundo ele:

> [...] O Brasil é um dos poucos países que têm lei para tudo. Então, basta usá-las. A questão é que eles querem uma legislação mais dura por conta da copa do mundo. Existem grupos econômicos poderosos que querem afastar as pessoas das ruas, de qualquer manifestação. Manifestante ser chamado de terrorista é um absurdo grande. Manifestante é manifestante. Agora, tem gente que é delinquente e aí o crime está lá previsto. Se cometeu algum crime previsto no código penal, tem que ser preso. A legislação tem previsão para tudo. Não tem que criar mais nada, basta aplicar o existente.(368)

O Conselho Federal da Ordem dos Advogados do Brasil (OAB), em 27 de agosto de 2014, enviou um ofício à Presidência do Senado Federal comunicando sua decisão unânime, pela rejeição do Projeto de Lei n. 499/2013, que define o crime de terrorismo, do PLS n. 508/2013, que tipifica o crime de vandalismo e, do PL n. 5.964/2013, que proíbe a utilização de objetos ou substâncias que dificulte a identificação do usuário em local público.(369) Junto encaminhou cópia integral da referida decisão e o parecer do relator, Conselheiro Federal Evânio José de Moura Santos.(370)

---

(367) FRANCE, Guilherme de Jesus. *As origens da lei antiterrorismo:* os tortuosos caminhos de localização das normas internacionais de combate ao terrorismo no Brasil. 2017. Dissertação (Mestrado em História, Política e Bens Culturais) – Centro de Pesquisa e Documentação de História Contemporânea do Brasil, Fundação Getúlio Vargas, Rio de Janeiro, Rio de Janeiro, 2017. Disponível em: http://bibliotecadigital.fgv.br/dspace/bitstream/handle/10438/18496/Disserta%C3%A7%C3%A3o_Origens%20da%20Lei%20Antiterrorismo.pdf. Acesso em: 12 nov. 2018, p. 92-93.

(368) GUIMARÃES, Cátia. Lei antiterrorismo "é quase uma repetição da época da ditadura civil-militar", diz Presidente do DHH. *Brasil de Fato*. 17 fev. 2014. Disponível em: https://www.brasildefato.com.br/node/27484/. Acesso em: 09 de nov. 2018.

(369) OFÍCIO n. 345/2014-ASL, do Conselho Federal da Ordem dos Advogados do Brasil. Disponível em: http://www.senado.leg.br/atividade/rotinas/materia/getPDF.asp?t=154826&tp=1. Acesso em: 15 nov. 2018.

(370) OFÍCIO n. 345/2014-ASL, do Conselho Federal da Ordem dos Advogados do Brasil. Parecer do relator, Evânio José de Moura Santos. Disponível em: http://www.senado.leg.br/atividade/rotinas/materia/getPDF.asp?t=154826&tp=1. Acesso em: 15 nov. 2018.

No parecer, o relator apresentou a preocupação da OAB com a edição de leis penais que tipificam condutas como "terrorismo" ou "desordem" e também com a proibição de utilização de objeto ou substância que dificulte a identificação do usuário em local público. Ressaltou que as manifestações públicas constituem garantia de liberdade de expressão e de manifestação, inerentes à existência de um Estado Democrático de Direito e aos postulados da cidadania, sendo, portanto, legítimas a reivindicação da população pela melhoria dos serviços públicos, pela moralização das práticas administrativas e pela necessidade ética na política.(371)

Destacou o relator, que as manifestações de junho 2013 revelaram o despreparo do país em lidar com o movimento social e reivindicatório, o que se verifica pela forte repressão utilizada pela polícia militar, que se valeu de bombas de "efeito moral", "balas de borracha", gás lacrimogênio, entre outras armas não letais, para tentar conter os manifestantes, o que acabou provocando o acirramento dos ânimos e a atuação dos *"Black blocs"*.(372)

Para o relator, essa situação associada à morte do cinegrafista Santiago Andrade, da TV Bandeirantes, em 10 de fevereiro de 2014, e a proximidade da Copa do Mundo FIFA:

> [...] motivou o Congresso Nacional a buscar novamente legislar de afogadilho, sem critérios previamente definidos, sem oitivar a comunidade jurídica e segmentos relevantes da sociedade, valendo-se da lei penal como instrumento de intimidação e resposta rápida e fácil para problemas conjunturais e estruturais do país, alçando o Direito Penas à panaceia de todos os males que afligem nossa população.(373)

Segundo o relator, Conselheiro Federal Evânio José de Moura Santos, na legislação comparada e nas Convenções e Tratados sobre o terrorismo, as condutas criminalizadas referem-se a ataques às instituições democráticas e aos postulados democráticos com motivação religiosa, política, étnica, por exemplo. No Brasil, não há qualquer circunstância fática que justifique a tramitação em regime de urgência do PLS n. 499/2013. As violações, caso verificadas, podem ser tipificadas de acordo com o ordenamento jurídico vigente em: lesões corporais (art. 129, *caput*, §§ 1º, 2º, 3º, Código Penal) dano (art. 163, *caput*, Código Penal) e dano qualificado (art. 163, parágrafo único, Código Penal), porte

(371) OFÍCIO n. 345/2014-ASL, do Conselho Federal da Ordem dos Advogados do Brasil. Parecer do relator, Evânio José de Moura Santos. Disponível em: http://www.senado.leg.br/atividade/rotinas/materia/getPDF.asp?t=154826&tp=1. Acesso em: 15 nov. 2018.

(372) *Idem*.

(373) *Idem*.

ou posse de artefatos explosivos ou incendiários (Lei n. 10.826/2003, art. 16, parágrafo único, III – Estatuto de Desarmamento) e homicídio (art. 121, § 2º, Código Penal).(374)

Por fim, destaca o relator que a tipificação do terrorismo é objeto de debate do novo Código Penal (PLS n. 236/2012, art. 239), o qual se encontra em tramitação no Congresso Nacional, não havendo razão para a tipificação da conduta em legislação específica e em regime de urgência, com o intuito de criminalizar os movimentos sociais e intimidar a população.

No Senado, foram apresentados diversos requerimentos pelos senadores (nos termos do art. 255, inciso II, "*c*", do Regimento Interno do Senado Federal) para a apreciação do PLS n. 499/2013, por várias comissões, o que acabou postergando a tramitação do PLS n. 499.(375)

Cumpre ressaltar a designação do senador Randolfe Rodrigues (PSOL-AC), em 09 de março de 2015, pelo presidente da Comissão de Direitos Humanos e Legislação Participativa, senador Paulo Paim, como relator da matéria. Em 26 de março de 2015, o senador Randolfe Rodrigues finalizou o relatório concluindo pela rejeição do PLS n. 499 e pela prejudicialidade de todas as Emendas apresentadas em Plenário. Apontou o relatou:

> O PLS n. 499, de 2013, é uma das matérias mais polêmicas já apreciadas pela Comissão de Direitos Humanos e Legislação Participativa, estando seu conteúdo entre os temas atribuídos a este Colegiado pelo art. 102-E do Regimento Interno do Senado Federal. [...]
>
> A amplitude do projeto que se utiliza de termos genéricos como "provocar ou infundir terror ou pânico generalizado" (art. 2º) e não disciplina as condutas típicas que consistam especificamente esta "provocação de terror" é claramente inconstitucional, por ofensa ao princípio da reserva legal em

(374) Ofício n. 345/2014-ASL, do Conselho Federal da Ordem dos Advogados do Brasil, p. 5-6. Disponível em: http://www.senado.leg.br/atividade/rotinas/materia/getPDF.asp?t=154826&tp=1. Acesso em: 15 nov. 2018.

(375) Os requerimentos foram os seguintes: requerimento n. 44, de 2014, de autoria do senador Paulo Paim (PT-RS), solicitando a apreciação do projeto também pela Comissão de Direitos Humanos e Legislação Participativa; requerimento n. 146, de 2014, de autoria do senador Eduardo Braga (PMDB-AM), solicitando a apreciação do projeto pela Comissão de Constituição, Justiça e Cidadania; requerimento n. 147, de 2014, também de autoria do senador Eduardo Braga (PMDB-AM), solicitando a apreciação do projeto pela Comissão de Relações Exteriores e Defesa Nacional; requerimento n. 148, de 2014, de autoria do senador Randolfe Rodrigues (PSOL-AC), solicitando a apreciação do projeto pela Comissão de Direitos Humanos e Legislação Participativa; requerimento n. 149, de 2014, de autoria do senador Eduardo Suplicy (PT-SP), solicitando a apreciação do projeto pela Comissão de Constituição, Justiça e Cidadania e requerimento n. 367, de 2014, de autoria da senadora Vanessa Grazziotin (PCdoB-AM), solicitando a apreciação do projeto pela Comissão de Assuntos Sociais.

direito penal. A lei penal, dada suas severas consequências nos direitos fundamentais dos indivíduos, deve ser suficientemente clara e precisa para que não se promovam injustiças por meio de interpretações subjetivas por parte do aplicador do direito.(376)

Em 13 de maio de 2015, a Comissão de Direitos Humanos e Legislação Participativa aprovou o parecer elaborado pelo senador relator Randolfe. Em 20 de maio de 2015, o PLS n. 499/2013 foi encaminhado à Comissão de Constituição, Justiça e Cidadania para prosseguimento da tramitação, que foi encerrada em 21 de dezembro de 2018.

Foram muitos os projetos de lei apresentados ao Congresso Nacional visando a criação de uma lei específica sobre terrorismo no Brasil, o que só veio acontecer em 2016, com a promulgação da Lei Antiterrorismo, Lei n. 13.260, de 16 de março de 2016.

O fato inconteste é que já se verificavam, àquela altura, ainda que no campo dos debates sobre a lei antiterrorismo, as exposições de motivações que muito contribuíram para a ampliação de fissuras na ordem constitucional, na perspectiva de instrumentalização dos interesses de grupos determinados.

Nesse sentido, a tentativa da criação de uma Lei Antiterrorismo pelo Estado Brasileiro em um período que antecede a realização da Copa de 2014, e que foi marcado por intensas greves e pelo avanço das manifestações populares (políticas e sociais) em junho de 2013, pode ser compreendido como mais uma medida excepcional por parte do Estado, que, de forma autoritária e repressiva, visava dar ao conflito social instaurado no país uma solução que atendesse, naquele instante, aos interesses econômicos da FIFA, aliados aos de setores específicos da sociedade brasileira.

3.1.6. A reestruturação urbana

A geração de empregos e o crescimento da economia estão entre os principais argumentos que justificaram a realização da Copa do Mundo de 2014 no Brasil.

De acordo com estudos realizados pela Ernst & Young(377), em parceria com a Fundação Getúlio Vargas (FGV), a Copa do Mundo de 2014 produziria um "efeito cascata surpreendente nos investimentos realizados no País" e a economia deslancharia "como uma bola de neve, sendo capaz de quintuplicar o total de aportes aplicados diretamente na concretização do evento e impactar diversos setores"(378).

---

(376) SENADO FEDERAL. Parecer Senador Randolfe Rodrigues. 2015. Disponível em: http://legis.senado.leg.br/sdleg-getter/documento?dm=3754033&disposition=inline. Acesso em: 19 nov. 2018.

(377) Empresa de consultoria para gestão e controle de grandes eventos esportivos.

(378) BRASIL SUSTENTÁVEL — Impactos Socioeconômicos da Copa do Mundo 2014. Ernst & Young. *Quality In Everything We Do*, p. 4. Disponível em: https://fgvprojetos.fgv.br/sites/fgvprojetos.fgv.br/files/estudo_9.pdf. Acesso em: 19 fev. 2019.

No período de 2010-2014, seria movimentado pelo Brasil R$ 142,39 bilhões adicionais, com a geração de 3,63 milhões de empregos (ano)[(379)] e R$ 63,48 bilhões de renda para a população brasileira, além de uma arrecadação tributária de R$ 18,13 bilhões, desenhando um novo ambiente no país.[(380)]

A concretização do sucesso do Mundial, nos termos preconizados pela FIFA, exigia do governo brasileiro a realização de diversos projetos para adequar as cidades-sede que iriam receber os jogos da Copa de 2014, com impactos econômicos, fundiários, urbanísticos, ambientais e sociais.

Em um primeiro ciclo, de 2009 a 2010, foram definidos os projetos de infraestrutura da Matriz de Responsabilidades assinada pelo governo federal, estados e municípios, envolvendo: 12 estádios, 50 projetos de mobilidade urbana, 25 projetos para construção, reforma, ampliação e modernização de 13 aeroportos e sete para portos.[(381)]

Um segundo ciclo, de 2010 a 2011, abarcaria os projetos de infraestrutura, de suporte e de serviços: segurança pública, infraestrutura turística, energia, saúde, sustentabilidade ambiental e promoção e comunicação do país.[(382)]

E um terceiro ciclo, de 2011 a 2013, se referia a operações e ações específicas que englobavam malha aérea, operação aeroportuária e portuária, transporte e mobilidade urbana, fornecimento de energia, saúde, prevenção e pronto-socorro, bem como estruturas temporárias para a Copa.[(383)]

Dentre os setores que mais se beneficiariam com a realização da Copa do Mundo estavam os setores de construção civil, alimentos e bebidas, serviços prestados às empresas, serviços de utilidade pública (eletricidade, gás, água, esgoto e limpeza urbana) e serviços de informação, sendo que se estimava que todas essas áreas juntas deveriam ter a produção aumentada em R$ 50,18 bilhões.[(384)]

---

(379) "a geração de emprego estimada aqui se refere, em princípio, apenas a ocupações temporárias. Os 3,63 milhões de empregos-ano estimados correspondem, em termos salariais, a 3,63 milhões de ocupações com duração de um ano. A distribuição exata desses empregos-ano ao longo do período 2010-2014 dependerá do cronograma preciso de realização das obras e ações." BRASIL SUSTENTÁVEL — Impactos Socioeconômicos da Copa do Mundo 2014. Ernst & Young. *Quality In Everything We Do*, p. 4. Disponível em: https://fgvprojetos.fgv.br/sites/fgvprojetos.fgv.br/files/estudo_9.pdf. Acesso em: 19 fev. 2019.

(380) BRASIL SUSTENTÁVEL — Impactos Socioeconômicos da Copa do Mundo 2014. Ernst & Young. *Quality In Everything We Do*, p. 4. Disponível em: https://fgvprojetos.fgv.br/sites/fgvprojetos.fgv.br/files/estudo_9.pdf. Acesso em: 19 fev. 2019.

(381) GOVERNO DO BRASIL. *Governo garante que 70% das obras da Copa de 2014 começam este ano.* Disponível em: http://www.brasil.gov.br/noticias/esporte/2011/04/governo-garante-que-70-das-obras-da-copa-de-2014-comecam-este-ano. Acesso em: 22 fev. 2019.

(382) *Idem.*

(383) *Idem.*

(384) *Idem.*

O setor da construção civil, no topo da lista dos mais beneficiados, tinha como previsão gerar no período de 2010-2014, R$ 8,14 bilhões a mais, sendo a produção total do ano de 2010 estimada em R$ 144,6 bilhões. [(385)]

Com o intuito de dimensionar os gastos previstos do governo federal, dos governos estaduais, dos governos municipais e da iniciativa privada, e ainda para permitir uma perspectiva geral das fontes de financiamentos utilizadas (Caixa Econômica Federal — CEF e Banco Nacional de Desenvolvimento Econômico e Social — BNDES) na execução dos projetos da Copa do Mundo 2014, foram publicadas pelo Ministério do Esporte Matrizes de Responsabilidades.[(386)]

A Matriz de Responsabilidades da Copa do Mundo de 2014 define as responsabilidades de cada ente federativo (União, estados, Distrito Federal e municípios) na preparação do Mundial e trata das áreas prioritárias de infraestrutura das 12 cidades-sede.

O documento original da Matriz de Responsabilidades foi assinado no dia 13 de janeiro de 2010, pelo ministro do Esporte, Orlando Silva, e também por 11 prefeitos e 12 governadores. As resoluções do Grupo Executivo da Copa do Mundo FIFA 2014 ao longo do período de preparação do Mundial trouxeram revisões e atualizações nas ações constantes na Matriz de Responsabilidades. [(387)]

Com relação à versão consolidada final do documento de dezembro de 2014, [(388)] publicada no Portal da Copa, site do governo federal brasileiro, o investimento global na Copa foi de R$ 27.120 bilhões, sendo R$14.584 bilhões de investimento público (R$ 5.615 bilhões de investimento federal, R$ 8.969 bilhões de investimento do governo local) e R$ 8.199 bilhões de financiamento federal[(389)]. O investimento de iniciativa privada foi de R$ 4.337 bilhões. [(390)]

O Anexo B da Matriz de Responsabilidades que traz os investimentos e financiamentos destinados às obras realizadas nos Estádios das doze cidades-sede demonstra, por exemplo, que os únicos estádios que tiveram investimento de iniciativa privada foram

(385) BRASIL SUSTENTÁVEL — Impactos Socioeconômicos da Copa do Mundo 2014. Ernst & Young. *Quality In Everything We Do*, p. 4. Disponível em: https://fgvprojetos.fgv.br/sites/fgvprojetos.fgv.br/files/estudo_9.pdf. Acesso em: 19 fev. 2019.

(386) TCU. Tribunal de Contas da União. *O TCU e a Copa do Mundo de 2014*. Relatório de situação. Relator Ministro Valmir Campelo. Brasília, maio de 2011, p. 11. Disponível em: http://www.justen.com.br/pdfs/Cesar_TCU%20maio.pdf. Acesso em: 16 jan. 2019.

(387) PORTAL DA COPA. *Matriz de Responsabilidades*. Disponível em: http://www.copa2014.gov.br/pt-br/brasilecopa/sobreacopa/matriz-responsabilidades. Acesso em: 21 out. 2018.

(388) *Idem*.

(389) Financiamento pelo Banco Nacional de Desenvolvimento Econômico e Social (BNDES) para a realização das obras da Copa.

(390) PORTAL DA COPA. *Matriz de Responsabilidades*. Disponível em: http://www.copa2014.gov.br/pt-br/brasilecopa/sobreacopa/matriz-responsabilidades. Acesso em: 21 out. 2018.

três: o Complexo Esportivo Curitiba 2014 ("Arena da Baixada"), o Estádio Beira Rio, em Porto Alegre e o Estádio do Corinthians ("Itaquerão"), em São Paulo, os quais também contaram com financiamento público federal(391). De acordo com os números, o Complexo Esportivo Curitiba 2014 (reforma e ampliação do estádio) teve investimento global de R$ 391,5 milhões, financiamento federal de R$ 131,2 milhões e investimento da iniciativa privada de R$260,3 milhões; o Estádio Beira Rio em Porto Alegre (reforma), investimento global de R$ 366,3 milhões, financiamento federal de R$ 275,1 milhões e investimento da iniciativa privada de R$ 91,2 milhões; e o Estádio do Corinthians em São Paulo (construção) um investimento global de R$ 1080,0 bilhão, financiamento federal de R$ 400,0 milhões e R$260,0 milhões de investimento da iniciativa privada.(392)

Outro dado relevante refere-se à comparação entre a previsão inicial e o custo final com as obras de construção ou reforma dos estádios: Arena Amazônia (AM) R$ 515 milhões (inicial) – R$ 604 milhões (final); Arena da Baixada (PR) R$ 184,5 milhões – R$ 265 milhões; Arena das Dunas (RN) R$ 320 milhões – R$ 417 milhões; Arena Pantanal (MT) R$ 454 milhões – R$ 525 milhões; Arena Pernambuco (PE) R$ 491 milhões – R$ 532 milhões; Beira-Rio (RS) R$ 130 milhões – R$ 330 milhões; Castelão (CE) R$ 452 milhões – R$ 519 milhões; Fonte Nova (BA) R$ 591,7 milhões – R$ 689,4 milhões; Itaquerão (SP) R$ 820 milhões – R$ 1 bilhão; Mané Garrincha (DF) R$ 745,3 milhões – R$ 1,566 bilhão; Maracanã (RJ) R$ 932 milhões – R$ 1,2 bilhão.(393)

Com relação à versão final da Matriz de Responsabilidades, o investimento global no Mundial de 2014 foi predominante com recursos públicos. Com relação às doze arenas que receberam a competição foram gastos R$ 8.383,6 bilhões. A maior parte desse investimento foi proveniente do poder público, R$ 3.816,0 milhões de financiamento federal pelo Banco Nacional de Desenvolvimento Econômico e Social (BNDES); R$ 3.956,0 milhões de investimento de governo local e R$ 611,6 milhões de investimento da iniciativa privada. (394)

A preparação do país para a Copa de 2014 demandou, portanto, um exorbitante investimento de recursos públicos, contrariando o discurso que se apresentava em 2007, quando o Brasil foi escolhido como país-sede do Mundial.

---

(391) Configuram as chamadas parcerias público-privadas com o intuito de obtenção de financiamento para as obras da Copa de 2014. Essas parcerias consistem em uma associação realizada pelos clubes com as esferas governamentais — federal, estadual e municipal. Essas parcerias são firmadas, sobretudo, com o Banco Nacional do Desenvolvimento Econômico e Social (BNDES) e a Caixa Econômica Federal, que foram os principais financiadores das obras para a Copa do Mundo de 2014.

(392) PORTAL DA COPA. *Matriz de Responsabilidades*. Disponível em: http://www.copa2014.gov.br/pt-br/brasilecopa/sobreacopa/matriz-responsabilidades. Acesso em: 21 out. 2018.

(393) SEGALLA, Vinícius. A conta das arenas é nossa. Saiba por que nunca pôde ser diferente. *UOL*. 04 jun. 2014. Disponível em: https://copadomundo.uol.com.br/noticias/redacao/2014/06/04/caros-inacabados-e-pagos-pelo-povo-o-legado-dos-estadios-da-copa.htm#fotoNav=3. Acesso: 23 out. 2018.

(394) MATRIZ DE RESPONSABILIDADE. *O preço de uma Copa*. Disponível em: https://oprecodeumacopa.com/matrizresponsabilidade_copa2014.html. Acesso: 21 out. 2018.

Na cerimônia, na Suíça, o presidente da CBF, Ricardo Teixeira, havia anunciado:

> "A Copa do Mundo será melhor quanto menos dinheiro público for investido. Essa equação é que norteia o projeto desde o início. Ao governo, em todos os seus níveis, caberá os gastos com obras que lhe dizem respeito. O investimento maior terá de vir da iniciativa privada".(395)

Com tantos gastos públicos destinados às obras da Copa do Mundo de 2014, é preciso consignar que o Brasil deixou de cobrar mais de R$ 1 bilhão de impostos da FIFA durante a preparação e realização do Mundial, em razão de isenções fiscais que concedeu à entidade e a seus parceiros comerciais.(396)

A isenção de impostos era uma das exigências da FIFA e foi efetivada com a criação da Lei n. 12.350, de 20 de dezembro de 2010, que estabeleceu no art. 1º:

> Art. 1º Esta Lei institui medidas tributárias referentes à realização, no Brasil, da Copa das Confederações FIFA 2013 e da Copa do Mundo FIFA 2014; promove desoneração tributária de subvenções governamentais destinadas ao fomento das atividades de pesquisa tecnológica e desenvolvimento de inovação tecnológica nas empresas; e dá outras providências.(397)

De acordo com notícia veiculada no Estadão, em 23 de abril de 2013, matéria de Jamil Chade:

> O valor, estimado pelo próprio Ministério do Esporte, ainda seria suficiente para construir mais de 227 escolas pelo País, considerando o valor de R$ 4,4 milhões para cada estabelecimento, conforme projeções dos custos de um colégio estabelecido pela prefeitura de São Paulo. Outra estimativa aponta que o valor seria suficiente para construir mil creches.(398)

3.1.6.1. A cidade mercadoria

Segundo Carlos Vainer, os megaeventos de forma "plena e intensa" realizam a cidade da exceção, onde "[...] tudo passa ao largo dos mecanismos formais-institucionais.

(395) RIZZO, Marcel; PASSOS, Paulo. Iniciativa privada bancou 17 % dos estádios da Copa. *Folha de S. Paulo.* 07 jan. 2015. Disponível em: https://www1.folha.uol.com.br/esporte/2015/01/1571494-iniciativa-privada-bancou-apenas-7-dos-estadios-da-copa-do-mundo.shtml. Acesso em: 21 out. 2018.

(396) CHADE, Jamil. Brasil abre mão de arrecadar R$ 1 bilhão em impostos na Copa de 2014. *Estadão.* 23 abr. 2013. Esportes. Disponível em: https://esportes.estadao.com.br/noticias/futebol,brasil-abre-mao-de-arrecadar-r-1-bilhao-em-impostos-na-copa-de-2014,1024244. Acesso em: 05 maio 2019.

(397) BRASIL. *Lei n. 12.350, de 20 de dezembro de 2010.* Disponível em: http://www.planalto.gov.br/ccivil_03/_Ato2007-2010/2010/Lei/L12350.htm. Acesso em: 05 maio 2019.

(398) CHADE, Jamil. Brasil abre mão de arrecadar R$ 1 bilhão em impostos na Copa de 2014. *Estadão.* 23 abr. 2013. Esportes. Disponível em: https://esportes.estadao.com.br/noticias/futebol,brasil-abre-mao-de-arrecadar-r-1-bilhao-em-impostos-na-copa-de-2014,1024244. Acesso em: 5 maio 2019.

A cidade dos mega-eventos é a cidade das decisões ad hoc, das isenções, das autorizações especiais (...) e também das autoridades especiais. [...]".[399]

Uma cidade-sede da Copa de 2014 sofre uma série de intervenções urbanas, visando preparar o espaço para os jogos. As intervenções necessárias promovem uma espécie de empreendedorismo urbano, em que se combinam a ação governamental e os interesses privados, provocando, por isso, uma grande disputa em torno da escolha da cidade.[400]

Como aponta Fernando Mascarenhas, cada cidade se oferece para o mundo "[...] como uma cidade favorável e amigável aos negócios, como um lugar seguro para se morar e visitar, para divertir-se e consumir [...]"[401].

Com isso, conforme salienta Carlos Vainer, desenvolve-se um processo de mercantilização dos espaços das cidades-sedes, cujo efeito é o aprofundamento da desigualdade social, dentro de uma lógica de limpeza social e étnica profunda e generalizada, visto que os pobres passam a ser banidos de locais úteis ao empreendimento. [402]

Nesse contexto, imperando a racionalidade mercantil, a cidade é vislumbrada como uma empresa competitiva, que concorre com outras empresas, para atrair capital, investimentos, turistas e outros eventos.[403]

Essa reestruturação urbana, portanto, não constitui um movimento de redefinição da infraestrutura e dos equipamentos urbanos, como também não visa a implantação de políticas habitacionais que possam beneficiar os setores de menor renda da população. Consiste, isto sim, em um processo de "elitização" do espaço, com a promoção de uma exclusão social dos mais pobres, que são expulsos para localidades ainda mais distantes.[404]

Ressalta Paulo Roberto Rodrigues Soares que:

> As novas frentes de valorização e os processos de revalorização nunca ocorrem sobre "território vazio". Neste avanço do capital imobiliário, populações, comunidades estabelecidas são impactadas fortemente pelas obras. Seja

(399) VAINER, Carlos. *Cidade de Exceção:* reflexões a partir do Rio de Janeiro. Disponível em: https://anais.anpur.org.br/index.php/anaisenanpur/article/view/635. Acesso em: 12 dez. 2018.

(400) MASCARENHAS, Fernando. Megaeventos esportivos e Educação Física: alerta de tsunami. *Movimento.* Porto Alegre, v. 18, n. 1. p. 37-67, jan./mar. 2012, p. 41.

(401) *Idem.*

(402) VAINER, Carlos. Economista, sociólogo e docente da IPPUR-UFRJ. Documentário: *A Caminho da Copa.* Publicado em: 6 jun. 2013. Direção e roteiro: Carolina Caffé Florence Rodrigues. Disponível em: https://www.youtube.com/watch?v=xyjX6-F3isw. Acesso em: 16 jun. 2016.

(403) *Idem.*

(404) SOARES, Paulo Roberto Rodrigues. Megaeventos esportivos e o urbano: a Copa do Mundo de 2014 e seus impactos nas cidades brasileiras. *Revista FSA*, Teresina, v. 10, n. 4, art. 11, p. 195-214, out./dez. 2013, p. 197.

> diretamente, pela remoção (eufemisticamente chamada de "deslocamento involuntário"), seja pela valorização do solo e a consequente expulsão das populações pela impossibilidade de continuar vivendo onde sempre viveram e construíram seus laços de identidade e solidariedade [...].(405)

De acordo com o Dossiê elaborado pela Articulação Nacional dos Comitês Populares da Copa, as obras para a Copa do Mundo de 2014 realizadas nas doze cidades-sede e para as Olimpíadas em 2016 no Rio de Janeiro provocaram uma série de impactos sociais e espaciais. Estima-se que 170 mil pessoas tiveram seus direitos à moradia violados ou ameaçados. (406)

Segundo relatos desses Comitês, das respectivas cidades-sede, diversas foram as famílias vítimas de remoções forçadas, realizadas, em sua maioria, por ações do poder público municipal, com o apoio dos poderes estaduais, e, em alguns casos, com suporte federal, tudo em benefícios de grandes projetos imobiliários. (407)

As remoções, via de regra, ocorreram em comunidades localizadas em regiões que teriam grande valorização ao longo dos anos que se seguiriam à Copa. A justificativa apresentada foi a de que as remoções iriam favorecer a mobilidade urbana e a preservação da própria população contra riscos ambientais. Dizia-se, até mesmo, que a preocupação era com a melhoria da condição de vida das pessoas removidas, entre outros argumentos.(408)

Conforme aponta o Dossiê, em Belo Horizonte, por exemplo, a obra de ampliação do Anel Rodoviário de Belo Horizonte, financiada pelo Programa de Aceleração do Crescimento (PAC), implicaria na remoção de mais de 2.600 famílias para as quais havia sido apresentado em 2010, uma notificação para que se retirassem do local em 15 dias. Na cidade de Fortaleza, as obras da Via Expressa afetariam 3.500 unidades de habitação. O percurso do VLT alcançaria 22 bairros, realizando a ligação entre a região hoteleira e o centro da cidade, bem como o bairro Parangaba e o estádio Castelão. A área de 381.592,87m^2, em julho de 2010, havia sido declarada de utilidade pública para fins de desapropriação.(409)

---

(405) SOARES, Paulo Roberto Rodrigues. MEGAEVENTOS ESPORTIVOS E O URBANO: A COPA DO MUNDO DE 2014 E SEUS IMPACTOS NAS CIDADES BRASILEIRAS. *Revista FSA*, Teresina, v. 10, n. 4, art. 11, p. 195-214, out./dez. 2013, p. 199.

(406) DOSSIÊ DA ARTICULAÇÃO NACIONAL DOS COMITÊS POPULARES DA COPA. *Megaeventos e violações de direitos humanos no Brasil*. p. 14. Disponível em: http://pfdc.pgr.mpf.mp.br/temas-de-atuacao/megaeventos/dossie_violacoes. Acesso em: 22 jan. 2019.

(407) *Idem*.

(408) *Idem*.

(409) *Ibidem*, p. 19.

Jorge Luiz Souto Maior, em artigo intitulado "A Copa já era!", destaca que:

> [...] mais de 8.350 famílias que foram removidas de suas casas no Rio de Janeiro, em procedimento que, como adverte o jornalista Juca Kfouri, no documentário, A Caminho da Copa, de Carolina Caffé e Florence Rodrigues, "lembram práticas nazistas de casas que são marcadas num dia para serem demolidas no dia seguinte, gente passando com tratores por cima das casas". Essas práticas, segundo relatos dos moradores, expressos no mesmo documentário, incluíram invasões nas residências, para medir, pichar e tirar fotos, estabelecendo uma lógica de pressão a fim de que moradores assinassem laudos que atestavam que a casa estava em área de risco, sob o argumento de que na ausência de assinatura nada receberiam de indenização, o que foi completado com o uso da Polícia para reprimir, com extrema violência, os atos de resistência legítima organizados pelos moradores, colimando com demolições que se realizaram, inclusive, com pessoas ainda dentro das casas.(410)

Raquel Rolnik explica que a valorização imobiliária apresenta esses espaços como "[...] uma espécie de vitrine global para estes circuitos globais, o que significa que aquele território passa a ser disputado por atores que têm uma condição financeira de estar ali infinitamente maior do que os atores locais"(411).

Segundo Rolnick:

> O megaevento é um estande de vendas das cidades e também das marcas dos patrocinadores. Esta é uma fórmula que pode constituir uma situação de exceção que cria uma privatização do próprio território. Ocorre uma espécie de suspensão da ordem pública vigente na cidade e uma introdução de outra ordem que domina e define as regras do espaço público. Copa do Mundo e Olimpíadas são eventos semelhantes, mas na Copa esse processo se dá de forma muito mais radical, pois no protocolo geral — tal como temos discutido a lei Geral da Copa — se estabelece um rol de novas regras que se sobrepõem às regras do país tal como um estado de exceção, como se estivéssemos numa guerra, por exemplo. Para além disso, a FIFA estabelece mini-Estados de exceção, já que ela cria leis específicas para cada cidade-sede, e, diferentemente da Lei Geral que está em discussão no Congresso

(410) SOUTO MAIOR, Jorge Luiz. *A Copa já era!*. Disponível em: http://blogdojuca.uol.com.br/2014/04/a-copa-ja-era/. Acesso em: 17 abr. 2019.

(411) ROLNIK, Raquel. Relatora da ONU para o direito à moradia. Documentário: *A Caminho da Copa*. Publicado em 6 de jun de 2013. Direção e roteiro: Carolina Caffé Florence Rodrigues. Disponível em: https://www.youtube.com/watch?v=xyjX6-F3isw. Acesso em: 16 jun. 2018.

Nacional, muitas delas nem passam pelas câmaras municipais e assembleias estaduais.(412)

A exclusão, de caráter elitista, repercutiu até mesmo no público dos estádios. A construção ou a reforma dos estádios gerou uma redução na capacidade do número de pessoas, sendo excluída a "geral", que se destinava ao público com menor poder aquisitivo.(413)

Como salientam Arlei Sander Damo e Ruben George Oliven:

> [...] As arquibancadas mais próximas do campo, conhecidas como gerais, onde se concentrava esse tipo de público, foram revalorizadas pelo novo formato arquitetônico, cuja inclinação mais acentuada e a proximidade do gramado tornaram-nas um dos espaços mais valorizados. [...] Com a majoração no valor dos ingressos é possível compensar a redução na quantidade de público sem comprometer a receita. Pelo contrário, as projeções — ainda que bastante imprecisas — indicam que o faturamento deverá aumentar, pois um público com maior poder aquisitivo deverá consumir outros produtos nas arenas para além do espetáculo propriamente dito — estacionamento, produtos esportivos, comida, bebida, etc.(414)

Por exemplo, o estádio do Mineirão, em Belo Horizonte (MG), de responsabili dade do consórcio formado pela Construcap, Egesa e HAP, com uma gestão por parceria público-privada por 27 anos, com recorde de público de 132.834, passou a ter uma capacidade de 64.000 pessoas. Da mesma forma, a Arena Fonte Nova, na cidade de Salvador (BA), construída pelo consórcio Odebrecht e OAS, por meio de um contrato de parceria público-privada com duração de 35 anos, com recorde de público de 110.438, reduziu sua capacidade para 55.000.(415)

Essa incorporação da lógica mercantil às cidades é um efeito que, evidentemente, não se limita ao período da realização do evento, pois altera, de forma profunda e duradoura, o espaço urbano das cidades e a própria relação dos cidadãos e das instituições

---

(412) ROLNIK, Raquel. Moradia é um direito humano. Entrevista. *Equipe Ludopédio.* Disponível em: http://www.direitoamoradia.fau.usp.br/?p=10536&lang=pt Acesso em: 27 mar. 2019.

(413) Esta nova realidade dos estádios foi retratada pelo documentário *Adeus, Geral,* dirigido por Gustavo Altman, Martina Alzugaray, Matheus Bosco, Pedro Arakaki e Pedro Junqueira, e exibido pela primeira vez, em 24 de junho de 2016, no Museu de Imagem e Som (MIS) em São Paulo.

(414) DAMO, Arlei Sander; OLIVEN, Ruben George. *O Brasil no horizonte dos megaeventos esportivos de 2014 e 2016:* sua cara, seus sócios e seus negócios Horizontes Antropológicos [*Online*], 40/2013, p. 67. Disponível em: http://journals.openedition.org/horizontes/117. Acesso em: 23 mar. 2019.

(415) *Idem.*

com a ordem pública. Além, é claro, de repercutir, de forma definitiva, na vida de milhares de pessoas, vítimas dessa violência.

Isso confere com precisão a noção do que se está falando neste estudo, em torno da persistência, para bem além do megaevento, dos efeitos da consagração do estado de exceção, da fragilização do poder político e do aumento da influência do poder econômico, que restarão como legado da Copa e que produzirão, como resultado concreto, o desmonte da legislação de proteção social.

Capítulo 4

Impactos da Realização da Copa no Direito do Trabalho

O Brasil, desde 2007, tem sido palco de diversos megaeventos esportivos internacionais. Foram realizados no país: os Jogos Pan-Americanos e Parapan-Americanos, em 2007, os 5º Jogos Mundiais Militares do CISM (Conselho Internacional do Esporte Militar), em 2011, a Copa das Confederações FIFA, em 2013, a Copa do Mundo FIFA, em 2014 e os Jogos Olímpicos e Paralímpicos, em 2016.

Os megaeventos, em razão de sua dimensão e complexidade, exigem para a sua realização ampla mão de obra, na qual se inclui grande diversidade de trabalhadores e trabalhadoras. Entre esses trabalhadores(as), se encontram os(as) voluntários(as), os(as) gandulas, os(as) trabalhadores(as) da construção civil, os(as) trabalhadores(as) terceirizados(as), os quais passa-se a analisar no presente capítulo.

4.1. Trabalho voluntário

O trabalho voluntário tem se revelado elemento fundamental para a operacionalização dos eventos esportivos, sendo expressivo o número de participantes que vem exercer as mais variadas funções, tornando os voluntários verdadeiros pilares de sustentação para a realização e o sucesso das competições.

De modo a exemplificar a dimensão do movimento global de voluntários, Fabio Lanzillotta de Abreu, em estudo realizado sobre o tema, aponta que:

> [...] há indicadores, em países como os Estados Unidos, de que 83.9 milhões de americanos dedicaram 3,6h/semana ao trabalho voluntário em 2000, sendo 21% em atividades esportivas (Chelladural, 2007). Tais números são reforçados por Carlson (2011), que estima que, entre outubro de 2008 e setembro de 2009, 63.4 milhões de americanos fizeram algum tipo de atividade voluntária esportiva. Segundo Doherty (2006), no Canadá e na Austrália, há mais de um milhão de voluntários em organizações esportivas.

> Na Inglaterra, 11% da população, ou seja, 4.5 milhões, desenvolvem atividades ligadas ao voluntariado esportivo. Na Austrália, estatísticas governamentais demonstram que, em anos não olímpicos, aproximadamente 4,5% dos voluntários australianos atuam em benefício do esporte, doando 104.6 milhões de horas anuais de trabalho. Essa realidade gera vários debates, encontros e Projetos de Larga escala esportiva Olimpíadas Clubes de tradição Campeonatos Mundiais Encontro de Ligas Voluntários Ocasionais Voluntários Permanentes Eventos esportivos locais Atividades diárias de pequenos clubes esportivos Projetos de Pequena escala esportiva 30 conferências, com o intuito de promover, recompensar, treinar e reciclar os voluntários para outros eventos esportivos especiais (Chalip, 2000, p.208), entretanto, há um declínio percentual da quantidade de voluntários nesses eventos e a compensação através do aumento de horas totais. O foco maior em voluntariado esportivo na Austrália deve-se ao aumento da demanda dessa força de trabalho por conta do crescimento do tamanho dos eventos, relacionados ao aumento da economia nesta área. Já no Canadá, pela entrada do público feminino no mercado de trabalho, acontece o inverso: redução em 23% do tempo dedicado (Costa, Chalip, Green, 2006).(416)

Salienta ainda, o autor, que dentre as principais motivações que levam as pessoas a exercerem o trabalho voluntário estão: ajuda ao próximo, contatos de trabalho, patriotismo, cidadania, desafio individual, troca de experiência com outros povos e outras culturas, possibilidade de fazer novas amizades, paixão por esportes, noções de solidariedade, entre outras.(417)

Para Mônica Jardim Lopes, "o termo 'voluntariado' tem sido recorrentemente utilizado para representar o discurso social da nova cidadania, do altruísmo e da solidariedade, desenvolvendo nos indivíduos o sentimento de humanidade e de participação social [...]".(418)

---

(416) ABREU, Fabio Lanzillotta de. *Pontos Críticos para o Desempenho dos Voluntários na Operacionalização de Megaeventos Esportivos*. Dissertação (mestrado) – Fundação Getúlio Vargas – Escola Brasileira de Administração Pública e de Empresas, Centro de Formação Acadêmica e Pesquisa. Orientador: Ricardo Sarmento Costa. Rio de Janeiro, 2015. p. 29-30. Disponível em: https://bibliotecadigital.fgv.br/dspace/bitstream/handle/10438/13794/dissertacao_fabio_lanzillotta_versao_final_02.pdf. Acesso em: 09 jan. 2019.

(417)*Idem*.

(418) LOPES, Mônica Jardim. O voluntariado nos megaeventos esportivos: um instrumento de consolidação do projeto de sociabilidade neoliberal. In: *Megaeventos Esportivos no Brasil:* Reflexões críticas para o Trabalho Educativo. Campinas: Pontes Editores, 2016. p. 121.

Os Jogos Pan-Americanos e Parapan-Americanos Rio 2007 receberam, respectivamente, 15 mil[(419)] e 5 mil trabalhadores(as) voluntários(as)[(420)]. Na Copa das Confederações, em 2013, foram 7 mil voluntários(as).[(421)] A Copa do Mundo FIFA, em 2014, recebeu cerca de 33 mil voluntários (as), sendo 15 mil[(422)] pelo Programa de Voluntariado da FIFA e 18 mil pelo Programa Brasil Voluntário do governo federal[(423)]. O Comitê Organizador das Olimpíadas do Rio de Janeiro em 2016 (COI) contou com a participação de 45.000 voluntários(as) para os Jogos Olímpicos e 25.000 para os Jogos Paraolímpicos.[(424)]

Na Copa do Mundo FIFA de 2014, o total de candidatos(as) cadastrados (as) para o Programa de Voluntários foi de 152.101, número recorde do programa. Esse número representou mais que o dobro de candidatos(as) da Copa do Mundo da África do Sul, em 2010, que teve 70 mil inscritos(as), e mais que o triplo da Copa do Mundo da FIFA da Alemanha, em 2006, com 45 mil inscritos(as).[(425)]

Além das inscrições de brasileiros(as) dos 26 Estados e do Distrito Federal, o Programa recebeu inscrições de candidatos(as) de diversos países. Os 10 países com maior número de inscritos(as) foram: Colômbia, Argentina, Espanha, México, Estados Unidos, Polônia, Peru, China, Alemanha, Ucrânia.[(426)]

O Programa Brasil Voluntário, organizado pelo governo federal, foi coordenado pelo Ministério do Esporte, com a participação dos Ministérios da Defesa, do Turismo, da Cultura, da Ciência e Tecnologia, da Casa Civil, das Relações Exteriores, do Trabalho,

(419) RELATÓRIO. *Jogos Pan-Americanos e Parapan-Americanos Rio 2007*. Volume 1. Disponível em: http://www.esporte.gov.br/arquivos/publicacoes/panVolume1.pdf. p. 51.

(420) *Ibidem*, p. 105.

(421) VOLUNTÁRIOS da Copa das Confederações participam de treinamento nas cidades-sede. *Governo do Brasil*. 29 abr. 2013. Disponível em: http://www.brasil.gov.br/noticias/esporte/2013/04/voluntarios-da-copa-das-confederacoes-participam-de-treinamento-nas-cidades-sede. Acesso em: 10 jan. 2019.

(422) FIFA reabre inscrições para trabalho voluntário na Copa do Mundo 2014. *G1*. 12 set. 2013. Disponível em: http://g1.globo.com/distrito-federal/noticia/2013/09/FIFA-reabre-inscricoes-para-trabalho-voluntario-na-copa-do-mundo-2014.html. Acesso em: 08 maio 2019.

(423) Cerca de 18 mil voluntários atenderão o público durante a Copa. *Governo do Brasil*. 20 maio 2014. Disponível em: http://www.brasil.gov.br/noticias/esporte/2014/05/cerca-de-18-mil-voluntarios-atenderao-o-publico-durante-a-copa%20. Acesso em: 08 maio 2019.

(424) Comite-organizador-comeca-recrutar-70-mil-voluntarios-para-as-olimpiadas-de-2016. *O Globo*. Disponível em: http://oglobo.globo.com/riocomite-organizador-comeca-recrutar-70-mil-voluntarios-para-as-olimpiadas-de-2016-15666764. Acesso em: 10 jan. 2019.

(425) PORTAL DA COPA. *Mais de 152 mil inscritos no programa de voluntários da FIFA*. Disponível em: http://www.copa2014.gov.br/pt-br/noticia/mais-de-152-mil-inscritos-no-programa-de-voluntarios-da-FIFA. Acesso em: 21 nov. 2018.

(426) BRASIL. *Programa de Voluntários da Copa 2014 recebeu mais de 130 mil inscrições*. Disponível em: http://www.brasil.gov.br/noticias/esporte/2012/09/programa-de-voluntarios-da-copa-2014-recebeu-mais-de-130-mil-inscricoes. Acesso em: 20 nov. 2018.

da Educação, da Saúde, da Justiça, do Planejamento, Orçamento e Gestão e da Secretaria de Aviação Civil. O Programa de Voluntariado da FIFA ficou sob a coordenação do Comitê Organizador Local da FIFA (COL).

As atividades realizadas nas cidades-sede pelos trabalhadores(as) voluntários(as) foram diversas, abrangendo vários segmentos.

No Programa Brasil Voluntário, a atuação dos voluntários (as) era a seguinte:

> a) auxílio e orientação de visitantes e torcedores em locais estratégicos de mobilidade urbana, como estações de metrô e ônibus; b) auxílio de visitantes e torcedores nas áreas próximas aos estádios com informações sobre as arenas (portões, assentos, estacionamentos), também auxiliariam na organização da entrada e saída dos estádios; c) informação e orientação de visitantes e torcedores em áreas com grande fluxo de pessoas, como *shoppings* e pontos turísticos; d) nos pontos de embarque e desembarque de aeroportos, no auxílio com informações sobre a cidade-sede, os jogos e meio de transportes; e) orientação e informação em grandes eventos de exibição pública simultânea aos jogos, como os *Fan Fests*; f) auxílio nos Centros Abertos de Mídia (C.A.M) prestado a jornalistas brasileiros e estrangeiros da imprensa não credenciada.[427]

No Programa de Voluntariado da FIFA, os (as) voluntários (as) tiveram três funções-chave, as quais foram identificadas por cores: a) voluntário azul: voluntários (as) de suporte à gestão. Seriam os (as) voluntários (as) com maior qualificação e atuariam em todo o ciclo do evento como: recrutamento e seleção, divulgação da cultura do voluntariado, coordenação da operação e suporte aos voluntários; b) voluntário laranja: voluntários (as) de operação do evento. Voluntários (as) com qualificação média (línguas, competências funcionais básicas, recortes sociais). Esses (as) voluntários (as) atuariam nas áreas de proteção ambiental, no suporte à imprensa não credenciada, suporte aos torcedores fora dos estádios, também oferecendo apoio nos Fan Fests, nas festas públicas e na cerimônia de abertura e encerramento; c) voluntário verde: ficariam responsáveis por dar apoio ao turista, central de atendimento 24h e suporte ao público. Haveria a necessidade de possuírem qualificação em idiomas.

Aos (às) voluntários (as) não era pago qualquer tipo de remuneração. A FIFA também não se responsabilizaria pelas acomodações durante a Copa de 2014 e pelo transporte do (a) voluntário (a) até a cidade-sede, bem como não disponibilizaria ingressos para assistissem aos jogos. Eles (as) receberiam apenas o uniforme, auxílio para o deslocamento até o local das atividades (dentro da cidade-sede) e alimentação no período de trabalho.

---

(427) CONHEÇA as áreas de atuação do Brasil Voluntário na Copa do Mundo. Portal da Copa. 27 jan. 2014. Disponível em: http://www.copa2014.gov.br/pt-br/noticia/conheca-areas-de-atuacao-do-brasil-voluntario-na-copa. Acesso em: 14 dez. 2018

Com relação à carga horária de trabalho, havia grande diferença entre os dois programas. O Programa Brasil Voluntário exigia do participante a disponibilidade para trabalhar, por no mínimo 07 dias, seguidos ou intercalados, em turnos de 4 horas diárias. O Programa de Voluntários da FIFA exigia a disponibilidade por 20 dias corridos, com jornadas de até 10 horas por turno.

A questão é que o trabalho voluntário da forma como prestado no contexto da Copa de 2014 não é autorizado pelo ordenamento jurídico brasileiro.

O trabalho voluntário na legislação brasileira é regulamentado pela Lei n. 9.608/1998. O art. 1º da lei considera como serviço voluntário "a atividade prestada por pessoa física a entidade pública de qualquer natureza, ou a instituição privada de fins não lucrativos, que tenha objetivos cívicos, culturais, educacionais, científicos, recreativos ou de assistência social, inclusive mutualidade", estabelecendo o parágrafo único que o trabalho voluntário não gera vínculo de emprego, como também obrigação de natureza trabalhista previdenciária ou afim. (428)

O trabalho voluntário exercido na Copa de 2014 não atendeu aos preceitos legais, visto que foi prestado à FIFA, que é uma entidade de caráter privado, que tem por objetivo a obtenção de lucros com a realização do mundial.

Estavam presentes, portanto, todos os elementos configuradores da relação de emprego, nos termos previstos nos arts. 2º e 3º da CLT, sendo importante destacar que a ausência de pagamento efetivo pelo trabalho prestado não extrai o caráter oneroso da prestação, dado o caráter nitidamente econômico que motivava a relação, como demonstrado.

Assim, o não pagamento representava, isto sim, o cometimento de uma ilegalidade, pois se garante, constitucionalmente, aos empregados, o recebimento de pelo menos o valor equivalente a um salário mínimo.

Lembre-se, também, que a Constituição Federal de 1988 assegura, no art. 7º, inciso I, a proteção da relação de emprego, que constitui fator essencial para limitar a exploração da força de trabalho, apoiando-se a configuração da relação de emprego, portanto, em normas de ordem pública.

No entanto, os trabalhadores(as) voluntários(as), embora exercendo uma atividade que configurava autêntica relação de emprego, foram excluídos da proteção jurídica trabalhista.

(428) A redação da parte final do art. 1º da Lei n. 9.608, de 1998 foi alterada pela Lei n. 13.297, de 2016, passando a ser a seguinte: Art. 1° Considera-se serviço voluntário, para os fins desta Lei, a atividade não remunerada prestada por pessoa física a entidade pública de qualquer natureza ou a instituição privada de fins não lucrativos que tenha objetivos cívicos, culturais, educacionais, científicos, recreativos ou de assistência à pessoa.

O curioso é que, embora se tratasse de nítida ilegalidade, a questão, no máximo, suscitou alguns debates, que não resultaram na conclusão inevitável acerca do reconhecimento do vínculo empregatício dos(as) "voluntários(as)".

Em 19 de junho de 2012, na audiência pública realizada pela Comissão de Trabalho, de Administração e Serviço Público, na Câmara dos Deputados, empresários, deputados e dirigentes do governo debateram a questão, mas não se chegou a um consenso.

Ressaltam desse debate, de todo modo, algumas manifestações importantes.

Conforme reportagem de Marise Lugullo, veiculada no site da Câmara dos Deputados, o deputado Laercio Oliveira (PR-SE), autor do pedido de debate, salientou que não poderia ouvir a informação de que milhares de brasileiros trabalhariam gratuitamente, enquanto a FIFA enchia seus cofres com recursos. Para o deputado, a FIFA deveria pagar a essas pessoas um valor que fosse compatível com a realidade trabalhista do Brasil.[(429)]

Segundo o representante da Federação Nacional das Empresas de Serviços e Limpeza Ambiental, Erminio Alves Neto, o Brasil deveria dar exemplo ao resto do mundo acabando com a utilização de trabalho voluntário na Copa. Além disso, salientou Alves Neto, que o poder público trata de maneira diferente a FIFA e as empresas nacionais:

> "As empresas no Brasil são cobradas demais pelo Ministério do Trabalho e pelo Ministério Público para registrar os funcionários, e ainda temos de competir com os produtos da China. Não é justo que uma entidade que tem um lucro absurdo, como a FIFA, não pague sequer os salários para 18 mil trabalhadores e a empresa brasileira seja fiscalizada violentamente pelo Estado [...]."[(430)]

Em 20 de março de 2014, foi publicado um "manifesto contra o trabalho 'voluntário' na Copa", assinado por representantes diversos da comunidade jurídica, entre os quais advogados, juízes do trabalho, procuradores do trabalho, servidores públicos, estudantes, pesquisadores, professores e entidades, como, a Associação Brasileira dos Advogados Trabalhistas (ABRAT), Associação Latino-americana de Juízes do Trabalho (ALJT), Associação Nacional dos Procuradores do Trabalho (ANPT) e Associação Latino-americana de Advogados Laboralistas (ALAL).[(431)]

---

(429) LUGULLO, Marise. Governo e empresários discordam sobre legalidade de voluntariado na Copa. Câmara dos Deputados. Brasília, [DF], 19 jun. 2012. *Notícias*. Disponível em: http://www2.camara.leg.br/camaranoticias/noticias/TRABALHO-E-PREVIDENCIA/420381-GOVERNO-E-EMPRESARIOS-DISCORDAM-SOBRE-LEGALIDADE-DE-VOLUNTARIADO-NA-COPA.html. Acesso em: 18 dez. 2018.

(430) *Idem*.

(431) SOUTO MAIOR, Jorge Luiz. Manifesto contra o trabalho "voluntário" na Copa. *Carta Capital*. 20 mar. 2014. Disponível em: https://www.cartamaior.com.br/?/Editoria/Principios-Fundamentais/Manifesto-contra-o-trabalho-voluntario-na-Copa/40/30523. Acesso em: 13 maio 2019.

Nos termos do manifesto, a utilização do trabalho voluntário para a realização de serviços durante a Copa para atender aos interesses da FIFA, das entidades ligadas a ela e também dos governos federal e locais representa a institucionalização da precarização do trabalho, enquanto o interesse econômico se aproveita da necessidade do trabalhador. Afirmou-se, também, que, em concreto, a precarização significa fazer letra morta das normas constitucionais e do compromisso no âmbito dos direitos fundamentais, o que contradiz, inclusive, com a campanha anunciada pela FIFA e pelo governo brasileiro, da realização do trabalho na Copa dentro dos marcos do trabalho decente, conforme disposto no art. 29, da Lei Geral da Copa[432].

Diante de recebimento de denúncia questionando a legalidade do trabalho voluntário na Copa do Mundo, o Ministério Público da 1ª Região (MPT/RJ) ingressou, em 03 de junho de 2014, com ação civil pública (ACP). Requereu-se a antecipação dos efeitos da tutela, contra o Comitê Organizador Brasileiro da Copa do Mundo FIFA 2014, para que o Comitê se abstivesse de utilizar trabalhadores voluntários para a realização de atividades voltadas ao Mundial, gerando como efeito, imediato, a obrigação do registro do contrato de trabalho, nos termos da CLT, de todos os voluntários selecionados.[433]

Pleiteou, ainda, o MPT, o pagamento de indenização de R$ 20 milhões, a título de reparação por dano moral coletivo, em favor do Fundo de Amparo ao Trabalhador (FAT).

A denúncia se baseou no fato da FIFA, tomadora do trabalho voluntário, ser "[...] entidade que objetiva auferir lucros astronômicos com o megaevento esportivo no Brasil, o que, por si só, afastaria sua capacidade jurídica para ser tomador de trabalho voluntário nos termos da Lei n. 9.608/1998"[434].

Conforme ressaltou a procuradora do Trabalho Carina Rodrigues Bicalho:

> **[...] a FIFA/COL recebem por todos os produtos e direitos que vendem e NÃO PAGAM PELO TRABALHO NECESSÁRIO À REALIZAÇÃO DO MEGA EVENTO que lhe confere o lucro**. A lógica da sociedade capitalista vale em seu benefício, mas não os ônus decorrentes do trabalho que lhe é prestado. Aceitar trabalho sem remuneração quando há dúvida sobre sua possibilidade é desequilibrar o sistema de organização do trabalho brasileiro, cujas bases estão na CR/88, como fundamento da República, em seu art. 7º e na CLT, que são alguns dos instrumentos que sustentam o ordenamento jurídico trabalhista brasileiro. [...]

---

(432) Art. 29. O poder público poderá adotar providências visando à celebração de acordos com a FIFA, com vistas à: I – divulgação, nos Eventos: (....) b) de campanha pelo trabalho decente; (Lei n. 12.663/2012). Brasil. Planalto. *Lei n. 12.663/2012*. Disponível em: http://www.planalto.gov.br/ccivil_03/_Ato2011-2014/2012/Lei/L12663.htm. Acesso em: 26 nov. 2018.

(433) BRASIL. Tribunal Regional do Trabalho da 1ª Região. *Ação Civil Pública n. 0010704-52.2014.5.01.0059*. Disponível em: https://edisciplinas.usp.br/pluginfile.php/785786/mod_resource/content/0/ACP%20volunt%C3%A1rios%20copa.pdf. Acesso em: 27 nov. 2018.

(434) *Idem*.

O que diferencia o "trabalho voluntário" regulado pela Lei n. 9.608/98 do contrato de trabalho não é apenas a falta de expectativa de remuneração. Essa modalidade de prestação de trabalho em prol de outrem somente é lícita se o tomador de serviços for entidade pública ou associação, com objetivos cívicos, culturais, educacionais, científicos, recreativos ou de assistência social, inclusive mutualidade, e que essa associação não obtenha lucro a partir do trabalho prestado.

No caso em tela, o MPT não denuncia a ausência de manifestação válida de vontade dos mais de 14 mil "voluntários" selecionados pela FIFA que pretendem prestar serviços sem remuneração, mas se a forma de organização do trabalho em uma economia capitalista em desenvolvimento com o Brasil admite como lícita a prestação de serviços sem remuneração à vista do tomador. Ou seja, se há um desequilíbrio no sistema de organização do trabalho se admitido como válida essa forma de contratação de serviços pelos réus.(435)

Como apontado pela procuradora do Trabalho, a FIFA declara em seu site que teve um ciclo de sucesso no período entre 2007 e 2010, no valor de US$ 631 milhões. No entanto, a entidade não possui nenhuma obrigação em aplicar os lucros obtidos com o Mundial de 2014 no Brasil.

Tal questão, segundo a procuradora, demandaria uma indagação à sociedade brasileira, se ela estaria disposta a abrir mão da aplicação desse valor na economia do país, como também do pagamento de salário a tantos jovens, em benefício da FIFA e do COL.

Enfatizou, ainda, a procuradora Carina Bicalho, que não se trata de uma questão individual, se a pessoa quer ou não ser voluntária, mas de uma questão coletiva, visto que o ordenamento jurídico não permite que a FIFA, entidade privada, com finalidade lucrativa, seja tomadora do trabalho voluntário. Além disso, a FIFA não só não remunera o trabalho realizado pelos voluntários, como impõe uma jornada de trabalho de 10 horas a essas pessoas, a qual ultrapassa os limites determinados pela legislação nacional.

De acordo com os cálculos apresentados na ação, previa-se que a FIFA obteria um lucro no valor aproximado de R$ 6.757.333,33 (seis milhões, setecentos e cinquenta e sete mil, trezentos e trinta e três reais) considerando 20 dias de trabalho, um salário mínimo de R$ 724,00 e o número de 14 mil voluntários. Não sendo computado o montante referente às férias, 13º salário e FGTS.

Em 09 de setembro de 2014, foi proferida decisão na referida ACP pelo juízo da 59ª Vara do Trabalho do Rio de Janeiro. O pedido de concessão de liminar foi indeferido, sob o argumento da ausência dos requisitos legais para tanto, notadamente o da verossimilhança das alegações.

(435) BRASIL. Tribunal Regional do Trabalho da 1ª Região. *Ação Civil Pública n. 0010704-52.2014.5.01.0059*. p. 4. Disponível em: https://edisciplinas.usp.br/pluginfile.php/785786/mod_resource/content/0/ACP%20volunt%C3%A1rios%20copa.pdf. Acesso em: 27 nov. 2018. (grifo do autor)

No mérito da questão, o Juízo de 1º grau deu razão ao réu, o Comitê Organizador da Copa, julgando improcedentes os pedidos formulados pelo Ministério Público do Trabalho da 1ª Região, na ação civil pública.

Para o juiz titular da 59ª Vara do Trabalho, George Luís Leitão Nunes, o tomador FIFA se enquadra em questão distinta, não estando sujeito aos limites legais dispostos no ordenamento brasileiro.

Na sentença, salientou o juízo de 1º grau que:

> Portanto, vê-se, claramente, duas situações distintas, sendo que o voluntariado previsto para o tomador FIFA, Subsidiária da FIFA e COL não está sujeito às limitações previstas na Lei n. 9.608/98, mas **se tornou uma lei de exceção à regra geral, de natureza eventual, pois condicionada ao evento Copa do Mundo 2014.**
>
> **Assim, independente da constatação de que a entidade FIFA aufere lucros "astronômicos" com o evento que conceitua como um dos "maiores espetáculos esportivos da Terra", a Lei n. 12.663/12, em vigor desde 5 de junho de 2012, criou verdadeira exceção transitória à regra geral do tomador dos serviços voluntários contida na Lei n. 9.608/98, pois permitiu expressamente o trabalho voluntário para a FIFA, Subsidiária da FIFA e COL, condicionando-o apenas ao evento Copa do Mundo 2014**. Estando a Lei da Copa em pleno vigor e tendo sido, inclusive, sido rejeitada pelo Pleno do Excelso Supremo Tribunal Federal a arguição de inconstitucionalidade contida na ADI 4976/DF (ainda que não tenha sido objeto da análise qualquer arguição de inconstitucionalidade do citado art. 57, da Lei n. 12.663/12), não há como caracterizar a ilicitude do trabalho voluntário prestado para o COL na Copa do Mundo
>
> **Não houve, até o presente momento, qualquer prova de que o trabalho voluntariado para a Copa do Mundo 2014 tenha sido uma forma de mascarar uma relação de emprego,** que pudesse acarretar, numa análise in concreto a aplicação da nulidade prevista no art. 9º, da CLT, para o reconhecimento do liame laboral.
>
> [...]
>
> Data venia, entendo que não se pode restringir o interesse de parcela significativa da população em trabalhar voluntariamente para o evento Copa do Mundo 2014, apenas pela alegação de que estaria sendo ferida a soberania nacional ou desprezada a Lei n. 9608/98. Ora, está em vigor uma lei que passou pelo processo legislativo, sendo promulgada e sancionada, conforme os requisitos da Constituição Federal de 1988. Até o presente momento, nenhum dos seus artigos foi considerado inconstitucional, inclusive pelo Excelso Supremo Tribunal Federal.[436]

Em sede de recurso ordinário, os desembargadores da 7ª Turma do Tribunal Regional do Trabalho da 1ª Região negaram provimento ao apelo do MPT, nos termos do

---

(436) BRASIL. Tribunal Regional do Trabalho da 1ª Região. *Ação Civil Pública n. 0010704-52.2014.5.01.0059.* Sentença. 59ª Vara do Trabalho de Rio de Janeiro. Juiz George Luís Leitão Nunes. Data de Julgamento: 09.09.2014, p. 3-5. Disponível em: https://edisciplinas.usp.br/pluginfile.php/785786/mod_resource/content/0/ACP%20volunt%C3%A1rios%20copa.pdf. Acesso em: 27 nov. 2018. (grifo nosso)

voto do relator, desembargador Rogério Lucas Martins, mantendo a improcedência da ação civil pública decretada pelo Juízo de 1º grau.(437)

Conforme salientou o relator, a Lei Geral da Copa, Lei n. 12.663/2012, foi alvo de críticas em relação a diversos de seus dispositivos, sob a alegação de que o Estado Brasileiro, ao aceitar as imposições da FIFA para a realização do evento, abriu mão de sua soberania.

No entanto, segundo ele, as regras previstas na Lei Geral da Copa integram o conjunto de condições oferecidas e negociadas com a FIFA, que é quem possui as prerrogativas de organizar e gerir a competição. Nesse caso, o Brasil, ao se candidatar a país-sede do evento, aceitou as condições propostas para a sua adesão, as quais eram necessárias para instrumentalizar a realização da Copa do Mundo.

No caso do trabalho voluntário, considerou o relator que há uma forte tradição de sua utilização em todas as competições esportivas de grande porte, sendo esta atividade essencial para a realização desses eventos, o que justifica que o trabalho voluntário pode assumir contornos específicos.

Salientou ainda, que não há dúvida de que a motivação de grande parte dos(as) voluntários(as) não se pautava na intenção de qualquer ganho pecuniário. E, mesmo que a motivação não tenha sido especificamente cívica ou altruísta, conforme se extrai dos depoimentos transcritos nos autos, há a configuração de uma adesão voluntária dos depoentes, de modo a atender ao requisito substancial para a configuração do trabalho voluntário.

Assim, para o relator, ainda que possa ter ocorrido a fiscalização da atividade dos(as) voluntários(as), ou até mesmo a advertência pelos organizadores do evento em algumas situações, isso não pode ser confundido com o exercício do poder disciplinar próprio do empregador, porque, sobretudo em um evento como a Copa do Mundo é relevante a coordenação dos trabalhos para que seja garantida a eficiência dos serviços, o que não descaracteriza o caráter do trabalho voluntário executado.

Concluiu o relator, desembargador Rogério Lucas Martins, que:

> A Lei n. 12.663/2012 permitiu expressamente o trabalho voluntário na organização do evento, não sendo possível considerar ilícita a utilização de tal modalidade de mão de obra sob a alegação de que ela estaria sujeita à limitação prevista no art. 1º da Lei n. 9.698/98, impondo-se, no presente caso, aplicar a lei especial em detrimento da lei geral.(438)

---

(437) TRT 1ª Região – 7ª Turma. *Processo n. 0010704-52.2014.5.01.0059 (RO)*. Relator Desembargador Rogério Lucas Martins. Disponível em: https://edisciplinas.usp.br/pluginfile.php/785786/mod_resource/content/0/ACP%20volunt%C3%A1rios%20copa.pdf. Acesso em: 27 nov. 2018.

(438) BRASIL. Tribunal Regional do Trabalho da 1ª Região. 7ª Turma. Recurso Ordinário n. 0010704-52.2014.5.01.0059 (RO). Relator Desembargador Rogério Lucas Martins. Data de Julgamento: 14.12.2015. Disponível em: https://

Resta evidenciado, pois, o quanto as lógicas econômicas, superando a racionalidade jurídica, já se alastravam entre nós.

4.2. Trabalho dos gandulas

Da mesma forma que o trabalho voluntário, o trabalho dos gandulas foi essencial para a operacionalização da Copa do Mundo FIFA de 2014.

A seleção dos gandulas para participar da Copa de 2014 ocorreu por meio de uma competição de futebol, a Copa Coca-Cola 2013[(439)], organizada pela Coca-Cola, uma das empresas patrocinadoras da Copa do Mundo FIFA 2014. Os atletas e as atletas dos times vencedores das etapas local, regional e nacional do torneio, realizado em 2013, estariam selecionados para participar do treinamento de gandulas para a Copa do Mundo de 2014.[(440)]

A partida final do campeonato nacional da Copa Coca-Cola 2013 foi realizada em 14 de dezembro de 2013, no Estádio Mané Garrincha, em Brasília. A terceira edição da Copa Coca Cola reuniu cerca de 9 mil jovens de 13 a 15 anos, nas categorias masculina e feminina.[(441)]

Os atletas vencedores, cerca de 750, participariam do treinamento promovido pela Coca-Cola Brasil, que estava inserido "[...] no *The FIFA Youth Programme*, o qual abrange ainda os jovens carregadores de bandeira, assim como os acompanhantes de jogadores e do mascote oficial, em parceria com outras empresas, como Sony, Adidas e McDonald's."[(442)]

Os workshops seriam realizados de modo simultâneo nas doze cidades-sede da Copa do Mundo, com aulas teóricas e práticas que capacitariam os selecionados para a função de gandula. Os atletas selecionados para o treinamento seriam submetidos ao mesmo critério de avaliação do Comitê Organizador, que escolheria aqueles que participariam de jogos da Copa do Mundo de 2014.[(443)]

---

edisciplinas.usp.br/pluginfile.php/785786/mod_resource/content/0/ACP%20volunt%C3%A1rios%20copa.pdf. Acesso em: 27 nov. 2018.

(439) *Regulamento da Copa Coca-Cola de Futebol — 2013*. Disponível em: http://www.aagsp.com.br/pagina/20794/.html . Acesso em: 14 fev. 2019.

(440) COCA-COLA BRASIL. *Vencedores da Copa Coca-Cola terão a chance de participar da Copa do Mundo da FIFA 2014***.** Disponível em: https://www.cocacolabrasil.com.br/imprensa/release/vencedores-da-copa-coca-cola-terao-a-chance-de-participar-da-copa-do-mundo-da-FIFA-2014. Acesso em: 12 fev. 2019.

(441) *Idem*.

(442) TEIXEIRA, Victor Emanuel Bertoldo. Trabalho voluntário e infantil na organização do mundial. Matéria de Capa. *Revista RDt*, 20-07, de 31 de julho de 2014, p. 6.

(443) COCA-COLA BRASIL. *Vencedores da Copa Coca-Cola terão a chance de participar da Copa do Mundo da FIFA 2014*. Disponível em: https://www.cocacolabrasil.com.br/imprensa/release/vencedores-da-copa-coca-cola-terao-a-chance-de-participar-da-copa-do-mundo-da-FIFA-2014. Acesso em: 12 fev. 2019.

Em cada partida de futebol, quatorze gandulas ficariam posicionados em torno do campo de jogo, três em cada linha lateral e quatro em cada linha de fundo. A função dos gandulas é reposição das bolas no campo, aos jogadores ou aos árbitros. (444)

Os gandulas adolescentes, nos jogos da Copa do Mundo de 2014, de acordo com a Cartilha-Gandulas, publicada pela FIFA e pela Coca-Cola, deveriam seguir as seguintes orientações:

> a) não falar com os jogadores em campo; b) não parabenizá-los; c) não pedir autógrafos; d) não torcer para uma das equipes, ou alterar a postura de reposição de bola de uma equipe para outra, ou seja, agir com imparcialidade; e) respeitar todos os profissionais envolvidos no jogo; f) quando não estiver atuando nos jogos, permanecer em grupo; não abandonar o grupo sem autorização; g) em áreas públicas, não interagir com torcedores; h) não correr ou fazer brincadeiras com os colegas; i) nos estádios, não tocar em nenhum equipamento (cabos, monitores, por exemplo); j) não levar câmera fotográfica ou celular para o campo, não é permitido tirar fotos durante os jogos; k) não se apoiar ou tocar nas placas de publicidade do campo; nunca saltá-las, sempre dar a volta por elas; l) ficar atento durante toda a partida; m) retornar a bola ao campo do local de onde ela saiu; n) garantir que haja sempre apenas uma bola em jogo, o que exige uma boa comunicação entre a equipe de gandulas; o) usar a bola que estiver na sua mão para reposição e só depois correr atrás da bola que saiu do campo; p) nunca jogar a bola ao jogador sem ter a certeza que ele está prestando atenção; q) os gandulas que estiverem atrás do gol, só poderão recuperar a bola após o tiro de meta ser realizado; r) durante os jogos, os gandulas deverão estar de pé ou ajoelhados atrás das placas de publicidade, segurando a bola ou mantendo-a no chão; s) não brincar com a bola ou jogá-la para os outros colegas; t) só se afastar de sua posição em caso de emergência. (445)

Todos os gandulas receberiam um uniforme com a marca Coca-Cola, que deveria ser usado durante o dia, incluindo o período de formação dentro do estádio e um outro uniforme com a marca Adidas, que deveria ser usado no jogo.

Com relação à apresentação pessoal, era recomendado que os gandulas compareçessem ao trabalho vestindo camisas com mangas, calça e tênis, evitando roupa informal, como camisetas sem mangas, shorts, bermudas muito curtas, chinelos, bonés. Para os jogos, os jovens deveriam estar de barba feita e as jovens deveriam evitar unhas muito

---

(444) CARTILHA-GANDULA. Copa do Mundo 2014. Disponível em: https://www.behance.net/gallery/19626173/Cartilha-Gandulas-Copa-do-Mundo-2014. Acesso em: 12 fev. 2019.

(445) *Idem.*

compridas ou pintadas com bandeira de algum país. Não era permitido usar nenhuma joia, bem como brincos compridos ou muito chamativos. Também não era permitido o uso de fones de ouvido, mp3, telefones e câmeras. A alimentação seria fornecida pela organização do evento. Recomendava-se a ingestão de uma comida leve.[(446)]

O Ministério Público do Trabalho se manifestou contrário à realização do trabalho de gandula por adolescentes[(447)] na Copa do Mundo de 2014. Para a procuradora Regional do Trabalho da 9ª Região (MPT-PR), Margaret Matos de Carvalho, os malefícios e os riscos relacionados ao trabalho dos gandulas, em razão do elevado grau de profissionalismo dos jogos, os tornam vulneráveis e sujeitos a acidentes, maus tratos e abusos. Dentre as situações a que são expostos os adolescentes, destaca a procuradora: pressão psicológica, exigências de perfeição na execução das atividades, agressões, desconforto térmico, exigência de imparcialidade em relação aos times participantes, risco de serem atingidos por objetos lançados pelos torcedores, entre outras.[(448)]

Conforme aponta Margaret Matos de Carvalho, no Brasil, o tratamento dado a crianças e adolescentes com a adoção da doutrina da proteção integral pela Constituição de 1988 passou por uma revolução, ao conceber crianças e adolescentes como cidadãos plenos, sujeitos de direitos e obrigações, que de modo prioritário devem ser atendidos pelo Estado, pela família e pela sociedade, não sendo apenas destinatários de medidas assistencialistas.[(449)]

Nesse sentido, a doutrina da proteção integral elaborada pela Organização das Nações Unidas – ONU e acolhida pela Constituição Federal e pelo Estatuto da Criança e do Adolescente (ECA) abarca a questão da erradicação do trabalho infantil e da proteção ao trabalho do adolescente, destacando-se a proibição à realização de atividades que coloquem em risco a integridade física e psicológica dos adolescentes trabalhadores. [(450)]

De modo diverso a essa linha protetiva, o Conselho Nacional de Justiça (CNJ), em 10 de dezembro de 2013, por meio do corregedor Nacional de Justiça, ministro Francisco

(446) CARTILHA-GANDULA. *Copa do Mundo 2014*. Disponível em: https://www.behance.net/gallery/19626173/Cartilha-Gandulas-Copa-do-Mundo-2014. Acesso em: 12 fev. 2019.

(447) Estatuto da Criança e do Adolescente, "Art. 2º Considera-se criança, para os efeitos desta Lei, a pessoa até doze anos de idade incompletos, e adolescente aquela entre doze e dezoito anos de idade. BRASIL. *Lei n. 8.069, de 13 de julho de 1990*. Disponível em: http://www.planalto.gov.br/ccivil_03/leis/l8069.htm. Acesso em: 14 fev. 2019.

(448) CARVALHO, Margaret Matos de. *Gandulas Mirins na Copa:* Violação de Direitos Humanos. Disponível em: https://juslaboris.tst.jus.br/bitstream/handle/20.500.12178/94318/2014_carvalho_margaret_gandulas_mirins.pdf?sequence=1. Acesso em: 13 fev. 2019.

(449) *Idem*.

(450) *Idem*.

Falcão, expediu a Recomendação n. 13, autorizando o trabalho infantil na função de gandula, nos jogos da Copa do Mundo de 2014, a partir de 12 anos.(451)

De acordo com o corregedor Nacional de Justiça, o evento da Copa do Mundo de 2014 é um evento grandioso que atrai o interesse de crianças e adolescentes e recepciona muitos turistas de diversos países. Além disso, a experiência proporcionada pela Copa das Confederações, em 2013, demonstrou que a grande diversidade de normas dos juizados da infância e juventude dos diversos locais que sediaram os jogos gerou grandes dificuldades burocráticas aos visitantes.

Recomendou-se aos juízes com jurisdição na infância e juventude, nas comarcas das cidades-sede dos jogos da Copa de 2014, que promovessem, "[...] a edição, até o dia 19.12.2013, de portaria para disciplinar o assunto nos padrões contidos no "ANEXO – A" da presente recomendação"(452):

> **ANEXO – A da Recomendação n. 13/2013 da Corregedoria Nacional de Justiça**
>
> (Modelo de Portaria da Vara da Infância e Juventude — Copa do Mundo 2014)
>
> **Portaria n.**
>
> Dispõe sobre a hospedagem, entrada em estádios e circulação em viagens pelo Brasil das crianças e adolescentes em função da Copa do Mundo.
>
> O(A) Juiz(a) de Direito da Comarca de XXXX, no uso das suas atribuições legais, ante o disposto na Recomendação n. 13 da Corregedoria Nacional de Justiça, bem como nos arts. 82, 83, § 1º, *"a"*, item "2" e 149, I, *"a"* e II, *"a"* do ECA,
>
> **RESOLVE:**
>
> [...]
>
> **PARTICIPAÇÃO DE CRIANÇAS E ADOLESCENTES NAS ATIVIDADES PROMOCIONAIS DO EVENTO ESPORTIVO NOS ESTÁDIOS**
>
> **Art. 3º**
>
> [...]
>
> § 1º Para a participação na atividade de "gandula" deverá ser observada a idade mínima de 12 anos.
>
> [...](453)

O supervisor da Seção de Apuração e Proteção da Vara da Infância e da Juventude do Distrito Federal, Marcos Barbosa, se manifestou favorável à Recomendação do CNJ,

(451) BRASIL. Conselho Nacional de Justiça. *Recomendação n. 13, de 10 de dezembro de 2013*. Disponível em: http://www.cnj.jus.br/recomendacoes-corregedoria/27173-recomendacao-n-13-de-10-de-dezembro-de-2013. Acesso em: 14 fev. 2019.

(452) *Idem*.

(453) *Idem*.

não vendo prejuízo para as crianças e adolescentes. Considerou não haver inadequação na função de gandula por se tratar de um evento mundial em que muitos adolescentes vislumbram participar e também por haver uma preparação dos participantes por meio de entrevistas, palestras, simulações e orientações sobre a atividade. Ressaltou ainda que os adolescentes estariam acompanhados dos pais ou responsáveis.(454)

Para a procuradora Margaret Matos de Carvalho, no entanto, a Recomendação do CNJ é absolutamente inconstitucional, além de ir contra preceitos de Tratados Internacionais. Salienta a procuradora:

> Não cabe às crianças, aos pais ou ao Judiciário decidirem se crianças e adolescentes podem trabalhar antes da idade mínima, considerado o seu direito ao não trabalho. Não se trata de uma opção, sequer de exceção legal: é um direito à proteção ao qual não se pode declinar, quaisquer que sejam as circunstâncias ou as atividades.(455)

No mesmo sentido, o procurador do trabalho Thiago Ranieiri, vice-coordenador nacional da Coordenadoria Nacional de Combate à Exploração do Trabalho da Criança e do Adolescente do MPT, em entrevista para o *Uol Esporte — Blog* do Daniel Brito, ressaltou que as pessoas acham que o trabalho do gandula não é trabalho pelo fato do adolescente achar bom ficar perto dos ídolos. No entanto, é importante considerar a série de riscos que envolve a atividade, a qual influencia no desenvolvimento do participante. Entre os riscos se encontram: assédio moral, xingamentos, riscos físicos, psicológicos, sociais e pressão altíssima.(456)

De acordo com Victor Emanuel Bertoldo Teixeira, a situação do trabalho do gandula na Copa do Mundo de 2014 quando comparada com a do trabalho voluntário é mais grave, pelo fato de estar inserida na lógica do trabalho infantil. Nesse caso, não há como conceber que um órgão, cuja missão é "[...] contribuir para a prestação jurisdicional com moralidade, eficiência e efetividade, em benefício da sociedade, aconselhe os Juízes da infância e juventude das comarcas das cidades-sede a permitir o referido trabalho a partir dos doze anos (Anexo – A, art. 3º, § 1º)".(457)

---

(454) MPT E VARA DA INFÂNCIA divergem sobre atuação de crianças como gandulas. *Uol.* 05 abr. 2014. https://jovempan.uol.com.br/esportes/mpt-e-vara-da-infancia-divergem-sobre-atuacao-de-criancas-como-gandulas.html. Acesso em: 15 fev. 2019.

(455) CARVALHO, Margaret Matos de. *Gandulas Mirins na Copa:* Violação de Direitos Humanos. Disponível em: https://juslaboris.tst.jus.br/bitstream/handle/20.500.12178/94318/2014_carvalho_margaret_gandulas_mirins.pdf?sequence=1. Acesso em: 13 fev. 2019.

(456) BRITO, Daniel. Rio-16 é autorizada pela Justiça a utilizar jovens de 14 anos como gandula. *Uol Esporte.* Disponível em: https://blogdobrito.blogosfera.uol.com.br/2016/05/19/rio-16-e-autorizada-pela-justica-a-utilizar-jovens-de-14-anos-como-gandula/ Disponível em: 17 fev. 2019.

(457) TEIXEIRA, Victor Emanuel Bertoldo. Trabalho voluntário e infantil na organização da Copa do Mundo. Matéria de Capa. *Revista RDt*, 20-07, de 31 jul. 2014, p. 7.

Cabe lembrar que a escolha de gandulas para a Copa das Confederações, realizada no Brasil em 2013, se valeu do mesmo expediente adotado por ocasião da Copa do Mundo de 2014, qual seja, a realização da Copa Coca-Cola 2012, na qual os selecionados foram os campeões das etapas locais e nacional da competição. Ao todo, foram selecionados 224 gandulas.

A Copa Coca-Cola 2012 reuniu mais de 10 mil jovens entre 13 e 15 anos, "[...] após confrontos em 29 cidades de 17 estados, 48 times (32 masculinos e 16 femininos) avançaram para a etapa preliminar nacional. Destas equipes, oito masculinas e quatro femininas se classificaram para a grande final nacional, no Rio de Janeiro"(458).

A questão é que a Constituição de 1988, no inciso XXXIII, art. 7º, veda qualquer trabalho a menores de dezesseis anos, salvo, a partir de quatorze anos, na condição de aprendiz, bem como proíbe o trabalho noturno, perigoso ou insalubre a menores de dezoito anos.

Além disso, a Convenção n. 138 da Organização Internacional do Trabalho — OIT (ratificada pelo Brasil em 2001) estabelece o comprometimento do país membro, no qual vigore essa Convenção, a seguir uma política nacional que garanta a efetiva abolição do trabalho infantil e eleve, progressivamente, a idade mínima de admissão a emprego ou a trabalho a um nível adequado ao pleno desenvolvimento físico e mental do adolescente (art. 1º)(459); a Convenção n. 182 da OIT (ratificada pelo Brasil em 2000) dispõe sobre a adoção de medidas imediatas e eficazes que assegurem a proibição e a eliminação das piores formas de trabalho infantil em caráter de urgência, designando criança como a toda pessoa menor de 18 anos (art. 2º)(460); e a Convenção sobre os Direitos da Criança da ONU (ratificada pelo Brasil em 1990) que no art. 32º impõe que os Estados Partes reconheçam à criança o direito de ser protegida contra a exploração económica, bem como a sujeição a trabalhos perigosos ou que sejam capazes de comprometer a sua educação, prejudicar a sua saúde ou ainda o seu desenvolvimento físico, mental, espiritual, moral ou social(461).

A própria Confederação Brasileira de Futebol (CBF), desde 2004, havia recomendado às Federações filiadas que fossem contratados como gandulas apenas jovens maiores de 18 anos.(462)

---

(458) COPA Coca-Cola define gandulas para FIFA. *Meio & Mensagem*. 26/11/2012. Disponível em: http://www.meioemensagem.com.br/home/marketing/2012/11/26/copa-coca-cola-define-gandulas-para-FIFA.html. Acesso em: 12 fev. 2019.

(459) OIT. Organização Internacional do Trabalho. Disponível em: https://www.ilo.org/brasilia/convencoes/WCMS_236696/lang--pt/index.htm. Acesso em: 14 fev. 2019.

(460) *Idem*.

(461) *CONVENÇÃO sobre os Direitos da Criança*. Disponível em: https://www.unric.org/html/portuguese/humanrights/Crianca.pdf. Acesso em: 14 fev. 2019.

(462) Conforme demonstra documento da Federação Catarinense de Futebol. *Federação Catarinense de Futebol*. Disponível em: http://www.fcf.com.br/wp-content/uploads/2017/03/OFICIO_CIRCULAR_04_2017.pdf. Acesso em: 13 maio 2019.

De acordo com o Fórum Nacional de Prevenção e Erradicação do Trabalho Infantil (FNPETI), a participação de crianças como gandulas nos jogos da Copa do Mundo de 2014 configura um retrocesso social, visto que o governo brasileiro, por meio do Decreto n. 6.481, de 12 de junho de 2008, ratificou artigos da Convenção 182 da Organização Internacional de Trabalho (OIT) referentes ao veto a diferentes formas de trabalho infantil.(463)

Em 8 de abril de 2014, o Ministério Público do Trabalho, por meio do procurador-geral do trabalho, Luís Antônio Camargo de Melo, encaminhou uma moção ao ministro do STF, Joaquim Barbosa, presidente do Conselho Nacional de Justiça (CNJ), se posicionando contra a Resolução n. 13. O documento também foi assinado pelo coordenador da Comissão Permanente da Infância e Juventude (COPEIJ), do Grupo Nacional de Direitos Humanos do Conselho Nacional de Procuradores Gerais dos Ministérios Públicos (GNDH), o promotor de Justiça Renato Barão Varalda; pela presidenta do Conselho Nacional dos Direitos da Criança e do Adolescente (CONANDA), Míriam Maria José dos Santos, e pela secretária-executiva do Fórum Nacional de Prevenção e Erradicação do Trabalho Infantil (FNPETI), Isa Maria de Oliveira.(464)

Em 08 de maio de 2014, a procuradora do Trabalho Margaret Matos de Carvalho, do Ministério Público do Trabalho da 9ª Região (MPT-PR), ingressou com Ação Civil Pública em face de Company, Coca Cola Indústrias Ltda. e FIFA — Federação Internacional de Futebol, com pedido de antecipação de tutela, postulando que as rés se abstivessem de contratar, envolver, organizar adolescentes até 18 anos incompletos, como gandula para a Copa do Mundo FIFA 2014, bem como para quaisquer outras competições de futebol sob o seu patrocínio; garantissem aos adolescentes já selecionados que adentrassem aos estádios na condição de acompanhantes dos jogadores ou carregadores de bandeiras e contratassem gandulas com idade superior a 18 anos completos. (465)

Pleiteou ainda a condenação definitiva das rés, ao pagamento de indenização por dano moral coletivo, reversível ao Fundo dos Direitos da Criança e do Adolescente.(466)

---

(463) CLAUDINO, Viviane. Entidades contestam uso de crianças pela Fifa como gandulas na Copa. *Rede Brasil Atual*. Disponível em: https://www.redebrasilatual.com.br/trabalho/2014/04/fifa-organiza-copa-do-mundo-com-trabalho-infantil-332.html .Acesso em: 16 fev. 2019.

(464) PGT encaminha moção ao CNJ contra gandulas adolescentes na Copa. BIBLIOTECA MPT/RN. *PGT encaminha moção ao CNJ contra gandulas adolescentes na Copa*. Disponível em: https://bibliotecaprt21.wordpress.com/2014/04/09/. Acesso em: 16 fev. 2019.

(465) BRASIL. Tribunal Regional do Trabalho da 9ª Região. *Ação Civil Pública n. 14855.2014.029.09.00.4*. Disponível em: https://edisciplinas.usp.br/pluginfile.php/1270856/mod_resource/content/0/ACP%20gandulas%20COPA%20tutela%20antecipada%20negada.pdf. Acesso em: 12 mar. 2019.

(466) *Idem*.

Em decisão publicada, em 16 de maio 2014, a juíza Luciene Cristina Bascheira Sakuma, da 20ª Vara do Trabalho de Curitiba-PR, rejeitou o pedido de tutela antecipada do Ministério Público do Trabalho. Nos termos da decisão da magistrada:

> **Na visão das rés, portanto, e que comungo nesta análise em sede de tutela antecipada, a atuação como gandula é uma recompensa para os atletas que mais se destacaram no campeonato de futebol patrocinado pelas rés, não um trabalho na acepção conferida ao termo pela Consolidação das Leis do Trabalho e demais normas correlatas, inclusive aquelas específicas a respeito do trabalho infantil.** Os adolescentes estarão sendo retribuídos, recompensados, portanto, pelo seu desempenho no torneio de futebol e atuarão em um único jogo, conforme informação prestada pela ré às fls. 189 (considerando o número de gandulas informado por partida, 14, em comparação com o número de adolescentes informado, 896, em confronto com as 64 partidas programadas antes da "rodada de 16" 3 , resulta, realmente, em apenas 1 jogo por adolescente).
>
> [...]
>
> **Assim, embora a participação dos adolescentes não se configure efetivamente como um trabalho, sua atuação ocorrerá em condições que não os sujeitarão a riscos à sua saúde, não se tratando de atuação em condições insalubres, perigosas, penosas, em "jornada" longa e, a respeito do trabalho noturno, constato que haverá apenas um jogo a ser realizado a partir das 22h e este está previsto para acontecer a partir da "rodada de 16", não havendo prova segura de que os adolescentes atuarão, também, nas partidas a serem realizadas a partir da 64ª** .
>
> [...]
>
> **Assim, a atuação dos adolescentes, mormente por terem recebido treinamento específico com gandulas experientes, contribuirá para sua formação, incutindo lhes valores importantes que levarão consigo o resto de suas vidas, tais como espírito esportivo, disciplina, trabalho em equipe, dentre outros aspectos.**
>
> Pelos fundamentos expostos, não vislumbro prova inequívoca ou verossimilhança nas alegações da parte autora que justifique a concessão da tutela antecipada, não se fazendo presentes os requisitos do art. 273 do CPC.
>
> [...][467]

O Ministério Público do Trabalho, por meio do procurador do Trabalho André Lacerda, impetrou Mandado de Segurança, com pedido liminar, contra ato da juíza em exercício na 20ª Vara do Trabalho de Curitiba, que negou a tutela antecipada ao Ministério Público do Trabalho, com relação a atos que seriam praticados pela FIFA na Copa do Mundo de 2014.[468]

---

(467) BRASIL. Tribunal Regional do Trabalho da 9ª Região. *Ação Civil Pública n. 14855.2014.029.09.00.4*. 20ª Vara do Trabalho de Curitiba – PR. Luciene Cristina Bascheira Sakuma Tutela antecipada. Publicação 16.04.2014. https://edisciplinas.usp.br/pluginfile.php/1270856/mod_resource/content/0/ACP%20gandulas%20COPA%20tutela%20antecipada%20negada.pdf. Acesso em: 13 abr. 2018. (grifo nosso).

(468) BRASIL. Tribunal Regional do Trabalho da 9ª Região. *Mandado de Segurança n. 0000176-17.2014.5.09.0000 (PJe)*. Desembargador relator: Cassio Colombo Filho. Data de Julgamento: 17.11.2014. Disponível em: https://edisciplinas.usp.br/pluginfile.php/1270849/mod_resource/content/0/MS%20ACP%20gandulas%20Copa%20-%20extincao.pdf. Acesso em: 12 mar. 2019.

No Mandado de Segurança, o MPT postulou a concessão de liminar para que, novamente, as litisconsortes, The Coca-Cola Company; *Coca-Cola* Industrias Ltda. e FIFA — Federação Internacional de Futebol, se abstivessem de contratar, envolver, organizar adolescentes de até 18 anos incompletos para o trabalho de gandula, sob pena de multa; que os gandulas adolescentes já selecionados pelos programas realizados pelas litisconsortes adentrassem aos estádios somente como acompanhantes dos jogadores ou carregadores de bandeiras; que a litisconsorte FIFA providenciasse, de imediato, gandulas com idade superior a 18 anos completos para atender às demandas do evento da Copa do Mundo de 2014; que o livre acesso aos estádios, onde ocorreriam os jogos da Copa do Mundo, fosse garantido a 02 membros do MPT, a 02 auditores fiscais do trabalho e a 02 conselheiros tutelares locais. [(469)]

Em 21 de maio de 2014, o desembargador Cassio Colombo Filho denegou a liminar em Mandado de Segurança, considerando que o MPT não comprovou a existência de um ato ilegal ou abusivo da MM. juíza de 1º grau que denegou a liminar pretendida. Enfatizou o desembargador que o MPT apenas procurava fazer prevalecer o seu entendimento sobre a questão. [(470)]

Ao final de sua decisão, concluiu o desembargador Cassio Colombo Filho:

> **Num momento em que os olhos do mundo estão voltados para o Brasil,** em que há tanta polêmica sobre a Copa do Mundo, **a responsabilidade institucional é um dever, e não será o Judiciário Nacional que mostrará dissensões em seu seio para acrescer mais desdouro a uma situação que tem tudo para ser reluzente.**
>
> Se o CNJ estipulou que a fiscalização do trabalho infantil será feita pelos Juízes da Infância e da Juventude, que assim seja.
>
> **No mais, resta torcer para todo mundo colocar a cabeça no lugar, para tudo correr do melhor modo possível, e para o Brasil ser campeão.**
>
> **DENEGO a liminar requerida.**[(471)]

Em 1º de agosto de 2014, a juíza do Trabalho, Luciene Cristina Bascheira Sakuma, extinguiu o processo sem resolução de mérito, por ausência de interesse de agir, considerando

---

(469) BRASIL. Tribunal Regional do Trabalho da 9ª Região. *Mandado de Segurança n. 0000176-17.2014.5.09.0000.* Desembargador relator: Cassio Colombo Filho. Data de Julgamento: 17.11.2014. Disponível em: https://edisciplinas.usp.br/pluginfile.php/1270849/mod_resource/content/0/MS%20ACP%20gandulas%20Copa%20-%20extincao.pdf Acesso em: 12 mar. 2019.

(470) BRASIL. Tribunal Regional do Trabalho da 9ª Região. *Liminar Mandado de Segurança n. 0000176-17.2014.5.09.0000.* Desembargador relator: Cassio Colombo Filho. Data de Julgamento 21.05.2014. Disponível em: https://edisciplinas.usp.br/pluginfile.php/1270849/mod_resource/content/0/MS%20ACP%20gandulas%20Copa%20-%20extincao.pdf Acesso em: 12 jan. 2019.

(471) BRASIL. Tribunal Regional do Trabalho da 9ª Região. *Liminar Mandado de Segurança n. 0000176-17.2014.5.09.0000.* Desembargador relator: Cassio Colombo Filho. Data de Julgamento: 21/05/2014. Disponível em: https://edisciplinas.usp.br/pluginfile.php/1270849/mod_resource/content/0/MS%20ACP%20gandulas%20Copa%20-%20extincao.pdf Acesso em: 12 mar. 2019. (grifo nosso)

a perda do objeto da ação, diante do encerramento do evento da Copa do Mundo, no dia 13 de julho de 2014.(472)

O mandado de segurança, conforme salientou o desembargador relator Cassio Colombo Filho, somente ficou apto para julgamento, em 17 de novembro de 2014, ou seja, após o encerramento da Copa do Mundo, que ocorreu em 13 de julho de 2014. O trâmite processual exigido (Lei n. 12.016/2009 e Regimento Interno deste Tribunal) envolveu a necessária intimação dos litisconsortes, manifestação da autoridade coatora e do MPT, como também a necessidade de respeito aos prazos legais para inclusão em sessão de julgamento, havendo a perda de objeto da ação e como consequência a carência superveniente da ação por perda do interesse de agir pelo impetrante, tendo o mandado de segurança sido extinto sem resolução do mérito.(473)

O Ministério Público do Trabalho recorreu da decisão de 1º grau.

Em 29 de abril de 2015, os desembargadores da 6ª Turma do Tribunal Regional do Trabalho da 9ª Região, por unanimidade, admitiram o recurso ordinário. No entanto, no mérito, negaram provimento. Com relação ao pedido para que as rés se abstivessem de contratar, envolver e organizar adolescentes até 18 anos incompletos para o trabalho de gandula durante a Copa do Mundo FIFA 2014 foi mantida a sentença, tendo em vista o encerramento dos jogos mundiais no dia 13.7.2014.(474)

No caso do julgamento dos danos morais coletivos, considerou a desembargadora relatora, Sueli Gil El Rafihi, assistir razão ao MPT quanto à sua insurgência. Todavia não considerou a existência de conduta ilícita praticada pelas rés, bem como prejuízos causados aos menores de idade que participaram como gandulas. Não havendo, portanto, que se falar em ofensa à comunidade como um todo, sendo indevida a indenização por danos morais coletivos. (475)

Segundo a relatora:

> [...] Tendo em vista que, segundo consta nos autos, foram selecionados 896 adolescentes para atuarem como gandulas em 64 jogos da Copa do Mundo, participando 14 deles por jogo, conclui-se que, de fato, cada adolescente participou de somente 1 jogo.

---

(472) BRASIL. Tribunal Regional do Trabalho da 9ª Região. *Ação Civil Pública n. 14855.2014.029.09.00.4*. 20ª Vara do Trabalho de Curitiba – PR. Luciene Cristina Bascheira Sakuma Tutela antecipada. Publicação 16.04.2014. https://edisciplinas.usp.br/pluginfile.php/1270856/mod_resource/content/0/ACP%20gandulas%20COPA%20tutela%20antecipada%20negada.pdf. Acesso em: 13 abr. 2018

(473) BRASIL. Tribunal Regional do Trabalho da 9ª Região. *Mandado de Segurança n. 0000176-17.2014.5.09.0000 (PJe)*. Desembargador relator: Cassio Colombo Filho. Data de Julgamento: 17.11.2014. Disponível em: https://edisciplinas.usp.br/pluginfile.php/1270849/mod_resource/content/0/MS%20ACP%20gandulas%20Copa%20-%20extincao.pdf Acesso em: 12 mar. 2019.

(474) BRASIL. Tribunal Regional do Trabalho da 9ª Região. *Processo n. 14855-2014-029-09-00-4 (RO)*. 6ª Turma. Desembargadora relatora Sueli Gil El Rafihi. Data de Publicação: 15.05.2015. p. 11-12. Disponível em: https://edisciplinas.usp.br/pluginfile.php/1270872/mod_resource/content/0/ACP%20gandulas%20Copa%20-%20acordao.pdf. Acesso em: 13 maio 2019.

(475) *Idem*.

> **Dessa forma, verifico que a atuação de adolescentes como gandula por meio do Programa da Juventude instituído pela terceira ré teve por fim, efetivamente, proporcionar "uma experiência inesquecível para as crianças, uma história que eles possam contar para seus filhos um dia"**, tal como destacado por referido programa (fl. 290). A participação de jovens em eventos festivos, desportivos, não é suficiente à caracterização de prestação de serviços, nos moldes sustentados pelo MPT autor. Não resta caracterizado, portanto, hipótese de trabalho infantil, sendo que a atividade realizada junto às rés, de forma absolutamente eventual, mediante a participação em um único jogo da Copa do Mundo, de 90 minutos de duração, não tem o condão de prejudicar a saúde ou o desenvolvimento dos menores, menos ainda sua frequência escolar, também não se traduzindo em atuação extenuante, penosa, perigosa ou insalubre, inexistindo riscos à incolumidade física ou mental dos adolescentes.[476]

Verifica-se, assim, também nos argumentos utilizados para os julgamentos das ações envolvendo a questão dos gandulas, o quanto a lógica econômica e circunstancial para atendimento de interesses específicos já se alastravam entre nós, superando todos os limites jurídicos constitucionais. No caso dos gandulas, inclusive, isso se apresenta de forma ainda mais clara, pois os termos da Constituição Federal são expressos quanto à proibição do trabalho antes dos 16 anos, salvo na condição de aprendiz a partir dos 14 anos e mesmo assim mediante remuneração e respeito a direitos trabalhistas.

A recomendação aprovada pelo CNJ, por trás de uma aparente normalidade jurídica, pautada na grandiosidade do evento e no interesse das crianças em participar da competição, além de legitimar o trabalho de gandulas adolescentes realizado no ano anterior na Copa das Confederações, se estabeleceu dentro do propósito evidenciado de assegurar a continuidade da utilização do trabalho dos gandulas para a realização da Copa do Mundo de 2014, dentro dos moldes exigidos pela FIFA.

4.3. Greves

O período em que se insere a preparação e realização da Copa de 2014 no Brasil (2007-2014) foi marcado por uma série de greves, bem como por várias mobilizações sociais.

De acordo com o "Balanço das Greves em 2012", apresentado pelo Departamento Intersindical de Estatística e Estudos Socioeconômicos (Dieese), confirma-se a tendência do aumento do número de greves no país, a partir de 2008.[477]

---

(476) BRASIL. Tribunal Regional do Trabalho da 9ª Região. *Processo n. 14855-2014-029-09-00-4 (RO)*. 6ª Turma. Desembargadora relatora Sueli Gil El Rafihi. Data de Publicação: 15/05/2015. p. 11/12. Disponível em: https://edisciplinas.usp.br/pluginfile.php/1270872/mod_resource/content/0/ACP%20gandulas%20Copa%20-%20acordao.pdf. Acesso em: 13 maio 2019. (grifo nosso)

(477) DIEESE. Departamento Intersindical de Estatística e Estudos Socioeconômicos. *Estudos e Pesquisas*. Balanço das Greves em 2012. N. 66, maio 2012. Anexos, Gráfico 1, p. 33. Disponível em: https://www.dieese.org.br/balancodasgreves/2012/estPesq66balancogreves2012.pdf. Acesso em: 29 jan. 2019.

O Sistema de Acompanhamento de Greves (SAG), desenvolvido e mantido pelo Dieese, registrou 316 greves, em 2007, 411 greves, em 2008 e 518, em 2009. O ano de 2010 apresentou uma leve queda registrando 446 greves. Em 2011 foram contabilizadas 554 greves e em 2012, 873, ano que registrou o maior número de greves desde 1997.[(478)]

Marcelo Badaró Mattos assinala uma retomada da mobilização organizada dos trabalhadores nesse período, a qual, desde os anos 1990, havia sido marcada por um declínio:

> Um dos mais visíveis indicadores do recuo das lutas coletivas da classe trabalhadora brasileira, a partir dos anos 1990, foi a diminuição do número de greves. Em 1989, no auge do ciclo de lutas sociais que marcou o fim da ditadura empresarial-militar instalada em 1964, ocorreram cerca de 4000 greves no Brasil. Nos anos seguintes este número foi caindo, até atingir 1228 greves em 1996, 525 em 2000 e 299, em 2005, num dos pontos mais baixos da curva (o menor número foi de 298 em 2002).
>
> [...]
>
> O que nos interessa neste momento, porém, é assinalar uma inflexão [...].[(479)]

Segundo o autor, o crescimento da utilização da paralisação do trabalho como arma para o enfrentamento dos baixos salários, da redução de direitos trabalhistas e das péssimas condições de trabalho, responsáveis pela elevação dos índices de acidentes de trabalho, se verifica, sobretudo, em setores como o da construção civil, o que foi impulsionado pelas obras do Programa de Aceleração do Crescimento (PAC) e pelos megaeventos esportivos, Copa do Mundo de 2014 e Olimpíadas em 2016.[(480)]

Aponta Marcelo Badaró que também pode auxiliar na explicação do aumento do número de greves, "a relativa estabilidade do nível de emprego (relativa porque os números oficiais contabilizam 6 milhões de desempregados, mas também 62 milhões de brasileiras e brasileiros em idade ativa que por alguma razão não buscam empregos) [...]".[(481)]

No entanto, para Badaró, somente o tempo seria capaz de comprovar se um novo ciclo de crescimento das lutas organizadas da classe trabalhadora estaria se despertando, sendo duas características centrais a esse ciclo: as "Jornadas de Junho" ocorridas em 2013

(478) DIEESE. Departamento Intersindical de Estatística e Estudos Socioeconômicos. *Estudos e Pesquisas*. Balanço das Greves em 2012. N. 66, maio 2012. Anexos, Gráfico 1, p. 33. Disponível em: https://www.dieese.org.br/balancodasgreves/2012/estPesq66balancogreves2012.pdf. Acesso em: 29 jan. 2019.

(479) MATTOS, Marcelo Badaró. Greves no Brasil: o despertar de um novo ciclo de lutas? *Blog. Esquerda on line*. 16 maio 2014. Disponível em: https://blog.esquerdaonline.com/?p=2245. Acesso em: 29 jan. 2019.

(480) *Idem*.

(481) *Idem*.

e a relação das greves com o sindicato, visto que muitos dos movimentos grevistas que ocorreram no período foram construídos à margem das direções sindicais e, ainda, muitas vezes contra elas.(482)

Em 2013, o número de greves computado pelo Dieese foi 134% superior a 2012, totalizando 2.050 greves(483). Segundo o Dieese:

> Esse movimento ascendente da prática de greves entre os trabalhadores brasileiros ocorreu em um cenário de crescimento econômico, queda da taxa de desemprego, aumento do grau de formalização do trabalho e elevação dos ganhos reais nas negociações coletivas. Acresce-se ainda a esses fatores a realização de dois eventos esportivos de alcance mundial e o pipocar, nas ruas, de grandes movimentos de protesto.(484)

Em 2014 e 2015, em razão do grande número de ocorrências, o cadastro das mobilizações deflagradas não foi concluído pelo Dieese(485). No entanto, informa a entidade, com base em notícias disponíveis sobre greve, que "[...] o número de mobilizações permanece no patamar anual de 2 mil greves que se iniciou em 2013 e prossegue nos anos seguintes. Estima-se que o indicador da quantidade de horas paradas nesse mesmo intervalo continuará excedendo 100 mil horas anuais".(486)

Com o intuito de exemplificar o movimento grevista ocorrido no período de realização e preparação da Copa do Mundo de 2014, serão apontadas algumas greves, sobretudo as greves deflagradas nas obras de construção e reforma dos estádios para o Mundial, pelo fato dessas obras terem ganhado grande atenção da mídia e os estádios representarem o cartão postal da Copa do Mundo de Futebol.

De acordo com o "Dossiê da Articulação Nacional dos Comitês Populares da Copa", o primeiro movimento grevista em estádios construídos para a Copa do Mundo

(482) MATTOS, Marcelo Badaró. Greves no Brasil: o despertar de um novo ciclo de lutas? *Blog. Esquerda on line.* 16 maio 2014. Disponível em: https://blog.esquerdaonline.com/?p=2245. Acesso em: 29 jan. 2019.

(483) DIEESE. Departamento Intersindical de Estatística e Estudos Socioeconômicos. *Estudos e Pesquisas.* Balanço das Greves em 2013. N. 79, dez. 2015, p. 2. Disponível em: https://www.dieese.org.br/balancodasgreves/2013/estPesq79balancogreves2013.pdf. Acesso em: 31 jan. 2019.

(484) DIEESE. Departamento Intersindical de Estatística e Estudos Socioeconômicos. *Estudos e Pesquisas.* Balanço das Greves em 2016. N. 84, ago. 2017, p. 27. Disponível em: https://www.dieese.org.br/balancodasgreves/2016/estPesq84balancogreves2016.html. Acesso em: 31jan. 2019.

(485) Segundo o Dieese "[...] devido ao grande número de ocorrências, o cadastro das mobilizações deflagradas em 2014 e 2015 no Sistema de Acompanhamento de Greves (SAG-Dieese) ainda não está concluído". DIEESE. Departamento Intersindical de Estatística e Estudos Socioeconômicos. *Estudos e Pesquisas.* Balanço das Greves em 2016. N. 84, ago. 2017. Nota de rodapé, p. 28. Disponível em: https://www.dieese.org.br/balancodasgreves/2016/estPesq84balancogreves2016.html. Acesso em: 31 jan. 2019.

(486) DIEESE. Departamento Intersindical de Estatística e Estudos Socioeconômicos. *Estudos e Pesquisas.* Balanço das Greves em 2016. N. 84, ago. 2017, p. 29. Disponível em: https://www.dieese.org.br/balancodasgreves/2016/estPesq84balancogreves2016.html. Acesso em: 31 jan. 2019.

ocorreu na cidade de Cuiabá (MT), no dia 18 de março de 2011, em que os trabalhadores da Arena Pantanal, Estádio Governador José Fragelli ("Verdão"), realizaram uma paralisação de 30 minutos.(487)

As obras da Arena Pantanal eram de responsabilidade do Consórcio, formado pelas construtoras Santa Bárbara e Mendes Júnior, que contratou empresas terceirizadas para a realização dos serviços.(488)

Os trabalhadores reivindicavam melhores condições de trabalho e reajuste do piso salarial da categoria. Enquanto a média do salário do mercado de trabalho era cerca de R$ 900,00 para servente e R$ 1,5 mil para pedreiro, os trabalhadores na Arena Pantanal recebiam R$ 587 e R$ 777, para as respectivas funções.

Segundo reportagem veiculada na Gazeta Digital, em 18 de novembro de 2010, o Ministério Público do Trabalho (MPT) havia apontado irregularidades nas obras da Arena Pantanal. Segundo o MPT, os 203 trabalhadores da Arena Pantanal corriam risco de soterramento, não tinham água potável para o consumo, utilizavam Equipamentos de Proteção Individual (EPI) danificados, exerciam jornada de trabalho excessiva, não possuíam treinamento adequado, entre outras constatações.(489)

No dia 13 de junho de 2011, em Fortaleza (CE), os trabalhadores realizaram uma paralisação de 24 horas, que contou com a adesão de cerca de mil operários que trabalhavam no local. A paralisação teve início um dia após a implosão de parte da arquibancada do Estádio Castelão.(490)

O movimento grevista ocorreu diante da recusa das empresas em assinar a Convenção Coletiva de Trabalho para o período 2011/2012, que estava sendo negociada por mais de 100 dias com o sindicato patronal. Dentre as reivindicações dos trabalhadores estavam reajuste do salário-base, negociações referentes ao aumento real das horas extras realizadas aos sábados, aumento do valor da cesta básica, pagamento de adicional de periculosidade. (491)

Nas 24 horas de paralisação, organizada pelo Sindicato dos Trabalhadores nas Indústrias da Construção de Estradas, Pavimentação e Obras de Terraplenagem em

---

(487) DOSSIÊ DA ARTICULAÇÃO NACIONAL DOS COMITÊS POPULARES DA COPA. *Megaeventos e violações de direitos humanos no Brasil.* Anexo 3. Greves de trabalhadores em obras da Copa do Mundo 2014, p. 92. Disponível em: http://pfdc.pgr.mpf.mp.br/temas-de-atuacao/megaeventos/dossie_violacoes. Acesso em: 22 jan. 2019.

(488) *Idem.*

(489) TRABALHADORES correm risco. *Gazeta Digital.* 18 nov.2010. Cuiabá. Disponível em: http://www.gazetadigital.com.br/editorias/cidades/trabalhadores-correm-riscos/258088. Acesso em: 22 jan. 2019.

(490) DOSSIÊ DA ARTICULAÇÃO NACIONAL DOS COMITÊS POPULARES DA COPA. *Megaeventos e violações de direitos humanos no Brasil.* Anexo 3. Greves de trabalhadores em obras da Copa do Mundo 2014, p. 94. Disponível em: http://pfdc.pgr.mpf.mp.br/temas-de-atuacao/megaeventos/dossie_violacoes. Acesso em: 22 jan. 2019.

(491) *Idem.*

Geral, (Sintepav-CE), os trabalhadores conseguiram um acordo que garantiu o aumento de 13% do salário base, que passa de R$859,20 para R$959,60 e atinge cerca dos 25 mil trabalhadores da construção pesada no estado.(492)

As empresas responsáveis pelas obras do estádio Castelão eram a Galvão Engenharia S.A. e Andrade Mendonça Construtora Ltda.(493)

No Mineirão, Estádio Governador Magalhães Pinto, em Belo Horizonte, Minas Gerais, os operários que trabalhavam nas obras do estádio paralisaram suas atividades por cinco dias, de 15 a 20 de junho de 2011.(494) A paralisação foi iniciada por cerca de 500 trabalhadores que reivindicavam, entre outras questões, melhores salários e condições de trabalho, além de denunciar as precárias condições de trabalho. (495)

O Consórcio responsável pelas obras era compreendido pelas construtoras Construcap Indústria e Comércio, Egesa Engenharia e Hap Engenharia que formavam a empresa Minas Arena.

Em 16 de setembro de 2011, a paralisação organizada pelo Sindicato dos Trabalhadores da Indústria da Construção de Belo Horizonte e Região ganhou força em razão da presença da presidenta Dilma Rousseff em Belo Horizonte que participaria de eventos para celebração dos mil dias para a Copa de 2014 e visitaria as obras do Mineirão.(496)

A paralisação do trabalho contou com 100% de adesão dos trabalhadores, o que corresponde a 1.100 serventes e pedreiros, de acordo com o presidente do Sindicato dos Trabalhadores nas Indústrias da Construção de BH e Região, Osmir Venuto.(497)

Os trabalhadores reivindicavam melhores condições de saneamento na obra, aumento do piso salarial, reajuste no valor do auxílio-alimentação e plano de saúde ampliado para a família. (498)

O ministro do Esporte, Orlando Silva, afirmou que as paralisações de trabalhadores em obras da Copa do Mundo de 2014 não atrapalhariam o cronograma de entrega das

---

(492) DOSSIÊ DA ARTICULAÇÃO NACIONAL DOS COMITÊS POPULARES DA COPA. *Megaeventos e violações de direitos humanos no Brasil.* Anexo 3. Greves de trabalhadores em obras da Copa do Mundo 2014, p. 94. Disponível em: http://pfdc.pgr.mpf.mp.br/temas-de-atuacao/megaeventos/dossie_violacoes. Acesso em: 22 jan. 2019.

(493) *Idem.*

(494) *Ibidem*, p. 95.

(495) *Ibidem*, p. 95-96

(496) OPERÁRIOS param obra no Mineirão em dia da visita de Dilma Rousseff. *G1.* 16 nov. 2011. Minas Gerais. Disponível em: http://g1.globo.com/minas-gerais/noticia/2011/09/operarios-param-obra-no-mineirao-em-dia-da-visita-de-dilma-rousseff.html. Acesso em: 31 de jan. 2019.

(497) *Idem.*

(498) *Idem.*

obras. Disse ainda, que reconhecia como "legítimo" o direito de manifestação dos operários. No entanto, salientou que contava com o patriotismo dos trabalhadores.(499)

Nas obras da Arena Pernambuco, em São Lourenço da Mata, região metropolitana de Recife, Pernambuco, no dia 30 de junho de 2011, os trabalhadores paralisaram suas atividades por três horas.(500)

A empresa responsável pela construção do estádio era a Odebrecht.(501)

Os trabalhadores reivindicavam aumento de salário para servente e pedreiro, além da alteração no cálculo da produtividade, aumento do valor dos vales-refeição, folgas semanais e melhoria no transporte. Também denunciavam jornadas excessivas de trabalho.(502) A paralisação foi encerrada no mesmo dia, diante de acordo firmado com a Odebrecht. No entanto, deixaram claro que nova paralisação poderia ocorrer, no dia 1º de agosto, se não entrassem em acordo sobre o aumento salarial.(503)

No dia 19 de outubro de 2011, as obras da Arena Pernambuco foram novamente paralisadas. A greve de um dia envolveu os cerca de 1500 operários que trabalhavam no estádio e reivindicavam adicional de horas extras de 70% nos dias de semana e 100% aos sábados, plano de saúde, reajuste da cesta básica e reajuste salarial.(504)

Outra paralisação ocorreu na Arena Pernambuco, ainda em 2011, do dia 1º a 6 de novembro. O movimento grevista, organizado pelo Sindicato dos Trabalhadores na Construção de Estradas, Pavimentação e Terraplenagem em Geral do Estado de Pernambuco (Sintepav-PE), foi desencadeado pela demissão de dois empregados, integrantes da CIPA (Comissão Interna de Prevenção de Acidentes) com participação ativa nas assembleias, realizadas em 26 e 31 de outubro. Denúncias de assédio moral e maus tratos praticados pelo chefe do programa de segurança patrimonial da empresa também motivaram a paralisação.(505)

---

(499) BRAGON, Rayder. Ministro diz que greves não vão atrasar obras e conta com "patriotismo" dos operários. Uol. 16/09/2011. *Uol Esporte*. Belo Horizonte. Disponível em: https://esporte.uol.com.br/futebol/copa-2014/ultimas-noticias/2011/09/16/Ministro-diz-que-greves-nao-vao-atrasar-obras-e-conta-com-patriotismo-dos-operarios.htm. Acesso em: 31 de jan. 2019.

(500) DOSSIÊ DA ARTICULAÇÃO NACIONAL DOS COMITÊS POPULARES DA COPA. *Megaeventos e violações de direitos humanos no Brasil*. Anexo 3. Greves de trabalhadores em obras da Copa do Mundo 2014, p. 97. Disponível em: http://pfdc.pgr.mpf.mp.br/temas-de-atuacao/megaeventos/dossie_violacoes. Acesso em: 22 jan. 2019.

(501) *Idem*.

(502) *Idem*.

(503) *Ibidem*, p. 97-99.

(504) *Idem*.

(505) *Idem*.

Os trabalhadores reivindicavam a reintegração dos operários demitidos, o afastamento do chefe da segurança e ainda a retirada do posto policial localizado no canteiro de obras.[(506)]

No dia 17 de agosto de 2011, teve início no Maracanã, Estádio Mário Filho, localizado na cidade do Rio de Janeiro, uma greve que se estendeu até o dia 22 de agosto.

O consórcio responsável pelas obras foi formado pelas construtoras Odebrecht, Delta e Andrade Gutierrez.

No dia 1º de setembro uma segunda paralisação ocorreu, sendo finalizada apenas no dia 19. [(507)]A paralisação iniciada em 17 de agosto foi motivada por um acidente sofrido por um operário. O acidente ocorreu quando o trabalhador "[...] foi cortar um barril com uma solda e houve uma explosão".[(508)] De acordo com a Secretaria municipal de Saúde, o trabalhador foi levado para o Hospital Souza Aguiar e teve queimaduras e lesão na perna.[(509)]

A greve foi encerrada no dia 22 de agosto, após assembleia realizada no dia anterior, em que foi aprovado o acordo firmado entre o Consórcio e o sindicato dos trabalhadores. O acordo garantia aumento salarial para os operários que recebiam abaixo da média do mercado, aumento do valor da cesta básica, concessão de plano de saúde, estabilidade para a comissão de greve e uma comissão sindical para avaliar as condições de segurança da obra e negociação em 90 dias sobre a extensão do plano de saúde para a família dos trabalhadores.[(510)]

No entanto, o não cumprimento do acordo deu ensejo a nova paralisação que foi iniciada em 1º de setembro de 2011. À pauta anterior foram acrescentadas denúncias dos trabalhadores referentes à insalubridade no canteiro de obras, ausência de médico de plantão no horário da noite e piora das condições de trabalho, inclusive reclamações de comida estragada.[(511)] O Consórcio das obras do Maracanã minimizou o protesto,

---

(506) DOSSIÊ DA ARTICULAÇÃO NACIONAL DOS COMITÊS POPULARES DA COPA. *Megaeventos e violações de direitos humanos no Brasil.* Anexo 3. Greves de trabalhadores em obras da Copa do Mundo 2014, p. 98-99. Disponível em: http://pfdc.pgr.mpf.mp.br/temas-de-atuacao/megaeventos/dossie_violacoes. Acesso em: 22 jan. 2019.

(507) *Ibidem*, p. 100.

(508) OPERÁRIOS decidem manter greve e obra no Maracanã segue suspensa. *G1.* 19 ago. 2011.Rio de Janeiro. Disponível em: http://g1.globo.com/rio-de-janeiro/noticia/2011/08/operarios-decidem-manter-greve-e-obra-no-maracana-segue-suspensa.html. Acesso em: 24 jan. 2019.

(509) *Idem.*

(510) DOSSIÊ DA ARTICULAÇÃO NACIONAL DOS COMITÊS POPULARES DA COPA. *Megaeventos e violações de direitos humanos no Brasil.* Anexo 3. Greves de trabalhadores em obras da Copa do Mundo 2014, p. 100-101. Disponível em: http://pfdc.pgr.mpf.mp.br/temas-de-atuacao/megaeventos/dossie_violacoes. Acesso em: 22 jan. 2019.

(511) *Idem.*

salientando que os trabalhadores em greve correspondiam a menos de 10% dos operários que trabalhavam na construção do estádio.[512]

Conforme notícia veiculada no portal do Tribunal do Trabalho da 1ª Região (RJ), a greve dos trabalhadores foi julgada abusiva, "a decisão, tomada por unanimidade dos desembargadores e juízes presentes, considerou que a deflagração do movimento não atendeu aos requisitos previstos na Lei n. 7.783/89, que regulamenta o exercício do direito de greve".[513]

No dia 26 de outubro de 2011, os trabalhadores do Estádio Nacional de Brasília, Mané Garricha, paralisaram suas atividades em decorrência da demissão de um operário vinculado ao sindicato da construção civil de Brasília.

O consórcio responsável pelas obras do Mané Garrincha era formado pelas construtoras Via Engenharia e Andrade Gutierrez.

O Sindicato dos Trabalhadores da Construção Civil e Mobiliária do Distrito Federal (STICMB) em reunião com os representantes do consórcio anunciou que os trabalhadores retornariam ao trabalho, no dia seguinte. No entanto, o encerramento da paralisação não foi aprovado em assembleia e os operários continuaram em greve.[514]

Os trabalhadores, cerca de 2.500, reivindicavam aumento salarial, aumento para o pagamento para as horas extras, melhores condições de trabalho, recesso de fim de ano de 10 dias, melhorias na alimentação, entre outras. Após algumas reuniões, as empresas começaram a atender algumas das reivindicações, como aumento na segurança do trabalho, melhoria da alimentação no refeitório e o recesso para as festas de fim do ano. No entanto, o aumento salarial não foi acordado, tendo sido o principal fator para a continuação da paralisação.[515]

---

(512) ANAMT. Associação Nacional de Medicina do Trabalho. *Operários que trabalham nas obras do Maracanã fazem novo protesto.* Disponível em: https://www.anamt.org.br/portal/2011/09/14/operarios-que-trabalham-nas-obras-do-maracana-fazem-novo-protesto/. Acesso em: 23 jan. 2019.

(513) TRT/RJ julga abusiva greve dos trabalhadores do Maracanã. Justiça do Trabalho. *Portal 2 TRT Rio.* 16 set. 2011. Disponível em: https://www.trt1.jus.br/ultimas-noticias/-/asset_publisher/IpQvDk7pXBme/content/trt-rj-julga-abusiva-greve-dos-trabalhadores-do-maraca-2/21078. Acesso em: 24 jan. 2019.

(514) DOSSIÊ DA ARTICULAÇÃO NACIONAL DOS COMITÊS POPULARES DA COPA. *Megaeventos e violações de direitos humanos no Brasil.* Anexo 3. Greves de trabalhadores em obras da Copa do Mundo 2014, p. 103. Disponível em: http://pfdc.pgr.mpf.mp.br/temas-de-atuacao/megaeventos/dossie_violacoes. Acesso em: 22 jan. 2019.

(515) SEM ACORDO por aumento salarial, greve no Mané Garrincha continua. *Correio Braziliense.* 28 out. 2011. Brasília. Disponível em: https://www.correiobraziliense.com.br/app/noticia/cidades/2011/10/28/interna_cidadesdf,276011/sem-acordo-por-aumento-salarial-greve-no-mane-garrincha-continua.shtml. Acesso em: 24 jan. 2019.

Em 2012, as paralisações nas obras dos estádios continuaram. Importante ressaltar que o cronograma para o término das construções e reforma dos estádios visava atender não apenas a Copa do Mundo, mas também a Copa das Confederações, que aconteceria no Brasil, de 15 a 30 de junho 2013 e seria o principal evento teste para o Mundial dc 2014.

As cidades que receberiam o evento em 2013, e seus respectivos estádios, tinham que concluir as obras a tempo. A Copa das Confederações seria realizada no estádio do Mineirão, em Belo Horizonte (MG), no estádio Mané Garrincha, em Brasília (DF), onde aconteceria a abertura do evento, no estádio Castelão, em Fortaleza (CE), na Arena Pernambuco, em Recife (PE), no estádio do Maracanã, no Rio de Janeiro (RJ), que seria palco da final dos jogos, e na Arena Fonte Nova, em Salvador (BA).

A Arena Pernambuco, em São Lourenço da Mata, Recife (PE), um dos estádios que também receberia a Copa das Confederações, teve as suas obras paralisadas no dia 25 de janeiro de 2012. Afirmaram os operários que só retornariam ao trabalho quando fossem atendidas as suas reivindicações, que incluíam: aumento de salário de R$ 897 para R$ 1.050, aumento do vale-alimentação, pagamento da Participação nos Lucros e Resultados (PLR), entre outros benefícios.(516)

Um trabalhador da Arena Pernambuco, que conversou com o *Globo Esporte*, mas não quis se identificar, ressaltou:

> Não temos planos de saúde. Só há plano de saúde para quem trabalha na parte administrativa. O peão que está no campo não ganha. Representantes do sindicato estiveram na obra, mas disseram que eles não podiam entrar e que a obra estava funcionando normalmente. Temos uma hora de almoço, mas a fila é tão grande que só dá tempo de almoçar e voltar correndo para o trabalho. O refeitório também precisa ser alterado.(517)

Os trabalhadores, no dia 03 de fevereiro de 2012, voltaram às atividades. Segundo a comissão de trabalhadores que esteve à frente da paralisação, cerca de 300 empregados foram surpreendidos com um comunicado de demissão quando chegaram ao trabalho. O total de operários trabalhando da Arena Pernambuco era de 2.400.(518)

---

(516) GREVE para obras da Arena Pernambuco de novo. *Ponto de Pauta*. 28 jan. 2012. Recife. Disponível em: http://www.pontodepauta.com.br/site/noticias.php?idNoticia=10918. Acesso em: 01 fev. 2019.

(517) CONSÓRCIO Arena PE vai pedir fim da greve de trabalhadores na Justiça. *Globo Esporte*. 27 jan. 2012. Recife. Disponível em: http://globoesporte.globo.com/futebol/copa-do-mundo/noticia/2012/01/consorcio-arena-pe-vai-pedir-fim-da-greve-de-trabalhadores-na-justica.html. Acesso em: 01 fev. 2019.

(518) APÓS 8 DIAS de greve, trabalhadores da Arena Pernambuco voltam ao trabalho. *Uol*. 03 dez. 2012. Disponível em: https://jconline.ne10.uol.com.br/canal/esportes/copa-2014/noticia/2012/02/03/apos-8-dias-de-greve-trabalhadores-da-arena-pernambuco-voltam-ao-trabalho-30854.php. Acesso em: 1º fev. 2012.

O Consórcio emitiu uma nota informando que apenas 62 trabalhadores teriam sido demitidos:

> "com a declaração pelo TRT/PE da ilegalidade da greve — movimento promovido por uma minoria que paralisou a obra e pôs em risco um projeto de importância para o Estado de Pernambuco — esse processo natural de renovação poderia se valer da prerrogativa legal da 'Justa Causa'. No entanto, apesar de sua legitimidade, o mecanismo ainda não foi usado. Todos os 62 integrantes demitidos até o momento, por iniciativa do empregador, foram desligados sem justa causa. Com essa medida, a empresa busca fortalecer o conjunto de iniciativas de relacionamento com o objetivo de ampliar e qualificar, cada vez mais, o diálogo com os colaboradores e seus representantes". De acordo com a empresa, de novembro de 2011 a janeiro deste ano, foram efetivados 303 desligamentos e 1.212 contratações. A rotatividade é considerada normal uma vez que tem como objetivo alcançar a produtividade necessária para a realização do empreendimento."(519)

No dia 07 de agosto de 2012, os trabalhadores da Arena Pernambuco voltam a paralisar suas atividades. A construção do estádio havia sido concluída em 48,6%. Os operários pleiteavam reajuste salarial, concessão de plano de saúde, e aumento do valor das horas extras trabalhadas aos sábados, entre outras reivindicações.(520)

A Odebrecht, no mesmo dia, divulgou uma nota oficial sobre a greve. Ao final da nota ressaltou:

> As atividades serão retomadas normalmente amanhã. A Odebrecht Infraestrutura também vai atender a outro pedido dos trabalhadores, desta vez referente à ampliação dos dias de folga. Hoje, os trabalhadores que moram mais distante têm direito a um dia de folga para visitar suas famílias. Com a mudança, passam a ter direito a três dias. A Odebrecht Infraestrutura reforça sua posição de respeito à convenção coletiva de trabalho e o seu compromisso com os prazos estabelecidos para a construção do estádio.(521)

A construtora, já em janeiro de 2012, quando ocorreu a paralisação das obras da Arena Pernambuco, demonstrava preocupação com o prazo de conclusão do estádio.

(519) COUTINHO Raphael. Arena-PE registra as primeiras demissões. *BRASIL 247*. 03 fev. 2012. Disponível em: https://www.brasil247.com/pt/247/pernambuco247/39947/Arena-PE-registra-as-primeiras-demiss%C3%B5es.htm. Acesso em: 1º fev. 2019.

(520) SEGALLA, Vinícius. Por pagamento de hora extra aos sábados, operários da Arena Pernambuco decretam greve. *Uol*. 07 ago. 2012. São Paulo. Disponível em: https://noticias.bol.uol.com.br/ultimas-noticias/esporte/2012/08/07/por-pagamento-de-hora-extra-aos-sabados-operarios-da-arena-pernambuco-decretam-greve.htm. Acesso em: 1º fev. 2019.

(521) *Idem*.

Como apontou Marcos Lessa, ligado à Odebrecht: "A greve afeta bastante o cronograma. Nós temos um prazo apertadíssimo. Isso realmente pode prejudicar o andamento para a Copa das Confederações (junho de 2013)".(522)

No estádio Castelão, Fortaleza (CE), em 02 de abril de 2012, os trabalhadores iniciam uma greve que teve a duração de 13 dias.

Para o secretário Especial da Copa no Ceará, Ferruccio Feitosa, a paralisação das obras não deveria afetar o prazo de entrega do estádio no fim do ano. No entanto, o secretário lamentou os dias parados e disse confiar "[...] no talento e na determinação dos trabalhadores e das empresas que estão à frente da obra para que a gente possa recuperar qualquer tempo perdido. No momento, também anuncio que as construtoras estão determinadas a cumprir o prazo de dezembro deste ano"(523).

A greve foi encerrada no dia 15 de abril, após assembleia realizada pelos trabalhadores em que foi aceita a proposta de acordo apresentada pelo consórcio responsável pela Arena, formado pelas empresas Galvão Engenharia e Andrade Mendonça.

Ainda em 2012, merecem destaques os movimentos grevistas realizados na Arena das Dunas, em Natal, Rio Grande do Norte. A construção de estádio Arena das Dunas foi garantida em contrato de Parceria Público-Privada (PPP) firmado entre o Governo do Estado e o Consórcio OAS e Coesa Engenharia.

No dia 19 de março, os trabalhadores das obras do estádio Arena das Dunas (cerca de 550 operários) paralisaram suas atividades para pedir equiparação salarial com outros trabalhadores de obras de estádios para a Copa de 2014. Como forma de protesto, os operários fecharam a BR-101, bloqueando o trânsito e foram caminhando em direção do Ministério do Trabalho (bairro da Ribeira). Foi marcada para o dia seguinte uma mesa de negociação entre os trabalhadores e os representantes da construtora OAS.(524)

Nova paralisação ocorreu em abril de 2012, em razão da demissão de 15 operários pela OAS Engenharia. O Consórcio OAS e Coesa Engenharia instaurou dissídio coletivo de greve no Tribunal Regional do Trabalho-RN pleiteando o reconhecimento

(522) SEGALLA, Vinícius. Por pagamento de hora extra aos sábados, operários da Arena Pernambuco decretam greve. *Uol*. 07 ago. 2012. São Paulo. Disponível em: https://noticias.bol.uol.com.br/ultimas-noticias/esporte/2012/08/07/por-pagamento-de-hora-extra-aos-sabados-operarios-da-arena-pernambuco-decretam-greve.htm. Acesso em: 1º fev. 2019.

(523) APÓS 13 DIAS parados, operários enceram a greve nas obras do Castelão. *Uol*. 16 abr. 2012. Disponível em: https://copadomundo.uol.com.br/noticias/redacao/2012/04/16/apos-13-dias-parados-operarios-encerram-a-greve-nas-obras-do-castelao-ce.htm?mobile&cmpid=copiaecola. Acesso em: 1º fev. 2019.

(524) BARBOSA, Rafael; LIRA, Isaac. Operários da Arena das Dunas realizam protesto na BR-101. *Tribuna do Norte*. 19 mar. 2012. Natal-RN. Disponível em: http://www.tribunadonorte.com.br/noticia/operarios-da-arena-das-dunas-realizam-protesto-na-br-101/215304. Acesso em: 31 jan. 2019.

da ilegalidade da greve.(525) O desembargador, de plantão, Carlos Newton Pinto, no dia 04 de abril, concedeu decisão liminar determinando o imediato retorno dos operários ao trabalho. A decisão se pautou nos seguintes fundamentos:

> [...]
>
> Dos argumentos expendidos na inicial, apresenta-se como suficientemente verossímil a alegação de não atendimento dos requisitos previstos na Lei n. 7.783, de 28.06.1989, em especial, porque a greve é, na forma da lei em comento, um instrumento de pressão que a categoria dispõe para forçar a negociações com vistas à melhoria das condições de trabalho (art. 3º, *caput*), e no caso presente, **ela está, no meu modo de ver, permissa máxima vênia, sendo usada como meio de restringir o poder diretivo do empregador, que não obstante não seja expresso no texto constitucional, deflui logicamente dos postulados da livre iniciativa (art. 1º, IV, *in fine*), do direito de propriedade (art. 5º, XXII) e da livre concorrência (art. 170, IV); e também indevidamente, como meio de coação para reverter demissões de trabalhadores, fora, portanto, das suas finalidades legais e constitucionais**, mesmo porque não há, no direito brasileiro, garantia de emprego, salvo algumas situações excepcionais, tais como dirigentes sindicais, cipeiros, gestante, etc., hipóteses que não se fazem, todavia, presentes nos autos.
>
> **Por outro lado, há evidente risco de ineficácia do provimento, se concedido somente ao final, uma vez que tal paralisação pode decisivamente comprometer o cronograma de obras do estádio Arena das Dunas, o qual tem a finalidade precípua de atender aos eventos esportivos da Copa do Mundo de 2014, e também, em outro plano, de sediar eventos de notável repercussão no desenvolvimento não só de Natal, mas também do Estado do Rio Grande do Norte, e até mesmo de todo o País, valendo destacar que hoje mesmo foi veiculada em emissora de rádio desta Capital, que a obra está com apenas 20,5% de seu cronograma cumprido, ao contrário do estádio Castelão em Fortaleza, o qual segundo a mesma emissora (FM 94.3, *Rádio Cidade*) já avançou 64%. Desta forma é evidente o chamado *periculum in mora*, avultando o interesse público envolvido.**
>
> Assim, estando presentes os requisitos referidos no art. 461, § 3º do CPC, concedo a liminar para: a) determinar o imediato retorno dos obreiros aos seus postos de trabalho, sob pena de multa diária no valor de R$50.000,00 (cinquenta mil Reais), imposta ao Sindicato suscitado em caso de descumprimento da presente ordem; b) ordenar que o sindicato suscitado abstenha-se de promover ou de qualquer modo concorre para nova paralisação dos serviços sem fundamento legal, sob pena de multa diária no valor de R$ 100.000,00 (cem mil Reais), em caso de descumprimento desta específica ordem; c) autorizo, com fundamento na OJ n. 10 da SDC, as entidades suscitantes a efetuar o desconto dos dias não trabalhados até o efetivo retorno ao trabalho.
>
> Quanto ao pedido de declaração de abusividade ou ilegalidade de greve, tendo em vista seu caráter de definitividade e prejudicialidade, deixo, ad cautelam, de apreciá-lo, por entender, que a competência para sobre ele deliberar é do Egrégio Tribunal Pleno. [...](526)

(525) JUSTIÇA DO TRABALHO determina retorno ao trabalho dos operários da Arena das Dunas. *Tribuna do Norte.* 11 abr. 2012. Natal-RN. Disponível em: http://www.tribunadonorte.com.br/noticia/justica-do-trabalho-determina-retorno-ao-trabalho-dos-operarios-da-arena-das-dunas/217308. Acesso em: 31 jan. 2019.

(526) BRASIL. Tribunal Regional do Trabalho da 21ª Região. *Dissídio Coletivo de Greve n. 13200-50.2012.5.21.* Desembargador Carlos Newton Pinto. Data de Julgamento: 4.4.2012. (grifo nosso)

A decisão proferida pelo Tribunal Regional do Trabalho, entretanto, não foi acatada pelos operários, que se recusaram a retornar ao trabalho, enquanto as reivindicações não fossem atendidas pelo consórcio. O aumento salarial integrava as reivindicações. Segundo os trabalhadores, o salário pago na Arena das Dunas era o mais baixo entre todos os salários pagos aos trabalhadores de obras dos estádios da Copa de 2014.(527)

No dia 12 de abril de 2012 foi encerrada a greve pelos operários, após 11 dias de paralisação das atividades, diante de acordo firmado entre os trabalhadores e o consórcio responsável pela obra.(528)

No dia 07 de novembro de 2012, novamente os trabalhadores da Arena das Dunas entram em greve. Cerca de 1.500 operários reivindicam reajuste salarial de 25% e aumento do vale-refeição. O consórcio OAS afirma que tentaria uma negociação para que a construção do estádio fosse retomada.

No dia 10 de dezembro de 2013, cerca de 250 operários que trabalhavam no estádio Joaquim Américo Guimarães, estádio do Club Athletico Paranaense (CAP), conhecido como Arena da Baixada, em Curitiba (PR), iniciaram uma greve, alegando que não receberam o salário de novembro, bem como o vale-refeição. Ao todo 1.200 operários trabalham no local.(529)

A Arena da Baixada contou com um modelo de gestão diferenciado. A reforma da Arena foi firmada por um acordo tripartite, entre Atlético, Prefeitura de Curitiba e Governo do Estado, cada um se responsabilizando por um terço do valor orçado da obra em R$ 184,6 milhões(530). Para cuidar do projeto de reforma do estádio, o Atlético-PR criou a CAP S.A. e contratou a Engevix para administrar a obra e auxiliar nas contratações dos diversos serviços que seriam prestados.(531)

(527) GREVE dos operários da Arena das Dunas completa dez dias. *Globo Esporte*. 11 abr. 2012. Natal-RN. Disponível em: http://globoesporte.globo.com/futebol/copa-do-mundo/noticia/2012/04/greve-dos-operarios-da-arena-das-dunas-completa-dez-dias.html. Acesso em: 31 jan. 2019.

(528) OPERÁRIOS decretam fim da greve e retomam obras na Arena das Dunas. *Veja*. 13 abr. 2012. Disponível em: https://veja.abril.com.br/esporte/operarios-decretam-fim-da-greve-e-retomam-obras-na-arena-das-dunas/. Acesso em: 1 fev. 2019.

(529) FERRAZ, Luiz. Em 2014, a Arena da Baixada foi palco da Copa do Mundo. *Tribunal*. 06 set. 2014. Disponível em: https://www.tribunapr.com.br/esportes/em-2014-a-arena-da-baixada-foi-palco-da-copa-do-mundo/. Acesso em: 04 fev. 2019.

(530) O custo total inicial da obra era R$ 184,6 milhões, sendo 75% (R$ 131 milhões) financiados pelo BNDES e o saldo restante (R$ 53,6 milhões) pagos com recursos do estado do Paraná, prefeitura e do clube Atlético Paranaense. DINIZ, Augusto. Arena da Baixada receberá cobertura removível. *Revista OE*. 10 dez. 2012. Curitiba-PR. Disponível em: http://revistaoe.com.br/arena-da-baixada-recebera-cobertura-removivel/. Acesso em: 04 fev. 2019.

(531) DINIZ, Augusto. Arena da Baixada receberá cobertura removível. *Revista OE*. 10 dez. 2012. Curitiba-PR. Disponível em: http://revistaoe.com.br/arena-da-baixada-recebera-cobertura-removivel/. Acesso em: 04 fev. 2019.

Com relação à paralisação dos trabalhadores, o Atlético pediu um prazo de 20 dias para regularizar o pagamento, alegando que não tinha dinheiro para honrar os salários e que estava aguardando o repasse da última parcela do empréstimo com o BNDES. O Sindicato dos Trabalhadores da Construção Civil (Sintracon) não aceitou o prazo proposto.(532)

Além dos salários atrasados e de outros benefícios, os trabalhadores apontavam desvios de função nas atividades das obras, como, por exemplo, serventes exercendo função de carpinteiros e de eletricistas. Também denunciavam a realização de trabalho nas máquinas por trabalhadores não habilitados e o assédio moral praticado por encarregados.(533)

No dia 11 de dezembro, uma parcela dos trabalhadores contratados pela CAP/ S.A. recebeu o pagamento dos salários, o que levou a uma retomada parcial das atividades no dia seguinte. No entanto, conforme informou o presidente do Sintracon, Domingos Oliveira, os trabalhadores contratados pelas empreiteiras não haviam recebido.(534)

Em 13 de dezembro, cerca de 600 trabalhadores continuavam sem pagamento, o que levou a retomada da paralisação. Os operários chegaram a bloquear uma das ruas próximas à Arena da Baixada e à sede do Atlético-PR para protestar contra os salários atrasados.(535)

Em 2014, outras paralisações ocorreram na Arena da Baixada, novamente em razão de pagamentos de salários atrasados.(536)

4.4. Condições de trabalho: Terceirização, jornadas extenuantes e acidentes do trabalho

Se por um lado as diversas obras para a Copa de 2014 levaram o setor da construção civil a ser um dos mais beneficiados com o mundial, por outro, a realidade vivenciada pelos trabalhadores nas obras não foi nada positiva.

---

(532) RIBEIRO, Gustavo. Greve é o outro entrave da Arena. *Gazeta do Povo*. 10 dez. 2013. Disponível em: https://www.gazetadopovo.com.br/esportes/copa/2014/sedes/greve-e-o-novo-entrave-da-arena-4uk4vicijlxonaefemhks45zi/, Acesso em: 04 fev. 2019.

(533) FÁBIO CAMPANA. *Trabalhadores da Arena entram no 2º dia de greve*. Disponível em: https://www.fabiocampana.com.br/2013/12/trabalhadores-da-arena-da-baixada-entram-no-2o-dia-de-greve/. Acesso em: 04 fev. 2019.

(534) OPERÁRIOS da Arena da Baixada voltam a protestar por atrasos nos salários. *Globo Esporte*. 13 dez. 2013. Curitiba. Disponível em: http://globoesporte.globo.com/pr/futebol/times/atletico-pr/noticia/2013/12/operarios-da-arena-da-baixada-voltam-protestar-contra-atrasos-nos-salarios.html. Acesso em: 04 fev. 2019.

(535) *Idem*.

(536) Em 10 de abril de 2014 os trabalhadores da Arena da Baixada protestam pelo atraso no pagamento de salários. *APUFPR*. Associação dos Professores da Universidade Federal do Paraná. Seção Sindical dos Andes-SN. Disponível em: https://apufpr.org.br/operarios-da-arena-encerram-manifestacao-apos-promessa-de-pagamento/. Acesso em: 04 fev. 2019.

No Brasil, conforme salienta Vitor Araújo Filgueiras, de acordo com indicadores oficiais disponíveis, a atividade econômica que mais mata trabalhadores é a construção civil.(537)

Segundo o autor, o risco de o trabalhador sofrer um acidente fatal na construção civil é mais que o dobro da média, quando comparado com o conjunto do mercado de trabalho. Em 2012, a probabilidade de um empregado na construção se incapacitar permanentemente foi 60% superior ao restante de outros setores.(538)

Vitor Filgueiras, ao considerar os empregados vinculados formalmente aos CNAES (Classificação Nacional de Atividade Econômica) que integram a Construção (Setor F), como também os dados dos últimos Anuários Estatísticos de Acidentes de Trabalho (AEAT, 2010, 2011, 2012, 2013) do INSS (Instituto Nacional de Seguridade Social), afirma que morrem, a cada ano no setor da construção civil, no Brasil, mais de 450 trabalhadores.(539)

O trabalho executado nas obras da Copa de 2014, portanto, não configura um fato isolado, mas apenas reflete a triste realidade presente na construção civil do país. As elevadas jornadas, o aumento do ritmo de trabalho, as contratações emergenciais de trabalhadores, muitas vezes sem treinamentos adequados para assumirem determinadas funções, associados ainda à terceirização dos serviços pelas construtoras, expunham os trabalhadores das obras do Mundial a um grande risco de acidentes.

Um diferencial que se observa na Copa de 2014, no entanto, é a relevância de ser o maior evento mundial de futebol, atraindo para o Brasil, não só a atenção da imprensa esportiva, como também os "olhos" da mídia internacional em geral. Tal fato acabou possibilitando o acompanhamento dessas questões mais de perto, visto que as manchetes dos mais diversos jornais do país e do mundo estampavam dia a dia as matérias sobre a preparação do Mundial da FIFA que aconteceria no Brasil, de 12 junho a 13 de julho de 2014.

---

(537) A partir de indicadores oficiais disponíveis, salienta Vitor Filgueiras: "Considerando apenas os empregados formalmente vinculados aos CNAES (Classificação Nacional de Atividade Econômica) que integram a Construção (Setor F) e os dados dos últimos Anuários Estatísticos de Acidentes de Trabalho (AEAT, 2010, 2011, 2012, 2013) do INSS (Instituto Nacional de Seguridade Social), morrem mais de 450 trabalhadores no setor, a cada ano, no Brasil." FILGUEIRAS, Vitor Araújo. FILGUEIRAS, Vitor Araújo. *Terceirização e acidentes de trabalho na construção civil*. Disponível em: https://indicadoresdeemprego.files.wordpress.com/2013/12/terceirizac3a7c3a3o-e-acidentes-de-trabalho-na-construc3a7c3a3o-civil.pdf, p. 1. Acesso em: 23 fev. 2019.

(538) FILGUEIRAS, Vitor Araújo. *Terceirização e acidentes de trabalho na construção civil*. Disponível em: https://indicadoresdeemprego.files.wordpress.com/2013/12/terceirizac3a7c3a3o-e-acidentes-de-trabalho-na-construc3a7c3a3o-civil.pdf, p. 2. Acesso em: 23 fev. 2019.

(539) *Ibidem*, p. 1.

Não fossem os holofotes das grandes mídias estarem voltados para o país, provavelmente, a exploração e a precariedade do trabalho a que estavam submetidos os trabalhadores nos canteiros de obras da Copa de 2014, sobretudo nas obras dos estádios, não teriam sido tão visibilizadas. Como, por exemplo, no caso do acidente que ocorreu nas obras do estádio do Corinthians, em 27 de novembro de 2013, que matou dois trabalhadores e gerou repercussão na imprensa internacional. Referido acidente foi destaque nas primeiras páginas dos sites do jornal inglês *Guardian*, da rede americana *CNN*, e do diário argentino *Clarín*.(540)

Em outra reportagem, veiculada no site do Repórter Brasil, em 25 de setembro de 2013, matéria de Stefano Wrobleski, foi revelado o flagrante de 111 (cento e onze) trabalhadores aliciados no Maranhão, Sergipe, Bahia e Pernambuco e que foram resgatados de 11 alojamentos em Cumbica em condições degradantes.(541)

O flagrante, como informa notícia veiculada no site do Ministério Público do Trabalho, em 08 de novembro de 2013, foi decorrente de força-tarefa realizada pelo MPT-SP, o Ministério do Trabalho e Emprego (MTE) e a Vara Itinerante do Tribunal Regional do Trabalho da 2ª Região.(542)

Os trabalhadores vieram com a promessa de trabalhar nas obras de ampliação do aeroporto internacional de Guarulhos/SP, de responsabilidade da OAS, uma das maiores construtoras do país. Além do aliciamento e da precária situação das moradias, a caracterização das condições análogas à escravidão foi determinada pelo tráfico de pessoas e pela servidão por dívida.(543)

Os primeiros trabalhadores foram resgatados em 6 de setembro de 2013, pelo Sindicato dos Trabalhadores na Construção Civil em Guarulhos, que fez a denúncia ao Ministério do Trabalho e Emprego (MTE). Os auditores fiscais, nessa data, encontraram três casas, onde estavam 77 pessoas que vieram de Petrolândia (interior de Pernambuco) e chegaram a São Paulo, nos dias 13 de agosto e 1º de setembro, para trabalhar nas

---

(540) LEIA REPERCUSSÃO internacional do acidente no estádio do Corinthians. *G1*. 27 nov. 2013. São Paulo. Disponível em: https://g1.globo.com/sao-paulo/noticia/2013/11/leia-repercussao-internacional-do-acidente-no-estadio-do-corinthians.html. Acesso em: 16 mar. 2019.

(541) WROBLESKI, Stefano. Fiscais flagram trabalho escravo em obra da OAS para ampliação do Aeroporto Internacional de Guarulhos (SP). *Repórter Brasil*. 25 set. 2013. Disponível em: https://reporterbrasil.org.br/2013/09/fiscais-flagram-trabalho-escravo-em-obra-da-oas-para-ampliacao-do-aeroporto-internacional-de-guarulhos-sp/. Acesso em: 23 fev. 2019.

(542) OAS pagará R$ 15 milhões por trabalho degradante. *Ministério Público do Trabalho — MPT*. 07 nov. 2013. Disponível em: http://radio.mpt.gov.br/wps/portal/portal_mpt/mpt/noticias-antigas/2013/novembro/oas+pagara+r%24+15+milhoes+por+trabalho+degradante. Acesso em: 14 mar. 2019.

(543) WROBLESKI, Stefano. Fiscais flagram trabalho escravo em obra da OAS para ampliação do Aeroporto Internacional de Guarulhos (SP). *Repórter Brasil*. 25 set. 2013. Disponível em: https://reporterbrasil.org.br/2013/09/fiscais-flagram-trabalho-escravo-em-obra-da-oas-para-ampliacao-do-aeroporto-internacional-de-guarulhos-sp/. Acesso em: 23 fev. 2019.

obras, como carpinteiros, pedreiros e armadores. Cada trabalhador pagou entre R$ 300 e R$ 400 ao aliciador ("gato") pela viagem, aluguel da moradia e uma "taxa" de R$ 100 que ficaria com um funcionário da OAS, para "agilizar" a contratação. Os trabalhadores haviam recebido a promessa de registro em carteira, bons salários, vale-refeição e transporte. Todos os operários tinham realizado exame médico exigido pela empresa e apresentado os documentos para a contratação.(544)

Em 07 de novembro de 2013, a Construtora OAS firmou acordo com o Ministério Público do Trabalho (MPT) se comprometendo a regularizar as questões trabalhistas e a pagar indenização de R$ 15 milhões. Desse valor, R$ 7 milhões seriam revertidos para programas filantrópicos, culturais, educacionais, científicos, de assistência social ou de desenvolvimento e melhoria das condições de trabalho, preferencialmente no município de Guarulhos. O valor de R$ 8 milhões seria destinados a situações emergenciais, como, por exemplo, o fornecimento de leitos aos empregados que não fossem residentes na cidade. A multa à OAS, por descumprimento do acordo, seria de R$ 40 mil a R$ 50 mil por cláusula, acumulada com multa de R$ 2 mil a R$ 3 mil por cada trabalhador atingido.(545)

Importante elemento que se apresenta nas obras do Mundial de 2014 e que merece ser destacado é a pressa. A exigência pela celeridade dos serviços executados nos canteiros de obras criava um ambiente de trabalho ainda mais nocivo à segurança e saúde dos trabalhadores, culminando com a ocorrência de graves acidentes do trabalho.

A necessidade das construtoras em cumprir o cronograma determinado pela FIFA chegou, inclusive, a influenciar a fiscalização frente às obras da Copa. A fala do superintendente do Ministério do Trabalho (MTE) à época, Luiz Antônio Medeiros, em reportagem veiculada pela Folha de S. Paulo, em 03 de março de 2014, matéria de Alex Sabino, frente ao atraso das obras da Arena Corinthians, o Itaquerão, revela bem isso:

> Luiz Antonio Medeiros, a maior autoridade do Ministério do Trabalho (MTE) em São Paulo, disse à *Folha* que o órgão está "fazendo de conta que não vê" irregularidades na construção do Itaquerão.
>
> "Se esse estádio não fosse da Copa [do Mundo], os auditores teriam feito um auto de infração por trabalho precário e paralisado a obra. Estamos fazendo de conta que não vemos algumas coisas irregulares", disse ele ontem.

(544) WROBLESKI, Stefano. Fiscais flagram trabalho escravo em obra da OAS para ampliação do Aeroporto Internacional de Guarulhos (SP). *Repórter Brasil*. 25 set. 2013. Disponível em: https://reporterbrasil.org.br/2013/09/fiscais-flagram-trabalho-escravo-em-obra-da-oas-para-ampliacao-do-aeroporto-internacional-de-guarulhos-sp/. Acesso em: 23 fev. 2019.

(545) OAS pagará R$ 15 milhões por trabalho degradante. *Ministério Público do Trabalho — MPT*. 07 nov. 2013. Disponível em: http://radio.mpt.gov.br/wps/portal/portal_mpt/mpt/noticias-antigas/2013/novembro/oas+pagara+r%24+15+milhoes+por+trabalho+degradante. Acesso em: 14 mar. 2019.

> No último sábado, Fabio Hamilton da Cruz, 23, caiu de altura de nove metros durante colocação de arquibancadas e morreu.
>
> Ele era funcionário da WDS Construções, empresa terceirizada pela Fast Engenharia. Mas a Fast também é terceirizada. Foi contratada pela Ambev, que fez parceria com o governo paulista para a instalação das arquibancadas provisórias.
>
> "Isso é trabalho precário. Não vamos nem entrar neste assunto porque vai atrasar ainda mais a obra. Falei com o Ministro e ele deu respaldo. Estamos fazendo de conta que não estamos vendo", completou.
>
> A *Folha* tentou entrar em contato com o Ministro do Trabalho, Manoel Dias, mas a assessoria dele não respondeu às mensagens enviadas [...].(546)

Para Vitor Araújo Filgueiras, "nos grandes meios de comunicação, o crescimento dos acidentes nos últimos anos tem sido objeto de alguma repercussão. Todavia, pouco se problematizou, para o grande público, a relação dos níveis de acidentalidade nas obras com a terceirização do trabalho."(547)

De modo a explicitar a relação entre terceirização e acidente do trabalho, Vitor Filgueiras ressalta que entre os 9 trabalhadores mortos nas obras dos estádios da Copa do Mundo de 2014, 7 eram trabalhadores terceirizados.(548)

De acordo com Graça Druck, a terceirização:

> [...] é não apenas a principal forma de flexibilizar o trabalho, mas também o principal instrumento de precarização econômica, social e política, que tem sido o centro da dinâmica do chamado capitalismo flexível ou da acumulação flexível em tempos de hegemonia do capital financeiro. A volatilidade com que se movimenta esse tipo de capital tem determinado um uso provisório da força de trabalho, reafirmando o seu caráter de mercadoria, cuja descartabilidade — através do desemprego e contratos precários — ou definitiva via ampliação dos acidentes fatais, torna-se central e estratégica para o capital.(549)

---

(546) SABINO, Alex. Chefe dos auditores diz 'fazer de conta' não ver irregularidades no Itaquerão. *Folha de S. Paulo.* 03 abr. 2014. Disponível em: https://www1.folha.uol.com.br/esporte/folhanacopa/2014/04/1434985-chefe-dos-auditores-diz-fazer-de-conta-nao-ver-irregularidades-no-itaquerao.shtml. Acesso em: 08 mar. 2019.

(547) FILGUEIRAS, Vitor Araújo. *Terceirização e acidentes de trabalho na construção civil.* Disponível em: https://indicadoresdeemprego.files.wordpress.com/2013/12/terceirizac3a7c3a3o-e-acidentes-de-trabalho-na-construc3a7c3a3o-civil.pdf, p. 2. Acesso em: 23 fev. 2019.

(548) *Idem.*

(549) DRUCK, Graça. A terceirização sem limites: mais precarização e riscos de morte aos trabalhadores. In: *Saúde e segurança do trabalho no Brasil.* Organizador: Vitor Araújo Filgueiras. — Brasília: Gráfica Movimento, 2017. p. 190.

No âmbito das empresas brasileiras, as questões de saúde e segurança do trabalho, de modo geral, conforme adverte Vitor Filgueiras, mesmo quando se referem a trabalhadores diretamente contratados, é predatória. Quando se trata de trabalhadores terceirizados há um grande agravamento dessas questões, implicando em um número maior de doenças e mortes que acometem os trabalhadores terceirizados quando comparados com aquele que alcança os trabalhadores diretamente contratados, mesmo não sendo a terceirização a forma prevalecente de contratação na construção civil.(550)

De acordo com Graça Druck, a terceirização é um "fenômeno multifacetado" que evidencia a precarização das relações de trabalho em todas as suas dimensões, entre as quais as condições de (in) segurança e saúde no trabalho resultantes dos modos de gestão que não respeitam os treinamentos necessários aos trabalhadores. Da mesma forma, **não** são observadas as informações referentes a riscos, medidas preventivas coletivas, entre outras, o que se faz almejando maior produtividade a qualquer custo, inclusive se sobrepondo às vidas humanas, culminando com elevados índices de acidentes do trabalho e adoecimentos.(551)

Algumas notícias veiculadas no país no período de preparação da Copa 2014 podem auxiliar na visualização das más condições de trabalho presentes nas construções e reformas dos estádios do Mundial, decorrentes, sobretudo, da pressa para a realização das obras.

Reportagem veiculada na Uol, em 03 de janeiro de 2012, destaca a necessidade de criação de mais turnos de trabalho nas obras da Copa. Aponta também as extensas jornadas executadas pelos trabalhadores. De acordo com a matéria de Lucas Tieppo, a Odebrecht, empresa responsável pela construção da Arena Corintiana, anunciou o início de um terceiro turno de trabalho, das 20h às 5h40, a partir de 16 de janeiro de 2012, para o qual seriam contratados cerca de 60 operários. O trabalho no canteiro de obras em Itaquera vinha sendo realizado por 950 trabalhadores que se revezavam em dois turnos: das 7h30 às 18h (onde havia o maior número de operários), e das 15h às 23h20. Com o terceiro turno o trabalho na construção do estádio chegaria à duração de quase 24 horas ininterruptas.(552)

---

(550) "[...] a despeito do avanço da terceirização, e dos diversos níveis de terceirização encontrados em canteiros de obra individualmente considerados (desde pontual, passando por grande parte, até a totalidade dos trabalhadores em atividade), parece que esta forma de contratação ainda está um pouco longe de ser majoritária no setor da Construção no Brasil." FILGUEIRAS, Vitor Araújo. *Terceirização e acidentes de trabalho na construção civil.* Disponível em: https://indicadoresdeemprego.files.wordpress.com/2013/12/terceirizac3a7c3a3o-e-acidentes-de-trabalho-na-construc3a7c3a3o-civil.pdf, p. 6. Acesso em: 23 fev. 2019.

(551) DRUCK, Graça. A terceirização sem limites: mais precarização e riscos de morte aos trabalhadores. In: *Saúde e segurança do trabalho no Brasil.* Organizador: Vitor Araújo Filgueiras. — Brasília: Gráfica Movimento, 2017. p. 191.

(552) TIEPPO, Lucas. Para manter ritmo das obras, Itaquerão terá terceiro turno de trabalho neste mês. *Uol.* 03 jan. 2012. São Paulo. Disponível em: https://esporte.uol.com.br/futebol/copa-2014/ultimas-noticias/2012/01/03/para-manter-ritmo-das-obras-itaquerao-tera-terceiro-turno-de-trabalho-neste-mes.htm. Acesso em: 24 fev. 2019.

Na Arena das Dunas, em Natal, também foi evidenciada a criação de mais um turno de trabalho. O próprio site do governo federal, o Portal da Copa, em 31 de julho de 2012, anunciou a criação de um quarto turno para acelerar a construção do estádio.

De acordo com o Portal da Copa:

> As obras na Arena das Dunas, em Natal, entram em uma nova etapa a partir desta quarta-feira (01.08), quando uma nova equipe de operários vai atuar de madrugada. O quarto turno servirá para acelerar os trabalhos do estádio, que está na fase de instalação das vigas que receberão as arquibancadas, ou seja, na montagem da superestrutura.
>
> A partir de agora, os 1.100 colaboradores da Arena das Dunas vão trabalhar em quatro turnos — manhã, tarde, noite e madrugada — divididos em três horários: 7h às 19h; meio dia às 23h; 20h às 6h (novo horário). A estimativa do governo do Rio Grande do Norte é que o empreendimento alcance 50% de conclusão em dezembro deste ano.(553)

Outra reportagem da Uol, matéria de Vinicius Konchinski e Vinícius Segalla, enfatiza a implicação do atraso das obras da Copa de 2014 no ritmo de trabalho dos operários. Segundo a notícia, publicada em 17 de março de 2013, dos 12 estádios sedes dos jogos, dez ainda não estavam prontos. E para que os estádios fossem entregues nas datas previstas pela FIFA, seria necessário que os trabalhos fossem em média 2,4 vezes mais rápidos que aqueles que vinham sendo realizados anteriormente.(554)

No caso do Estádio Nacional Mané Garrincha, em Brasília, que tinha 90% das obras concluídas e que seria palco do jogo de abertura da Copa das Confederações, para que fosse cumprido o prazo para a entrega das obras, no dia 21 de abril de 2013, a construção teria que andar 3,5 vezes mais rápido, nos meses de março e abril de 2013. Para isso, os operários teriam que construir praticamente 10% da obra em um mês, sendo que durante todo o mês de fevereiro a obra havia evoluído apenas 1%, passando de 89% para 90% de conclusão.(555)

O estádio do Maracanã, que receberia a final da Copa das Confederações, passava por situação semelhante à do estádio Mané Garrincha. Era a arena que mais preocupava

---

(553) ARENA DAS DUNAS, em Natal, terá quarto turno de trabalho. *Portal da Copa*. 31 jul. 2012. Disponível em: http://www.copa2014.gov.br/pt-br/noticia/arena-das-dunas-em-natal-tera-quarto-turno-de-trabalho. Acesso em: 26 fev. 2019.

(554) KONCHINSKI, Vinícius; SEGALLA, Vinícius. Obras dos estádios da Copa precisam dobrar ritmo de trabalho para cumprir prazo. *Uol*. 17 mar. 2013. Disponível em: https://copadomundo.uol.com.br/noticias/redacao/2013/03/17/ritmo-de-trabalho-nos-estadios-tera-que-triplicar-para-obras-ficarem-prontas-a-tempo.htm. Acesso em: 24 fev. 2019.

(555) *Idem*.

os dirigentes da FIFA. Com 90% das obras concluídas, teria que aumentar o ritmo de trabalho até o dia 27 de abril, "[...] em uma velocidade 3,2 vezes maior do que a média desde o início dos trabalhos, em agosto de 2010".[(556)]

Na construção da Arena Corinthians, em São Paulo, segundo matéria de Tiago Dantas, para a Uol, veiculada em 17 de janeiro de 2014, os empregados alegaram o recebimento de salário "por fora". A remuneração "extra" era para o trabalho executado além do estabelecido em acordo firmado em dezembro pela Odebrecht e Ministério do Trabalho, após a morte de dois trabalhadores do Itaquerão, em 27 de novembro de 2013.[(557)]

Os depoimentos dos operários da Arena Corinthians à Uol foram dados entre os dias 7 e 10 de janeiro de 2014. Segundo a reportagem, os trabalhadores tinham medo de perder o salário adicional e tinham sido orientados a não dar entrevistas.[(558)]

Segundo a matéria, de Tiago Dantas, após 19 de dezembro, quando foi assinado o acordo com o Ministério do Trabalho, havia sido combinado que cada trabalhador poderia fazer no máximo 2 horas extras diárias, pois de acordo com os trabalhadores, algumas jornadas chegavam até 16 horas. No entanto, tal situação não estava sendo respeitada e os operários que aceitassem receber o pagamento das horas extras irregulares "por fora" eram orientados a bater o ponto após 10,5 horas de trabalho.[(559)]

Conforme ressaltou um soldador que trabalhava na arena, devido às horas extras prestadas no mês de janeiro, ele esperava receber um salário quatro vezes maior do que o normal, cerca de R$7.000. Segundo ele, "isso não é só aqui. Muita obra tem isso. Tem uma pressão para entregar tudo no prazo. E o que não falta para essas firmas é dinheiro. Então acabam pagando mais"[(560)].

Em 23 de março de 2014, a presidenta Dilma Rousseff durante encontro em Zurique, na sede da FIFA, na Suíça, em declaração à imprensa ao lado do presidente da FIFA, Joseph Blatter, afirmou que todos os estádios seriam concluídos para a Copa do Mundo. Disse a presidenta:

> "Os estádios são obras relativamente simples. O governo fará todo empenho para fazer a Copa das Copas, isso inclui estádios, aeroportos, portos, tudo

---

(556) KONCHINSKI, Vinícius; SEGALLA, Vinícius. Obras dos estádios da Copa precisam dobrar ritmo de trabalho para cumprir prazo. *Uol*. 17 mar. 2013. Disponível em: https://copadomundo.uol.com.br/noticias/redacao/2013/03/17/ritmo-de-trabalho-nos-estadios-tera-que-triplicar-para-obras-ficarem-prontas-a-tempo.htm. Acesso em: 24 fev. 2019.

(557) DANTAS, Tiago. Operários dizem receber hora extra ilegal no Itaquerão para evitar atrasos. *Uol*. 17 jan. 2014. São Paulo. Disponível em: https://copadomundo.uol.com.br/noticias/redacao/2014/01/17/contra-atrasos-operarios-afirmam-receber-hora-extra-irregular-no-itaquerao.htm. Acesso em: 09 mar. 2019.

(558) *Idem*.

(559) *Idem*.

(560) *Idem*.

o que for necessário para que seja o país que receba todos aqueles que vão nos visitar."(561)

Ainda em março de 2014, o secretário-geral da FIFA, Jérôme Valcke, afirmou: "estamos trabalhando com o cimento ainda molhado." (562) Faltavam apenas três meses para o Mundial. O jogo de abertura aconteceria na Arena Corinthians, em São Paulo, no dia 12 de junho.

As condições de trabalho a que eram submetidos os trabalhadores nos estádios nem sempre vinham acompanhadas de medidas adequadas de segurança, o que, associado à pressa para a conclusão das obras, acabou contribuindo para um grande número de acidentes, inclusive fatais. Nas obras da Copa de 2014, nove trabalhadores morreram, sete eram trabalhadores terceirizados.(563)

O procurador do trabalho, Philippe Gomes Jardim, chefe da Coordenadoria de Meio Ambiente do Trabalho do Ministério Público do Trabalho (MPT), reforça o entendimento de que a pressa para a conclusão das obras contribuiu para o grande número de acidentes nas obras da Copa.(564)

De acordo com o procurador do trabalho, as causas dos acidentes são variadas. O aumento da velocidade do trabalho aumenta também os riscos a que são expostos os trabalhadores. Para ele, embora os órgãos de fiscalização cumpram seu papel junto às construtoras, os acidentes mostram que a atuação tem que ser cada vez mais efetiva.(565)

No mesmo sentido, entende Alistair Gibb, engenheiro do comitê de planejamento e obras do parque olímpico de Londres:

> [...] Eu, pessoalmente, acredito que há uma forte ligação entre estar com as obras em atraso e os acidentes, o que claramente aconteceu na Copa do

---

(561) COLON, Leandro. 'Os estádios são obras relativamente simples', diz Dilma ao lado de Blatter. *Folha de S. Paulo*. 23 jan. 2014. Zurique (Suiça). Disponível em: https://www1.folha.uol.com.br/esporte/folhanacopa/2014/01/1401734-os-estadios-sao-obras-relativamente-simples-diz-dilma-ao-lado-de-blatter.shtml. Acesso em: 09 mar. 2019.

(562) MOURA, Marcelo; GABRIEL, Ruan de Sousa. Por que as obras da Copa são tão perigosas? *Época*. 10 abr. 2014. Disponível em: https://epoca.globo.com/vida/copa-do-mundo-2014/noticia/2014/04/por-que-obras-da-copa-bsao-tao-perigosasb.html. Acesso em: 20 fev. 2019.

(563) DOS 9 operários mortos nas obras dos estádios da Copa do Mundo, 7 eram terceirizados. *Carta Campinas*. 25 abr. 2025.Disponível em: https://cartacampinas.com.br/2015/04/dos-9-operarios-mortos-nas-obras-dos-estadios-da-copa-do-mundo-7-eram-terceirizados/. Acesso em: 18 fev. 2019.

(564) MARQUES, Fabrício. Saldo de mortes nos estádios de 2014 é 2,5 vezes maior que na África do Sul. *Globo Esporte*. 13 fev. 2013. Brasília-DF. Disponível em: http://globoesporte.globo.com/futebol/copa-do-mundo/noticia/2013/12/saldo-de-mortes-nos-estadios-de-2014-e-25-vezes-maior-que-na-africa-do-sul.html. Acesso em: 07 mar. 2019.

(565) *Idem*.

> Mundo e nas Olimpíadas. Adicione isso ao hábito da indústria da construção civil de dizer que está com o cronograma "um pouco atrasado", quando na verdade mal começou as obras. Isso se dá pela má gestão dos projetos. Há um arranjo contratual entre clientes e construtoras, mas todos estão jogando um jogo. O problema é que, nesse jogo, não há como postergar a data final da entrega. No fim, você está seis meses atrasado e não há outra coisa a fazer. Acho que precisamos de uma abordagem diferente em relação à gestão de projetos e à medição do progresso da obra, de forma mais nítida e muito mais profissional.(566)

4.4.1. Mortes nas obras da Copa: Estádio Nacional Mané Garrincha, Arena Amazônia, Arena Corinthians e Arena Pantanal

— Estádio Nacional Mané Garrincha (Brasília-DF)

A primeira morte nas obras da Copa de 2014 ocorreu no Estádio Nacional Mané Garrincha, em Brasília, no dia 11 de junho de 2012. Nesse dia, por volta das 15h30/16h, o auxiliar de carpintaria, José Afonso de Oliveira Rodrigues, de 21 anos, sofreu uma queda de 30 metros, enquanto trabalhava no anel de compressão, o ponto mais alto da construção. A responsabilidade da construção da arena era do Consórcio Brasília, formado pelas construtoras Andrade Gutierrez e Via Engenharia.(567)

Em razão do acidente, a obra do estádio foi paralisada para que a perícia da Polícia Civil investigasse o local. Segundo os bombeiros, o operário usava parte do equipamento de segurança obrigatório. No entanto, não foi detalhado o que estava faltando. Os médicos do Samu, por cerca de 40 minutos, tentaram reanimar o trabalhador, que não resistiu aos ferimentos.(568)

O Consórcio Brasília 2014 divulgou uma nota sobre o acidente, lamentando a morte do trabalhador e informando que daria toda assistência necessária à família do

(566) LABOR. *Revista do Ministério Público do Trabalho*, ano IV, n. 7, Brasília, 2016. Por trás das medalhas Disponível em: http://portal.mpt.mp.br/wps/wcm/connect/portal_mpt/b20b60b4-c2d5-46c2-9042-edea07a5d25f/Labor_n7_web_site.pdf?MOD=AJPERES&CONVERT_TO=url&CACHEID=ROOTWORKSPACE.Z18_395C1BO0K-89D40AM2L613R2000-b20b60b4-c2d5-46c2-9042-edea07a5d25f-moRlrD-. Acesso em: 12 mar. 2019, p. 13.

(567) VASCONCELOS, Mônica. Acidentes nos estádios da Copa: crônicas de nove mortes anunciadas? *BBC Brasil em Londres*. 19 ago. 2014. Disponível em: https://www.bbc.com/portuguese/noticias/2014/08/140811_mortes_estadios_copa_mv. Acesso em: 26 fev. 2019.

(568) OPERÁRIO morre em acidente no Estádio Nacional de Brasília. *G1*. 11 jun. 2012. Distrito Federal. Disponível em: http://g1.globo.com/distrito-federal/noticia/2012/06/operario-morre-em-acidente-no-estadio-nacional-de-brasilia.html. Acesso em: 15 mar. 2019.

ajudante, bem como abriria uma investigação interna sobre as circunstâncias do fato ocorrido.(569)

O Ministério Público do Trabalho do Distrito Federal (MPT-DF) ingressou com ação civil pública em face do Consórcio Brasília 2014, da Construtora Andrade Gutierrez S.A. e da Via Engenharia S.A., com pedido de antecipação dos efeitos da tutela, pleiteando a imposição de uma série de medidas de segurança com a finalidade de preservação da integridade física dos trabalhadores das obras do Estádio Mané Garrincha. Pleiteou também a previsão de multas para o caso de descumprimento de cada obrigação e multa adicional em caso de acidente de trabalho decorrente do referido descumprimento.(570)

Segundo o Ministério Público do Trabalho, após o acidente que provocou a morte do operário nas obras e em razão de fiscalização efetuada no local, para apurar as circunstâncias do ocorrido, foram detectadas uma série de irregularidades com relação à segurança do ambiente de trabalho. Diante disso, o Consórcio Brasília foi intimado para uma audiência na PRT da 10ª Região, tendo sido iniciadas tratativas para a assinatura de TAC, o qual teve por objeto as situações de risco constatadas pela ASST da PRT 10ª Região. No entanto, novo acidente de trabalho ocorreu, ferindo 5 trabalhadores, sem vítima fatal. O Consórcio Brasília assumiu diversas responsabilidades somente depois da atuação de fiscalização. As negociações relativas ao TAC permaneceram paralisadas, com relação às multas aplicáveis. Os valores apresentados pelo Consórcio eram incompatíveis com a gravidade das situações ocorridas.(571)

O pedido de antecipação de tutela foi concedido, em parte, por decisão da juíza Mônica Ramos Emery, em 11.09.2012, que determinou o cumprimento das obrigações previstas nas Normas Regulamentares: a) NR 18.13.4; b) NR 18.3.5; c) NR 7.4.1; d) NR 7.4.4; e) NR 18.18.1.1; f) NR 18.18.1.2; g) NR 18.18.2; h) NR 1.7, c, I e II c/c NR 1.8.1; i) NR 18.9.3; j) NR 18.9.4; l) NR 6.6.1; m) NR 18.14.24.12; n) NR 4 e 4.17.

Determinou ainda a previsão de multa pertinente a cada obrigação apontada e que fosse descumprida pelos réus, como também multa por eventual acidente que gerasse ou não morte de empregado, em decorrência do descumprimento das obrigações estabelecidas. Os valores seriam fixados de acordo com cada caso concreto.(572)

---

(569) OPERÁRIO morre em acidente no Estádio Nacional de Brasília. *G1*. 11 jun. 2012. Distrito Federal. Disponível em: http://g1.globo.com/distrito-federal/noticia/2012/06/operario-morre-em-acidente-no-estadio-nacional-de-brasilia.html. Acesso em: 15 mar. 2019.

(570) BRASIL. Tribunal Regional do Trabalho da 10ª Região. *Recurso Ordinário n. 0001537-80.2012.5.10.0010*. Acórdão 2ª Turma. Redator para Acórdão: Desembargador Alexandre Nery de Oliveira. Data de Julgamento: 1º.09.2016, p. 10.

(571) *Ibidem*, p. 10-11.

(572) *Ibidem*, p. 10-12.

Na sentença, o juiz do trabalho Ricardo Machado Lourenço Filho, da 10ª Vara do Trabalho de Brasília, em 05 de junho de 2015, após as obras do estádio terem sido encerradas, analisou duas questões: se as obrigações impostas em antecipação de tutela haviam sido cumpridas, para fins de aplicação ou não de multa e também se as normas de segurança no trabalho foram ou não observadas pelos réus, para fins de julgamento do pedido de dano moral coletivo.(573)

Para o juiz, conforme as inspeções realizadas, a obra da construção do Estádio Mané Garrincha envolveu a participação de cerca de 3.600 empregados, 2.700 empregados do Consórcio e os demais trabalhadores terceirizados. Segundo ele, a documentação dos réus acostada ao processo era numerosa, corroborando, em parte, com os termos da defesa. Os documentos indicavam a realização de treinamentos de empregados, programa de prevenção de riscos ambientais, bem como a existência de sistema de gestão ambiental, a certificação OHSAS 18001.(574)

No entanto, considerou o juízo de primeiro grau a existência de diversas evidências de descumprimento das normas de segurança do trabalho pelos réus.

Com relação ao acidente fatal que vitimou o operário José Afonso, ressaltou o juiz:

> A Seção de Inspeção do Trabalho, da Superintendência Regional do Trabalho e Emprego do DF, também produziu relatório sobre o acidente, entrevistando empregados do local. **O documento evidencia que o assoalho de madeirite, em determinado momento da obra, fora utilizado para passagem dos operários, e que o Sr. José Afonso havia ultrapassado uma barreira de vergalhões de aço que servia de isolamento, tendo acesso à área não concretada, coberta apenas com madeirite** (fl. 59).
>
> [...]
>
> **O laudo da Polícia Civil do DF também indicou como fator preponderante do acidente a falha no assoalho de madeirite — que estava sem a devida sustentação, induzindo o trabalhador quanto à possibilidade de trânsito — e a não ancoragem do cinto paraquedista pelo empregado** (fl. 66-88).(575)

Na decisão, destacou ainda o magistrado, a grande quantidade de autuações realizadas pelos órgãos de fiscalização do Ministério do Trabalho na obra do estádio, tendo sido lavrados 69 autos de infração em face do Consórcio, dos quais apenas dois não se referiam a questões de segurança no trabalho. Mesmo após os dois acidentes informados na ação, o Consórcio não havia sanado as irregularidades noticiadas.(576)

---

(573) BRASIL. Tribunal Regional do Trabalho da 10ª Região. *Processo n. 0001537-80.2012.5.10.0010*. 10ª Vara do Trabalho de Brasília – DF. Sentença: Juiz Ricardo Machado Lourenço Filho. Data de Julgamento: 05.06.2015, p. 7.

(574) *Ibidem*, p. 8.

(575) *Ibidem*, p. 12-13. (grifo nosso).

(576) *Ibidem*, p. 12 13.

Ao final, concluiu:

> Houve, na espécie, violação a direitos fundamentais dos trabalhadores, tanto sob a perspectiva das normas jurídicas internas, quanto à luz das normas internacionais que o país se comprometeu a observar.
>
> **A proporção da obra levada a cabo pelo Consórcio não justifica as infrações e violações constatadas nos autos. A negligência apurada, quanto à conduta do réu, é injustificável. Entendo que restou caracterizado o dano moral de ordem coletiva. Diante disso, o papel do Direito é justamente o de reestabelecer a expectativa quanto ao cumprimento das normas jurídicas, ainda que de forma compensatória.**
>
> [...]
>
> A negligência do Consórcio revelou-se bastante grave, seja pela relevância das normas de segurança que foram ignoradas, seja pela evidência do acidente que resultou no óbito de um operário. **Outro aspecto a ser considerado é o valor do contrato celebrado com o Consórcio. De acordo com as informações do Ministério Público de Contas do Distrito Federal, a contratação (incluindo os aditivos) alcançou o montante de R$ 822.656.299,29** (fl. 126).[577]

Os pedidos formulados pelo MPT foram julgados parcialmente procedentes. O Consórcio foi condenado ao pagamento de indenização por dano moral coletivo, no valor de R$ 5 milhões, a ser revertida ao Fundo de Amparo ao Trabalhador (FAT).[578]

O juízo de 1º grau também deferiu o pedido de responsabilidade subsidiária da segunda e da terceira rés como requerido, em atenção aos limites do pedido. Segundo o magistrado, "haveria fundamento, então, para o reconhecimento da responsabilidade solidária da segunda e da terceira rés, que, ademais, foram beneficiadas pelos serviços prestados pelos operários da obra. Entretanto, o pleito é de responsabilização subsidiária [...]".[579]

Ambas as partes interpuseram recurso ordinário. Os réus almejando a reforma da sentença para serem absolvidos da condenação imposta. O Ministério Público do Trabalho, de forma adesiva, pretendendo a majoração da indenização por danos morais coletivos para R$10 milhões, considerando o valor bilionário da obra do Estádio Mané Garrincha, o número e a gravidade das irregularidades constatadas pela fiscalização e o óbito de um trabalhador.[580]

---

(577) BRASIL. Tribunal Regional do Trabalho da 10ª Região. *Processo n. 0001537-80.2012.5.10.0010*. 10ª Vara do Trabalho de Brasília – DF. Sentença: Juiz Ricardo Machado Lourenço Filho. Data de Julgamento: 05.06.2015, p. 17-18. (grifo nosso).

(578) *Idem*.

(579) *Idem*.

(580) BRASIL. Tribunal Regional do Trabalho da 10ª Região. *Recurso Ordinário (RO) n. 0001537-80.2012.5.10.0010*. Acórdão 2ª Turma. Redator para Acórdão: Desembargador Alexandre Nery Rodrigues de Oliveira. Data de Julgamento: 1º.09.2016.

No julgamento do recurso, o desembargador Alexandre Nery Rodrigues de Oliveira salientou em seu voto, que deu ensejo ao acórdão, que as empresas rés na defesa e no apelo insistiram em afirmar que as várias normas regulamentares foram todas cumpridas e que o acidente com vítima fatal aconteceu em virtude do trabalhador invadir área isolada, a qual não era permitida adentrar.(581)

No entanto, ressaltou o desembargador:

> [...]
>
> Ora, se o pessoal da área técnica de segurança do trabalho, segundo as provas oral e documental, era além do mínimo exigido, se havia treinamento, distribuição de equipamentos de proteção, se havia enfermagem do trabalho para verificar as condições de saúde dos trabalhadores envolvidos com labor em alturas, por que, então, ocorreram os acidentes?
>
> A resposta vem da infeliz constatação de que os homens não podem confiar na perfeição que não detém, porque sempre há margem para o erro. Nem podem confiar no mal feito, porque o dito popular ensina que onde há chance de algo dar errado, muito mais de errado virá.
>
> A resposta vem da infeliz constatação de que o pessoal da área técnica de segurança não foi capaz efetivamente de perceber sua própria incúria.
>
> A triste constatação é que, a par das falhas, foram poucas as vítimas, porque muitos mais poderiam ter perdido a vida ou as condições de trabalho por outros sinistros que não ocorreram apenas por sorte.
>
> Mas o risco havia, de modo efetivo e potencial. E tanto havia que acidentes ocorreram, ainda que outros tantos pudessem ter também ocorrido.
>
> No azar daquele que despencou das alturas, a sorte veio a outros que poderiam ter igual ou parecido destino ao instante em que a obra monumental indicou ter falhas, que chamaram a atenção das autoridades responsáveis e que assim exigiu medidas interventivas e corretivas para evitar novos sinistros, sem contudo afastar o risco anterior já operado por um indevido assédio moral em exigir-se a pressa para concluir estádio em tempo de sua inauguração pelos governantes de plantão, garantir os empenhos decorrentes, lucros, ainda quando alguns pudessem despencar as alturas ou ficar feridos nos vergalhões expostos e nas áreas de circulação desprotegidas.
>
> [...]
>
> Retornando aos pormenores das falhas de segurança, os detalhes colacionados pela inspeção do trabalho e adotadas como fundamento basilar da ação civil pública impressionam o descaso havido em itens essenciais numa obra da grandiosidade e complexidade de construção como a do Estádio Nacional de Brasília, cujos valores envolvidos se narram na casa do bilhão de reais, muito para um País cada vez mais pobre e que se empobreceu sobretudo pelo afã da vaidade desmedida de alguns que buscaram

---

(581) BRASIL. Tribunal Regional do Trabalho da 10ª Região. *Recurso Ordinário (RO) n. 0001537-80.2012.5.10.0010.* Acórdão 2ª Turma. Redator para Acórdão: Desembargador Alexandre Nery Rodrigues de Oliveira. Data de Julgamento: 1º.09.2016, p. 11.

uma vitrine para suas próprias famas, muito mais para aqueles que, sem o zelo necessário de quem tinha tanto a lucrar, preferiu economizar com medidas básicas e mínimas que poderiam ter alterado o destino de vários trabalhadores envolvidos nos acidentes ocorridos e que, de certo modo, acabou por afetar a todos os operários, antes e depois, inclusive pelo risco desmedido a que estavam submetidos no cotidiano da construção da referida obra faraônica que consumiu vidas e valores.

O Estádio Nacional de Brasília tem por marca os pilares finos e de altura majestosa, sobre os quais se apoia o anel de concreto do qual parte a malha de sua cobertura de proteção ao público, distribuído ao longo de vários andares de arquibancadas construídas em inclinação excessiva para permitir especifico grau de visualização de todos os espectadores, por isso sustentadas em vigas-jacaré de complexa envergadura, enquanto no centro se estende o gramado destinado aos espetáculos artísticos e esportivos.

Há notícia de que nenhum outro estádio consumiu tanta verba como o construído em lugar de outro antes existente na praça esportiva principal da Capital Federal.

Mas nada disso importaria à seara trabalhista se os trabalhadores envolvidos não tivessem sido submetidos ao risco que se demonstra do trabalho em alturas excessivas e sob lajes em graus complexos sem as medidas protetivas adequadas, porque, como adiante indico, o pessoal de segurança disponibilizado pelas Rés não se mostrou capaz de perceber o mínimo do razoável para a segurança dos milhares de 'trabalhadores envolvidos na construção. [...][(582)]

Quanto à análise do dano moral coletivo, salientou:

[...]

Noto, e repito mais uma vez, que **a mensuração do dano moral coletivo não se coliga ao dano individual sofrido pelos operários individualmente atingidos pelos eventos relatados como sinistros graves havidos, mas pelo conjunto, inclusive daqueles que, conquanto não vitimados, assim foram vítimas potenciais de sinistros iguais ou similares.**

Nesse sentido, tenho que **o valor pretendido pelo Ministério Público se mostra adequado à devida reparação do dano moral coletivo, sobretudo considerada a dimensão da obra e o lucro envolvido em razão do valor total da construção do estádio, porque não se mostra razoável que nada sofra a parte Ré no dispêndio exigido, sob pena então de tornar letra morta a pena aplicada, se fosse nada no oceano de valores recebidos em razão da vida perdida e das vidas ameaçadas de morte ou lesão ao longo da construção examinada, nem que o valor se mostre ínfimo para a parte não se convencer, no futuro, a não repetir a mesma ou similar conduta [...].**[(583)]

Com base nesses argumentos, o valor da indenização foi majorado para R$ 10 mi-

(582) BRASIL. Tribunal Regional do Trabalho da 10ª Região. *Recurso Ordinário (RO) n. 0001537-80.2012.5.10.0010*. Acórdão 2ª Turma. Redator para Acórdão: Desembargador Alexandre Nery Rodrigues de Oliveira. Data de Julgamento: 1º.09.2016, p. 48-51.

(583) *Ibidem*, p. 57. (grifo do autor).

lhões, alterando a destinação, que passou a ser em favor de instituição beneficente a ser indicada pelo Ministério Público do Trabalho e não ao FAT, como fixado em primeiro grau.(584)

Os réus, inconformados com o julgamento do recurso ordinário, interpuseram recurso de revista. A desembargadora, vice-presidente do TRT da 10ª Região, denegou seguimento ao recurso de revista interposto pelos réus em face do acórdão, tendo os réus ajuizado agravo de instrumento diante dessa decisão.

— Arena Amazônia (Manaus-AM)

Na Arena Amazônia, quatro trabalhadores morreram. A obra da Arena também era de responsabilidade da construtora Andrade Gutierrez. Ocorreram três mortes de trabalhadores em 2013 e outra no início de 2014. Antes das ocorrências dos acidentes fatais, o Ministério do Público do Trabalho da 11ª Região já buscava a adequação do canteiro de obras da Arena Amazônia. Em 2012, a Construtora Andrade Gutierrez assinou perante o MPT da 11ª Região, um termo de ajustamento de conduta (TAC), firmando o compromisso de corrigir as irregularidades relacionadas às condições de trabalho nas obras.(585)

No entanto, a fiscalização realizada no ano de 2013 constatou a permanência da conduta irregular da empresa. A assinatura do documento não foi suficiente para coibir tais práticas. A primeira morte na Arena Amazônia, então, ocorreu.(586)

No dia 28 de março de 2013, o pedreiro Raimundo Nonato Lima Costa, de 49 anos, que trabalhava no turno da noite, caiu de uma altura de cinco metros, quando circulava entre colunas de sustentação da obra. Ele sofreu traumatismo craniano.(587)

Nas obras, não foram adotadas medidas obrigatórias de segurança, como "[...] a instalação de proteção coletiva em locais onde há risco de queda de trabalhadores (como redes de segurança), treinamento e capacitação de trabalhadores para trabalho em altura e fornecimento de equipamento de proteção individual (EPI) adequado"(588).

(584) BRASIL. Tribunal Regional do Trabalho da 10ª Região. *Recurso Ordinário (RO) n. 0001537-80.2012.5.10.0010.* Acórdão 2ª Turma. Redator para Acórdão: Desembargador Alexandre Nery Rodrigues de Oliveira. Data de Julgamento: 1º.09.2016, p. 58-59.

(585) MINISTÉRIO PÚBLICO DO TRABALHO no Amazonas e em Roraima. *Construtora Andrade Gutierrez vai pagar R$ 5 milhões por irregularidades trabalhistas na obra da Arena da Amazônia.* MPT. 23.09.2014. Disponível em: http://www.prt11.mpt.mp.br/procuradorias/prt-manaus/746-construtora-andrade-gutierrez-vai-pagar-r-5-milhoes-por-irregularidades-trabalhistas-na-obra-da-arena-da-amazonia. Acesso em: 09 mar. 2019.

(586) *Idem.*

(587) DANTAS, Tiago. Operário tem traumatismo craniano após acidente na Arena da Amazônia. *Uol.* 07 fev. 2014. São Paulo. Disponível em: https://copadomundo.uol.com.br/noticias/redacao/2014/02/07/operario-sofre-acidente-ao-desmontar-guindaste-na-arena-da-amazonia.htm. Acesso em: 26 fev. 2019.

(588) VASCONCELOS, Mônica. Acidentes nos estádios da Copa: crônicas de nove mortes anunciadas? *BBC Brasil em Londres.* 19 ago. 2014. Disponível em: https://www.bbc.com/portuguese/noticias/2014/08/140811_mortes_estadios_copa_mv. Acesso em: 09 mar. 2019.

O Ministério Público do Trabalho da 11ª Região solicitou judicialmente a execução do TAC e ajuizou, em 23 de abril de 2013, uma ação civil pública (ACP), por meio do procurador do Trabalho, Vitor Borges da Silva, em face de construtora Andrade Gutierrez. Nos termos da ação civil pública (ACP):

> Em que pese ainda não se tenha um laudo conclusivo sobre as causas do referido acidente, o fato é que **o histórico de incessante descumprimento, pela reclamada, de seriíssimas normas de saúde e segurança do trabalho permite, sem dúvida, a conclusão de que há enorme probabilidade de que a queda do trabalhador tenha ocorrido em razão da renitência da empresa em criar um meio ambiente de trabalho sadio e seguro para os trabalhadores que laboram na arena.** A degradação e a insegurança que caracterizam o meio ambiente de trabalho na "Arena da Amazônia" autorizam essa presunção de causa e efeito.
>
> De toda sorte, o certo é que, de maneira alguma, o Ministério Público do Trabalho e o Poder Judiciário Trabalhista podem permitir que a urgência com o término da obra voltada para a Copa do Mundo de 2014 possa ser atendida à custa da vida e da integridade dos trabalhadores que nela laboram.
>
> Desse modo, dado que **a situação apresentada demonstra a prática continuada de gravíssimos ilícitos que colocam em risco iminente vida e a integridade física de algumas centenas de trabalhadores, e considerando que a empresa ré, por sua conduta negligente e irresponsável, vem insistentemente violando normas de segurança e saúde no trabalho, não resta alternativa outra ao Parquet senão recorrer a esse Poder Judiciário de forma a impedir que consequências trágicas venham a se consumar.**(589)

O Ministério Público do Trabalho, em sede de tutela antecipada, pleiteou a condenação de imediato da construtora ao cumprimento de diversas medidas de segurança do trabalho e em definitivo a condenação da construtora ao pagamento de indenização por danos morais coletivos no valor de R$ 20 milhões de reais.(590)

No dia 14 de dezembro de 2013, a segunda morte na Arena Amazônia ocorreu. O operário Marcleudo de Melo Ferreira, 22 anos, caiu de cerca de 35 metros de altura, quando trabalhava na cobertura da arena, por volta das 4 horas da manhã. Ele havia sido contratado em 11 de setembro por uma empresa subcontratada pela Andrade Gutierrez, a L. A Jato e Pintura Ltda.(591)

No mesmo dia, 14 de dezembro de 2013, morreu José Antônio da Silva Souza, 50 anos. Ele teve um AVC (Acidente Vascular Cerebral) enquanto trabalhava nas obras

---

(589) BRASIL. Tribunal Regional do Trabalho da 11ª Região. Ação Civil Pública. *Processo n. 0001270-41.2013.5.11.0012*. Disponível em: http://apublica.org/wp-content/uploads/2014/02/A%C3%87%C3%83O-CIVIL-P%C3%9ABLICA-MPT.pdf, p. 8-9. Acesso em: 07 mar. 2019. (grifo do autor)

(590) *Idem.*

(591) FARIAS, Elaíze.. Andrade Gutierrez enfrenta ação do MPT por acidentes de trabalho. *Publica*. 24 fev. 2014. Disponível em: https://apublica.org/2014/02/andrade-gutierrez-enfrenta-acao-mpt-por-acidentes-de-trabalho/. Acesso em: 07 mar. 2019.

do Centro de Convenções do Amazonas, ao lado da Arena da Amazônia. Familiares do operário reclamaram das condições de trabalho. Segundo Priscila Soares, cunhada de José Antônio, ele trabalhava na obra de domingo a domingo. Por meio de nota, a Agência de Comunicação do Amazonas comunicou que o trabalhador era contratado da empresa Conserge e que a construtora, Andrade Gutierrez, estava prestando toda a assistência necessária à família da vítima.(592)

Para o secretário da Copa em Manaus, Miguel Capobiango, conforme evidencia reportagem veiculada pela BBC, em 24 de janeiro de 2014, os acidentes são decorrentes de "relaxo" dos trabalhadores:

> [...] há uma coincidência que justifica as duas quedas fatais: o "relaxo" dos operários na utilização dos equipamentos de segurança.
>
> "Usar o equipamento de segurança às vezes é chato e nem todos gostam de estar usando. O operário às vezes abre mão por preguiça, então ele relaxa, e é isso que agora nós não podemos deixar", explicou à BBC em Manaus.
>
> "Infelizmente, os dois acidentes aconteceram por uma questão básica de não cuidado do trabalhador no uso correto do equipamento".(593)

O presidente do Sindicato da Construção Civil de Montagem, Cícero Custódio, salienta, no entanto, que os acidentes decorreram de falta de fiscalização do técnico de segurança. Segundo ele, "se o trabalhador se recusar a usar o equipamento, o técnico de segurança tem que fazer um relatório dizendo isso, para ficar documentado. O técnico deles não foi fazer relatório nenhum".(594)

Após os acidentes, as obras na Arena Amazônia foram paralisadas. A Justiça do Trabalho atendeu o pedido do Ministério Público do Trabalho para que fosse realizada a imediata interdição das obras de todos os setores que envolvessem trabalho em altura.

Uma perícia judicial foi realizada. Detectou-se uma série de descumprimentos de normas de segurança do trabalho. Como condição para o levantamento da interdição, foi determinada a correção imediata de todas as irregularidades pela construtora Andrade Gutierrez. Fixou-se, ainda, o compromisso de que a construtora observasse permanentemente as normas regulamentadoras do meio ambiente do trabalho, com a adoção de

---

(592) SOUZA, Marina; PINA Isabella. Operário infarta, e obras da Copa no AM têm 2ª morte em menos de 10h. *G1*. 14 dez. 2013. Amazonas. Disponível em: http://g1.globo.com/am/amazonas/noticia/2013/12/operario-infarta-e-obra-da-copa-em-am-tem-2-morte-em-menos-de-10h.html. Acesso em: 26 fev. 2019.

(593) DAVIES, Wyre; MENDONÇA, Renata. Manaus culpa 'operários relaxados' por mortes em estádio da Copa. *BBC* em Manaus e São Paulo. 24 jan. 2014. Disponível em: https://www.bbc.com/portuguese/noticias/2014/01/140124_estadio_manaus_rm Acesso em: 1º mar. 2019.

(594) *Idem*.

medidas efetivas de supervisão e controle das ações de prevenção de acidentes, compreendendo todos os operários que trabalham no canteiro de obras, independentemente da existência de vínculo direto com a construtora.[(595)]

As obras somente foram retomadas após a regularização, pela empresa, das falhas mais graves identificadas no local. O trabalho noturno foi proibido. O efetivo de técnicos de segurança precisou ser duplicado.[(596)]

No entanto, mais um acidente fatal ocorreu na Arena Amazônia. No dia 07 de fevereiro de 2014 uma peça do guindaste caiu na cabeça do trabalhador, Antônio José Pita Martins, de 55 anos. Ele era português e trabalhava na desmontagem de um equipamento que transportava materiais pesados. Martins prestava serviço para a empresa terceirizada Martifer, que foi contratada pela construtora Andrade Gutierrez para fazer as estruturas metálicas da fachada e da cobertura do estádio.

Em decorrência de mais esse acidente fatal, na obra da Arena da Amazônia, o MPT, no mesmo dia, 07 de fevereiro de 2014, protocolou uma petição requerendo prioridade na tramitação e julgamento do mérito da Ação Civil Pública ajuizada em face da construtora Andrade Gutierrez, em abril de 2013. Segundo o Ministério Público do Trabalho:

> Ainda que as causas do novo acidente ainda estejam sendo apuradas pela Polícia Civil do Estado do Amazonas, a pedido do Parquet, o certo é que esta ocorrência demonstra mais uma vez que a empregadora vem negligenciando seu dever de proteção da vida dos trabalhadores que estão a seu serviço. **De outro lado, resta, ainda, configurado descumprimento das obrigações assumidas no acordo judicial supramencionado e das medidas determinadas em sede de antecipação da tutela, conferida em maio de 2013 e restaurada em dezembro de 2013.**[(597)]

Em setembro de 2014, um acordo judicial foi firmado entre a Construtora e o MPT perante a 12ª Vara do Trabalho de Manaus, em uma das audiências designadas

(595) BRASIL. Ministério Público do Trabalho – Amazonas. Procuradoria Regional do Trabalho da 11ª Região. *Processo n. 0001270-41.2013.5.11.0012*. Disponível em: https://apublica.org/wp-content/uploads/2014/02/PETI%C3%87%C3%83O-DO-MPT-FEVEREIRO-DE-2014.pdf. Acesso em: 14 maio 2019. Informação de fato novo Pedido de prioridade no julgamento do feito protocolada pela Procuradora do Trabalho Aria Nely Bezerra de Oliveira e pelos Procuradores do Trabalho Jorsinei Nascimento Procurador e Renan Bernardi Kalil do Ministério Público da 11ª Região.

(596) MINISTÉRIO PÚBLICO DO TRABALHO no Amazonas e em Roraima. *Construtora Andrade Gutierrez vai pagar R$ 5 milhões por irregularidades trabalhistas na obra da Arena da Amazônia*. MPT. 23.09.2014. Disponível em: http://www.prt11.mpt.mp.br/procuradorias/prt-manaus/746-construtora-andrade-gutierrez-vai-pagar-r-5-milhoes-por-irregularidades-trabalhistas-na-obra-da-arena-da-amazonia. Acesso em: 09 mar. 2019.

(597) BRASIL. Ministério Público do Trabalho – Amazonas. Procuradoria Regional do Trabalho da 11ª Região. *Processo n. 0001270-41.2013.5.11.0012*. Disponível em: https://apublica.org/wp-content/uploads/2014/02/PETI%C3%87%C3%83O-DO-MPT-FEVEREIRO-DE-2014.pdf. Acesso em: 14 maio 2019. Informação de fato novo Pedido de prioridade no julgamento do feito protocolada pela Procuradora do Trabalho Aria Nely Bezerra de Oliveira e pelos Procuradores do Trabalho Jorsinei Nascimento Procurador e Renan Bernardi Kalil do Ministério Público da 11ª Região. (grifo nosso)

pela Justiça Trabalhista. A Construtora Andrade Gutierrez S.A., responsável pela construção do estádio Arena da Amazônia, deveria cumprir com todas as obrigações requeridas na ACP e pagar uma indenização a título de dano moral coletivo no valor de R$ 5 milhões, "[...] revertida, na forma de bens permanentes e/ou utilidades, para instituições de caráter público ou privado de cunho social/assistencial, a ser indicada pelo MPT no prazo de 60 dias"(598).

Segundo reportagem de Adneison Severiano, em 11 de setembro de 2015, o G1 havia procurado a Polícia Civil com a finalidade de obter esclarecimentos sobre as investigações das mortes dos trabalhadores brasileiros nas obras da Arena Amazônia (Marcleudo de Melo Ferreira, de 22 anos, e Raimundo Nonato Lima da Costa, de 49 anos). A delegada Catarina Saldanha, titular da DEOPS, por meio da assessoria de comunicação informou que todos os inquéritos policiais relacionados aos casos foram encaminhados à Justiça no mesmo ano que ocorreram os acidentes. O Tribunal de Justiça do Amazonas, ao ser procurado pelo G1, informou que não havia processos ou inquéritos criminais tramitando para os dois casos no âmbito do tribunal.(599)

Nos termos da matéria do G1 Globo:

> As causas do acidente que matou o operário cearense ainda são misteriosas para a família da vítima. O irmão de Marcleudo, Marcos Antônio de Melo Ferreira, de 34 anos, afirmou ao G1 que a família desconhece os resultados da investigação criminal. Os familiares disseram que nunca foram procurados pela polícia amazonense durante o inquérito policial. A morte do filho mais novo abalou a família do cearense.(600)

De acordo com o advogado Dário Igor Nogueira, que representa a família de Marcleudo de Melo, foi protocolada ação trabalhista contra a construtora Andrade Gutierrez, a L. A. Jato e Pintura Ltda. e Martifer, com pedido de indenização de mais R$ 1,2 milhão. A primeira audiência estava prevista para outubro de 2015, na Vara de Trabalho de Limoeiro do Norte.(601)

O inquérito criminal que apurava a morte do trabalhador Antônio José Pita Martins

---

(598) MINISTÉRIO PÚBLICO DO TRABALHO no Amazonas e em Roraima. *Construtora Andrade Gutierrez vai pagar R$ 5 milhões por irregularidades trabalhistas na obra da Arena da Amazônia.* MPT. 23.09.2014. Disponível em: http://www.prt11.mpt.mp.br/procuradorias/prt-manaus/746-construtora-andrade-gutierrez-vai-pagar-r-5-milhoes-por-irregularidades-trabalhistas-na-obra-da-arena-da-amazonia. Acesso em: 09 mar. 2019.

(599) *Idem.*.

(600) *Idem.*

(601) *Idem.*.

foi arquivado pelo Tribunal de Justiça do Amazonas (TJAM), no dia 24 de agosto de 2015. O juiz Eliezer Fernandes Júnior, da 2ª Vara Criminal, acatou o parecer do Ministério Público.[602]

O parecer proferido pelo Ministério Público do Estado do Amazonas (MPE-AM) foi pelo arquivamento do inquérito policial. Para o Ministério Público, o trabalhador, no dia do acidente, não estava utilizando os equipamentos de proteção individual, mesmo tendo sido disponibilizados pela empresa, conforme comprovaram os documentos. Diante disso, considerou a promotora de Justiça Sarah Pirangy, que não seria possível "[...] imputar a responsabilidade penal pelo óbito ao seu empregador, tratando-se o acidente de infortúnio imprevisível".[603]

No relatório final, apontou a delegada Catarina Saldanha Torres:

> "Nos deparamos com a falta de elementos que nos permitam indicar a causa ou as causas que resultaram no desfecho do acidente fatal, ou seja, se foi falha humana técnica diante da inexistência de testemunhas que nos auxiliariam a formar uma convicção inequívoca ou aproximada das circunstâncias ensejadoras, do fatídico acidente", justificou a delegada Catarina Saldanha Torres, no relatório final [...]."[604]

A Delegacia Especializada de Ordem Política e Social (Deops) instaurou inquérito policial para apurar o caso. Conforme o inquérito, os peritos do Instituto de Criminalística (IC) não conseguiram identificar as causas e fatores que contribuíram para o acidente.

A morte do trabalhador José Antônio da Silva Souza, 50 anos, que sofreu um AVC (Acidente Vascular Cerebral) enquanto trabalhava no Centro de convenções, que integra o complexo da Arena Amazônia, não é mencionada na reportagem do G1.

De acordo com matéria produzida por Tiago Domingos, para Terra Futebol, a polícia não considerou a morte de José Antônio como um acidente de trabalho. A família do operário, no entanto, afirma que ele lamentava sobre as muitas horas extras que realizava e do serviço que considerava puxado.[605]

— Arena Corinthians (São Paulo-SP)

---

(602) MINISTÉRIO PÚBLICO DO TRABALHO no Amazonas e em Roraima. *Construtora Andrade Gutierrez vai pagar R$ 5 milhões por irregularidades trabalhistas na obra da Arena da Amazônia.* MPT. 23.09.2014. Disponível em: http://www.prt11.mpt.mp.br/procuradorias/prt-manaus/746-construtora-andrade-gutierrez-vai-pagar-r-5-milhoes-por-irregularidades-trabalhistas-na-obra-da-arena-da-amazonia. Acesso em: 09 mar. 2019.

(603) *Idem.*

(604) *Idem.*

(605) DOMINGOS, Tiago. A caminho da Copa: mortes nas obras dos estádios só refletem realidade brasileira. *Terra.* Disponível em: https://www.goal.com/br/news/619/especiais/2014/05/15/4820445/a-caminho-da-copa-mortes-nas-obras-dos-est%C3%A1dios-s%C3%B3-refletem. Acesso em: 14 mar. 2019.

Na Arena Corinthians, três trabalhadores foram vítimas de acidentes de trabalho fatais. Em 27 de novembro de 2013, faleceram Ronaldo dos Santos, 43 anos, e Fábio Luiz Pereira, 41 anos. Um guindaste que estava sendo utilizado para a colocação da última parte da estrutura do estádio, desabou sobre a arquibancada, ao não suportar a peça de 420 toneladas. O motorista Ronaldo estava dentro de um caminhão e o montador Fábio trabalhava no local. Os dois trabalhadores foram atingidos e morreram na hora. Ronaldo era montador da empresa Conecta e Fábio motorista e operador de guindaste da empresa BHM. Os dois eram empregados da empresa Locar contratada pela Odebrecht, para operar o guindaste.[(606)]

De acordo com matéria editada, em 19 de janeiro de 2014, por Gonçalo Junior e Lauriberto Braga, para o Estadão:

> Quase dois meses após a tragédia da Arena Corinthians, as viúvas de Fábio Luiz Pereira e Ronaldo Oliveira dos Santos, os operários mortos no acidente, não receberam um centavo do seguro de vida ou da indenização a que têm direito. Nem tiveram informações oficiais sobre a queda do guindaste que os matou. Também não houve visitas de pêsames da construtora Odebrecht ou de jogadores do Corinthians. Elas não foram convidadas para a missa de sétimo dia no estádio e, no fim das negativas que acham mais doídas, no dia do acidente as autoridades falaram mais sobre o cronograma da Copa do que dos enterros.[(607)]

De acordo com reportagem de Rodrigo Borges Delfim, publicada na Folha de S. Paulo, em 4 abril de 2018, os engenheiros civis da Odebrecht, Frederico Marcos de Almeida Horta Barbosa e Marcio Prado Wermelinger foram condenados pela morte dos dois operários Ronaldo dos Santos e Fábio Luiz Pereira. A juíza Alice Galhano Pereira da Silva, da Vara Criminal e do Juizado Especial Criminal do Foro Regional de Itaquera, acatou a denúncia do Ministério Público estadual, considerando os réus responsáveis pelo tombamento do guindaste.[(608)]

Frederico Barbosa, engenheiro do alto escalão da Odebrecht era o responsável técnico pela obra. Wermelinger tinha a função de acompanhar as atividades da empresa terceirizada Locar, que operava o guindaste.

---

(606) MOURA, Marcelo; GABRIEL, Ruan de Sousa. Por que as obras da Copa são tão perigosas? *Época*. 10 abr. 2014. Disponível em: https://epoca.globo.com/vida/copa-do-mundo-2014/noticia/2014/04/por-que-obras-da-copa-bsao-tao-perigosasb.html. Acesso em: 20 fev. 2019.

(607) JÚNIO, Gonçalo; BRAGA, Lauriberto. Famílias das vítimas do acidente do Itaquerão esperam por indenização. *Estadão*. 19 jan. 2014. São Paulo. Disponível em: https://esportes.estadao.com.br/noticias/futebol,familias-das-vitimas-do-acidente-do-itaquerao-esperam-por-indenizacao,1120136. Acesso em: 13 mar. 2019.

(608) DELFIM, Rodrigo Borges Justiça condena 2 dos 6 engenheiros acusados por mortes no Itaquerão. *Folha de S. Paulo*. 04 abr. 2018. São Paulo. Disponível em: https://www1.folha.uol.com.br/esporte/2018/04/justica-condena-dois-engenheiros-por-mortes-nas-obras-do-itaquerao.shtml Acesso em: 09 mar. 2019.

A magistrada, na sentença, considerou que os réus agiram com imperícia e negligência. A pena de ambos foi fixada a um ano, seis meses e 20 dias de detenção, em regime inicialmente aberto. No entanto, houve a substituição da pena por prestação de serviços à comunidade ou entidade pública, que permaneceu com o mesmo prazo. A condenação à indenização dos herdeiros dos trabalhadores que morreram na obra foi equivalente ao valor de 80 salários para Frederico Barbosa e a 50 salários para Marcio Wermelinger.(609)

Outras quatro pessoas acusadas pelo acidente foram absolvidas: José Walter, Joaquim, Leanderson Breder Dias, Valentim Valaretto e Gilson Guardia. A Promotoria Criminal de Itaquera iria recorrer.(610)

Em 29 de março de 2014, faleceu o oitavo operário. Fábio Hamilton da Cruz, 23 anos, caiu de uma altura de 8 metros. Ele trabalhava na montagem das arquibancadas provisórias destinadas a aumentar a capacidade da Arena Corinthians. No local da queda, não havia sido instalada rede de proteção coletiva. Fábio era funcionário da WDS Construções, empresa terceirizada contratada pela Fast Engenharia.(611)

Segundo o superintendente regional do Ministério do Trabalho e Emprego (MTE), Luiz Antônio de Medeiros, o equipamento de segurança não era adequado, uma vez que o operário ficava preso a um cabo que proporcionava pouca mobilidade. O operário Fábio Cruz havia realizado, em 21 de janeiro, oito horas de treinamento, que correspondiam ao tempo mínimo exigido pelo Ministério do Trabalho.(612)

Com relação ao acidente, Pelé, que participava em São Paulo do lançamento de sua linha de diamantes comemorativos elaborados "com fios de seu cabelo que representam cada um dos mais de mil gols feitos por ele ao longo da carreira"(613), disse:

> "isso que aconteceu no Itaquerão é normal, são coisas da vida. Foi um acidente, coisa normal, nada que assuste (para a realização da Copa) [...] a maneira como está sendo administrada a entrada e saída de turistas nos aeroportos do Brasil, isso eu acho que é uma coisa que está preocupando."(614)

(609) DELFIM, Rodrigo Borges Justiça condena 2 dos 6 engenheiros acusados por mortes no Itaquerão. *Folha de S. Paulo*. 04 abr. 2018. São Paulo. Disponível em: https://www1.folha.uol.com.br/esporte/2018/04/justica-condena-dois-engenheiros-por-mortes-nas-obras-do-itaquerao.shtml Acesso em: 09 mar. 2019.

(610) *Idem*.

(611) MOURA, Marcelo; GABRIEL, Ruan de Sousa. Por que as obras da Copa são tão perigosas? *Época*. 10 abr. 2014. Disponível em: https://epoca.globo.com/vida/copa-do-mundo-2014/noticia/2014/04/por-que-obras-da-copa-bsao-tao-perigosasb.html. Acesso em: 20 fev. 2019.

(612) *Idem*.

(613) BEDINELLI, Talita. Pelé diz que morte de operário em obra da Copa é "normal". *El País*. 07 abr. 2014. São Paulo. Disponível em: https://brasil.elpais.com/brasil/2014/04/07/deportes/1396905663_959728.html. Acesso em: 16 mar. 2019.

(614) *Idem*.

— Arena Pantanal (Cuiabá-MT)

A Arena Pantanal, em Cuiabá, registrou a nona morte de trabalhador nas obras da Copa de 2014. No dia 8 maio de 2014, Muhammad Ali Maciel, 32 anos, morreu após receber uma forte descarga elétrica. Um dos irmãos do operário compareceu à Arena Pantanal e salientou, no entanto, que Muhammad não deveria estar exercendo a função de eletricista, pois ele era apenas montador. A empresa terceirizada Etel Engenharia afirmou que o trabalhador realizou treinamento adequado.(615)

O Ministério do Trabalho e Emprego por meio do chefe de fiscalização, José Almeida, disse que no local da morte do operário havia indícios de que ele não utilizava equipamentos adequados para exercer a função de eletricista.(616)

De acordo com notícia veiculada no site do MPT da 23ª Região, em 24 de setembro de 2014, o Ministério Público do Trabalho (MPT) ingressou com ação civil pública com pedido de liminar contra o Consórcio C.L.E. Arena Pantanal, bem como contra as empresas, Etel Engenharia Montagens e Automação Ltda. e Canal Livre Comércio, que formam o consórcio, pleiteando o cumprimento de 49 obrigações trabalhistas, sob pena de multa. O objetivo era garantir a segurança dos empregados que permaneceram prestando serviços na Arena Pantanal.(617)

Diante do acidente fatal e das inúmeras irregularidades trabalhistas detectadas no local, o MPT também requereu a condenação solidária das empresas ao pagamento de dano moral coletivo no valor de R$ 5 milhões.(618)

Aponta a procuradora do Trabalho Marselha Silvério de Assis, que a ação civil pública é resultado de um longo processo de investigação que agrega dois laudos periciais realizados pela Perícia Oficial e Identificação (Politec) e o relatório do acidente de trabalho emitido pelo Ministério do Trabalho e Emprego (MTE), entre outras provas que confirmam a existência de negligência por parte das empresas.(619)

---

(615) DIÓZ, Rêne. Operário morto em Arena estava apto a atuar como eletricista, diz empresa. *G1*. 08 maio 2014. Mato Grosso. Disponível em: http://g1.globo.com/mato-grosso/noticia/2014/05/operario-morto-em-arena-estava-apto-atuar-como-eletricista-diz-empresa.html. Acesso em: 09 mar. 2019.

(616) *Idem*.

(617) MINISTÉRIO PÚBLICO DO TRABALHO em Mato Grosso (23ª Região). *MPT pede condenação de empresas em R$ 5 mi por morte na Arena Pantanal*. MPT. 24.09.2014. Disponível em: http://www.prt23.mpt.mp.br/procuradorias/prt-cuiaba/283-mpt-ajuiza-acao-e-pede-responsabilizacao-de-empresas-por-morte-de-trabalhador-na-arena-pantanal. Acesso em: 16 mar. 2019.

(618) *Idem*.

(619) *Idem*.

Segundo reportagem de Ivan Richard Esposito, da Agência Brasil, veiculada em 17 de maio de 2017, as empresas Etel Engenharia Montagens e Automação Ltda. e Canal Livre Comércio e Serviços Ltda., que formavam o consórcio, foram condenadas pelo juiz Alex Fabiano, da 6ª Vara do Trabalho de Cuiabá, do Tribunal Regional do Trabalho da 23ª Região em R$ 2 milhões por dano moral coletivo. No entanto, o consórcio recorreu ao Tribunal Regional do Trabalho que considerou o montante inicial da pena aplicada excessiva, reduzindo a condenação para R$ 200 mil.(620)

4.5. Conclusão Parcial

A Copa deixou o legado de que a supressão das regras de proteção do trabalho podem ser assumidas em razão de necessidades econômicas, mais ou menos dentro da lógica de que os fins justificam os meios, o que não tem encontrado limite, a bem que se diga, em vários outros países, notadamente quando o assunto é a realização de grandes eventos.

Importa consignar que os acidentes fatais nas obras dos estádios da Copa do Mundo de Futebol da FIFA não ocorreram só no Brasil.

Em 2010, nas obras dos estádios da Copa do Mundo da África do Sul foram registradas 2 mortes de trabalhadores, conforme apontam as organizações sindicais que monitoraram as obras de reforma e construção dos dez estádios usados no Mundial.(621)

Na Copa da Rússia em 2018, foram 21 operários mortos(622), segundo o documento *Russia: FIFA World Cup 2018 — Human Rights Guide for Reporters* realizado pela *Human Rights Watch*.(623)

---

(620) ESPOSITO, Ivan Richard. Consórcio condenado por R$200 mil por morte de operário na Arena Pantanal. *Agência Brasil*. 17 maio 2017. Belo Horizonte – MG. Disponível em: http://agenciabrasil.ebc.com.br/geral/noticia/2017-05/consorcio-condenado-pagar-r-200-mil-por-morte-de-operario-na-arena-pantanal. Acesso em: 16 mar. 2019.

(621) OBRAS de 2014 somam mais mortes que África do Sul-2010. *Veja*, São Paulo, 23 nov. 2013. Disponível em: https://veja.abril.com.br/esporte/obras-de-2014-somam-mais-mortes-que-africa-do-sul-2010/. Acesso em: 14 mar. 2019.

(622) "A estrutura precária de moradia e o trabalho exaustivo a temperaturas inferiores a -25oC, sem a devida proteção, causaram a maior parte dos óbitos. Quedas dos elevadores de serviço ou da parte superior das arenas foram as outras duas causas mais recorrentes. As organizações acompanharam a construção das arenas em sete cidades-sede na Rússia e identificaram atrasos de até cinco meses no pagamento dos salários, além de falta de contrato de trabalho e condições insalubres." GIOVANAZ, Daniel; DALLABRIDA, Poliana.. Copa da Rússia teve 21 mortos durante a construção dos estádios. *Brasil de Fato*. Moscou (Rússia). 13 jul. 2018. Disponível em: https://www.brasildefato.com.br/2018/07/13/copa-da-russia-teve-21-mortos-durante-a-construcao-dos-estadios/. Acesso em: 14 mar. 2019.

(623) HUMAN RIGHTS WATCH. *Russia:* FIFA World Cup 2018 — Human Rights Guide for Reporters. May 2018. Disponível em: https://www.hrw.org/sites/default/files/news_attachments/reporters_guide_world_cup0518_pdfweb_0.pdf. Acesso em: 14 mar. 2019.

Nas obras da Copa de 2022, no Catar, a *Internacional Trade Union Conference*, em 2014, já revelava que 1,2 mil operários haviam morrido em decorrência de acidentes de trabalho. A estimativa era de 4 mil trabalhadores poderiam morrer até 2022.(624)

No entanto, em 29 de novembro de 2022, o chefe da organização da Copa do Mundo no governo do Catar, Hassan Al-Thawadi, durante entrevista à TV britânica TalkTV, pela primeira vez fala em número de mortos nos preparativos para o Mundial. Segundo ele, "a estimativa (de trabalhadores imigrantes que morreram durante a construção de infraestrutura para a Copa) é de entre 400 e 500. Não tenho o número exato, isso é algo que ainda está sendo discutido (...)"(625).

De acordo com reportagem de Thalita Galucci veiculada no Uol, em 7 dez. 2022, não se sabe quantos trabalhadores morreram nas obras para a Copa no Qatar, "o próprio órgão de Planejamento e Estatística do Qatar apresentou números ainda maiores de imigrantes mortos no país entre 2010, ano da nomeação do país para ser sede da Copa, e 2020: 15.021 pessoas".(626)

De todo modo, como dito acima, a fragilização institucional incentivada pelo propósito de realizar a Copa encontrou uma realidade em que os compromissos constitucionais e as práticas democráticas já estavam abaladas, notadamente no que se refere à efetividade dos direitos trabalhistas.

Com isso, o estado de exceção instaurado que, segundo sustentavam, seria limitado ao período da Copa, se alastrou para o momento posterior, abrindo a oportunidade para novos ataques aos direitos trabalhistas, que culminaram com a "reforma" de 2017, como se verá adiante.

---

(624) HUMAN & TRADE UNION RIGTHS. *International Trade Union Confederation (ITUC) Report* — The Case Against Qatar — provokes furious response from local World Cup organising committee. 16 mar. 2014. Disponível em: https://www.ituc-csi.org/international-trade-union-14520?lang=en%20. Acesso em: 14 mar. 2019.

(625) Catar admite morte de 'entre 400 e 500' trabalhadores durante preparativos para a Copa. *G1*. 29 nov. 2022. Disponível em: https://g1.globo.com/mundo/copa-do-catar/noticia/2022/11/29/catar-admite-morte-de-entre-400-e-500-trabalhadores-durante-a-construcao-dos-estadios-da-copa.ghtml. Acesso em: 12 dez. 2022.

(626) GALUCCI, Thalita. Quantos trabalhadores morreram nas obras para a Copa no Qatar? Ninguém sabe. *UOL*. 7 dez. 2022. Disponível em: https://www.uol.com.br/esporte/futebol/copa-do-mundo/2022/12/07/materia-trabalhadores-imigrantes-no-qatar.htm?cmpid=copiaecola. Acesso em: 20 dez. 2022.

Capítulo 5

O Direito do Trabalho Pós-Copa

5.1. A desestabilização política no contexto do ataque aos direitos trabalhistas

Segundo matéria publicada no G1, em 20 de março de 2015, a Copa do Mundo de 2014 foi considerada até então, a Copa mais lucrativa da história da FIFA. O lucro da entidade, entre 2011 e 2014, foi estimado em US$ 5,7 bilhões (cerca de R$ 18,6 bilhões à época).(627)

De acordo com a reportagem:

> [...] A receita é 37% maior do que a obtida com a África do Sul, de 2007 a 2010, quando a FIFA arrecadou US$ 4,1 bilhões. Também corresponde a mais do que o dobro da Alemanha, entre 2003 e 2006, quando a receita bateu US$ 2,5 bilhões, e mais de três vezes o valor que foi levantado no ciclo de Japão e Coreia do Sul, entre 1999 e 2002, que somou US$ 1,8 bilhões.
>
> A receita com a venda dos direitos de transmissão de competições, a principal delas a Copa, para emissoras de TV aumentou pouco da África do Sul para o Brasil. Saiu de US$ 2,44 bilhões no quadriênio até 2010 para US$ 2,48 bilhões no até 2014. Todas as demais receitas tiveram aumentos significativos.
>
> No *marketing*, a FIFA captou muito mais dinheiro com companhias brasileiras do que com sul-africanas. Ao todo, a receita obtida com patrocínios subiu de US$ 1 bilhão em 2010 para US$ 1,6 bilhão em 2014. A diferença de realizar a Copa no mercado brasileiro pode ser sentida pela quantia levantada por meio de "apoiadores nacionais", empresas do país-sede que compram o direito de explorar o evento somente dentro do território. A FIFA arrecadou US$ 30 milhões com essa cota em 2010 e US$ 163 milhões em 2014.

---

(627) CAPELO, Rodrigo. Mais lucrativa da história, Copa do Mundo de 2014 gera R$ 18 bilhões para a Fifa. *G1*, Rio de Janeiro, 20 mar. 2015. Dinheiro em Jogo. Disponível em: http://globoesporte.globo.com/blogs/especial-blog/dinheiro-em-jogo/post/mais-lucrativa-da-historia-copa-do-mundo-de-2014-gera-r-18-bilhoes-para-fifa.html. Acesso em: 22 out. 2018.

> A FIFA arrecadou US$ 115 milhões com licenciamentos — aqui entram produtos que levaram marcas da Copa e do mascote Fuleco, como pelúcias, materiais escolares, peças de roupa, entre tantos outros. Na vez da África do Sul, a FIFA conseguiu US$ 70 milhões com produtos licenciados.
>
> Com hospitalidade, camarotes e serviços para empresas e espectadores endinheirados, a FIFA embolsou US$ 185 milhões com a Copa no Brasil. É muito mais do que os US$ 120 milhões gerados pela África do Sul, mas está abaixo dos US$ 212 milhões que a Copa da Alemanha levantou entre 2003 e 2006 — aparentemente há mais gente disposta a pagar por esses serviços quando os estádios estão na Europa.
>
> Ingressos deram à FIFA outro empurrão considerável. Até 2010, a entidade repassava o valor arrecadado diretamente para o Comitê Organizador Local. Em 2014, passou a ficar com essa quantia. A Copa do Mundo rendeu US$ 476 milhões com tíquetes vendidos em 2014, e a Copa das Confederações, em 2013, US$ 50 milhões. Dinheiro que não entrou na conta bancária do órgão em edições anteriores.(628)

Conforme visto anteriormente, muitas foram as concessões feitas à FIFA para que a Copa de 2014 pudesse ser um evento comercial lucrativo e garantisse ao governo brasileiro o "direito" de sediar o megaevento esportivo, como uma forma de extrair os dividendos políticos.

No âmbito das relações de trabalho, por meio da criação de fórmulas jurídicas de regime de exceção, proporcionou-se à a FIFA a utilização de cerca de 33 mil voluntários, para a realização das mais variadas funções durante a realização da Copa do Mundo, sem a formação de vínculo de emprego com a entidade e, até mesmo, sem o pagamento de qualquer remuneração pelos serviços executados.

Além dos voluntários, a FIFA também contou, gratuitamente, e, igualmente, em regime de exceção, com o trabalho de menores de idade, na qualidade de gandulas. Em cada partida de futebol, quatorze adolescentes, entre 13 e 16 anos, ficariam posicionados em torno do campo de jogo, com a função de repor as bolas aos jogadores ou aos árbitros.

Com relação às obras da Copa, destacam-se as condições adversas de trabalho admitidas e naturalizadas para a construção dos estádios. A execução das obras, visando atender aos padrões exigidos pela FIFA, foi marcada por extensas jornadas e por um acelerado ritmo de trabalho, necessários para que as arenas ficassem prontas a tempo da competição. A mão de obra, composta, na maioria, por trabalhadores terceirizados, revitalizava uma prática na construção civil que vinha sendo bastante combatida antes desse período.

---

(628) CAPELO, Rodrigo. Mais lucrativa da história, Copa do Mundo de 2014 gera R$ 18 bilhões para a Fifa. *G1*, Rio de Janeiro, 20 mar. 2015. Dinheiro em Jogo. Disponível em: http://globoesporte.globo.com/blogs/especial-blog/dinheiro-em-jogo/post/mais-lucrativa-da-historia-copa-do-mundo-de-2014-gera-r-18-bilhoes-para-fifa.html. Acesso em: 22 out. 2018.

O que mais impressiona, no entanto, são os argumentos utilizados para justificar as medidas que representavam fissuras no Direito do Trabalho e impunham retrocessos a direitos já consagrados.

No caso do trabalho dos gandulas, por exemplo, conforme abordado no Capítulo 4, o corregedor Nacional de Justiça, em 10 de dezembro de 2013, atendendo à lógica de resultado instaurada, expediu a Recomendação n. 13, autorizando o trabalho infantil na função de gandula, nos jogos da Copa de 2014, a partir de 12 anos. Recomendava-se aos juízes com jurisdição na infância e juventude nas comarcas das cidades-sede dos jogos que expedissem portarias locais, seguindo os padrões contidos no "Anexo – A" da referida recomendação.(629)

Nas obras da construção da Arena Corinthians, o superintendente do Ministério do Trabalho à época, Luiz Antônio Medeiros, chegou a declarar expressamente que: "se esse estádio não fosse da Copa [do Mundo], os auditores teriam feito um auto de infração por trabalho precário e paralisado a obra. Estamos fazendo de conta que não vemos algumas coisas irregulares".(630)

Esse modo de conceber um direito a partir dos efeitos econômicos ou políticos circunstancialmente pretendidos acabou se integrando ao próprio modo de percepção do fenômeno jurídico, tanto que, mesmo tempos depois, as justificativas de exceção continuaram sendo utilizadas, como se pode ver no acórdão proferido pela 7ª Turma do Tribunal Superior do Trabalho, em sede de Agravo de Instrumento, em 29 de agosto de 2018:

> [...] Entrementes, importante consignar que **a "Lei Geral da Copa", sancionada pela Presidente da República em 5 de junho de 2012, com prazo de vigência até o dia 31 de dezembro de 2014, insere-se no arcabouço normativo elaborado com o fim de viabilizar a realização dos grandes eventos esportivos no Brasil, constituindo instrumento para internalizar, no plano jurídico, garantias conferidas pelo País à FIFA — *Fédération Internationale de Football Association*, associação suíça de direito privado que regula o futebol em todo o mundo. Isso em razão de referida Organização** — responsável pela escolha do país-sede — **impor procedimentos que visam regulamentar o bom andamento do evento, inclusive mediante alteração legislativa nacional, com o intuito de fomentar condições mais favoráveis às relações comerciais e o interesse dos patrocinadores (chamado *Hosting Agreement* — "acordo para sediar")**. Decerto, não se pode olvidar que, apesar dos nobres objetivos da FIFA, a democratização de suas regras políticas é um desafio para o alcance dos desideratos

(629) BRASIL. Conselho Nacional de Justiça. *Recomendação n. 13, de 10 de dezembro de 2013*. Disponível em: http://www.cnj.jus.br/recomendacoes-corregedoria/27173-recomendacao-n-13-de-10-de-dezembro-de-2013. Acesso em: 14 fev. 2019.

(630) SABINO, Alex. Chefe dos auditores diz 'fazer de conta' não ver irregularidades no Itaquerão. *Folha de S. Paulo*. São Paulo, 3 abr. 2014. Disponível em: https://www1.folha.uol.com.br/esporte/folhanacopa/2014/04/1434985-chefe-dos-auditores-diz-fazer-de-conta-nao-ver-irregularidades-no-itaquerao.shtml. Acesso em: 08 mar. 2019.

propostos, até mesmo em respeito à soberania dos Estados — suas normas e direitos fundamentais. Entretanto, **diferentemente do que pretende fazer crer o Parquet, não se trata simplesmente da análise de violação ou não do art. 1º da Lei n. 9.608/98, diante dos lucros auferidos pelo réu, sob a ótica formal-legalista. A matéria trazida ao debate não se esgota no direito material propriamente dito; há que se levar em conta o aspecto imaterial do evento no chamado "País do Futebol", reconhecido, inclusive, pela expressão "Pátria de Chuteiras" — metáfora preconizada na célebre frase do escritor e jornalista brasileiro Nelson Rodrigues, para descrever a mobilização, a expectativa e o sentimento que as copas do mundo geram no País.** Nesse diapasão, é fundamental mencionar o art. 217 da Constituição Federal que impõe ao Poder Público, como valor a ser necessariamente observado, "a proteção e o incentivo às manifestações desportivas de criação nacional" (inciso IV). Soma-se a isso o fato de que no processo de preparação e realização do evento futebolístico, nos moldes do art. 29, I, *b*, e III, da "Lei Geral da Copa", foi firmado o compromisso do País com a valorização do trabalho e dos trabalhadores, conforme campanha intitulada "Trabalho decente: o melhor gol do Brasil", com o apoio até mesmo da OIT (Organização Internacional do Trabalho). A propósito, conforme bem ressalvado pelo Ministro Ricardo Lewandowski, Relator da Ação Direta de Inconstitucionalidade — ADI 4.976/DF —, ajuizada pela douta Procuradoria Geral da República, "o futebol, como esporte plenamente incorporado aos costumes nacionais, deve ser protegido e incentivado por expressa imposição constitucional, mediante qualquer meio que a Administração Pública considerar apropriado." Em suas apropriadas palavras, "é escusado lembrar que, por mais que alguém, entre nós, seja indiferente ou mesmo refratário a tudo o que diga respeito ao futebol, a relação da sociedade brasileira com os mais variados aspectos desse esporte é estreita e singularíssima, estando ele definitivamente incorporado à cultura popular, seja na música, seja na literatura, seja no cinema, seja, enfim, nas artes em geral, fazendo-se presente, em especial, na maioria das grandes festas nacionais". Em referida ação, julgada improcedente, embora não tenham sido objeto de análise os arts. 57 e 58 da "Lei Geral da Copa", concluiu-se, por ocasião da alegada inconstitucionalidade do art. 23 da Lei n. 12.663/2012, pela possibilidade de o legislador optar, em situações particulares ou contextos atípicos, por regime de responsabilização civil mais abrangente do que aquele definido, como regra geral, no art. 37, § 6º, da Constituição Federal. A FIFA, de fato, é entidade privada de caráter internacional e, como é de conhecimento geral, obteve vultosos resultados financeiros com o evento realizado. Contudo, nos moldes da decisão proferida pelo Supremo Tribunal Federal, a edição da Lei n. 12.663/2012 resultou de compromisso assumido pela República Federativa do Brasil, ainda à época de sua candidatura a sediar a Copa de 2014, em se comprometer com o conjunto de garantias apresentadas, em decorrência de decisão soberana do País. Destarte, **lógica semelhante há de se adotar no presente caso, "como sistema de gerenciamento de situações excepcionais", em que o serviço voluntário prestado na organização e realização dos eventos da COPA DO MUNDO FIFA 2014 não se sujeita à limitação prevista no art. 1º da Lei n. 9.608/98. Em arremate, necessária a menção da recentíssima alteração na LINDB, introduzida pela Lei n. 13.655, de 25 de abril de 2018, no sentido de que "não se decidirá com base em valores jurídicos abstratos sem que sejam consideradas as consequências práticas da decisão", bem assim que a decisão deverá ser proporcional, equânime, eficiente e compatível com os interesses gerais (arts. 20 e 21 da LINDB) — destaquei**. Sendo assim, conquanto legítima e louvável a iniciativa do Ministério Público do Trabalho, inclusive, respaldada pelo então "MANIFESTO CONTRA O TRABALHO 'VOLUNTÁRIO' NA

> COPA" (assinado por mais de 200 renomados representantes da comunidade jurídica), em trazer ao debate desta Corte Superior tema de magna importância, principalmente em razão da polêmica instaurada, conclui-se pela manutenção de improcedência dos pedidos iniciais formulados. Agravo de instrumento conhecido e não provido.(631)

Concretamente, as instituições públicas atuaram de modo a atender os interesses da FIFA, mesmo que para isso fossem violados direitos constitucionais trabalhistas.

Conforme assevera Gustavo Seferian, a decisão do TST sobre o trabalho voluntário não analisou a questão sobre uma ótica formal. Ao contrário disso, pautou-se por racionalidade de exceção, apoiada na paixão brasileira pelo futebol, para fazer valer, os interesses econômicos de uma entidade capitalista estrangeira, como a FIFA, em detrimento do direito social.(632)

Segundo Seferian, "a abertura de fissuras para a exceção no trato de direitos sociais e, sobretudo trabalhistas, é deveras perigosa, sinalizando o aprofundamento da permanência deste estado de coisas [...]."(633)

Com relação à terceirização nas obras da Copa do Mundo, Jorge Luiz Souto Maior salienta que a necessidade de acelerar as obras "[...] acabou por jogar por terra quase toda, senão toda, a racionalidade que já havia sido produzida a respeito do assunto pertinente ao combate à terceirização no setor da construção civil [...]".(634)

E acrescenta:

> A maior parte dos problemas vivenciados pelos trabalhadores nas obras da Copa foi ligada à sua submissão ao processo de terceirização e de precarização das condições de trabalho, que acabaram sendo acatados, sem resistência institucional, durante o período de preparação para a Copa, interrompendo o curso histórico que era, até então, de intensa luta pela melhoria das condições de trabalho no setor da construção civil, que é o recordista, vale dizer, em acidentes do trabalho.

---

(631) BRASIL. Tribunal Superior do Trabalho. *Agravo de Instrumento em Recurso de Revista (AIRR) n. 107045220145010059*. 7ª Turma. Relator: Min. Cláudio Mascarenhas Brandão. Data de Julgamento: 29.08.2018. Data de Publicação: 03.09.2018. Disponível em: https://tst.jusbrasil.com.br/jurisprudencia/621987316/agravo-de-instrumento-em-recurso-de-revista-airr-107045220145010059. Acesso em: 21 nov. 2018. (grifo nosso).

(632) MACHADO, Gustavo Seferian Scheffer. Reflexões sobre soberania e servilismo no trato da valorização social do trabalho: o caso do trabalho voluntário na Copa do Mundo de 2014. *Revista dos Tribunais*, ano 108, jan. 2019, vol. 999, p. 780-792, p. 788-789.

(633) *Ibidem*, p. 791.

(634) SOUTO MAIOR. Jorge Luiz. *História do Direito do Trabalho no Brasil:* curso de Direito do Trabalho. Volume I: parte II. São Paulo: LTr, 2017. p. 453.

> Essa luta, implementada pelo Ministério Público do Trabalho, tendo como ponto essencial o combate à terceirização, entendida como fator principal da precariedade que gera acidentes, já havia sido, inclusive, encampada pelo Governo Federal, em 2012, ao se integrar, em 27 de abril, ao Plano Nacional de Segurança e Saúde no Trabalho.(635)

Ademais, os interesses de muitos segmentos empresariais para a realização da Copa não eram pequenos. O setor da construção civil, por exemplo, conforme apontado pelo estudo da Ernst & Young e da Fundação Getúlio Vargas, figurava entre os setores que mais se beneficiariam com a realização do Mundial no Brasil. No período de 2010--2014, o setor obteve um benefício econômico na ordem de R$ 8,14 bilhões.(636)

Evidente que o governo também vislumbrou benefícios com a realização da Copa e essa aliança acabou alargando fissuras também na própria estrutura de Estado, o que serviu para o abalo da rede de proteção social e dos alicerces do Direito do Trabalho.

Os setores econômicos saíram fortalecidos da empreita da Copa e viram, nesse contexto, uma oportunidade para alavancar sua antiga pauta em torno da flexibilização dos direitos sociais e trabalhistas.

O estado de exceção ampliado pela Copa lhes conferiu a oportunidade para tanto.

Importante ressaltar que a lógica do estado de exceção já imperava, historicamente, na realidade brasileira, com maior intensidade em alguns momentos. O fato é que os ajustes para a preparação e realização da Copa de 2014 constituiu um desses momentos em que o estado de exceção se apresentou mais fortemente.

De acordo com Daniela Muradas Reis e Grijalbo Fernandes Coutinho:

> É imprescindível frisar, desde logo, que a democracia burguesa jamais passou de uma falácia, especialmente no Brasil. Sempre que pretendia aumentar os níveis de exploração da classe trabalhadora e de maximização dos seus lucros, a classe dominante rompia com o ordenamento jurídico por ela própria instituído para alterar as regras do jogo, inclusive substituindo os gerentes dos negócios capitalistas.
>
> Na história recente do Brasil é possível confirmar a hipótese antes exposta a partir do suicídio de Vargas em 1954, porque acuado no Palácio do Catete por

(635) SOUTO MAIOR. Jorge Luiz. *História do Direito do Trabalho no Brasil:* curso de Direito do Trabalho. Volume I: parte II. São Paulo: LTr, 2017. p. 453.

(636) BRASIL SUSTENTÁVEL: IMPACTOS SOCIOECONÔMICOS DA COPA DO MUNDO 2014. Ernst & Young. *Quality In Everything We Do.* p. 4. FGV Projetos. Disponível em: https://fgvprojetos.fgv.br/sites/fgvprojetos.fgv.br/files/estudo_9.pdf. Acesso em. 19 fev. 2019.

> forças golpistas reacionárias, da deposição de Jango pelo golpe civil-militar de 1964 e do impedimento de Dilma Rousseff, em 2016, este último ato liderado pela ostensiva campanha promovida por setores da grande mídia em parceria com o Ministério Público e o Judiciário. Todos esses eventos políticos se deram a partir do rompimento das balizas constitucionais vigentes em cada momento. (637)

Concretamente, o estado de exceção evidenciado pela Copa não se restringiu ao período da realização dos jogos, visto que, após instaurado, se integrou a diversas temáticas, abrindo os horizontes para a generalização da lógica de precarização que balizou as relações de trabalho no período da Copa.

Segundo Jorge Luiz Souto Maior:

> Vários setores da sociedade brasileira, que têm a percepção de que no modelo de produção capitalista o que se tem em concreto é uma sociedade de classes, estão em luta. E para os trabalhadores, por exemplo, a luta ainda será intensa, pois a assimilação do governo à lógica empresarial da preparação para a Copa lhes trouxe várias consequências negativas: a intensificação da terceirização, que agora está em risco de se consagrar em processo sob julgamento do Supremo Tribunal Federal; a proposta, em trâmite no Congresso Nacional, de minimização dos efeitos do trabalho em condições análogas à de escravo [...].(638)

Os discursos contra o Direito do Trabalho se intensificaram e ganharam forte apoio midiático, o que foi favorecido ainda pelo conturbado momento político, que, se pode dizer, foi também causado pelo estado de exceção exacerbado. Em certo sentido, o governo, concluída a tarefa da realização da Copa, em vez de se beneficiar, acabou se vendo atingido pelas fissuras feitas nas estruturas jurídica e política para a realização da Copa.

Os autores, em geral, no entanto, não fazem essa ligação entre a Copa e a situação política do país a partir de 2014, atribuindo o desalinhamento político à conjuntura internacional.

---

(637) MURADAS, Daniela Reis; COUTINHO, Grijalbo Fernandes. "Reforma" Trabalhista: a potencialização do valor trabalho como mercadoria em tempos de governança burguesa ilegítima. In: *Resistência: aportes teóricos contra o retrocesso trabalhista.* Coordenadores: Jorge Luiz Souto Maior, Valdete Souto Severo. 1. ed. São Paulo: Expressão Popular, 2017. p. 59-78, p. 64.

(638) SOUTO MAIOR, Jorge Luiz. Não chores por mim seleção brasileira. 02/07/2014. *Carta Maior*. Disponível em: https://www.cartamaior.com.br/?/Editoria/Cultura/Nao-chores-por-mim-selecao-brasileira/39/31296. Acesso em: 22 abr. 2019.

Conforme destacam Daniela Muradas Reis e Grijalbo Fernandes Coutinho:

> Embora os governos Lula e Dilma tenham contribuído para a expansão de lucros dos negócios capitalistas em atividade no Brasil, sem desprezar as inúmeras políticas econômicas e cambiais valorizadoras da financeirização, o fato é que a partir de 2014 a euforia começou a ceder lugar a um cenário de preocupações, tanto pela influência do quadro internacional, quanto pelo clima de terra arrasada propagado pela mídia oligopolista para derrotar eleitoralmente os governos da denominada "Frente Brasil Popular".(639)

Por certo, a instabilidade política não se deu apenas como um efeito da Copa, estando por trás também o objetivo de alguns segmentos empresariais em torno da flexibilização dos direitos trabalhistas, como já dito.

Como lembra Jorge Luiz Souto Maior, "os direitos trabalhistas sempre estiveram no centro das crises políticas do país, determinando mobilizações, avanços, retrocessos e até golpes, mas essa proeminência da questão trabalhista nunca foi abertamente assumida"(640).

O fato é que a lógica empresarial suplantou os direitos dos(as) trabalhadores(as), abrindo caminho para que toda essa irracionalidade econômica avançasse.

5.2. Os movimentos jurídicos e políticos relativos aos direitos trabalhistas no período pós-copa

5.2.1. No Supremo Tribunal Federal

Neste mesmo contexto ganha destaque a atuação do Supremo Tribunal Federal verificada logo no final de 2014, como já visto, trazendo o argumento econômico como balizador prioritário para raciocinar a regulação das relações de trabalho e, com isso, impondo fortes restrições aos direitos dos(as) trabalhadores(as).

Em 2015, no dia 16 de abril, em Sessão Plenária, o Supremo Tribunal Federal, por maioria, julgou parcialmente procedente a Ação Direta de Inconstitucionalidade (ADI) 1.923, para, por meio de interpretação conforme a Constituição, declarar a constitucionalidade das normas que dispensam licitação em celebração de contratos de gestão entre

(639) MURADAS, Daniela Reis; COUTINHO, Grijalbo Fernandes. "Reforma" Trabalhista: a potencialização do valor trabalho como mercadoria em tempos de governança burguesa ilegítima. In: *Resistência: aportes teóricos contra o retrocesso trabalhista*. Coordenadores: Jorge Luiz Souto Maior, Valdete Souto Severo. 1. ed. São Paulo: Expressão Popular, 2017. p. 59-78, p. 65.

(640) SOUTO MAIOR, Jorge Luiz. *Os direitos trabalhistas sob o fogo cruzado da crise política*. Disponível em: https://www.jorgesoutomaior.com/blog/os-direitos-trabalhistas-sob-o-fogo-cruzado-da-crise-politica. Acesso em: 20 abr. 2019.

o Poder Público e as Organizações Sociais (OSs) para a prestação de serviços públicos de ensino, pesquisa científica, desenvolvimento tecnológico, proteção e preservação ao meio ambiente, cultura e saúde.[(641)]

Em 30 de abril do mesmo ano, conferindo especial relevância ao princípio da autonomia da vontade no âmbito do direito coletivo do trabalho, o Plenário do Supremo Tribunal Federal, por unanimidade, fixou entendimento de que, nos Planos de Dispensa Incentivada (PDIs), a transação extrajudicial que importa rescisão do contrato de trabalho confere quitação ampla e irrestrita de todas as parcelas decorrentes do contrato de emprego, desde que essa condição tenha constado de acordo coletivo de trabalho e dos demais instrumentos assinados pelo empregado. A decisão foi tomada no julgamento do Recurso Extraordinário (RE) 590.415, com repercussão geral reconhecida pelo STF.[(642)]

No ano de 2016, em 8 de setembro, na mesma linha regressiva dos direitos trabalhistas, em sede de Recurso Extraordinário, o relator, ministro Teori Zavascki, deu provimento a um recurso para afastar a condenação de uma empresa ao pagamento das horas *in itinere* e dos respectivos reflexos salariais, considerando a possibilidade da prevalência do negociado sobre o legislado, em razão de outras vantagens que foram conferidas ao trabalhador de modo a compensar a supressão.[(643)]

Também em 2016, em 14 de setembro, o Plenário do Supremo Tribunal Federal, por maioria dos votos, considerou a constitucionalidade do dispositivo da Lei n. 11.901/2009, que estabelece a jornada de trabalho de bombeiro civil em 12 horas de trabalho por 36 horas de descanso. O STF julgou improcedente a Ação Direta de Inconstitucionalidade (ADI) 4.842, entendendo não haver violação de preceitos constitucionais, por não ser a norma lesiva à sua saúde do trabalhador ou à normas de medicina e segurança do trabalho.[(644)]

Um mês depois, o ministro Gilmar Mendes, em decisão monocrática, concedeu medida cautelar para suspender todos os processos em curso e os efeitos de decisões

(641) BRASIL. Supremo Tribunal Federal. *Ação Direta de Inconstitucionalidade (ADI) n. 1.923*. Distrito Federal. Relator: Min. Ayres Britto.. Julgamento: 16.04.2015. Disponível em: https://www.stf.jus.br/arquivo/cms/noticiaNoticiaStf/anexo/Voto__ADI1923LF.pdf. Acesso em: 14 maio 2019.

(642) BRASIL. Supremo Tribunal Federal. *Recurso Extraordinário (RE) 590.415*. Relator Min. Luís Roberto Barroso. Data de Julgamento: 30.04.2015. Disponível em: http://www.stf.jus.br/portal/jurisprudenciaRepercussao/verAndamentoProcesso.asp?incidente=2629027&numeroProcesso=590415&classeProcesso=RE&numeroTema=152. Acesso em: 14 maio 2019.

(643) BRASIL. Supremo Tribunal Federal. *Recurso Extraordinário (RE) 895.759*. Relator: Min. Teori Zavascki. Data de Julgamento: 8.09.2016. Disponível em: https://www.migalhas.com.br/arquivos/2016/9/art20160916-12.pdf. Acesso em: 14 maio 2019.

(644) BRASIL. Supremo Tribunal Federal. *Ação Direta de Inconstitucionalidade (ADI) n. 4.842*. Relator Ministro Edson Fachin. Data de Julgamento: 14.09.2016. Disponível em: https://redir.stf.jus.br/paginadorpub/paginador.jsp?docTP=TP&docID=13308011. Acesso em: 14 maio 2019.

proferidas no âmbito da Justiça do Trabalho referentes à aplicação da ultratividade de normas de acordos e convenções coletivas. A decisão proferida na Arguição de Descumprimento de Preceito Fundamental (ADPF) 323, foi ajuizada pela Confederação Nacional dos Estabelecimentos de Ensino (Confenen), em questionamento à Súmula n. 277 do Tribunal Superior do Trabalho (TST).(645)

Ainda em 2016, no dia 27 de outubro, o Plenário do Supremo Tribunal Federal, no julgamento do Recurso Extraordinário (RE) 693.456, com repercussão geral reconhecida, por maioria, autorizou que a administração pública efetuasse o corte de ponto dos trabalhadores em greve, admitindo a possibilidade de compensação dos dias parados por meio de acordo coletivo.(646)

No ano seguinte, 2017, em 30 de março, o Plenário do Supremo Tribunal Federal, ao julgar o Recurso Extraordinário (RE) 760.931, com repercussão geral reconhecida, confirmou o entendimento, adotado na Ação de Declaração de Constitucionalidade (ADC) 16, de que o ente público só pode ser responsabilizado por encargos trabalhistas decorrentes do inadimplemento de empresa terceirizada (prestadora de serviços) se existir prova inequívoca de sua conduta omissiva ou comissiva na fiscalização dos contratos.(647)

Em 05 de abril de 2017, o Plenário do Supremo Tribunal Federal, por maioria de votos, no julgamento do Recurso Extraordinário com Agravo (ARE) 654.432, com repercussão geral reconhecida, reafirmou o entendimento da inconstitucionalidade do exercício do direito de greve por policiais civis e demais servidores públicos que atuam diretamente na área de segurança pública.(648)

Esses mesmos argumentos que priorizam a racionalidade econômica vão aparecer na sequência no âmbito da "reforma" trabalhista, após dado o último passo para se chegar a ela que foi *o impeachment da* presidenta Dilma Rousseff, cujo governo, eleito com o compromisso de não mexer em direitos trabalhistas, constituía um óbice para levar mais a fundo o processo de desmonte dos direitos dos(as) trabalhadores(as).

---

(645) BRASIL. Supremo Tribunal Federal. *Medida cautelar na Argüição de Descumprimento de Preceito Fundamental (ADPF) 323.* Relator: Min. Gilmar Mendes. Data de Julgamento: 16.10.2016.

(646) BRASIL. Supremo Tribunal Federal. *Recurso Extraordinário (RE) 693.456.* Relator Ministro Dias Toffoli. Data de Julgamento: 27.10.2016. Disponível em: http://portal.stf.jus.br/processos/downloadPeca.asp?id=311397307&ext=.pdf. Acesso em: 14 maio 2019.

(647) BRASIL. Supremo Tribunal Federal. *Recurso Extraordinário (RE) 760.931.* Relator Min. Alexandre de Moraes. Julgamento: 30/03/2017. Disponível em: http://www.stf.jus.br/arquivo/cms/jurisprudenciaRepercussaoInformacaoGeral/anexo/Edio69.pdf. Acesso em: 14 maio 2019.

(648) BRASIL Supremo Tribunal Federal. *Recurso Extraordinário com Agravo (ARE) 654.432.* Relator Ministro Edson Fachin. Julgamento: 6.04.2017.

5.2.2. No Tribunal Superior do Trabalho

No âmbito do Tribunal Superior do Trabalho, verifica-se que no período pós-Copa, de 2015 a 2017, as alterações na jurisprudência sumulada foram diversas, muitas delas, repercutindo as discussões trazidas pelo advento do novo Código de Processo Civil, Lei n. 13.015, de 16 de março de 2015, que entrou em vigor em 18 de março de 2016.

As alterações realizadas se deram principalmente no plano processual, abrangendo questões sobre competência da Justiça do Trabalho, recurso de revista, honorários advocatícios, custas processuais, entre outras.[(649)]

Não faltaram, no entanto, deliberações sobre o direito material: prescrição do FGTS (Súmula n. 362); equiparação salarial em cadeia (item VI, Súmula n. 6); registro de horário no cartão de ponto, referente aos minutos que antecedem e sucedem a jornada de trabalho (Súmula n. 366).

A Súmula n. 362, foi alterada, em razão do julgamento do Recurso Extraordinário com Agravo (ARE) 709.212, com repercussão geral reconhecida, pelo Supremo Tribunal Federal (STF), em 13 de novembro de 2014, no qual se declarou a inconstitucionalidade do § 5º do art. 23 da Lei n. 8.036/1990, e do art. 55 do Decreto n. 99.684/1990.

A nova redação dada a Súmula n. 362, em seu item I, estabeleceu que, os prazos prescricionais para reclamar o não recolhimento dos depósitos do FGTS seriam aqueles previstos no inciso XXIX do art. 7º da Constituição Federal e não mais o de 30 (trinta) anos, como previsto na lei do FGTS.[(650)]

No item II, fixou que, para os casos em que a prescrição já estivesse em curso em 13.11.2014, o marco prescricional seria aquele que se consumasse primeiro: trinta anos, contados do termo inicial, ou cinco anos, a partir de 13.11.2014 (STF-ARE709212/DF).

A Súmula n. 366 estabeleceu que, diante da variação de horário no registro de ponto, só será considerado como jornada extraordinária o tempo que ultrapassar o limite de 10 (dez) minutos diários, sendo computada como extra a totalidade do tempo que exceder a jornada normal, "não importando as atividades desenvolvidas pelo empregado

(649) No dia 12 de maio de 2015, em Sessão Plenária, por meio da Resolução n. 197, o TST converteu em Súmula a Orientação Jurisprudencial n. 115 da Subseção I Especializada em Dissídios Individuais (Súmula n. 459), alterou o item I da Súmula n. 219 e ainda alterou a redação das Súmulas ns. 25 e 366. Na Sessão Plenária de 9 de junho, por meio da Resolução de n. 198, alterou a redação da Súmula n. 362, o item VI da Súmula n. 6 e cancelou a Súmula n. 434. E por meio da Resolução n. 199, alterou a redação da Súmula n. 422. E na Sessão Plenária de 27 de outubro, por meio da Resolução n. 200, alterou a redação da Súmula n. 392.

(650) BRASIL. Supremo Tribunal Federal. *Repercussão Geral no Recurso Extraordinário com Agravo (RG ARE: 709.212.* Distrito Federal. Relator: Min. GILMAR MENDES. Data de Julgamento: 25.10.2012. Data de Publicação: 27.05.2013. Disponível em: https://stf.jusbrasil.com.br/jurisprudencia/311629222/repercussao-geral-no-recurso-extraordinario-com-agravo-rg-are-709212-df-distrito-federal/inteiro-teor-311629229. Acesso em: 14 maio 2019,

ao longo do tempo residual (troca de uniforme, lanche, higiene pessoal, etc.)", por ser considerado tempo à disposição do empregador. Ou seja, a Súmula em questão legitimou o trabalho de horas extras sem remuneração em até 10 (dez) minutos diários.

Em 2016, diversas alterações foram promovidas.(651) No plano do direito material, quatro Súmulas foram alteradas: complementação dos proventos da aposentadoria (Súmula n. 288); compensação de jornada (Súmula n. 85); adicional de periculosidade (Súmula n. 364 e Súmula n. 191).

Destacam-se:

i) Súmula n. 85 (compensação de jornada): inserido o item VI que estabelece a invalidade do acordo de compensação de jornada em atividade insalubre, ainda que previsto em norma coletiva, sem a necessária inspeção prévia e permissão da autoridade competente, nos termos do art. 60 da CLT;

ii) Súmula n. 364 (adicional de periculosidade): inserido o item II que prevê a invalidade de cláusula de acordo ou convenção coletiva de trabalho determinando o adicional de periculosidade em percentual inferior ao previsto em lei e proporcional ao tempo de exposição ao risco, visto que referida parcela constitui medida de higiene, saúde e segurança do trabalho, assegurada por norma de ordem pública (arts 7º, XXII e XXIII, da CF e 193, § 1º, da CLT);

(iii) Súmula n. 191 (adicional de periculosidade): cancelada a parte final da antiga redação e inseridos os itens II e III, em razão da entrada em vigor da Lei n. 12.470/2012. Nos termos da Súmula n. 191, o adicional de periculosidade incide apenas sobre o salário básico e não sobre o salário básico acrescido de outros adicionais (item I); no caso do adicional de periculosidade do empregado eletricitário, contratado sob o amparo da Lei n. 7.369/1985, o cálculo deve ocorrer sobre a totalidade das parcelas de natureza salarial, não sendo válida norma coletiva que estabeleça a incidência do referido adicional sobre o salário básico (item II); a alteração da base de cálculo do adicional de periculosidade do eletricitário realizada pela Lei n. 12.740/2012 atinge apenas os contratos de trabalho celebrados a partir de sua vigência, nos quais o cálculo será realizado somente sobre o salário básico, conforme preconiza o § 1º do art. 193 da CLT.

---

(651) Em Sessão Plenária, no dia 15 de março, por meio da Resolução n. 204, o TST alterou a Súmula n. 219 e cancelou a Súmula n. 285. Na Sessão Plenária, de 12 de abril, por meio da Resolução n. 207, alterou a Súmula n. 288. Ainda em abril, no dia 19, em Sessão Plenária, por meio da Resolução n. 208, alterou a redação das Súmulas ns. 263, 393, 400, 405, 407, 408 e 421, atualizou as Súmulas ns. 74, 353, 387, 394, 397, 415 e 435. No mês de maio, no dia 30, o TST, em Sessão Plenária, por meio da Resolução n. 209, alterou a redação das Súmulas ns. 85, 364, 404 e 413, editou as Súmulas ns. 460, 461 e 462. No dia 27 de junho, por meio da Resolução n. 210, em Sessão Plenária, alterou a redação da Súmula n. 383 e cancelou a Súmula n. 164. Em agosto, em Sessão Plenária realizada no dia 22, por meio da Resolução n. 211, alterou a redação das Súmulas ns. 299, 303, 395 e 456. No mês de setembro, no dia 19, em Sessão Plenária, por meio da Resolução n. 212, alterou a redação das Súmulas ns. 192, 417 e 419. Em 28 de novembro, por meio da Resolução n. 214, em Sessão Plenária, alterou a redação da Súmula n. 191.

No ano de 2017, novos entendimentos jurisprudenciais foram edificados(652). No âmbito do direito material do trabalho apenas a Súmula n. 124, que dispõe sobre o divisor aplicável para o cálculo das horas extras do bancário, foi alterada.A redação da Súmula n. 124 passa a ser a seguinte:

> N. 124. BANCÁRIO. SALÁRIO-HORA. DIVISOR (alteração em razão do julgamento do processo TST-IRR-849-83.2013.5.03.0138) I – o divisor aplicável para o cálculo das horas extras do bancário será:
>
> a) 180, para os empregados submetidos à jornada de seis horas prevista no *caput* do art. 224 da CLT;
>
> b) 220, para os empregados submetidos à jornada de oito horas, nos termos do § 2º do art. 224 da CLT. II – Ressalvam-se da aplicação do item anterior as decisões de mérito sobre o tema, qualquer que seja o seu teor, emanadas de Turma do TST ou da SBDI-I, no período de 27.09.2012 até 21.11.2016, conforme a modulação aprovada no precedente obrigatório firmado no Incidente de Recursos de Revista Repetitivos n. TST-IRR-849-83.2013.5.03.0138, *DEJT* 19.12.2016.

Previa a redação anterior:

> N. 124 Bancário. Hora de salário. Divisor
>
> I – O divisor aplicável para o cálculo das horas extras do bancário, se houver ajuste individual expresso ou coletivo no sentido de considerar o sábado como dia de descanso remunerado, será:
>
> a) 150, para os empregados submetidos à jornada de seis horas, prevista no *caput* do art. 224 da CLT;
>
> b) 200, para os empregados submetidos à jornada de oito horas, nos termos do § 2º do art. 224 da CLT.
>
> II – Nas demais hipóteses, aplicar-se-á o divisor:
>
> a)180, para os empregados submetidos à jornada de seis horas prevista no *caput* do art. 224 da CLT;
>
> b) 220, para os empregados submetidos à jornada de oito horas, nos termos do § 2º do art. 224 da CLT.

Com o novo entendimento do TST, o divisor aplicável para o cálculo das horas extras do bancário, inclusive para aqueles com jornada de oito horas, é 180 e 220, para as jornadas normais de seis e oito horas, respectivamente (art. 64 da CLT). Para o TST, a inclusão do sábado como dia de repouso semanal remunerado não modifica o divisor.

---

(652) Em 17 de abril, em Sessão Plenária, por meio da Resolução n. 217, o TST, alterou a redação das Súmulas ns. 402, 412, 414 e 418. Na Sessão Plenária, em 26 de junho, por meio da Resolução n. 219, alterou a redação das Súmulas ns. 124, 368, 398 e 459 e editou a Súmula 463. E por fim, em 18 de setembro, em Sessão Plenária, por meio da Resolução n. 220, o TST alterou a redação das Súmulas ns. 337 e 385.

5.2.3. Nas iniciativas dos Poderes Legislativo e Executivo

Importantes iniciativas legislativas marcaram o período. Algumas delas foram: a edição das Medidas Provisórias (MPs) n. 664 e n. 665, em 30 de dezembro de 2014, alterando regras que disciplinam benefícios previdenciários e trabalhistas; a Lei n. 13.189/2015 (conversão da Medida Provisória n. 680/2015) que instituiu o Programa de Proteção ao Emprego (PPE), e a retomada dos Projetos de Lei ns. 4.330/2004 e 4.302/1998 que tratam da terceirização de mão de obra.

5.2.3.1. As MPs 664 e 665 (Leis ns. 13.135/15 e 13.134/15)

Em 30 de dezembro de 2014, foram anunciadas pelo governo Federal as Medidas Provisórias (MPs) 664 e 665.

A Medida Provisória n. 664 alterou as Leis ns. 8.213/1991, 10.876/2004, 8.112/1990, e 10.666/2003, modificando regras de pensão por morte e do benefício do auxílio-doença no âmbito do Regime Geral de Previdência Social (RGPS).

A Medida Provisória n. 665/2014 alterou a Lei n. 7.998/1990 que regula o Programa do Seguro-Desemprego, o abono salarial e institui o Fundo de Amparo ao Trabalhador (FAT). Alterou também a Lei n. 10.779/2003 que trata do seguro-desemprego para o pescador artesanal.

As principais razões que embasaram a proposta da Medida Provisória n. 664, elaborada pelos ministros Garibaldi Alves Filho (Previdência), Guido Mantega (Fazenda) e pela ministra Miriam Aparecida Belchior (Planejamento) e encaminhada à presidenta Dilma Rousseff, foram econômicas.

Segundo os ministros, as regras de acesso aos benefícios de pensão por morte e auxílio-doença estavam permitindo distorções que necessitavam de ajustes, diante da evolução das despesas com os benefícios, o que justificaria a relevância e urgência das medidas propostas.

Na Exposição de Motivos da MP n. 664/2014, sustentaram os ministros:

> 12. Além dos ajustes nas regras de pensões, outras espécies de benefícios também vêm apresentado um ritmo crescente das despesas. No caso do auxílio-doença, a despesa bruta cresceu de R$ 14,2 bilhões, em 2006, para cerca de R$ 22,9 bilhões, que representou uma alta relativa de 60,6% no período. O estoque de benefício passou de cerca de 1,2 milhão, no final de 2009, para o patamar de 1,7 milhão em outubro de 2014, reflexo, entre outros fatores, do incremento de contribuintes ou segurados que vem sendo observado desde 2004 [...].[(653)]

---

(653) BRASIL. *Medida Provisória n. 664, de 30 de dezembro de 2014.* Disponível em: https://www2.camara.leg.br/legin/fed/medpro/2014/medidaprovisoria-664-30-dezembro-2014-779852-exposicaodemotivos-145823-pe.html. Acesso em: 29 abr. 2019.

A mesma linha argumentativa pautou a Exposição de Motivos da MP n. 665/2015 elaborada pelos ministros Guido Mantega (Fazenda), Garibaldi Alves Filho (Previdência Social) e Manoel Dias (Trabalho e Emprego) com a finalidade de modernizar as políticas públicas de emprego financiadas pelo Fundo de Amparo ao Trabalhador (FAT):

> 4. Não obstante, é notório que as transformações estruturais em curso no mercado de trabalho têm elevado o custo das políticas públicas de emprego, haja vista que o aumento contínuo da formalização dos vínculos empregatícios e a diretriz governamental de elevação real do salário mínimo têm contribuído para que as despesas cresçam num ritmo mais acelerado do que as receitas do FAT. Ressalta-se que estas políticas já ocupam um papel de destaque nas contas do setor público brasileiro. Sendo assim, sua sustentabilidade se tornou uma questão importante para as finanças públicas como um todo. De acordo com dados do Resultado do Tesouro Nacional, observa-se que as despesas do FAT aumentaram de 0,54% do PIB em 2002 para 0,92% em 2013.
>
> [...]
>
> 9. A urgência da medida caracteriza-se pela evidente necessidade de adequar o FAT para que esse tenha assegurada a sua sustentabilidade financeira intertemporal.(654)

Para José Antônio Ribeiro de Oliveira Silva e Sandro Sardá, as inconstitucionalidades, as graves precarizações e a retirada substancial de direitos constitucionais que caracterizam as MPs ns. 664 e 665 contrastam com o discurso de posse da presidenta Dilma Rousseff, que disse que não mexeria em direitos trabalhistas.(655)

De acordo com os autores, as MPs visaram uma economia de R$ 18 bilhões ao ano, que correspondia a 0,3% do PIB de 2015. Apenas o pacotão de final de ano representava 32,54% de superávit das contas públicas da União. Advertiam os autores que "os R$ 18 bilhões que serão retirados dos trabalhadores correspondem a 70% do gasto com o Bolsa Família em 2014."(656)

Para Luís Carlos Moro, as MPs representam um "pacote de maldades" que destroçaram direitos previdenciários, com reflexos nas relações de trabalho, atingindo tanto os empregados como empregadores. Uma contingência não coberta plenamente passava a

---

(654) BRASIL. *Medida Provisória n. 665, de 30 de dezembro de 2014*. Disponível em: https://www2.camara.leg.br/legin/fed/medpro/2014/medidaprovisoria-665-30-dezembro-2014-779859-exposicaodemotivos-145829-pe.html. Acesso em: 29 abr. 2019.

(655) SILVA, José Antônio Ribeiro de Oliveira Silva; SARDÁ, Sandro. Apontamentos sobre a redução de direitos previdenciários (MP 664/14) e ao seguro-desemprego (MP 665/14). *Revista do Tribunal Regional do Trabalho da 15ª Região*, n. 46, 2015, p. 107-136.

(656) *Ibidem*, p. 108.

ser a enfermidade. Tal regramento levou empregados a trabalharem doentes, criando um círculo vicioso de mais doenças e mais mortes.[657]

Ocorre que, em 17 de setembro de 2014, ainda em momento de campanha eleitoral, a presidenta Dilma Rousseff, em encontro com empresários na sede da Acic (Associação Comercial e Industrial de Campinas), havia assegurado que não retiraria direitos trabalhistas:

> "Quando se mudam as relações de trabalho, a legislação tem que mudar. Essas mudanças na legislação não podem ser comprometendo direitos. Se essas mudanças precisam ser feitas para garantir que todas as alterações sejam absorvidas, eu acredito que sim. Agora vamos ter clareza disso: 13º, férias e horas extra, [não se muda] nem que a vaca tussa[...]."[658]

No dia 1º de janeiro de 2015, após a posse oficial, em discurso no Congresso Nacional, dirigido aos milhões de brasileiros e brasileiras, a presidenta Dilma Rousseff reafirmou seu compromisso com a garantia de direitos, prometendo governar o Brasil, "com nenhum direito a menos, nenhum passo atrás, só mais direitos e passos à frente. Esse é o juramento que faço nessa praça".[659]

Essa contradição entre o discurso e a edição das MPs 664 e 665 estimularam a indagação provocativa de Luís Carlos Moro:, "o que é um discurso de campanha política e o que é a realidade prática das ações dos eleitos? Na verdade, vê-se com nitidez que há quase uma indistinção entre propostas e partidos no que tange à administração da economia [...]".[660]

A Medida Provisória n. 664/2014 foi convertida na Lei n. 13.135, de 17 de junho de 2015 e a Medida Provisória n. 665/2014, na Lei n. 13.134, de 16 de junho de 2015.

5.2.3.2. A MP n. 680/15 (Lei n. 13.189/15)

Na mesma linha de ataques aos direitos dos(as) trabalhadores(as), foi editada pela presidenta Dilma Rousseff a Medida Provisória n. 680 de 6 de julho de 2015, que instituiu o Programa de Seguro ao Emprego (PP). A MP n. 680 foi convertida na Lei

(657) MORO, Luís Carlos. Novas MPs trazem "tempo de vacas magras". *Consultor Jurídico*. 2 jan. 2015. Disponível em: https://www.conjur.com. br/2015-jan-02/luis-moro-novas-mps-trazem-tempo-vacas-magras. Acesso em: 29 abr. 2019.

(658) BRITTO, Patrícia. 'Nem que a vaca tussa' governo mexe no 13º e nas férias, afirma Dilma. *Folha de S. Paulo*. 17 nov. 2015. Campinas/SP. Eleições 2014. Disponível em: https://m.folha.uol.com.br/poder/2014/09/1517323-nem-que-a-vaca-tussa-governo-mexe-no-13-e-nas-ferias-afirma-dilma.shtml. Acesso em: 23 abr. 2019.

(659) "NENHUM DIREITO a menos, nenhum passo atrás", afirma Dilma na posse. *Contraf Cut*. 02 jan. 2015. Disponível em: https://contrafcut.com.br/noticias/nenhum-direito-a-menos-nenhum-passo-atras-afirma-dilma-na-posse-0330/. Acesso em: 30 abr. 2019.

(660) MORO, Luís Carlos. Novas MPs trazem "tempo de vacas magras". *Consultor Jurídico*. 2 jan. 2015. Disponível em: https://www.conjur.com. br/2015-jan-02/luis-moro-novas-mps-trazem-tempo-vacas-magras. Acesso em: 29 abr. 2019.

n. 13.189, de 19 de novembro de 2015, posteriormente alterada pela Lei n. 13.456, de 26 de junho de 2017 (conversão da Medida Provisória n. 761/2016), que instituiu o Programa Seguro-Emprego (PSE). (661)

A Lei n. 13.189/2015, no art. 1º, estabelece os objetivos do Programa Seguro-Emprego:

> I – possibilitar a preservação dos empregos em momentos de retração da atividade econômica;
>
> II – favorecer a recuperação econômico – financeira das empresas;
>
> III – sustentar a demanda agregada durante momentos de adversidade, para facilitar a recuperação da economia;
>
> IV – estimular a produtividade do trabalho por meio do aumento da duração do vínculo empregatício; e
>
> V – fomentar a negociação coletiva e aperfeiçoar as relações de emprego.

No art. 2º, *caput*, a lei prevê a possibilidade de adesão ao Programa Seguro-Emprego (PSE) por "empresas de todos os setores em situação de dificuldade econômico-financeira que celebrarem acordo coletivo de trabalho específico de redução de jornada e de salário".

Medidas como essa que visam coibir a crise econômica das empresas, sob o argumento da "preservação dos empregos", não são novidade na realidade brasileira.

Conforme previa a Lei n. 4.923, de 23 de dezembro, de 1965:

> Art. 2º A empresa que, **em face de conjuntura econômica, devidamente comprovada**, se encontrar em condições que recomendem, transitoriamente, a redução da jornada normal ou do número de dias do trabalho, poderá fazê-lo, mediante prévio acordo com a entidade sindical representativa dos seus empregados, homologado pela Delegacia Regional do Trabalho, **por prazo certo, não excedente de 3 (três) meses, prorrogável, nas mesmas condições**, se ainda indispensável, e **sempre de modo que a redução do salário mensal resultante não seja superior a 25% (vinte e cinco por cento) do salário contratual, respeitado o salário-mínimo regional e reduzidas proporcionalmente a remuneração e as gratificações de gerentes e diretores. no art. 2º.** (662)

Nos termos do art. 2º, da Lei n. 4.923, a redução salarial não poderia exceder o prazo de três meses, com possibilidade de prorrogação apenas em situação indispensável, fixando a redução do salário em 25%. Estabelecia ainda a redução proporcional da remuneração e gratificações também de gerentes e diretores.

---

(661) BRASIL. *Lei n. 13.189, de 19 de novembro de 2015*. Disponível em: http://www.planalto.gov.br/ccivil_03/_Ato2015-2018/2015/Lei/L13189.htm. Acesso em: 30 abr. 2019.

(662) BRASIL. *Lei n. 4.923, de 23 de dezembro de 1965*. Disponível em: http://www.planalto.gov.br/ccivil_03/LEIS/L4923.htm. Acesso em: 30 abr. 2019.

A medida prevista pela Lei n. 13.189/2015, no entanto, se mostra mais danosa. A Lei n. 13.189 autoriza a redução salarial pelo prazo de seis meses, permitindo sucessivas prorrogações até o limite de 24 meses (inciso IV, art. 5º)[(663)].

O limite de redução salarial também se torna mais gravoso. A Lei n. 13.189/2015 permite a redução de jornada de trabalho e salário em até 30%, sem que fosse considerada a redução proporcional de salário de gerentes e diretores (art. 5º, *caput*).

Ou seja, considerando o contexto da Copa do Mundo de 2014, não se verificou no período, com o intuito de atacar a crise, a redução dos lucros de grandes empresas, de Bancos ou a diminuição de ganhos de governantes, políticos desembargadores, juízes, diretores de empresas e acionistas, mas a concessão de benefícios fiscais à FIFA e o ajuste com grandes empreiteiras.[(664)]

5.2.3.3. Os PLs ns. 4.330/04 e 4.302/98 (Lei n. 13.429/17 — terceirização)

O debate sobre a regulamentação da terceirização no Brasil vinha sendo pautado, desde 2011, principalmente com a tramitação do Projeto de Lei n. 4.330/2004. Várias foram as mobilizações e discussões que nortearam diversos segmentos da sociedade brasileira diante da possibilidade de ampliação da terceirização.

O Projeto de Lei n. 4.330 foi aprovado no Plenário da Câmara dos Deputados em 22 de abril de 2015. Em 27 de abril, o PL seguiu para o Senado Federal, onde tramitou como Projeto de Lei da Câmara n. 30/2015 (PLC 30/2015), sendo relator o senador Paulo Paim (PT-RS).[(665)]

No entanto, diante da insatisfação dos governistas com as mudanças do PLC 30/2015, outro projeto de lei, o PL n. 4.302/1998 (governo Fernando Henrique Cardoso) se revelou como um "atalho" para a aprovação das propostas sobre terceirização, tendo sido votado um substitutivo do Senado de 2002, de Edison Lobão (PMDB-MA).[(666)]

O PLC 30/2015 estabelecia a possibilidade de a terceirização ficar restrita às atividades-meio, ou seja, às atividades secundárias no âmbito da empresa. Não tratava do trabalho temporário e determinava a responsabilidade solidária do tomador de serviços (empresa contratante e empresa terceirizada respondem ao mesmo tempo pelo pagamento da dívida trabalhista).

---

(663) "Art. 5º, IV – período pretendido de adesão ao PPE e de redução temporária da jornada de trabalho, que deve ter duração de até seis meses, podendo ser prorrogado por períodos de seis meses, desde que o período total não ultrapasse vinte e quatro meses."

(664) SOUTO MAIOR, Jorge Luiz. E o governo brasileiro disse SIM! *Migalhas*. Disponível em: https://www.migalhas.com.br/dePeso/16,MI223107,101048-E+o+governo+brasileiro+disse+SIM. Acesso em: 30 abr. 2019.

(665) O PLC 30/2015 foi arquivado, no Senado, em 22.12.2022.

(666) CÂMARA volta a 1998 e aprova projeto de terceirização generalizada. *Rede Brasil Atual*. 22 mar. 2017. *Disponível em:* https://www.redebrasilatual.com.br/trabalho/2017/03/camara-volta-a-1998-e-aprova-projeto-de-terceirizacao-generalizada. Acesso em: 09 maio 2019.

Em 22 de março de 2017, a Câmara dos Deputados aprovou o Projeto de Lei n. 4.302/1998. Foram 231 votos a favor, 188 votos contra e 08 abstenções.(667)

O PL 4.302 amplia as possibilidades da terceirização, inclusive para a atividade-fim da empresa. Altera a legislação do trabalho temporário (Lei n. 6.019/74), aumentando o prazo de duração de três para seis meses, permitindo ainda a prorrogação por 90 dias. Prevê também a responsabilidade subsidiária da empresa contratante em relação à terceirizada.

Em 31 de março de 2017, o PL 4.302/98 foi sancionado pelo presidente Michel Temer, sendo convertido na Lei n. 13.429/2017, que amplia a terceirização de forma ampla e irrestrita, ou seja, para qualquer atividade.

5.2.3.4. A "Reforma" Trabalhista — Lei n. 13.467 de 13 julho de 2017

O efeito da somatória desses fatores conduz à "reforma" trabalhista, quais sejam: a) o estado de exceção ampliado pela Copa; b) o aumento da fúria do setor econômico para atacar os direitos trabalhistas; c) a fragilização do governo e o *impeachment* da presidenta Dilma; d) a entrega do poder político a um governo com prazo de validade, comprometido em atender as demandas do setor econômico, sem preocupação de reeleição; e) a desmobilização da classe trabalhadora; f) a predisposição, expressamente manifestada, do STF em atender aos reclamos do setor econômico para reduzir o potencial protetivo e intervencionista dos direitos trabalhistas; g) movimento midiático-empresarial em favor das alterações na legislação trabalhista no sentido da sua "modernização".

Em 23 de dezembro de 2016, o governo de Michel Temer apresentou ao Congresso Nacional um anteprojeto, o PL n. 6787/16, apelidado de minirreforma, com 9 páginas, alterando 11 artigos da CLT e propondo uma reformulação na Lei n. 6.019/16 (trabalho temporário).

Em 09 de fevereiro de 2017, foi instalada a Comissão Especial da Reforma. O relator, o deputado Rogério Marinho. Em 12 de abril foi apresentado o relatório final do Projeto, constando 132 páginas, com alteração de mais de 200 dispositivos da CLT, considerando artigos e parágrafos. Em 26 de abril, o Projeto de Lei foi aprovado no Plenário da Câmara dos Deputados com 296 votos a favor e 177 contra.

O Projeto rejeitado pela Comissão de Assuntos Sociais (CAS) do Senado em 20 de julho seguiu para a Comissão de Constituição e Justiça (CCJ), tendo sido votado em Plenário como Projeto de Lei da Câmara (PLC) n. 38/2017 e aprovado no dia 11 de julho de 2017, por 50 votos a favor e 26 contra.

---

(667) SENADO pode votar projeto alternativo sobre terceirização. Senado Federal. 23.03.2017. *Notícias*. Disponível em: http://www12.senado.leg.br/noticias/materias/2017/03/23/senado-pode-votar-projeto-alternativo-sobre-terceirizacao. Acesso em: 14 jul. 2017.

No dia 13 de julho, a Lei n. 13.467, denominada lei da "reforma" trabalhista, foi sancionada pelo presidente da República, Michel Temer, sem vetos. Foi publicada em 14 de julho e entrou em vigor 120 dias depois, em 11 de novembro de 2017. Altera a Consolidação das Leis do Trabalho (CLT), a Lei n. 6.019/1974, a Lei n. 8.036/1990, e a Lei n. 8.212/1991.

Verifica-se que a tramitação da Lei n. 13.467/2017 ocorreu em tempo recorde, sobretudo se considerada a extensão das modificações inseridas na CLT e o retrocesso histórico aos direitos trabalhistas que representa tais alterações.

As mais de 200 modificações realizadas na CLT visam intervir em preceitos protetivos do Direito do Trabalho, rompendo com normas consagradas pela legislação trabalhista ou pela jurisprudência dominante, estabelecendo em cada comando legal um novo disciplinamento para as relações jurídicas entre o capital e o trabalho.(668)

De acordo com Daniela Muradas Reis e Grijalbo Fernandes Coutinho, "o propósito supostamente reformista, conforme dezenas de alterações perseguidas em dispositivos da CLT, é reduzir drasticamente o custo do valor-trabalho mediante sua extrema precarização em todas as dimensões possíveis [...]."(669)

A Lei n. 13.467/2017, entre outras alterações: amplia o prazo do banco de horas, válido também por acordo individual, com possibilidade de compensação das horas trabalhadas em até seis meses (art. 59, § 5º, da CLT); autoriza a jornada 12x36 por acordo individual, com possibilidade, ainda, de realização de horas extras e não concessão do intervalo para refeição e descanso (art. 59-A, CLT); cria a figura do trabalhador "autônomo" que trabalha com ou sem exclusividade, de forma contínua ou não (art. 442-B, CLT); cria o trabalho intermitente sem garantia sequer do recebimento do salário-mínimo (art. 443, §, 3º, CLT); faculta a empregados e empregadores, durante a vigência do contrato de emprego, firmar o termo de quitação anual de obrigações trabalhistas perante o sindicato dos empregados da categoria (art. 507-B, CLT); estabelece a prevalência do negociado sobre o legislado (art. 611-A, CLT); torna facultativa a contribuição sindical (art. 545, CLT).

A "reforma" trabalhista representa, portanto, uma tentativa explícita de favorecimento do poder econômico por meio do enfraquecimento da classe trabalhadora do ponto de vista político e econômico proporcionado pela retirada de seus direitos. Um autêntico contexto de exceção que ignora os preceitos inseridos na Constituição Federal de 1988 e em diversos documentos internacionais, como as Convenções da Organização

(668) MURADAS, Daniela Reis; COUTINHO, Grijalbo Fernandes. "Reforma" Trabalhista: a potencialização do valor trabalho como mercadoria em tempos de governança burguesa ilegítima. In: *Resistência:* aportes teóricos contra o retrocesso trabalhista. Coordenadores: Jorge Luiz Souto Maior, Valdete Souto Severo. 1. ed. São Paulo: Expressão Popular, 2017. p. 59-78, p. 67.

(669) *Ibidem*, p. 66.

Internacional do Trabalho (OIT), de que o verdadeiro papel do Direito do Trabalho é justamente o de impedir a exploração ilimitada da força de trabalho pelo capital.

Esses retrocessos presentes na "reforma", pode-se dizer, resultam, em grande parte, de violações efetivadas na Copa, a saber: a) desconsideração da caracterização da relação de emprego que decorre da abertura para o trabalho voluntário; b) multiplicação de fórmulas de violação da limitação da jornada de trabalho, que defluem da normalidade com que se vislumbraram as jornadas excessivas de trabalho praticadas nas obras dos estádios da Copa; c) aprofundamento do desrespeito ao direito de greve, que se concretiza pela disseminação das formas repressivas aos movimentos sociais e dos (as) trabalhadores (as); d) despreocupação com a proteção ao meio ambiente do trabalho capaz de assegurar condições mínimas de saúde, higiene e segurança aos (às) trabalhadores (as), que resulta da suspensão de uma efetiva atuação fiscalizatória preventiva; e) ampliação da terceirização, que decorre da concessão feita às grandes empreiteiras para a realização das obras da Copa, o que tem relação direta, inclusive, com a redução da proteção jurídica dos acidentes do trabalho traduzida pela tarifação das indenizações.

De forma mais generalizada, considerando todas as concessões feitas e, sobretudo, a afronta direta à Constituição para a permissão do trabalho de menores de 16 anos, na condição de gandulas, pode-se dizer que o legado de tudo isso é a prevalência valorativa dos interesses econômicos, em detrimento da dignidade do trabalhador e da trabalhadora, de onde se alimentam todas as demais iniciativas precarizantes da "reforma", como o trabalho intermitente, a desproteção à gestante, a tentativa de destruição dos sindicatos e as limitações do acesso à justiça.

5.3. Os movimentos sociais e trabalhistas

É importante também fazer o registro do que se passou no âmbito dos movimentos sociais e trabalhistas no período pós-Copa, porque o direito não se perfaz apenas de leis e entendimentos jurisprudenciais, até para compreender melhor o alcance concreto do estado de exceção, que é a base de sustentação teórica desse estudo.

De fato, no plano dos movimentos trabalhistas, é possível verificar o mesmo percurso de uma linha ascendente até 2017, e, depois disso, um retrocesso, que foi imposto, exatamente, pelas vias repressivas mais fortalecidas do estado de exceção.

Em 2015, o movimento trabalhista foi bastante intenso, mas isso porque ainda se experimentavam os efeitos das mobilizações de junho de 2013. Junho de 2013 estimulou diversas formas de lutas coletivas por direitos.

Por isso, para melhor entender esse momento de mobilização da classe trabalhadora no período pós-Copa, que ainda se move em sentido ascendente até 2015 e que, até por conta disso, vai sofrer um enorme ataque em 2017 com a "reforma" trabalhista, é preciso tratar um pouco mais sobre as mobilizações de junho de 2013.

As manifestações que ocorreram no mês de junho de 2013 foram iniciadas pelo Movimento Passe Livre, tendo surgido inicialmente como forma de protesto contra o aumento da tarifa de transporte público na cidade de São Paulo (de R$ 3,00 para R$ 3,20) e se estenderam para várias cidades brasileiras mobilizando milhares de pessoas.

O protesto rapidamente incorporou outras pautas, como transporte público, saúde, educação, gastos com a Copa do Mundo, com a Copa das Confederações, violência policial e PEC 37 (que retirava do Ministério Público o seu poder de investigação).[(670)]

De acordo com reportagem publicada no Correio Brasiliense, um levantamento divulgado pela Confederação Nacional de Municípios (CNM), em 21/06/2013, informou que os protestos realizados no dia 20 de junho de 2013 atingiram pelo menos 438 cidades de todos os estados brasileiros, totalizando quase 2 milhões de pessoas.[(671)]

A reação da grande mídia, sem imaginar a amplitude que as manifestações poderiam tomar em todo país, foi a de repudiar o movimento. A matéria publicada pelo jornal Folha de S. Paulo, em 13 de junho de 2013, retrata bem isso:

> [...]
>
> Sua reivindicação de reverter o aumento da tarifa de ônibus e metrô de R$ 3 para R$ 3,20 — abaixo da inflação, é útil assinalar — não passa de pretexto, e dos mais vis. São jovens predispostos à violência por uma ideologia pseudorrevolucionária, que buscam tirar proveito da compreensível irritação geral com o preço pago para viajar em ônibus e trens superlotados.
>
> Pior que isso, só o declarado objetivo central do grupelho: transporte público de graça. O irrealismo da bandeira já trai a intenção oculta de vandalizar equipamentos públicos e o que se toma por símbolos do poder capitalista. O que vidraças de agências bancárias têm a ver com ônibus?
>
> Os poucos manifestantes que parecem ter algo na cabeça além de capuzes justificam a violência como reação à suposta brutalidade da polícia, que acusam de reprimir o direito constitucional de manifestação. Demonstram, com isso, a ignorância de um preceito básico do convívio democrático: cabe ao poder público impor regras e limites ao exercício de direitos por grupos e pessoas quando há conflito entre prerrogativas.

(670) RESULTADOS das manifestações de junho. *G1*. Disponível em: http://g1.globo.com/brasil/linha-tempo-manifestacoes-2013/platb/. Acesso em: 29 jan. 2019.

(671) QUASE 2 MILHÕES de brasileiros participaram de manifestações em 438 cidades. *Correio Braziliense*. 21 jun. 2013. Brasília. Disponível em: https://web.archive.org/web/20130627044052/http://www.correiobraziliense.com.br/app/noticia/brasil/2013/06/21/interna_brasil,372809/quase-2-milhoes-de-brasileiros-participaram-de-manifestacoes-em-438-cidades.shtml#. Acesso em: 29 jan. 2019.

> O direito de manifestação é sagrado, mas não está acima da liberdade de ir e vir — menos ainda quando o primeiro é reclamado por poucos milhares de manifestantes e a segunda é negada a milhões.
>
> [...]
>
> No que toca ao vandalismo, só há um meio de combatê-lo: a força da lei. Cumpre investigar, identificar e processar os responsáveis. Como em toda forma de criminalidade, aqui também a impunidade é o maior incentivo à reincidência.(672)

Para Jorge Luiz Souto Maior, a lógica externada pela mídia representou a forma reacionária que geralmente é desferida contra todo movimento social na sociedade brasileira, seja com relação aos movimentos grevistas de trabalhadores(as), seja quanto a movimentos diversos para reivindicação por direitos. A divulgação predominante que se costuma promover acerca desses movimentos é sempre em uma perspectiva negativa, na qual apenas os transtornos gerados pelas mobilizações são anunciados, o que acaba por desencadear ou até mesmo incentivar a ação repressiva e violenta da Polícia Militar(673).

E o pronunciamento realizado pela presidenta Dilma Rousseff, no dia 21 de junho de 2013, revelou que a principal preocupação do governo diante das manifestações era a ameaça que o movimento pudesse gerar para realização da Copa do Mundo em 2014:

> [...]
>
> Os manifestantes têm o direito e a liberdade de questionar e criticar tudo. De propor e exigir mudanças. De lutar por mais qualidade de vida.
>
> De defender com paixão suas ideias e propostas. Mas precisam fazer isso de forma pacífica e ordeira.
>
> O Governo e sociedade não podem aceitar que uma minoria violenta e autoritária destrua o patrimônio público e privado, ataque templos, incendeie carros, apedreje ônibus e tente levar o caos aos nossos principais centros urbanos.
>
> Essa violência, promovida por uma pequena minoria, não pode manchar um movimento pacífico e democrático.
>
> Não podemos conviver com essa violência que envergonha o Brasil.
>
> Todas as instituições e os órgãos da Segurança Pública devem coibir, dentro dos limites da lei, toda forma de violência e vandalismo.

---

(672) EDITORIAL: Retomar a Paulista. *Folha de S. Paulo.* 13 jun. 2013. Disponível em: https://www1.folha.uol.com.br/opiniao/2013/06/1294185-editorial-retomar-a-paulista.shtml Acesso em: 1º maio 2019.

(673) SOUTO MAIOR. Jorge Luiz. *História do Direito do Trabalho no Brasil:* curso de Direito do Trabalho. Volume I: parte II. São Paulo: LTr, 2017. p. 421.

> Com equilíbrio e serenidade, porém, com firmeza, vamos continuar garantindo o direito e a liberdade de todos.
>
> Asseguro a vocês: vamos manter a ordem.
>
> [...]
>
> Em relação à Copa, quero esclarecer que o dinheiro do governo federal, gasto com as arenas, é fruto de financiamento que será devidamente pago pelas empresas e governos que estão explorando estes estádios.
>
> Jamais permitiria que esses recursos saíssem do orçamento público federal, prejudicando setores prioritários como a Saúde e a Educação.
>
> [...]
>
> Não posso deixar de mencionar um tema muito importante, que tem a ver com a nossa alma e o nosso jeito de ser.
>
> O Brasil, único país que participou de todas as Copas, cinco vezes campeão mundial, sempre foi muito bem recebido em toda parte.
>
> Precisamos dar aos nossos povos irmãos a mesma acolhida generosa que recebemos deles. Respeito, carinho e alegria. É assim que devemos tratar os nossos hóspedes.
>
> O futebol e o esporte são símbolos de paz e convivência pacífica entre os povos.
>
> O Brasil merece e vai fazer uma grande Copa.
>
> [...][674]

Mesmo com tudo contra, impulsionadas pelas manifestações de junho de 2013, conforme aponta Marcelo Badaró Mattos, as greves e táticas de luta sindicais se efetivaram com bastante vigor neste período, até 2017.

As greves organizadas pelos sindicatos dos professores das redes públicas de ensino básico, por exemplo, se estenderam por vários estados do país no segundo semestre de 2013.

Outro exemplo foi a greve dos garis do Rio de Janeiro, no início de 2014. Esses trabalhadores da limpeza urbana paralisaram suas atividades, pleiteando melhores salários e condições de trabalho, em pleno carnaval carioca.[675]

---

(674) LEIA A ÍNTEGRA do pronunciamento de Dilma Rousseff. *BBC*. 21 jun. 2013. Disponível em: https://www.bbc.com/portuguese/noticias/2013/06/130621_discurso_dilma_lk. Acesso em: 1º maio 2019.

(675) MATTOS, Marcelo Badaró. As lutas da classe trabalhadora no Brasil dos "mega-eventos". In: *Observatório Social da América Latina — OSAL*, año XIV, n. 36. dic. 2015. Consejo Latinoamericano de Ciencias Sociales. p. 215-226, p. 220.

Em 2014, ano de realização da Copa do Mundo, uma série de paralisações foi desencadeada no Brasil. De acordo com reportagem veiculada no jornal El País, quanto mais se aproximava dos jogos da Copa, maiores eram as ameaças de paralisações das mais variadas categorias de trabalhadores. Motoristas e cobradores de ônibus pararam as cidades do Rio de Janeiro e São Paulo, policiais civis paralisaram suas atividades por 24 horas em 13 estados, agentes da polícia federal e da polícia rodoviária realizaram passeata em Brasília reivindicando nova política de segurança pública, trabalhadores de 30 museus não atenderam o público, professores da rede municipal de ensino ficaram quase 30 dias parados em São Paulo, metroviários de São Paulo ameaçavam parar os trens que atendiam cerca de 4 milhões de pessoas.[(676)]

A visibilidade do maior evento de futebol do mundo impulsionava os protestos. O fato dos holofotes estarem voltados para o Brasil era uma oportunidade para que os movimentos ganhassem cobertura midiática.

Como apontou, à época, o presidente da Federação Nacional dos Policiais Federais, Jones Leal, "faz cinco anos que o Governo não nos atende. Muitos podem pensar que estamos aproveitando esse momento de Copa para chamar a atenção, mas não é essa nossa intenção. Não queremos deixar o Governo de joelhos, só queremos ter nossas demandas atendidas".[(677)]

Conforme noticiou a Folha de S. Paulo, em 1º de maio de 2014, "pelo menos 33 categorias profissionais de dez cidades brasileiras escolheram a greve como forma de fazer pressão e negociar pautas de reivindicações nos últimos 30 dias [...]"[(678)].

No dia 05 de junho de 2014, os metroviários de São Paulo paralisaram parcialmente as atividades à 0h. No 4º dia de greve (domingo), sem acordo com o Metrô, o Tribunal Regional do Trabalho da 2ª Região declarou a abusividade da greve.[(679)] Foram demitidos 42 trabalhadores por justa causa.

Em 2015, as greves continuam. No dia 6 de janeiro, empregados da Volkswagen iniciam uma greve contra a dispensa de 800 empregados da fábrica de São Bernardo do

(676) BENTES, Afonso. Uma onda de greves sacode o Brasil às vésperas da Copa do Mundo. *El País*. 21 maio 2014. São Paulo. Disponível em: https://brasil.elpais.com/brasil/2014/05/21/politica/1400696438_164932.html. Acesso em: 1º maio 2019.

(677) *Idem*.

(678) CAMARGO, Cristina. Levantamento mostra radicalização de greves e protestos às vésperas da Copa. *Folha de S. Paulo*. 1º maio 2014. Disponível em: https://www1.folha.uol.com.br/paywall/login.shtml?https://www1.folha.uol.com.br/poder/2014/05/1448211-levantamento-mostra-radicalizacao-de-greves-e-protestos-as-vesperas-da-copa.shtml?cmpid=menutopo. Acesso em: 15 out. 2018.

(679) BRASIL. Tribunal Regional do Trabalho da 2ª Região. *Dissídio Coletivo n. 1000718-1320145020000*. Relator Rafael Edson Pugliese Ribeiro. Data de julgamento: 08.06.2014. Disponível em: https://www.jusbrasil.com.br/processos/55898403/processo-n-1000718-1320145020000-do-trt-2. Acesso em: 14 maio 019.

Campo.(680) Em 7 de janeiro, empregados da Mercedes Benz, também em São Bernardo do Campo, paralisam suas atividades por 24 horas contra a demissão de 244 trabalhadores(as) da empresa.(681)

Em 23 de fevereiro, professores do Distrito Federal entram em greve em protesto contra atrasos no abono de férias e de parte do 13º salário, redução do número de coordenadores e alteração no calendário escolar.(682) Em 13 de março, professores da rede pública estadual de São Paulo paralisam suas atividades por 92 dias. A reivindicação dos professores era de 75,33%. Visavam a equiparação salarial com as demais categorias com formação de nível superior.(683) Em 27 de abril, professores da rede estadual de ensino do Paraná também paralisam suas atividades contra uma mudança no sistema de previdência dos servidores do Estado. Em fevereiro, os professores já tinham paralisado suas atividades por 29 dias.(684)

No Rio de Janeiro, os garis paralisam suas atividades em 13 de março de 2015(685). Em 1º de abril, trabalhadores da Ford de Taubaté/SP cruzam os braços, após a demissão de 137 empregados. No dia 28 de maio, uma greve deflagrada por professores e técnicos das Universidades Federais durou mais de cinco meses, atingindo 2 institutos e 34 universidades em 22 Estados. No dia 9 de julho, os servidores do INSS entram em greve que vai afetar mais de 200 agências e cerca de 2 mil trabalhadores no país todo. Em 26 de agosto, cerca de 10 mil trabalhadores da Mercedes-Benz organizam ato na Via Anchieta, em protesto contra a dispensa de cerca de 1.500 trabalhadores, comunicada por telegrama. Em setembro, a greve dos servidores dos correios durou 14 dias, a greve

(680) APÓS 800 demissões, empregados da Volkswagen no ABC entram em greve. *UOL*. São Paulo. 06 jan. 2015. Disponível em: https://economia.uol.com.br/noticias/redacao/2015/01/06/apos-800-demissoes-empregados-da-volkswagen-no-abc-entram-em-greve.htm. Acesso em: 30 out. 2020.

(681) APÓS demissões, trabalhadores da Mercedes Benz cruzam os braços. *Veja*. 7 jan. 2015.Disponível em: https://veja.abril.com.br/economia/apos-demissoes-trabalhadores-da-mercedes-benz-cruzam-os-bracos/. Acesso em: 25 jan. 2020.

(682) GDF diz que aciona a Justiça nesta terça contra greve de professores. *G1*. 24 fev. 2015. Disponível em: https://g1.globo.com/distrito-federal/noticia/2015/02/gdf-diz-que-aciona-justica-nesta-terca-contra-greve-de-professores.html. Acesso em: 5 fev. 2020.

(683) ARAÚJO, Glauco. Professores estaduais parados há 3 meses decidem pelo fim da greve. *G1*. São Paulo. 12 jun. 2015. Disponível em: https://g1.globo.com/sao-paulo/noticia/2015/06/professores-estaduais-parados-ha-3-meses-decidem-pelo-fim-de-greve.html. Acesso em: 22 fev. 2020.

(684) PROTESTOS no PR: Entenda por que os professores estão em greve. *UOL*. Curitiba. 4 maio 2015. Disponível em: https://educacao.uol.com.br/noticias/2015/05/04/protestos-no-pr-entenda-por-que-os-professores-estao-em-greve.htm. Acesso em: 20 jan. 2020.

(685) NO QUARTO dia de greve, garis trabalham com escolta privada no Rio. *UOL*. 16 mar. 2015. Disponível em: https://noticias.uol.com.br/cotidiano/ultimas-noticias/2015/03/16/greve-dos-garis-entra-no-quarto-dia-consecutivo-no-rio.htm. Acesso em: 15 mar. 2020.

dos bancários, 21 dias. Em novembro de 2015, a greve dos metroviários de Brasília se prolongou por 9 dias.[686]

O ano de 2016, registrou um alto número de greves. Ocorreram, segundo o Dieese, 2.093 greves, 1.100 registros na esfera pública e 986 na esfera privada.[687]

Em 2017, ano que marcou o centenário da grande greve de 1917, em São Paulo, foram registradas, de acordo com o Dieese, 1.566. Embora esse número tenha diminuído em relação ao ano anterior, é bem superior aos números registrados em período anterior a 2013, que totalizava cerca de 500 greves anuais.[688]

(686) SOUTO MAIOR, Jorge Luiz. *2015: Velhos ataques e novas resistências.* Disponível em: https://www.jorgesoutomaior.com/uploads/5/3/9/1/53916439/2015_-_velhos_ataques_e_novas_resist%C3%AAncias.pdf, p. 64-67.Acesso em: 02 maio 2019.

(687) DIEESE. Balanço das greves de 2016. *Estudos e pesquisas.* Número 84 – agosto de 2017. Disponível em: https://www.dieese.org.br/balancodasgreves/2016/estPesq84balancogreves2016.pdf. Acesso em: 16 fev. 2020, p. 2.

(688) DIEESE. Departamento Intersindical de Estatística e Estudos Socioeconômicos. *Estudos e Pesquisas.* Balanço das greves de 2017. Número 87, setembro, 2018. Disponível em: https://www.dieese.org.br/balancodasgreves/2017/estPesq87balancoGreves2017.pdf. Acesso em: 30 de jun. 2020, p. 27-30.

Conclusão

A investigação proposta neste estudo, tendo por base o percurso histórico do Direito do Trabalho no Brasil no período de 2007 a 2017 e tratando dos fatores que possam ter contribuído para o momento atual de retrocesso dos direitos dos(as) trabalhadores(as), partiu da hipótese de que todos os arranjos necessários para a realização da Copa do Mundo de Futebol de 2014 no país abriram espaço para o império da lógica de retrocesso social.

Para muitos, pode parecer que a Copa foi apenas mais um dos grandes eventos que o Brasil sedia anualmente, mas as circunstâncias históricas e a comunhão de interesses políticos e econômicos, aliados à força cultural do futebol na sociedade brasileira, fizeram com que os abalos jurídicos, típicos de um estado de exceção, fossem muito além do próprio evento.

Importante destacar que o futebol pode até mesmo ser apontado como elemento constitutivo da vida nacional, não se tratando, pois, de uma realidade à parte, mas sim de um fenômeno intrínseco à sociedade brasileira. O futebol reflete os meandros de nossa sociedade em seus aspectos político, econômico, social e cultural, marcados pela desigualdade de classe, pela discriminação da pessoa negra e dos povos originários, por seu caráter colonialista, machista, conservador e autoritário.

Devido à sua grande popularidade, o futebol foi utilizado como instrumento político na formação da identidade nacional. Praticado em campos de clubes da elite e em "peladas" de várzea, o futebol foi alçado aos palcos do espetáculo internacional, ganhando centralidade no mundo político e no mundo dos negócios, consolidando-se como importante mercadoria de consumo e objeto de disputa.

Com a configuração na organização das competições feita, sobretudo a partir do final da década de 1970, a Copa do Mundo se transformou em segmento economicamente significativo e a lógica do mercado vai comandando a modernização do futebol brasileiro e seus elementos sendo integrados, inclusive, a setores do Estado que visam tirar proveito das benesses do futebol sobretudo na obtenção de dividendos eleitorais.

Na perspectiva do Estado, a realização de megaeventos esportivos constitui uma possibilidade para atração de investimentos, de conferir visibilidade internacional ao país e de promover a geração de empregos. Impulsionado pela lógica econômica que o megaevento requer, tudo que é administrado pelo Estado passa ao status de mercadoria. Valendo-se da paixão nacional pelo futebol, as cidades são transformadas em palcos para alavancar negócios milionários do setor privado, aos quais o próprio Estado se associa.

Por meio de medidas específicas e excepcionais para salvaguardar os privilégios econômicos das entidades privadas, o Estado abala sua soberania e a sua base jurídica e o faz sob os argumentos da transitoriedade, da excepcionalidade e do interesse público da realização dos megaeventos, onde tudo passa a ser permitido.

No Brasil, para a realização da Copa, essa associação do Estado aos interesses econômicos, aliada à realidade histórica da sociedade brasileira, com seus mandos e desmandos políticos, suas mazelas sociais, sua raiz escravocrata, sua situação de dependência econômica, vai encontrar um terreno fértil para se consolidar, fazendo com que as concessões feitas ao poder econômico se prorroguem para além do momento específico da Copa.

Como apontado ao final do primeiro capítulo, a partir de lições de Mao Tse-Tung, lembradas por Carlos Vainer, a pradaria está "pronta para incendiar-se", bastando uma simples fagulha para que isso aconteça. A realidade nacional, sobretudo se consideradas a condição social dos trabalhadores e trabalhadoras e a ineficácia história de seus direitos, era uma grande pradaria pronta para ser incendiada: a Copa foi a fagulha.

Essa afirmação atrai, certamente, algumas indagações. E se não tivesse havido a Copa em 2014 no Brasil, então, a realidade teria sido diferente? Sem a Copa, não haveria o desencadeamento de um processo histórico em que se fragilizaram as instituições sociais e se fortaleceram os interesses do poder econômico, impondo uma mudança política para a consagração de uma "reforma" trabalhista que representou grande retrocesso aos(às) trabalhadores(as)?

De fato, não é possível responder a essas perguntas a partir de uma suposição, ou seja, do como seria se não tivesse sido.

Mas, diante do conjunto de fatos analisados no curso desse estudo, é possível assegurar que todos os ajustes feitos para a realização da Copa do Mundo no Brasil abriram fissuras importantes na estrutura jurídica que permitiram, sim, a proliferação de correlações de forças que proporcionaram tanto o *impeachment* da presidenta Dilma quanto, na sequência e por consequência, a "reforma" trabalhista, nos moldes em que foi votada e com o conteúdo que trouxe.

A realização da Copa guardou relação direta com o fortalecimento do poder econômico, primordialmente da FIFA, agência internacional privada, que é quem mais lucrou com o evento, e, em paralelo, de diversos setores econômicos do país, que muito se beneficiaram com a realização da Copa, como é o caso, por exemplo, da construção civil.

Tudo isso se possibilitou pela submissão do governo às imposições da FIFA. O atendimento dessas exigências significou abalo nas estruturas de um projeto constitucional em torno da essencialidade dos Direitos Sociais.

Os governantes, certamente, tinham os seus interesses políticos para a realização da Copa, mas que acabaram sucumbindo à própria lógica de insegurança institucional consagrada, ainda mais quando envolveram grandes recursos públicos no evento.

No contexto da Copa, preceitos fundamentais constitucionais do Direito do Trabalho foram violados para que interesses econômicos específicos fossem preservados, sendo que muitas dessas violações, inclusive, foram incorporadas à "reforma" trabalhista, conforme apontado no item 5.2.3.4, acima.

O que se está dizendo é que a Copa do Mundo foi, decisivamente, um fator bastante facilitador, servindo como preparação desse campo, por meio da fragilização da política proveniente das concessões feitas à FIFA, que, alargando fissuras, permitiu que o estado de exceção se manifestasse com maior intensidade.

A Copa do Mundo ao longo de sete anos (2007-2014) foi gestando uma realidade que favorecia exclusivamente os interesses econômicos (Lei Geral da Copa, grandes obras, gastos excessivos com recursos públicos, isenção de impostos, criminalização dos movimentos sociais, não garantia dos direitos trabalhistas).

A realidade social, de todo modo, não deixou de produzir os seus efeitos próprios. Com efeito, inúmeras foram as greves e mobilizações sociais que ocorreram no contexto da Copa. Essas reações foram potencializadas pelas manifestações de junho de 2013.

Essa situação, inclusive, provocou um aprofundamento da lógica de estado de exceção, por meio das táticas de repressão, que, uma vez utilizadas, conferiram maior confiança para a implementação de políticas de retrocesso.

Vide, a propósito, no período subsequente, o modo como se introduziu, se propagandiou e se aprovou a "reforma" trabalhista, assim como das forças que se utilizou para reprimir as reações contrárias.

Tudo fruto do "aprendizado" para a realização da Copa.

Referências

101 PROPOSTAS para modernização trabalhista. *Confederação Nacional da Indústria.* CASALI, Emerson (Coord.). Brasília: CNI, 2012. Disponível em: http://www.portaldaindustria.com.br/publicacoes/2013/2/101-propostas-para-modernizacao-trabalhista/. Acesso em: 6 jul. 2017.

1º BALANÇO da Copa 2014. Jan. 2011. *Portal da Copa.* Disponível em: http://portal.esporte.gov.br/arquivos/futebolDireitosTorcedor/copa2014/balancoCopa2014.pdf. Acesso em: 05 dez. 2017.

A LEI antiterror ameaça a democracia. *Carta Capital.* 11 fev. 2014. Disponível em: https://www.cartacapital.com.br/sociedade/a-lei-antiterror-ameaca-a-democracia-4800.html. Acesso em: 19 nov. 2018.

ABREU, Fabio Lanzillotta de. *Pontos Críticos para o Desempenho dos Voluntários na Operacionalização de Megaeventos Esportivos.* Dissertação (mestrado) – Fundação Getúlio Vargas – Escola Brasileira de Administração Pública e de Empresas, Centro de Formação Acadêmica e Pesquisa. Orientador: Ricardo Sarmento Costa. Rio de Janeiro, 2015. p. 29-30. Disponível em: https://bibliotecadigital.fgv.br/dspace/bitstream/handle/10438/13794/dissertacao_fabio_lanzillotta_versao_final_02.pdf. Acesso em: 09 jan. 2019.

ACAMPORA, Ricardo. 1986: Maradona ganha a Copa para a Argentina. *BBC.* 05 abr. 2002. Disponível em: https://www.bbc.com/portuguese/noticias/2002/020326_copa86.shtml. Acesso em: 4 maio 2019.

AGAMBEN, Giorgio. *Estado de Exceção.* Tradução de Iraci D. Poleti. 2 ed. São Paulo: Boitempo, 2004.

ANAMT. Associação Nacional de Medicina do Trabalho. *Operários que trabalham nas obras do Maracanã fazem novo protesto.* Disponível em: https://www.anamt.org.br/portal/2011/09/14/operarios-que-trabalham-nas-obras-do-maracana-fazem-novo-protesto/. Acesso em: 23 jan. 2019.

ANTUNES, Ricardo; DRUCK, Graça. A Terceirização como regra? *Revista do Tribunal Superior do Trabalho (TST).* Brasília, vol. 79, n. 4, out./dez. 2013.

APÓS demissões, trabalhadores da Mercedes Benz cruzam os braços. *Veja.* 7 jan. 2015. Disponível em: https://veja.abril.com.br/economia/apos-demissoes-trabalhadores-da-mercedes-benz-cruzam-os-bracos/. Acesso em: 25 jan. 2020.

APÓS 8 DIAS de greve, trabalhadores da Arena Pernambuco voltam ao trabalho. *Uol.* 03 dez. 2012. Disponível em: https://jconline.ne10.uol.com.br/canal/esportes/copa-2014/noticia/2012/02/03/apos-8-dias-de-greve-trabalhadores-da-arena-pernambuco-voltam-ao-trabalho-30854.php. Acesso em: 1º fev. 2012.

APÓS 800 demissões, empregados da Volkswagen no ABC entram em greve. *UOL*. São Paulo. 06 jan. 2015. Disponível em: https://economia.uol.com.br/noticias/redacao/2015/01/06/apos-800-demissoes-empregados-da-volkswagen-no-abc-entram-em-greve.htm. Acesso em: 30 out. 2020.

APÓS 13 DIAS parados, operários enceram a greve nas obras do Castelão. *Uol*. 16 abr. 2012. São Paul. Disponível em: https://copadomundo.uol.com.br/noticias/redacao/2012/04/16/apos-13-dias-parados-operarios-encerram-a-greve-nas-obras-do-castelao-ce.htm?mobile&cmpid=copiaecola. Acesso em: 1º fev. 2019.

APUFPR. Associação dos Professores da Universidade Federal do Paraná. *Seção Sindical dos Andes-SN*. Disponível em: https://apufpr.org.br/operarios-da-arena-encerram-manifestacao-apos-promessa-de-pagamento/. Acesso em: 4 fev. 2019.

ARAÚJO, Glauco. Professores estaduais parados há 3 meses decidem pelo fim da greve. *G1*. São Paulo. 12 jun. 2015. Disponível em: https://g1.globo.com/sao-paulo/noticia/2015/06/professores-estaduais-parados-ha-3-meses-decidem-pelo-fim-de-greve.html. Acesso em: 22 fev. 2020.

ARENA DAS DUNAS, em Natal, terá quarto turno de trabalho. *Portal da Copa*. 31 jul. 2012. Disponível em: http://www.copa2014.gov.br/pt-br/noticia/arena-das-dunas-em-natal-tera-quarto-turno-de-trabalho. Acesso em: 26 fev. 2019.

AVALIAÇÃO dos Estádios. *Uol Copa*. Disponível em: https://copadomundo.uol.com.br/cidades-sede-e-estadios/2014/avaliacao/. Acesso em: 23 out. 2018.

BARBOSA, Attila Magno e Silva; SILVA, Rodrigo Hinz da. Audiência pública do TST sobre terceirização como espaço social de luta política-cognitiva. *Política e Sociedade*, Florianópolis, 14, n. 30, maio/ago. 2015.

BARBOSA, Rafael; LIRA, Isaac. Operários da Arena das Dunas realizam protesto na BR-101. *Tribuna do Norte*. 19 mar. 2012. Natal-RN. Disponível em: http://www.tribunadonorte.com.br/noticia/operarios-da-arena-das-dunas-realizam-protesto-na-br-101/215304. Acesso em: 31 jan. 2019.

BARRETO, Branquinho Aldo. *Terceirização na Construção Civil*. Disponível em: https://www.sinait.org.br/arquivos/artigos/artigo9acfb63325c9cd918f04b2972b8123dc.pdf. Acesso em: 18 jul. 2017.

BEDINELLI, Talita. Pelé diz que morte de operário em obra da Copa é "normal". *El País*. 07 abr. 2014. São Paulo. Disponível em https://brasil.elpais.com/brasil/2014/04/07/deportes/1396905663_959728.html. Acesso em: 16 mar. 2019.

BENTES, Afonso. Uma onda de greves sacode o Brasil às vésperas da Copa do Mundo. *El País*. 21 maio 2014. São Paulo. Disponível em: https://brasil.elpais.com/brasil/2014/05/21/politica/1400696438_164932.html. Acesso em: 1º maio 2019.

BERCOVICI, Gilberto. O estado de exceção econômico e a periferia do capitalismo. *Pensar*. Fortaleza, v. 11, p. 95-99, fev. 2006.

BIAVASCHI, Magda Barros; DROPPA, Alisson. A Dinâmica da Regulamentação da Terceirização no Brasil: as súmulas do Tribunal Superior do Trabalho, os projetos de lei e as decisões do Supremo Tribunal Federal. POLÍTICA & TRABALHO. *Revista de Ciências Sociais*,

n. 41, out. 2014, p. 121-145, p. 123. Disponível em: http://www.femargs.com.br/uploads/artigos/a-historia-da-sumula-331/a-historia-da-sumula-331.pdf. Acesso em: 9 dez. 2018.

BOLETIM Informativo do Tribunal Regional do Trabalho da 15ª Região. *TRT 15,* fev./mar. 2009, v. 23, n. 222, p. 20-21. Disponível em: http://portal.trt15.jus.br/documents/10157/32608/Fevereiro+-+Mar%C3%A7o.pdf/32db1f9a-6e8e-4758-80b5-4f43aa114a24?version=1.1. Acesso em: 26 abr. 2019.

BOTELHO, André Ricardo Maciel. Da Geral à Tribuna, da Redação ao Espetáculo: a imprensa esportiva e a popularização do futebol (1900-1920). In: SILVA, Francisco Carlos Teixeira da; SANTOS, Ricardo Pinto dos (Orgs.). *Memória social dos esportes:* futebol e política: a construção de uma identidade nacional. Rio de Janeiro: Mauad Editora, 2006. p. 313-335.

BRAGON, Rayder. Ministro diz que greves não vão atrasar obras e conta com "patriotismo" dos operários. *Uol Esporte.* 16 set. 2011. Belo Horizonte. Disponível em: https://esporte.uol.com.br/futebol/copa-2014/ultimas-noticias/2011/09/16/Ministro-diz-que-greves-nao-vao-atrasar-obras-e-conta-com-patriotismo-dos-operarios.htm. Acesso em: 31 jan. 2019.

BRASIL 2014 (anúncio oficial). *YouTube.* 30 out. 2007. Disponível em: https://www.youtube.com/watch?v=lFxgh1vOv4E. Acesso em: 17 out. 2018.

BRASIL assina garantias para sediar Copa de 2014. *Ministério da Cidadania.* 15 jun. 2007. Secretaria Especial do Esporte. Disponível em: http://esporte.gov.br/index.php/noticias/24-lista-noticias/40229-brasil-assina-garantias-para-sediar-copa-de-2014. Acesso em: 4 abr. 2018.

BRASIL é sede da Copa de 2014. Parte 2 de 2. *YouTube.* 30 out. 2007. Disponível em: http://www.youtube.com/watch?v=oHDpugDHF7M&feature=relmfu... Acesso em: 17 out. 2018.

BRASIL sustentável. Impactos Socioeconômicos da Copa do Mundo 2014. Ernst & Young. *Quality In Everything We Do*, p. 4. Disponível em: https://fgvprojetos.fgv.br/sites/fgvprojetos.fgv.br/files/estudo_9.pdf. Acesso em: 19 fev. 2019.

BRASIL. Supremo Tribunal Federal. *Recurso Extraordinário com Agravo (ARE) 654.432.* Relator Ministro Edson Fachin. Julgamento: 6.04.2017.

BRASIL. Supremo Tribunal Federal. *Medida cautelar na Argüição de Descumprimento de Preceito Fundamental (ADPF) 323.* Relator: Min. Gilmar Mendes. Data de Julgamento: 16.10.2016.

BRASIL. Supremo Tribunal Federal. *Recurso Extraordinário (RE) 693.456.* Relator Ministro Dias Toffoli. Data de Julgamento: 27.10.2016. Disponível em: http://portal.stf.jus.br/processos/downloadPeca.asp?id=311397307&ext=.pdf. Acesso em: 14 maio 2019.

BRASIL. Supremo Tribunal Federal. *Ação Direta de Inconstitucionalidade (ADI) n. 1.923.* Distrito Federal. Relator: Min. Ayres Britto. Julgamento: 16.04.2015. Disponível em: https://www.stf.jus.br/arquivo/cms/noticiaNoticiaStf/anexo/Voto__ADI1923LF.pdf. Acesso em: 14 maio 2019.

BRASIL. Supremo Tribunal Federal. *Ação Direta de Inconstitucionalidade (ADI) n. 4.842.* Relator Ministro Edson Fachin. Data de Julgamento: 14.09.2016. Disponível em: www.stf.jus.br/portal/inteiroTeor/obterInteiroTeor.asp?idDocumento=12369106. Acesso em: 14 maio 2019.

BRASIL. Supremo Tribunal Federal. *Recurso Extraordinário (RE) 590.415.* Relator Min. Luís Roberto Barroso. Data de Julgamento: 30.04.2015. Disponível em: http://www.stf.jus.br/portal/jurisprudenciaRepercussao/verAndamentoProcesso.asp?incidente=2629027&numeroProcesso=590415&classeProcesso=RE&numeroTema=152. Acesso em: 14 maio 2019.

BRASIL. Supremo Tribunal Federal. *Recurso Extraordinário (RE) 760.931*. Relator Min. Alexandre de Moraes. Julgamento: 30.03.2017. Disponível em: http://www.stf.jus.br/arquivo/cms/jurisprudenciaRepercussaoInformacaoGeral/anexo/Edio69.pdf. Acesso em: 14 maio 2019.

BRASIL. Supremo Tribunal Federal. *Recurso Extraordinário (RE) 895.759*. Relator: Min. Teori Zavascki. Data de Julgamento: 8.09.2016. Disponível em: https://www.migalhas.com.br/arquivos/2016/9/art20160916-12.pdf. Acesso em: 14 maio 2019.

BRASIL. *Ação Direta de Inconstitucionalidade (ADI) n. 4.976 Distrito Federal*. Relator Ministro Ricardo Lewandowski. Data de Julgamento: 07.05.2014. Disponível em: http://www.stf.jus.br/arquivo/cms/noticiaNoticiaStf/anexo/ADI_4976_VOTO_MRL.pd. Acesso em: 10 maio 2019.

BRASIL. *Ação Direta de Inconstitucionalidade n. 3.934 Distrito Federal*. Relator: Min. Ricardo Lewandowski. Data de Julgamento: 14.04.2009. Data de Publicação: 22.04.2009. Disponível em: http://www.stf.jus.br/arquivo/cms/noticiaNoticiaStf/anexo/ADI3934RL.pdf. Acesso em: 14 ago. 2018.

BRASIL. *Ato Conjunto dos Presidentes do Senado e da Câmara n. 2, de 2013*. Disponível em: http://www25.senado.leg.br/web/atividade/materias/-/materia/111807. Acesso em: 14 out. 2018.

BRASIL. *Conselho Nacional de Justiça. Recomendação n. 13, de 10 de dezembro de 2013*. Disponível em: http://www.cnj.jus.br/recomendacoes-corregedoria/27173-recomendacao-n-13-de-10-de-dezembro-de-2013. Acesso em: 14 fev. 2019.

BRASIL. *Constituição da República Federativa do Brasil, 05 de outubro de 1988*. Disponível em: http://www.planalto.gov.br/ccivil_03/constituicao/constituicao.htm. Acesso em: 6 jun. 2018.

BRASIL. *Decreto de 14 de janeiro de 2010*. Disponível em: http://www.planalto.gov.br/ccivil_03/_ato2007-2010/2010/dnn/dnn12391.htm . Acesso em: 19 out. 2018.

BRASIL. *Decreto de 1º de novembro de 2006*. Disponível em: http://www.planalto.gov.br/ccivil_03/_Ato2004-2006/2006/Dnn/Dnn11042.htm. Acesso em: 18 out. 2018.

BRASIL. *Decreto-lei n. 5.452, de 1º de maio, de 1943*. Disponível em: http://www.planalto.gov.br/ccivil_03/Decreto-lei/del5452.htm. Acesso em: 7 maio 2019.

BRASIL. *Lei n. 11.457, de 16 de março de 2007* (mensagem n. 140, de 16 de março de 2007). Disponível em: http://www.planalto.gov.br/ccivil_03/_Ato2007-2010/2007/Msg/VEP-140-07.htm. Acesso em: 6 set. 2018.

BRASIL. *Lei n. 12.350, de 20 de dezembro de 2010*. Disponível em: http://www.planalto.gov.br/ccivil_03/_Ato2007-2010/2010/Lei/L12350.htm. Acesso em: 5 maio 2019.

BRASIL. *Lei n. 12.663, de 05 de junho de 2012*. Disponível em: http://www.planalto.gov.br/ccivil_03/_ato2011-2014/2012/Lei/L12663.htm. Acesso em: 11 maio 2018.

BRASIL. *Lei n. 13.189, de 19 de novembro de 2015*. Disponível em: http://www.planalto.gov.br/ccivil_03/_Ato2015-2018/2015/Lei/L13189.htm. Acesso em: 30 abr. 2019.

BRASIL. *Lei n. 13.367, de 13 de julho de 2017*. Disponível em: http://www.planalto.gov.br/ccivil_03/_ato2015-2018/2017/lei/l13467.htm. Acesso em: 11 maio 2019.

BRASIL. *Lei n. 4.923, de 23 de dezembro de 1965*. Disponível em: http://www.planalto.gov.br/ccivil_03/LEIS/L4923.htm. Acesso em: 30 abr. 2019.

BRASIL. *Lei n. 7.170, de 14 de dezembro de 1983*. Disponível em: http://www.planalto.gov.br/ccivil_03/leis/l7170.htm. Acesso em: 13 nov. 2018.

BRASIL. *Lei n. 8.069, de 13 de julho de 1990*. Disponível em: http://www.planalto.gov.br/ccivil_03/leis/l8069.htm. Acesso em: 14 fev. 2019.

BRASIL. *Lei n. 8.666, de 21 de junho de 1993*. Disponível em: http://www.planalto.gov.br/ccivil_03/leis/l8666cons.htm. Acesso em: 25 abr. 2019.

BRASIL. *Lei n. 9.868, de 10 de novembro de 1999*. Disponível em: http://www.planalto.gov.br/ccivil_03/leis/l9868.htm. Acesso em: 11 maio 2019.

BRASIL. *Medida Provisória n. 664, de 30 de dezembro de 2014*. Disponível em: https://www2.camara.leg.br/legin/fed/medpro/2014/medidaprovisoria-664-30-dezembro-2014-779852-exposicaodemotivos-145823-pe.html. Acesso em: 29 abr. 2019.

BRASIL. *Medida Provisória n. 665, de 30 de dezembro de 2014*. Disponível em: https://www2.camara.leg.br/legin/fed/medpro/2014/medidaprovisoria-665-30-dezembro-2014-779859-exposicaodemotivos-145829-pe.html. Acesso em: 29 abr. 2019.

BRASIL. *Mensagem n. 243, de 5 de junho de 2012*. Disponível em: http://www.planalto.gov.br/ccivil_03/_ato2011-2014/2012/Msg/VEP-243.htm. Acesso em: 12 dez. 2017.

BRASIL. Ministério Público do Trabalho – Amazonas. Procuradoria Regional do Trabalho da 11ª Região. *Processo n. 0001270-41.2013.5.11.0012*. Disponível em: https://apublica.org/wp-content/uploads/2014/02/PETI%C3%87%C3%83O-DO-MPT-FEVEREIRO-DE-2014.pdf. Acesso em: 14 maio 2019.

BRASIL. *PL Terrorismo Senador Romero Jucá*. Disponível em: www.camara.leg.br/internet/agencia/pdf/Minuta_projeto_Terrorismo.docx. Acesso em: 15 de nov. 2018.

BRASIL. *Projeto de Lei do Senado n. 499, de 2013*. Disponível em: https://www25.senado.leg.br/web/atividade/materias/-/materia/115549. Acesso em: 14 maio 2018.

BRASIL. *Projeto de Lei n. 23.330, de setembro de 2011*. Dispõe sobre as medidas relativas à Copa das Confederações FIFA de 2013 e à Copa do Mundo FIFA de 2014, que serão realizadas no Brasil. Disponível em: http://www.camara.gov.br/proposicoesWeb/fichadetramitacao?idProposicao=520245. Acesso em: 30 out. 2018.

BRASIL. *Projeto de Lei n. , de 2013 (deputado Miro Teixeira)*. Disponível em: legis.senado.leg.br/sdleg-getter/documento?dm=3970871. Acesso em: 19 nov. 2018.

BRASIL. *Projeto de Lei n. 1.621/2007*. Disponível em: https://www.camara.leg.br/proposicoesWeb/fichadetramitacao?idProposicao=359983. Acesso em: 07 abr. 2019.

BRASIL. *Projeto de Lei n. 1987, de 2007*. Disponível em: https://www.camara.leg.br/proposicoesWeb/fichadetramitacao?idProposicao=366731. Acesso em: 30 abr. 2018.

BRASIL. *Projeto de Lei n. 4.330/2004*. Disponível em: https://www.camara.leg.br/proposicoesWeb/fichadetramitacao?idProposicao=267841. Acesso em: 3 maio 2019.

BRASIL. Senado Federal. *Relatório Parcial n. , 2013 – CN*. Gabinete do Senador Romero Jucá. Disponível em: https://legis.senado.leg.br/sdleg-getter/documento?dm=3971187&t-s=1553239077686&disposition=inline. Acesso em: 4 mar. 2019.

BRASIL. Senado Federal. *Projeto de Lei da Câmara n. 10, de 2012*. Lei Geral da Copa. Disponível em: https://www25.senado.leg.br/web/atividade/materias/-/materia/104814. Acesso em: 31 out. 2018.

BRASIL. Supremo Tribunal Federal. *Mandado de Injunção n. 712-8/PA*. Rel. Min. Eros Grau. Data de Julgamento: 25.10.2007. Órgão Julgador: Tribunal Pleno. Data de Publicação: 31.10.2008. Disponível em: Disponível em: http://redir.stf.jus.br/paginadorpub/paginador.jsp?docTP=AC&docID=558553. Acesso em: 18 jul. 2017.

BRASIL. Supremo Tribunal Federal. *Ação Declaratória de Constitucionalidade n. 16*. Distrito Federal. Relator: Min. Cezar Peluso. Data de Julgamento: 24.11.2010. Tribunal Pleno. Data de Publicação: 09.09.2011. Disponível em: https://stf.jusbrasil.com.br/jurisprudencia/20627841/acao-declaratoria-de-constitucionalidade-adc-16-df-stf. Acesso em: 12 jul. 2018.

BRASIL. Supremo Tribunal Federal. *Ação Direta de Inconstitucionalidade n. 5.209*. Distrito Federal. Relatora: Minª. Cármen Lúcia. Data de Julgamento: 23.12.2014. Data de Publicação: 03.02.2015. Disponível em: http://portal.stf.jus.br/processos/detalhe.asp?incidente=4693021. Acesso em: 13 maio 2019.

BRASIL. Supremo Tribunal Federal. *Conflito de Competência n. 7.204 – 1 Minas Gerais*. Relator: Min. Ayres Britto. Data de Julgamento: 29.6.2005. Data de Publicação: 9.12.2005. Disponível em: http://redir.stf.jus.br/paginadorpub/paginador.jsp?docTP=AC&docID=25686. Acesso em: 15 jun. 2018.

BRASIL. Supremo Tribunal Federal. *Reclamação n. 6.266 – Distrito Federal*. Relatora: Minª. Cármen Lúcia. Data de Julgamento: 14.10.2008. Data de Publicação: 04.11..2008. Disponível em: https://stf.jusbrasil.com.br/jurisprudencia/14769500/reclamacao-rcl-6266-df-stf. Acesso em: 12 maio 2019.

BRASIL. Supremo Tribunal Federal. *Recurso Extraordinário (RE) 565.714-1 São Paulo*. Relatora: Minª. Cármen Lúcia. Data de Julgamento: 30.04.2008. Disponível em: http://redir.stf.jus.br/paginadorpub/paginador.jsp?docTP=AC&docID=560067. Acesso em: 12 jun. 2018.

BRASIL. Supremo Tribunal Federal. *Recurso Extraordinário n. 579.648-5 Minas Gerais*. Relator originário: Ministro Menezes Direito. Relatora para o acórdão: Minª. Cármen Lúcia. Data de Julgamento: 8.09.2008. Disponível em: http://redir.stf.jus.br/paginadorpub/paginador.jsp?docTP=AC&docID=579797. Acesso em: 15 jun. 2018.

BRASIL. Supremo Tribunal Federal. *Recurso Extraordinário n. 586.453 Sergipe*. Relatora: Minª. Ellen Gracie. Relator do acórdão: Min. Dias Toffoli. Data de Julgamento: 20.02.2013. Disponível em: http://redir.stf.jus.br/paginadorpub/paginador.jsp?docTP=AC&docID=630014. Acesso em: 12 jan. 2017.

BRASIL. Supremo Tribunal Federal. *Recurso Extraordinário n. 589.998 Piauí*. Relator: Min. Ricardo Lewandowski. Tribunal Pleno. Tema de Repercussão Geral n. 131. Data de Julgamento: 20.03.2013. Data de Publicação: 12.09.2103. Disponível em: http://www.stf.jus.br/portal/jurisprudencia/menuSumarioTese.asp?tipo=TRG&tese=3800. Acesso em: 12 jan. 2018.

BRASIL. Supremo Tribunal Federal. *Repercussão Geral no Recurso Extraordinário com Agravo n. 709.212 Distrito Federal*. Relator: Min. Gilmar Mendes. Data de Julgamento: 25.10.2012. Data de Publicação: 27.05.2013. Disponível em: https://stf.jusbrasil.com.br/jurisprudencia/311629222/

repercussao-geral-no-recurso-extraordinario-com-agravo-rg-are-709212-df-distrito-federal/inteiro-teor-311629229. Acesso em: 13 maio 2019.

BRASIL. Tribunal Regional do Trabalho da 10ª Região *Recurso Ordinário (RO) n. 0001537-80.2012.5.10.0010*. Acórdão 2ª Turma. Redator para Acórdão: Desembargador Alexandre Nery Rodrigues de Oliveira. Data de Julgamento: 1º.09.2016.

BRASIL. Tribunal Regional do Trabalho da 10ª Região. *Processo n. 0001537-80.2012.5.10.0010*. 10ª Vara do Trabalho de Brasília – DF. Sentença: Juiz Ricardo Machado Lourenço Filho. Data de Julgamento: 05.06.2015.

BRASIL. Tribunal Regional do Trabalho da 11ª Região. *Ação Civil Pública. Processo n. 0001270-41.2013.5.11.0012*. Disponível em: http://apublica.org/wp-content/uploads/2014/02/A%C3%87%C3%83O-CIVIL-P%C3%9ABLICA-MPT.pdf, p. 8-9. Acesso em: 7 mar. 2019.

BRASIL. Tribunal Regional do Trabalho da 15ª Região. *Processo 0030900-12.2009.5.15.0000*. Desembargador Luís Carlos Cândido Martins Sotero Da Silva, Presidente do TRT da 15ª Região e da Seção De Dissídios Coletivos. Disponível em: http://portal.trt15.jus.br/documents/10157/32608/Fevereiro+-+Mar%C3%A7o.pdf/32db1f9a-6e8e-4758-80b5-4f43aa114a24?version=1.1. Acesso em: 06 maio 2018.

BRASIL. Tribunal Regional do Trabalho da 1ª Região. *Ação Civil Pública n. 0010704-52.2014.5.01.0059*. (Petição inicial). Disponível em: https://edisciplinas.usp.br/pluginfile.php/785786/mod_resource/content/0/ACP%20volunt%C3%A1rios%20copa.pdf. Acesso em: 27 nov. 2018.

BRASIL. Tribunal Regional do Trabalho da 1ª Região. 7ª Turma. *Recurso Ordinário n. 0010704-52.2014.5.01.0059* (RO). Relator Desembargador Rogério Lucas Martins. Data de Julgamento: 14.12.2015. Disponível em: https://edisciplinas.usp.br/pluginfile.php/785786/mod_resource/content/0/ACP%20volunt%C3%A1rios%20copa.pdf. Acesso em: 27 nov. 2018.

BRASIL. Tribunal Regional do Trabalho da 1ª Região. *Ação Civil Pública n. 0010704-52.2014.5.01.0059*. Sentença. 59ª Vara do Trabalho de Rio de Janeiro. Juiz George Luís Leitão Nunes. Data de Julgamento: 09.09.2014. Disponível em: https://edisciplinas.usp.br/pluginfile.php/785786/mod_resource/content/0/ACP%20volunt%C3%A1rios%20copa.pdf. Acesso em: 27 nov. 2018.

BRASIL. Tribunal Regional do Trabalho da 21ª Região. *Dissídio Coletivo de Greve n. 13200-50.2012.5.21*. Desembargador Carlos Newton Pinto. Data de Julgamento: 04.04.2012.

BRASIL. Tribunal Regional do Trabalho da 2ª Região. *Dissídio Coletivo n. 1000718-1320145020000*. Relator Rafael Edson Pugliese Ribeiro. Data de julgamento: 08.06.2014. Disponível em: https://www.jusbrasil.com.br/processos/55898403/processo-n-1000718-1320145020000-do-trt-2. Acesso em: 14 maio 2019.

BRASIL. Tribunal Regional do Trabalho da 9ª Região. *Ação Civil Pública n. 14855.2014-.029.09.00.4*. 20ª Vara do Trabalho de Curitiba – PR. Luciene Cristina Bascheira Sakuma Tutela antecipada. Publicação 16.04.2014. https://edisciplinas.usp.br/pluginfile.php/1270856/mod_resource/content/0/ACP%20gandulas%20COPA%20tutela%20antecipada%20negada.pdf. Acesso em: 13 abr. 2018.

BRASIL. Tribunal Regional do Trabalho da 9ª Região. *Mandado de Segurança n. 0000176-17.2014.5.09.0000 (PJe).* Desembargador relator: Cassio Colombo Filho. Data de Julgamento: 17.11.2014. Disponível em: https://edisciplinas.usp.br/pluginfile.php/1270849/mod_resource/content/0/MS%20ACP%20gandulas%20Copa%20-%20extincao.pdf. Acesso em: 12 mar. 2019.

BRASIL. Tribunal Regional do Trabalho da 9ª Região. *Processo n. 14855-2014-029-09-00-4 (RO). 6ª Turma.* Desembargadora relatora Sueli Gil El Rafihi. Data de Publicação: 15.05.2015. p. 11-12. Disponível em: https://edisciplinas.usp.br/pluginfile.php/1270872/mod_resource/content/0/ACP%20gandulas%20Copa%20-%20acordao.pdf. Acesso em: 13 maio 2019.

BRASIL. Tribunal Superior do Trabalho. *AG-ES – 207660/2009-000-00-00.7.* Data de Publicação: 14.04.2009. Decisão liminar proferida pelo Presidente do TST, Ministro Milton de Moura França. Disponível em: http://www.trtsp.jus.br/geral/tribunal2/Informa/2009/4B_2009.html. Acesso em: 12 fev. 2019.

BRASIL. Tribunal Superior do Trabalho. *Agravo de Instrumento em Recurso de Revista. (AIRR) n. 107045220145010059.* 7ª Turma. Relator: Min. Cláudio Mascarenhas Brandão. Data de Julgamento: 29.08.2018. Data de Publicação: 03/09/2018. Disponível em: https://tst.jusbrasil.com.br/jurisprudencia/621987316/agravo-de-instrumento-em-recurso-de-revista-airr-107045220145010059. Acesso em: 21 nov. 2018.

BRASIL. Tribunal Superior do Trabalho. *Recurso ordinário em Dissídio Coletivo n. 30900-12.2009.5.15.0000.* Relator: Ministro Mauricio Godinho Delgado. Data de Julgamento: 10.08.2009. Seção Especializada em Dissídios Coletivos. Data de Publicação: 04.09.2009. Disponível em: https://tst.jusbrasil.com.br/jurisprudencia/5353045/recurso-ordinario-em-dissidio-coletivo-rodc-3090012200951500000-30900-1220095150000. Acesso em: 06 maio 2018.

BRASIL. Tribunal Superior do Trabalho. *Recurso Ordinário em Dissídio Coletivo n. 20313/2007-000-02-00.8.* Relator: Min. Márcio Eurico Vitral Amaro. Data de julgamento: 08.06.2009. Data de Publicação: 19.06.2009. Disponível em: https://tst.jusbrasil.com.br/jurisprudencia/4312322/recurso-ordinario-em-dissidio-coletivo-rodc-2031300232007502-2031300-2320075020000/inteiro-teor-11120390. Acesso em: 15 maio 2018.

BRASIL. Tribunal Superior do Trabalho. *Biblioteca Digital.* Disponível em: https://juslaboris.tst.jus.br. Acesso em: 28 abr. 2019.

BRASIL. Tribunal Regional do Trabalho da 15ª Região. Seção Dissídio Coletivo. *DC 0030900-12.2009.5.15.0000.* Desembargador relator José Antônio Pancotti. Data de Julgamento: 18.03.2009. Data de Publicação: 30.03.2009.

BRITO, Daniel. Rio-16 é autorizada pela Justiça a utilizar jovens de 14 anos como gandula. *Uol* Esporte. Disponível em: https://blogdobrito.blogosfera.uol.com.br/2016/05/19/rio-16-e-autorizada-pela-justica-a-utilizar-jovens-de-14-anos-como-gandula/. Disponível em: 17 fev. 2019.

BRITTO, Patrícia. "Nem que a vaca tussa" governo mexe no 13º e nas férias, afirma Dilma. *Folha de S. Paulo.* 17 nov. 2015. Campinas/SP. Eleições 2014. Disponível em: https://www1.folha.uol.com.br/poder/2014/09/1517323-nem-que-a-vaca-tussa-governo-mexe-no-13-e-nas-ferias-afirma-dilma.shtml. Acesso em: 23 abr. 2019.

CABRAL, Themys. Brasil prepara alteração de leis para o Mundial de 2014. *Gazeta do Povo*. 09 jun. 2011. Disponível em: http://www.gazetadopovo.com.br/esportes/copa/2014/brasil-prepara-alteracao-de-leis-para-o-mundial-de-2014-4qou1sptp79s3xlj3q6vtgtou. Acesso em: 12 dez. 2017.

CAETANO, Bruno. IBGE: 64% dos desempregados são negros e informalidade alcança 47%. *Brasil de Fato*. São Paulo. 13 nov. 2019. Disponível em: https://www.brasildefato.com.br/2019/11/13/ibge-64-dos-desempregados-sao-negros-e-informalidade-alcanca-47. Acesso em: 18 de jan. 2021.

CALDAS, Andressa. *et al*. Legislação de Exceção no Contexto dos Megaeventos Esportivos no Brasil. In: *Na Sombra dos Megaeventos no Brasil:* Exceção e Apropriação Privada. Rio de Janeiro: Instituto Políticas Alternativas para o Cone Sul — PACS e Justiça Global. Apoio: Heinrich Böll Stiftung, 2012.

CÂMARA aprova a Lei Geral da Copa. *Câmara dos Deputados*. Notícia. 28 mar. 2012. Reportagem Eduardo Piovesan. Disponível em: http://www2.camara.leg.br/camaranoticias/noticias/ESPORTES/413191-CAMARA-APROVA-A-LEI-GERAL-DA-COPA.html. Acesso em: 12 dez. 2017.

CÂMARA volta a 1998 e aprova projeto de terceirização generalizada. *Rede Brasil Atual*. 22 mar. 2017. *Disponível em:* https://www.redebrasilatual.com.br/trabalho/2017/03/camara-volta-a-1998-e-aprova-projeto-de-terceirizacao-generalizada. Acesso em: 09 maio 2019.

CAMARGO, Cristina. Levantamento mostra radicalização de greves e protestos às vésperas da Copa. *Folha de S. Paulo*. 1º maio 2014. Disponível em: https://www1.folha.uol.com.br/paywall/login.shtml?https://www1.folha.uol.com.br/poder/2014/05/1448211-levantamento-mostra-radicalizacao-de-greves-e-protestos-as-vesperas-da-copa.shtml?cmpid=menutopo. Acesso em: 15 out. 2018.

CAMPANHA. "Todos contra a Terceirização". *Anamatra*. 17 out. 2013. Disponível em: https://www.anamatra.org.br/imprensa/noticias/21516-videos-da-campanha-todos-contra-a-terceirizacao-estao-disponiveis-no-canal-da-anamatra no youtube. Acesso em: 10 abr. 2019.

CAPELO, Rodrigo. Mais lucrativa da história, Copa do Mundo de 2014 gera R$ 18 bilhões para a Fifa. *G1*, Rio de Janeiro, 20 mar. 2015. Dinheiro em Jogo. Disponível em: http://globoesporte.globo.com/blogs/especial-blog/dinheiro-em-jogo/post/mais-lucrativa-da-historia-copa-do-mundo-de-2014-gera-r-18-bilhoes-para-fifa.html. Acesso em: 22 out. 2018.

CARTILHA-GANDULA. *Copa do Mundo 2014*. Disponível em: https://www.behance.net/gallery/19626173/Cartilha-Gandulas-Copa-do-Mundo-2014. Acesso em: 12 fev. 2019.

CARVALHO, Margaret Matos de. *Gandulas Mirins na Copa:* Violação de Direitos Humanos. Disponível em: https://juslaboris.tst.jus.br/bitstream/handle/20.500.12178/94318/2014_carvalho_margaret_gandulas_mirins.pdf?sequence=1. Acesso em: 13 fev. 2019.

CATAR admite morte de 'entre 400 e 500' trabalhadores durante preparativos para a Copa. *G1*. 29 nov. 2022. Disponível em: https://g1.globo.com/mundo/copa-do-catar/noticia/2022/11/29/catar-admite-morte-de-entre-400-e-500-trabalhadores-durante-a-construcao-dos-estadios-da-copa.ghtml. Acesso em: 12 dez. 2022.

CBF oficializa candidatura do Brasil para sediar Copa de 2014. *O Globo*. 13 dez. 2006. Disponível em: http://oglobo.globo.com/esportes/cbf-oficializa-candidatura-do-brasil-para-sediar-copa-de-2014-4539896. Acesso em: 04 abr. 2017.

CERCA DE 18 MIL voluntários atenderão o público durante a Copa. *Governo do Brasil.* 20 maio 2014. Disponível em: http://www.brasil.gov.br/noticias/esporte/2014/05/cerca-de-18-mil-voluntarios-atenderao-o-publico-durante-a-copa%20. Acesso em: 8 maio 2019.

CHADE, Jamil. Brasil abre mão de arrecadar R$ 1 bilhão em impostos na Copa de 2014. *Estadão.* 23 abr. 2013. Esportes. Disponível em: https://esportes.estadao.com.br/noticias/futebol,brasil-abre-mao-de-arrecadar-r-1-bilhao-em-impostos-na-copa-de-2014,1024244. Acesso em: 5 maio 2019.

CLAUDINO, Viviane. Entidades contestam uso de crianças pela Fifa como gandulas na Copa. *Rede Brasil Atual.* Disponível em: https://www.redebrasilatual.com.br/trabalho/2014/04/fifa-organiza-copa-do-mundo-com-trabalho-infantil-332.html .Acesso em: 16 fev. 2019.

COCA-COLA BRASIL. *Vencedores da Copa Coca-Cola terão a chance de participar da Copa do Mundo da FIFA 2014.* Disponível em: https://www.cocacolabrasil.com.br/imprensa/release/vencedores-da-copa-coca-cola-terao-a-chance-de-participar-da-copa-do-mundo-da-FIFA-2014. Acesso em: 12 fev. 2019.

COLON, Leandro. 'Os estádios são obras relativamente simples', diz Dilma ao lado de Blatter. *Folha de S. Paulo.* 23 jan. 2014. Zurique (Suíça). Disponível em: https://www1.folha.uol.com.br/esporte/folhanacopa/2014/01/1401734-os-estadios-sao-obras-relativamente-simples-diz-dilma-ao-lado-de-blatter.shtml. Acesso em: 09 mar. 2019.

COMISSÃO Mista destinada a consolidar a legislação federal e a regulamentar dispositivos da Constituição Federal. Disponível em: https://www25.senado.leg.br/web/atividade/materias/-/materia/111807. Acesso em: 14 nov. 2018.

COMITE-ORGANIZADOR-comeca-recrutar-70-mil-voluntarios-para-as-olimpiadas-de-2016. *O Globo.* Disponível em: http://oglobo.globo.com/riocomite-organizador-comeca-recrutar-70-mil-voluntarios-para-as-olimpiadas-de-2016-15666764. Acesso em: 10 jan. 2019.

CONFEDERAÇÃO NACIONAL DA INDÚSTRIA. *101 propostas para modernização trabalhista.* Coordenador Emerson Casali. Brasília: CNI, 2012.

CONFIRA a íntegra do Relatório do deputado Vicente Cândido. *Portal da Copa.* 06 dez. 2011. Disponível em: http://www.copa2014.gov.br/pt-br/noticia/confira-integra-do-relatorio-da-lei-geral-da-copa-redigido-pelo-deputado-vicente-candido. Acesso em: 30 out. 2018.

CONHEÇA a história do SCCP. *Corinthians.* Disponível em: https://www.corinthians.com.br/clube/historia. Acesso em: 14 dez. 2017.

CONHEÇA as áreas de atuação do Brasil Voluntário na Copa do Mundo. *Portal da Copa.* 27 jan. 2014. Disponível em: http://www.copa2014.gov.br/pt-br/noticia/conheca-areas-de-atuacao-do-brasil-voluntario-na-copa. Acesso em: 14 dez. 2018

CONSÓRCIO Arena PE vai pedir fim da greve de trabalhadores na Justiça. *Globo Esporte.* 27 jan. 2012. Recife. Disponível em: http://globoesporte.globo.com/futebol/copa-do-mundo/noticia/2012/01/consorcio-arena-pe-vai-pedir-fim-da-greve-de-trabalhadores-na-justica.html. Acesso em: 1º fev. 2019.

CONVENÇÃO sobre os Direitos da Criança. Disponível em: https://www.unric.org/html/portuguese/humanrights/Crianca.pdf. Acesso em: 14 fev. 2019.

COPA Coca-Cola define gandulas para FIFA. *Meio & Mensagem*. 26 nov. 2012. Disponível em: http://www.meioemensagem.com.br/home/marketing/2012/11/26/copa-coca-cola-define-gandulas-para-FIFA.html. Acesso em: 12 fev. 2019.

COPA de 2010: greve de trabalhadores na África do Sul chega ao sexto dia. *Globo Esporte*. 14 jul. 2009. Disponível em: http://globoesporte.globo.com/Esportes/Noticias/Futebol/0,,MUL1229351-9842,00-COPA+DE+GREVE+DE+TRABALHADORES+NA+AFRICA+DO+SUL+CHEGA+AO+SEXTO+DIA.html. Acesso em: 26 mar. 2019.

COPA do Mundo FIFA Brasil 2014. 2014 FIFA Word Cup Brazil. *FIFA*. 13 june – 13 july. Disponível em: https://www.fifa.com/worldcup/archive/brazil2014/index.html. Acesso em: 12 maio 2018.

COPA gera retorno de US$ 4,9 bilhões à África do Sul. *Globoesporte.com*. 05 jul. 2010. Joanesburgo. África do Sul. Disponível em: http://globoesporte.globo.com/futebol/copa-do-mundo/noticia/2010/07/copa-gera-retorno-de-us-49-bilhoes-africa-do-sul.html. Acesso em: 24 mar. 2019.

COUTINHO, Raphael. Arena-PE registra as primeiras demissões. *Brasil 247*. 03 fev. 2012. Disponível em: https://www.brasil247.com/pt/247/pernambuco247/39947/Arena-PE-registra-as-primeiras-demiss%C3%B5es.htm. Acesso em: 1º fev. 2019.

COUTINHO, Renata. Terceirizar tem 'cara': é preta e feminina. *Carta Capital*. 17 ago. 2020. Disponível em: https://www.cartacapital.com.br/carta-capital/terceirizacao-tem-cara-e-preta-e-feminina/. Acesso em: 20 de nov. 2020.

CRIMINALIZAÇÃO dos movimentos sociais novamente em debate. *Senado Notícias*. 14 jul. 2014 Disponível em: https://www12.senado.leg.br/noticias/materias/2014/07/14/criminalizacao-dos-movimentos-sociais-novamente-em-debate. Acesso em: 19 nov. 2018.

DAMO, Arlei Sander; OLIVEN, Ruben George. O Brasil no horizonte dos megaeventos esportivos de 2014 e 2016: sua cara, seus sócios e seus negócios *Horizontes Antropológicos* [*Online*], 40/2013. Disponível em: http://journals.openedition.org/horizontes/117. Acesso em: 23 mar. 2019.

DAMO, Arlei Sander. O desejo, o direito e o dever — A trama que trouxe a Copa ao Brasil. *Revista Movimento*, Porto Alegre, v. 18, n. 02, p. 41-81, abr./jun. 2012, p. 64-65. Disponível em: https://seer.ufrgs.br/Movimento/article/viewFile/29910/19077. Acesso em: 19 mar. 2019.

DANTAS, José Guibson. Espetáculo para além das quatro linhas: as interfaces entre, futebol, propaganda e autoritarismo nas copas do mundo de 34 e 78. In: *Comunicação e esporte:* copa do mundo 2014. Organizador, Ary José Rocco Júnior. São Paulo: Intercom, 2014. p. 18-34.

DANTAS, Tiago. Operário tem traumatismo craniano após acidente na Arena da Amazônia. *Uol*. 07 fev. 2014. São Paulo. Disponível em: https://copadomundo.uol.com.br/noticias/redacao/2014/02/07/operario-sofre-acidente-ao-desmontar-guindaste-na-arena-da-amazonia.htm. Acesso em: 26 fev. 2019.

DANTAS, Tiago. Operários dizem receber hora extra ilegal no Itaquerão para evitar atrasos. *Uol*. 17 jan. 2014. São Paulo. Disponível em: https://copadomundo.uol.com.br/noticias/redacao/2014/01/17/contra-atrasos-operarios-afirmam-receber-hora-extra-irregular-no-itaquerao.htm. Acesso em: 09 mar. 2019.

DAVIES, Wyre; MENDONÇA, Renata. Manaus culpa 'operários relaxados' por mortes em estádio da Copa. *BBC em Manaus e São Paulo*. 24 jan. 2014. Disponível em: https://www.bbc.com/portuguese/noticias/2014/01/140124_estadio_manaus_rm Acesso em: 1º mar. 2019.

DEBORD, Guy. *A sociedade do espetáculo*. Tradução: Estela dos Santos Abreu. Rio de Janeiro: Contraponto, 1997.

DELFIM, Rodrigo Borges Justiça condena 2 dos 6 engenheiros acusados por mortes no Itaquerão. *Folha de S. Paulo*. 04 abr. 2018. São Paulo. Disponível em: https://www1.folha.uol.com.br/esporte/2018/04/justica-condena-dois-engenheiros-por-mortes-nas-obras-do-itaquerao.shtml Acesso em: 9 mar. 2019.

DELGADO, Mauricio Godinho. *Curso do Direito do Trabalho*. 18 ed. São Paulo: LTr, 2019.

DEMISSÕES da CSN são questionadas na Justiça. *Estadão*. 20 fev. 2009. Disponível em: http://economia.estadao.com.br/noticias/geral,demissoes-da-csn-sao-questionadas-na-justica,327116. Acesso em: 03 jul. 2017.

DIEESE. Departamento Intersindical de Estatística e Estudos Socioeconômicos. *A situação do trabalho no Brasil na primeira década dos anos 2000*. São Paulo: Dieese, 2012.

DIEESE. Departamento Intersindical de Estatística e Estudos Socioeconômicos. *Estudos e Pesquisas: balanços das greves em 2007*. Disponível em: https://www.dieese.org.br/balancodasgreves/2007/estPesq41Greves2007.pdf. Acesso em: 13 jun. 2017.

DIEESE. Departamento Intersindical de Estatística e Estudos Socioeconômicos. *Estudos e Pesquisas*. Balanço das Greves em 2012. Número 66, maio 2012. Anexos, Gráfico 1, p. 33. Disponível em: https://www.dieese.org.br/balancodasgreves/2012/estPesq66balancogreves2012.pdf. Acesso em: 29 jan. 2019.

DIEESE. Departamento Intersindical de Estatística e Estudos Socioeconômicos. *Estudos e Pesquisas*. Balanço das Greves em 2013. Número 79, dez. 2015, p. 2. Disponível em: https://www.dieese.org.br/balancodasgreves/2013/estPesq79balancogreves2013.pdf. Acesso em: 31 jan. 2019.

DIEESE. Departamento Intersindical de Estatística e Estudos Socioeconômicos. *Estudos e Pesquisas*. Balanço das Greves em 2016. Número 84, ago. 2017, p. 27. Disponível em: https://www.dieese.org.br/balancodasgreves/2016/estPesq84balancogreves2016.html. Acesso em: 31 jan. 2019.

DIEESE. Departamento Intersindical de Estatística e Estudos Socioeconômicos. *Estudos e Pesquisas*. Balanço das greves de 2017. Número 87, set. 2018. Disponível em: https://www.dieese.org.br/balancodasgreves/2017/estPesq87balancoGreves2017.pdf. Acesso em: 30 jun. 2020.

DIEESE. Departamento Intersindical de Estatística e Estudos Socioeconômicos. *Terceirização e precarização das condições de trabalho:* condições de trabalho e remuneração em atividades tipicamente terceirizadas e contratantes. Nota Técnica n. 172, de março de 2017. Disponível em: https://www.dieese.org.br/notatecnica/2017/notaTec172Terceirizacao.pdf, p. 7. Acesso em: 19 dez. 2019.

DIEESE. Departamento Intersindical de Estatística e Estudos Socioeconômicos. *Nota Técnica 175*. Abril de 2017. Disponível em: https://www.dieese.org.br/notatecnica/2017/notaTec175TerceirizacaoTrabalhoTemporario.pdf. p. 10. Acesso em: 15 maio 2019.

DIEESE. Departamento Intersindical de Estatística e Estudos Socioeconômicos. Relatório Técnico. *O Processo de Terceirização e seus Efeitos sobre os Trabalhadores no Brasil.* Dezembro de 2007. Disponível em: https://www.dieese.org.br/relatoriotecnico/2007/terceirizacao.pdf. Acesso em: 7 abr. 2019.

DILMA afirma no ENAI o compromisso em defesa de uma indústria forte e competitiva. *Sistema Fiergs*, Porto Alegre, 7 dez. 2012, n. 49, ano XVII. Disponível em: https://www.fiergs.org.br/sites/default/files/fiergs_12_semana_-_num_49.pdf. Acesso em: 16 abr. 2019.

DINIZ, Augusto. Arena da Baixada receberá cobertura removível. *Revista OE.* 10 dez. 2012. Curitiba-PR. Disponível em: http://revistaoe.com.br/arena-da-baixada-recebera-cobertura-removivel/. Acesso em: 4 fev. 2019.

DIÓZ, Rêne. Operário morto em Arena estava apto a atuar como eletricista, diz empresa. *G1.* 08 maio 2014. Mato Grosso. Disponível em: http://g1.globo.com/mato-grosso/noticia/2014/05/operario-morto-em-arena-estava-apto-atuar-como-eletricista-diz-empresa.html. Acesso em: 09 mar. 2019.

DOMINGOS, Tiago. A caminho da Copa: mortes nas obras dos estádios só refletem realidade brasileira. *Terra.* Disponível em: https://www.goal.com/br/news/619/especiais/2014/05/15/4820445/a-caminho-da-copa-mortes-nas-obras-dos-est%C3%A1dios-s%C3%B3-refletem. Acesso em: 14 mar. 2019.

DOS 9 operários mortos nas obras dos estádios da Copa do Mundo, 7 eram terceirizados. *Carta Campinas.* 25 abr. 2025.Disponível em: https://cartacampinas.com.br/2015/04/dos-9-operarios-mortos-nas-obras-dos-estadios-da-copa-do-mundo-7-eram-terceirizados/. Acesso em: 18 fev. 2019.

DOSSIÊ DA ARTICULAÇÃO NACIONAL DOS COMITÊS POPULARES DA COPA. *Megaeventos e violações de direitos humanos no Brasil.* 112 p. + 34 anexos. p. 114. Disponível em: https://comitepopulario.files.wordpress.com/2014/11/ancop_dossie2014_web.pdf. Acesso em: 22 jan. 2019.

DOSSIÊ DA ARTICULAÇÃO NACIONAL DOS COMITÊS POPULARES DA COPA. *Megaeventos e violações de direitos humanos no Brasil.* Disponível em: http://pfdc.pgr.mpf.mp.br/temas-de-atuacao/megaeventos/dossie_violacoes. Acesso em: 22 jan. 2019.

DOSSIÊ Terceirização e desenvolvimento: uma conta que não fecha. *CUT.* Disponível em: https://www.cut.org.br/system/uploads/ck/files/Dossie-Terceirizacao-e-Desenvolvimento.pdf, p. 9. Acesso em: 07 abr. 2019.

DRUCK, Graça. A terceirização sem limites: mais precarização e riscos de morte aos trabalhadores. In: *Saúde e segurança do trabalho no Brasil.* Organizador: Vitor Araújo Filgueiras. Brasília: Gráfica Movimento, 2017. 190.

DUTRA, Renata Queiroz; FILGUEIRAS, Vitor Araújo. A polêmica sobre o conceito de terceirização e sua regulação. *Revista Jurídica Trabalho e Desenvolvimento Humano*, Campinas, v. 4, p. 1-31, 2021.

EDITORIAL: Retomar a Paulista. *Folha de S. Paulo.* 13 jun. 2013. Disponível em: https://www1.folha.uol.com.br/opiniao/2013/06/1294185-editorial-retomar-a-paulista.shtml Acesso em: 1º maio 2019.

Emenda n. 4 – Plenário. *PLS n. 499, de 2013*. Disponível em: http://legis.senado.leg.br/sdleg-getter/documento?dm=3753943&disposition=inline. Acesso em: 19 nov. 2018.

ENTENDA: *Repercussão geral. Supremo Tribunal Federal*. Disponível em: http://www.stf.jus.br/portal/cms/verTexto.asp?servico=estatistica&pagina=entendarg. Acesso em: 2 maio 2019.

ESPOSITO, Ivan Richard. Consórcio condenado por R$200 mil por morte de operário na Arena Pantanal. *Agência Brasil*. 17 maio 2017. Belo Horizonte.- MG. Disponível em: http://agenciabrasil.ebc.com.br/geral/noticia/2017-05/consorcio-condenado-pagar-r-200-mil-por-morte-de-operario-na-arena-pantanal. Acesso em: 16 mar. 2019.

EXMAN. Fernando. Vetos de Dilma à Lei Geral da Copa indispõem Planalto com sindicalistas. *Valor Econômico*. 08 jun. 2012. Brasília. Disponível em: https://www.valor.com.br/politica/2696164/vetos-de-dilma-lei-geral-da-copa-indispoem-planalto-com-sindicalistas. Acesso em: 29 out. 2018.

FÁBIO CAMPANA. *Trabalhadores da Arena entram no 2º dia de greve*. Disponível em: https://www.fabiocampana.com.br/2013/12/trabalhadores-da-arena-da-baixada-entram-no-2o-dia-de-greve/. Acesso em: 4 fev. 2019.

FAREMOS a melhor Copa da história da FIFA, garante Ministro Orlando Silva. Ministério da Cidadania. *Secretaria Especial do Esporte*. 30 out. 2007. Disponível em: http://esporte.gov.br/index.php/noticias/24-lista-noticias/39865-faremos-a-melhor-copa-da-historia-da-FIFA-garante-Ministro-orlando-silva. Acesso em: 24 mar. 2019.

FARIAS, Elaíze. Andrade Gutierrez enfrenta ação do MPT por acidentes de trabalho. *Publica*. 24 fev. 2014. Disponível em: https://apublica.org/2014/02/andrade-gutierrez-enfrenta-acao-mpt-por-acidentes-de-trabalho/. Acesso em: 7 mar. 2019.

FAUSTA, Cristina. Super Receita Completa 10 anos. *Sindifisco Nacional*. 02 maio 2017. Disponível em: https://www.sindifisconacional.org.br/index.php?option=com_content&view=article&id=32634:super-receita-completa-10-anos&catid=44&Itemid=515. Acesso em: 13 maio. 2019.

FEDERAÇÃO CATARINENSE DE FUTEBOL. *Circular n. 4/2017*. Disponível em: http://www.fcf.com.br/wp-content/uploads/2017/03/OFICIO_CIRCULAR_04_2017.pdf. Acesso em: 13 maio 2019.

FERRAZ, Luiz. Em 2014, a Arena da Baixada foi palco da Copa do Mundo. *Tribunal*. 06 set. 2014. Disponível em: https://www.tribunapr.com.br/esportes/em-2014-a-arena-da-baixada-foi-palco-da-copa-do-mundo/. Acesso em: 04 fev. 2019.

FERREIRA, João Sette Whitaker. Apresentação. Um teatro milionário. In: *Brasil em Jogo:* o que fica da Copa e das Olimpíadas? Andrew Jennings, Raquel Rolnik; Antonio Lassance [*et al.*]. 1. ed. São Paulo: Boitempo: Carta Maior, 2014. p. 7-16.

FIFA deve ter recorde bilionário em lucros na Copa, mas economiza milhões com voluntários. *G1*. Economia. 14 jul. 2018. Disponível em: https://g1.globo.com/economia/concursos-e-emprego/noticia/FIFA-deve-ter-recorde-bilionario-em-lucros-na-copa-mas-economiza-milhoes-com-voluntarios.ghtml. Acesso em: 24 mar. 2019.

FIFA reabre inscrições para trabalho voluntário na Copa do Mundo 2014. *G1*, Rio de Janeiro, 12 set. 2013. Disponível em: http://g1.globo.com/distrito-federal/noticia/2013/09/FIFA-reabre-inscricoes-para-trabalho-voluntario-na-copa-do-mundo-2014.html. Acesso em: 8 maio 2019.

FILGUEIRAS, Vitor Araújo. *Terceirização e acidentes de trabalho na construção civil.* Disponível em: https://indicadoresdeemprego.files.wordpress.com/2013/12/terceirizac3a7c3a3o-e-acidentes-de-trabalho-na-construc3a7c3a3o-civil.pdf, p. 1. Acesso em: 23 fev. 2019.

FILHO, Mario. *O negro no futebol brasileiro.* 5. ed. Rio de Janeiro: Mauad, 2010.

FRANCE, Guilherme de Jesus. *As origens da lei antiterrorismo:* os tortuosos caminhos de localização das normas internacionais de combate ao terrorismo no Brasil. 2017. Dissertação (Mestrado em História, Política e Bens Culturais) – Centro de Pesquisa e Documentação de História Contemporânea do Brasil, Fundação Getúlio Vargas, Rio de Janeiro, Rio de Janeiro, 2017. Disponível em: http://bibliotecadigital.fgv.br/dspace/bitstream/handle/10438/18496/Disserta%C3%A7%C3%A3o_Origens%20da%20Lei%20Antiterrorismo.pdf. Acesso em: 12 nov. 2018.

FREIXO, Marcelo. Lei para coibir protestos na Copa trata manifestante como terrorista. *Uol.* 17 abr. 2014. Disponível em: https://noticias.uol.com.br/opiniao/coluna/2014/04/17/lei-para-coibir-protestos-na-copa-trata-manifestante-como-terrorista.htm?cmpid=copiaecola. Acesso em: 19 nov. 2018.

FRIEDENREICH ... tigre artilheiro e revolucionário. *Tardes de Pacaembu.* 19 maio 2013. Disponível em: https://tardesdepacaembu.wordpress.com/2013/05/19/friedenreich-tigre-artilheiro-e-revolucionario/. Acesso: em: 3 maio 2019.

FURTADO, Emmanuel Teófilo; MOREIRA, José Davi Cavalcante. *Os Enunciados publicados na 1ª Jornada de Direito Material e Processual na Justiça do Trabalho:* inovação e posicionamento entre as fontes do Direito e do Direito do Trabalho. Disponível em: http://www.publicadireito.com.br/conpedi/manaus/arquivos/anais/fortaleza/3520.pdf. Acesso em: 26 maio 2018.

GALEANO, Eduardo. *Futebol ao Sol e à Sombra.* Tradução de Eric Nepomuceno e Maria do Carmo Brito. Porto Alegre: L&PM, 2013.

GALUCCI, Thalita. Quantos trabalhadores morreram nas obras para a Copa no Qatar? Ninguém sabe. *Uol.* 7 dez. 2022. Disponível em: https://www.uol.com.br/esporte/futebol/copa-do-mundo/2022/12/07/materia-trabalhadores-imigrantes-no-qatar.htm?cmpid=copiaecola. Acesso em: 20 dez de 2022.

GIOVANAZ, Daniel; DALLABRIDA, Poliana. Copa da Rússia teve 21 mortos durante a construção dos estádios. *Brasil de Fato.* Moscou (Rússia). 13 jul. 2018. Disponível em: https://www.brasildefato.com.br/2018/07/13/copa-da-russia-teve-21-mortos-durante-a-construcao-dos-estadios/. Acesso em: 14 mar. 2019.

GONÇALVES FILHO, Mário. Resultado da 1ª Jornada de Direito do Trabalho é catastrófico. *Migalhas.* 17 dez. 2007. Disponível em: http://www.migalhas.com.br/dePeso/16,MI50954,11049-Resultado+da+1+Jornada+de+Direito+do+Trabalho+e+catastrofico. Acesso em: 16 maio 2018.

GOVERNO garante que 70% das obras da Copa de 2014 começam este ano. *Governo do Brasil.* 07 abr. 2011. Disponível em: http://www.brasil.gov.br/noticias/esporte/2011/04/governo-garante-que-70-das-obras-da-copa-de-2014-comecam-este-ano. Acesso em: 22 fev. 2019.

GREVE dos operários da Arena das Dunas completa dez dias. *Globo Esporte.* 11 abr. 2012. Natal-RN Disponível em: http://globoesporte.globo.com/futebol/copa-do-mundo/noticia/2012/04/greve-dos-operarios-da-arena-das-dunas-completa-dez-dias.html. Acesso em: 31 jan. 2019.

GREVE na África do Sul: 16 mil de companhia elétrica param. *Globo Esporte.* 26 maio 2010. Disponível em: http://globoesporte.globo.com/futebol/copa-do-mundo/noticia/2010/05/greve-na-africa-do-sul-16-mil-param-em-companhia-eletrica.html. Acesso em: 26 mar. 2019.

GREVE para obras da Arena Pernambuco de novo. *Ponto de Pauta.* 28 jan. 2012. Recife. Disponível em: http://www.pontodepauta.com.br/site/noticias.php?idNoticia=10918. Acesso em: 1º fev. 2019.

GROLL, Marcus Von. Origem e História da FIFA. *Casal Travinha* Esportes. 27 abr. 2010. Disponível em: https://travinha.com.br/2010/04/27/FIFA-a-historia/. Acesso em: 04 maio 2019.

GUIMARÃES, Cátia. Lei antiterrorismo "é quase uma repetição da época da ditadura civil-militar", diz Presidente do DHH. *Brasil de Fato.* 17 fev. 2014. Disponível em: https://www.brasildefato.com.br/node/27484/. Acesso em: 09 nov. 2018.

GUTERMAN, Marcos. *O futebol explica o Brasil:* uma história da maior expressão popular do país. São Paulo: Editora Contexto, 2010.

HARVEY. David. *O Neoliberalismo: história e implicações.* Tradução: Adail Sobral e Maria Stela Gonçalves. São Paulo: Edições Loyola, 2008.

HEBERT, Wilson. Em 1948, a construção do Maracanã levantou polêmicas parecidas com as de hoje em dia. *Fator Futebol.* 13 set. 2013. Disponível em: https://fatorfutebol.wordpress.com/2013/09/13/em-1948-a-construcao-do-maracana-levantou-polemicas-parecidas-com-as-de-hoje-em-dia/. Acesso em: 17 mar. 2019.

HELAL, Ronaldo; SOARES, Antônio Jorge. *O Declínio da Pátria de Chuteiras:* futebol e identidade nacional na Copa do Mundo de 2002. Disponível em: http://www.compos.org.br/data/biblioteca_947.pdf, p. 17. Acesso em: 19 mar. 2019.

HUMAN RIGHTS WATCH. Russia: FIFA World Cup 2018 – *Human Rights Guide for Reporters.* May 2018. Disponível em: https://www.hrw.org/sites/default/files/news_attachments/reporters_guide_world_cup0518_pdfweb_0.pdf. Acesso em: 14 mar. 2019.

JOÃO HAVELANGE, ex-Presidente da FIFA que tornou futebol negócio de bilhões. *O Globo.* ?32? jul. 2017. Disponível em: http://acervo.oglobo.globo.com/em-destaque/joao-havelange-ex-Presidente-da-FIFA-que-tornou-futebol-negocio-de-bilhoes-21652831#ixzz4zv68DL9J . Acesso em: 30 nov. 2017.

JÚNIOR, Gonçalo; BRAGA, Lauriberto. Famílias das vítimas do acidente do Itaquerão esperam por indenização. *Estadão.* 19 jan. 2014. São Paulo. Disponível em: https://esportes.estadao.com.br/noticias/futebol,familias-das-vitimas-do-acidente-do-itaquerao-esperam-por-indenizacao,1120136. Acesso em: 13 mar. 2019.

JUSLABORIS. *Biblioteca Digital da Justiça do Trabalho.* Disponível em: https://juslaboris.tst.jus.br/handle/20.500.12178/1/discover?order=desc&rpp=20&sort_by=dc.date.issued_dt&page=1&group_by=none&etal=0&filtertype_0=especieato&filtertype_1=author&filter_0=Resolu%C3%A7%C3%A3o&filter_relational_operator_1=equals&filter_1=Brasil.+Tribunal+Superior+do+Trabalho+%28TST%29&filter_relational_operator_0=equals#main-container. Acesso em: 10 fev. 2018.

JUSTIÇA DO TRABALHO determina retorno ao trabalho dos operários da Arena das Dunas. *Tribuna do Norte.* 11 abr. 2012. Natal-RN. Disponível em: http://www.tribunadonorte.com.

br/noticia/justica-do-trabalho-determina-retorno-ao-trabalho-dos-operarios-da-arena-das-dunas/217308. Acesso em: 31 jan. 2019.

KARL, Marx. *O capital:* crítica da economia política. Livro I: o processo de produção do capital. Tradução de Rubens Enderle. São Paulo: Boitempo, 2013.

KONCHINSKI, Vinícius; SEGALLA, Vinícius. Obras dos estádios da Copa precisam dobrar ritmo de trabalho para cumprir prazo. *Uol.* 17 mar. 2013. Disponível em: https://copadomundo.uol.com.br/noticias/redacao/2013/03/17/ritmo-de-trabalho-nos-estadios-tera-que-triplicar-para-obras-ficarem-prontas-a-tempo.htm. Acesso em: 24 fev. 2019.

LABOR. *Revista do Ministério Público do Trabalho*, ano IV, n. 7, Brasília: 2016. Por trás das medalhas. Disponível em: http://portal.mpt.mp.br/wps/wcm/connect/portal_mpt/b20b60b4-c2d5-46c2-9042-edea07a5d25f/Labor_n7_web_site.pdf?MOD=AJPERES&CONVERT_TO=url&CACHEID=ROOTWORKSPACE.Z18_395C1BO0K89D40AM2L613R2000-b20b60b4-c2d5-46c2-9042-edea07a5d25f-moRlrD-. Acesso em: 12 mar. 2019, p. 13.

LAMOUNIER, Maria Lúcia. Entre a Escravidão e o Trabalho Livre. Escravos e Imigrantes nas Obras de Construção das Ferrovias no Brasil no Século XIX. *EconomiA, Selecta*, Brasília, DF, v. 9, n. 4, p. 215–245, dez. 2008.

LEGISLAÇÃO trabalhista defasada é entrave ao crescimento do país Diário Comércio Indústria e Serviço – *DCI.* 23 out. 2007. Disponível em: https://www.dci.com.br/economia/legislac-o-trabalhista-defasada-e-entrave-ao-crescimento-do-pais-1.124327. Acesso em: 06 abr. 2019.

LEI Geral da Copa é aprovada e segue para sanção presidencial. *Ministério do Turismo.* 10 maio 2012. Disponível em: http://www.turismo.gov.br/ultimas-noticias/560-lei-geral-da-copa-e-aprovada-e-segue-para-sancao-presidencial.html. Acesso em: 12 dez. 2017.

LEIA A ÍNTEGRA do pronunciamento de Dilma Rousseff. *BBC.* 21 jun. 2013. Disponível em: https://www.bbc.com/portuguese/noticias/2013/06/130621_discurso_dilma_lk. Acesso em: 1º maio 2019.

LEIA REPERCUSSÃO internacional do acidente no estádio do Corinthians. *G1.* 27 nov. 2013. São Paulo. Disponível em: http://g1.globo.com/sao-paulo/noticia/2013/11/leia-repercussao-internacional-do-acidente-no-estadio-do-corinthians.html. Acesso em: 16 mar. 2019.

LEPIANI, Giancarlo. Maracanã abre as portas ainda em obras. Como em 1950. *Veja.* 27/04/2013Disponível em: https://veja.abril.com.br/esporte/maracana-abre-as-portas-ainda-em-obras-como-em-1950/. Acesso em: 17 mar. 2019.

LINHA histórica da regulamentação da terceirização. *CUT.* 03 jun. 2013. Disponível em: https://cut.org.br/system/uploads/ck/files/migracao/linha-historica-da-regulamentacao-da-terceirizacao-jun13-3.pdf. Acesso em: 3 maio 2019.

LOPES, Mônica Jardim. O voluntariado nos megaeventos esportivos: um instrumento de consolidação do projeto de sociabilidade neoliberal. In: *Megaeventos Esportivos no Brasil:* Reflexões críticas para o Trabalho Educativo. Campinas, SP: Pontes Editores, 2016.

LUDUVICE, Paulo Vinícius Santos Sulli. (EN)CENA. *A seleção brasileira, Médici e os anos de chumbo.* 20 jun. 2014. Disponível em: http://encenasaudemental.net/comportamento/insight/a-selecao-brasileira-medici-e-os-anos-de-chumbo/. Acesso em: 28 nov. 2017.

LUGULLO, Marise. Governo e empresários discordam sobre legalidade de voluntariado na Copa. *Câmara dos Deputados*. Brasília, [DF], 19 jun. 2012. Disponível em: http://www2.camara.leg.br/camaranoticias/noticias/TRABALHO-E-PREVIDENCIA/420381-GOVERNO-E-EMPRESARIOS-DISCORDAM-SOBRE-LEGALIDADE-DE-VOLUNTARIADO-NA-COPA.html. Acesso em: 18 dez. 2018.

LULA assina garantias à copa 2014 e conta com iniciativa privada. *G1*. 15 jun. 2006. http://g1.globo.com/Noticias/Politica/0AA1565213-5601,00.html. Acesso em: 5 maio 2019.

LYRA FILHO, João. *Cachimbo, pijamas e chinelos:* memórias. São Paulo: Edaglit, 1963.

MACHADO, Gustavo Seferian Scheffer. Reflexões sobre soberania e servilismo no trato da valorização social do trabalho: o caso do trabalho voluntário na Copa do Mundo de 2014. *Revista dos Tribunais*, ano 108, jan. 2019, vol. 999, p. 780-792.

MAEDA, Patrícia. *A Era dos zero direitos:* trabalho decente, terceirização e contrato zero-hora. São Paulo: LTr, 2017. p. 104-105.

MAGALHÃES, Mário. João Havelange 1916-2016. *Folha de S. Paulo*. 16 ago. 2016. Disponível em: https://www1.folha.uol.com.br/esporte/2016/08/1803483-em-1998-especial-da-folha-contou-a-historia-de-vida-de-joao-havelange.shtml. Acesso em: 04 maio 2019.

MARQUES, Fabrício. Saldo de mortes nos estádios de 2014 é 2,5 maior que na África do Sul. *Globo Esporte*. 13 fev. 2013. Brasília-DF. Disponível em: http://globoesporte.globo.com/futebol/copa-do-mundo/noticia/2013/12/saldo-de-mortes-nos-estadios-de-2014-e-25-vezes-maior-que-na-africa-do-sul.html. Acesso em: 07 mar. 2019.

MASCARENHAS, Fernando. *Megaeventos esportivos e Educação Física*: alerta de tsunami. *Movimento*, Porto Alegre, v. 18, n. 1. p. 37-67, jan./mar. 2012.

MATOS, Andityas Soares de Moura Costa. A Copa da exceção no tribunal da Teoria Pura do Direito. *Revista Direito e Práxis*. vol. 5, n. 8, 2014, p. 49-75.

MATRIZ DE RESPONSABILIDADE. *O preço de uma Copa*. Disponível em: https://oprecodeumacopa.com/matrizresponsabilidade_copa2014.html. Acesso em: 21 out. 2018.

MATTOS, Marcelo Badaró. Greves no Brasil: o despertar de um novo ciclo de lutas? *Blog. Esquerda on line*. 16 maio 2014. Disponível em: https://blog.esquerdaonline.com/?p=2245. Acesso em: 29 de jan. 2019.

MATTOS, Marcelo Badaró. As lutas da classe trabalhadora no Brasil dos "mega-eventos". In: *Observatório Social da América Latina – OSAL*, año XIV, n. 36, dic. 2015. Consejo Latinoamericano de Ciencias Sociales, p. 215-226.

MIESSA, Élisson; CORREIA, Henrique. *Súmulas e Orientações Jurisprudenciais do TST*. 3. ed. São Paulo: Editora JusPodivm, 2013.

MINISTÉRIO DO TRABALHO E EMPREGO. *Nota Técnica n. 394/2012/DMSC/SIT.* Disponível em: https://pt.scribd.com/document/192729510/Cancelada-Nt-88-Mte. Acesso em: 18 de jul. 2017.

MINISTÉRIO PÚBLICO DO TRABALHO em Mato Grosso (23ª Região). MPT pede condenação de empresas em R$ 5 mi por morte na Arena Pantanal. *MPT*. 24 set. 2014.

Disponível em: http://www.prt23.mpt.mp.br/procuradorias/prt-cuiaba/283-mpt-ajuiza-acao-e-pede-responsabilizacao-de-empresas-por-morte-de-trabalhador-na-arena-pantanal. Acesso em: 16 mar. 2019.

MINISTÉRIO PÚBLICO DO TRABALHO no Amazonas e em Roraima. Construtora Andrade Gutierrez vai pagar R$ 5 milhões por irregularidades trabalhistas na obra da Arena da Amazônia. *MPT.* 23 set. 2014. Disponível em: http://www.prt11.mpt.mp.br/procuradorias/prt-manaus/746-construtora-andrade-gutierrez-vai-pagar-r-5-milhoes-por-irregularidades-trabalhistas-na-obra-da-arena-da-amazonia. Acesso em: 9 mar. 2019.

MINISTRO do TST concorda com negociações tripartites na criação de normas trabalhistas. CNI. 06 dez. 2102. *Agência de notícias.* Disponível em: http://www.portaldaindustria.com.br/agenciacni/noticias/2012/12/Ministro-do-tst-concorda-com-negociacoes-tripartites-na-criacao-de-normas-trabalhistas/. Acesso em: 6 jul. 2017.

MONTESSO, Cláudio José; STERN, Maria de Fátima Coelho Borges; ELY, Leonardo (Coords.). *1ª Jornada de Direito Material e Processual na Justiça do Trabalho.* São Paulo: LTr. 2008. *E-Book.*

MORO, Luís Carlos. *Novas MPs trazem "tempo de vacas magras.* Disponível em: https://www.conjur.com.br/2015-jan-02/luis-moro-novas-mps-trazem-tempo-vacas-magras. Acesso em: 29 abr. 2019.

MOURA, Marcelo; GABRIEL, Ruan de Sousa. Por que as obras da Copa são tão perigosas? *Época.* 10 abr. 2014. Disponível em: https://epoca.globo.com/vida/copa-do-mundo-2014/noticia/2014/04/por-que-obras-da-copa-bsao-tao-perigosasb.html. Acesso em: 20 fev. 2019.

MPT E VARA DA INFÂNCIA divergem sobre atuação de crianças como gandulas. *Uol.* 05 abr. 2014. Disponível em: https://jovempan.uol.com.br/esportes/mpt-e-vara-da-infancia-divergem-sobre-atuacao-de-criancas-como-gandulas.html. Acesso em: 15 fev. 2019.

MUNDIAL com 48 seleções pode elevar em até US$400 milhões o lucro da FIFA. *Gazeta Esportiva.* 13 mar. 2019. Disponível em: https://www.gazetaesportiva.com/campeonatos/copa-do-mundo/mundial-com-48-selecoes-pode-elevar-em-ate-us400-milhoes-o-lucro-da-FIFA/. Acesso em: 24 mar. 2019.

MURADAS, Daniela Reis; COUTINHO, Grijalbo Fernandes. "Reforma" Trabalhista: a potencialização do valor trabalho como mercadoria em tempos de governança burguesa ilegítima. In: *Resistência:* aportes teóricos contra o retrocesso trabalhista. Coordenadores: Jorge Luiz Souto Maior, Valdete Souto Severo. 1. ed. São Paulo: Expressão Popular, 2017. p. 59-78.

NAPOLEÃO, Antonio Carlos. História das Ligas e Federações do Rio de Janeiro (1905-1941), p. 81-105. In: *Memória social dos Esportes:* futebol e política: a construção de uma identidade nacional. Organizadores: Francisco Carlos Teixeira Da Silva, Ricardo Pinto dos Santos. Rio de Janeiro: Mauad Editora: Faperj, 2006.

"NENHUM DIREITO a menos, nenhum passo atrás", afirma Dilma na posse. *Contraf Cut.* 02 jan. 2015. Disponível em: https://contrafcut.com.br/noticias/nenhum-direito-a-menos-nenhum-passo-atras-afirma-dilma-na-posse-0330/. Acesso em: 5 jan. 2018.

NOTA Pública pelo Sinait. *Repórter Brasil.* 13 fev. 2007. Disponível em: http://reporterbrasil.org.br/2007/02/nota-publicada-pelo-sinait/. Acesso em: 15 jun. 2017.

NOTA Pública. Nota conjunta Super Receita. *ANPT.* Associação Nacional dos Procuradores do Trabalho. Disponível em: http://www.anpt.org.br/publicacoes/notas-publicas/689-nota-publica-nota-conjunta-emenda-03-super-receita. Acesso em: 15 jun. 2017.

NO QUARTO dia de greve, garis trabalham com escolta privada no Rio. *Uol.* 16 mar. 2015. Disponível em: https://noticias.uol.com.br/cotidiano/ultimas-noticias/2015/03/16/greve-dos-garis-entra-no-quarto-dia-consecutivo-no-rio.htm. Acesso em: 15 mar. 2020.

NUNES, Ana Lúcia. Modificar a CLT é golpe. *A Nova Democracia*, ano VI, n. 39, Janeiro de 2008. Disponível em: http://anovademocracia.com.br/no-39/190-modificar-a-clt-e-golpe. Acesso em: 30 abr. 2017.

OAB Nacional pede retirada imediata de PL que cria nova CLT. *OAB Nacional.* 29 nov. 2007. Disponível em: http://www.oab.org.br/noticia/11926/oab-nacional-pede-retirada-imediata-de-pl-que-cria-nova-clt. Acesso em: 30 abr. 2017.

OAS pagará R$ 15 milhões por trabalho degradante. *Ministério Público do Trabalho – MPT.* 07 nov. 2013. Disponível em: http://radio.mpt.gov.br/wps/portal/portal_mpt/mpt/noticias-antigas/2013/novembro/oas+pagara+r%24+15+milhoes+por+trabalho+degradante. Acesso em: 14 de mar. 2019.

OBRAS DE 2014 somam mais mortes que África do Sul-2010. *Veja.* 23 nov. 2013. Disponível em: https://veja.abril.com.br/esporte/obras-de-2014-somam-mais-mortes-que-africa-do-sul-2010/. Acesso em: 14 mar. 2019.

OFÍCIO n. 345/2014-ASL. *Conselho Federal da Ordem dos Advogados do Brasil.* Disponível em: http://www.senado.leg.br/atividade/rotinas/materia/getPDF.asp?t=154826&tp=1. Acesso em: 15 nov. 2018.

OFÍCIO Tribunal Superior do Trabalho. *Conjur.* 27 ago. 2013. Disponível em: https://www.conjur.com.br/dl/oficio-tst-terceirizacao.pdf. Acesso em: 09 abr. 2019.

OFÍCIO. OAB Nacional pede retirada imediata de PL que cria nova CLT. *Migalhas.* 30 nov. 2007. Disponível em: http://www.migalhas.com.br/Quentes/17,MI50044,101048-OAB+Nacional+pede+retirada+imediata+de+PL+que+cria+nova+CLT. Acesso em: 15 jun. 2018.

OPERÁRIO morre em acidente no Estádio Nacional de Brasília. *G1.* 11 jun. 2012. Distrito Federal. Disponível em: http://g1.globo.com/distrito-federal/noticia/2012/06/operario-morre-em-acidente-no-estadio-nacional-de-brasilia.html. Acesso em: 15 mar. 2019.

OPERÁRIOS da Arena da Baixada voltam a protestar por atrasos nos salários. *Globo Esporte.* 13 dez. 2013. Curitiba. Disponível em: http://globoesporte.globo.com/pr/futebol/times/atletico-pr/noticia/2013/12/operarios-da-arena-da-baixada-voltam-protestar-contra-atrasos-nos-salarios.html. Acesso em: 4 fev. 2019.

OPERÁRIOS decidem manter greve e obra no Maracanã segue suspensa. *G1.* 19 ago. 2011. Rio de Janeiro. Disponível em: http://g1.globo.com/rio-de-janeiro/noticia/2011/08/operarios-decidem-manter-greve-e-obra-no-maracana-segue-suspensa.html. Acesso em: 24 jan. 2019.

OPERÁRIOS decretam fim da greve e retomam obras na Arena das Dunas. *Veja.* 13 abr. 2012. Disponível em: https://veja.abril.com.br/esporte/operarios-decretam-fim-da-greve-e-retomam-obras-na-arena-das-dunas/. Acesso em: 1º fev. 2019.

OPERÁRIOS param obra no Mineirão em dia da visita de Dilma Rousseff. *G1.* 16 nov. 2011. Minas Gerais. Disponível em: http://g1.globo.com/minas-gerais/noticia/2011/09/operarios-param-obra-no-mineirao-em-dia-da-visita-de-dilma-rousseff.html. Acesso em: 31 jan. 2019.

ORGANIZAÇÃO INTERNACIONAL DO TRABALHO. Disponível em: https://www.ilo.org/brasilia/convencoes/WCMS_236696/lang--pt/index.htm. Acesso em: 14 fev. 2019.

OURIQUES, Nilso. Megaeventos no Brasil, o desenvolvimento do subdesenvolvimento e o assalto ao Estado. In: CAPELA, Paulo Ricardo do Canto; TAVARES, Elaine (Orgs.). *Os megaeventos esportivos:* suas consequências, impactos e legados para a América Latina. Florianópolis: Insular, 2014. p. 13-44.

PARIZ. Tiago. Lula defende atualização das leis trabalhistas. *G1.* 17 maio 2007. Disponível em: http://g1.globo.com/Noticias/Politica/0,,MUL38002-5601,00-LULA+DEFENDE+ATUALIZACAO+DAS+LEIS+TRABALHISTAS.html. Acesso em: 6 abr. 2019.

PASSAFARO JÚNIOR, Leonardo S. *Responsabilidade pelo desemprego não é da CLT.* Disponível em: https://www.conjur.com.br/2007-nov-16/responsabilidade_desemprego_nao_clt. Acesso em: 02 maio 2019.

PASSOS, Rachel Gouveia. *Trabalhadoras do Care na saúde mental:* contribuições marxianas para a profissionalização do cuidado feminino. 2016. 256 f. Tese (Doutorado em Serviço Social) – Programa de Estudos Pós-Graduados em Serviço Social, Pontifícia Universidade Católica de São Paulo, São Paulo, 2016.

PGT encaminha moção ao CNJ contra gandulas adolescentes na Copa. *Biblioteca MPT/RN.* Disponível em: https://bibliotecaprt21.wordpress.com/2014/04/09/. Acesso em: 16 de fev. 2019.

PORTAL DA COPA. *Mais de 152 mil inscritos no programa de voluntários da FIFA.* http://www.copa2014.gov.br/pt-br/noticia/mais-de-152-mil-inscritos-no-programa-de-voluntarios-da-FIFA. Acesso em: 21 nov. 2018.

PORTAL DA COPA. *Matriz de Responsabilidades.* Disponível em: http://www.copa2014.gov.br/pt-br/brasilecopa/sobreacopa/matriz-responsabilidades. Acesso em: 21 out. 2018.

PRESIDENTE do TST defende responsabilidade solidária. *Conjur.* 05 out. 2011. Disponível em: https://www.conjur.com.br/2011-out-05/Presidente-tst-defende-responsabilidade-solidaria-terceirizacao. Acesso em: 10 abr. 2019.

PRIMEIRA AUDIÊNCIA pública do TST discute a terceirização de mão de obra. *Migalhas.* 06 out. 2011. Disponível em: https://www.migalhas.com.br/Quentes/17,MI142499,71043-TST+realiza+primeira+audiencia+publica+da+historia+do+Tribunal. Acesso em: 7 abr. 2019.

PROIBIÇÃO de demissões é alvo de críticas. *Anamatra.* 12 abr. 2009. Disponível em: https://www.anamatra.org.br/imprensa/anamatra-na-midia/23294-proibicao-de-demissoes-e-alvo-de-criticas. Acesso em: 02 jul. 2018.

PROJETOS de lei antiterrorismo lembram ditadura. *Adusp.* 31 mar. 2014. Disponível em: https://www.adusp.org.br/index.php/sem-categoria/1887-projetos-de-lei-antiterrorismo-lembram-ditadura. Acesso em: 19 nov. 2018.

PRONI, Marcelo Weishaupt; SILVA, Leonardo Oliveira da. *Impactos econômicos da Copa do Mundo de 2014:* projeções superestimadas. IE/Unicamp, Campinas, n. 211, out. 2012, p. 6.

Disponível em: www.eco.unicamp.br/docprod/downarq.php?id=3219&tp=a. Acesso em: 08 abril 2017.

PRONI, Marcelo Weishaupt. *A metamorfose do futebol. Campinas*, SP: UNICAMP/IE, 2000.

PROTESTOS no PR: Entenda por que os professores estão em greve. *Uol*. Curitiba. 4 maio 2015. Disponível em: https://educacao.uol.com.br/noticias/2015/05/04/protestos-no-pr-entenda-por-que-os-professores-estao-em-greve.htm. Acesso em: 20 jan. 2020.

QUASE 2 MILHÕES de brasileiros participaram de manifestações em 438 cidades. *Correio Braziliense*. 21 jun. 2013. Brasília. Disponível em: https://web.archive.org/web/20130627044052/http://www.correiobraziliense.com.br/app/noticia/brasil/2013/06/21/interna_brasil,372809/quase-2-milhoes-de-brasileiros-participaram-de-manifestacoes-em-438-cidades.shtml#. Acesso em: 29 jan. 2019.

RAMOS, Raphael. Em 1950, Maracanã foi inaugurado inacabado e repleto de andaimes. *O Estado de S. Paulo*. 18 jan. 2014. Esportes. Disponível em: http://esportes.estadao.com.br/noticias/futebol,em-1950-maracana-foi-inaugurado-inacabado-e-repleto-de-andaimes,1120135. Acesso em: 28 nov. 2017.

REBELLO, Aiuri. Congresso corre para aprovar lei contra terrorismo antes da Copa. *Uol*. 06 fev. 2014. Disponível em: https://copadomundo.uol.com.br/noticias/redacao/2014/02/06/congresso-tentara-aprovar-lei-contra-terrorismo-antes-da-copa.htm?cmpid=copiaecola. Acesso em: 19 nov. 2018.

RELATÓRIO. Jogos Pan-Americanos e Parapan-Americanos *Rio 2007*. Volume 2. Disponível em: http://www.esporte.gov.br/arquivos/publicacoes/panVolume2.pdf. Acesso em: 12 jan. 2018.

RESULTADOS das manifestações de junho. *G1*. Disponível em: http://g1.globo.com/brasil/linha-tempo-manifestacoes-2013/platb/. Acesso em: 29 jan. 2019.

RIBEIRO JR., Amaury *et al*. *O lado sujo do futebol:* a trama de propinas, negociatas e traições que abalou o esporte mais popular do mundo. São Paulo: Planeta, 2014. p. 49-50.

RIBEIRO, Gustavo. Greve é o outro entrave da Arena. *Gazeta do Povo*. 10 dez. 2013. Disponível em: https://www.gazetadopovo.com.br/esportes/copa/2014/sedes/greve-e-o-novo-entrave-da-arena-4uk4vicijlxonaefemhks45zi/, Acesso em: 04 fev. 2019.

RIZZO, Marcel; PASSOS, Paulo. Iniciativa privada bancou 17 % dos estádios da Copa. *Folha de S, Paulo*. 07 jan. 2015. Disponível em: https://www1.folha.uol.com.br/esporte/2015/01/1571494-iniciativa-privada-bancou-apenas-7-dos-estadios-da-copa-do-mundo.shtml. Acesso em: 21 out. 2018.

RODRIGUES, Arlete Moysés. Os megaeventos na produção e reprodução do espaço urbano. *Geotextos*, v. 9, n. 2, dez. 2013, p. 13-25.

RODRIGUES, Nelson. *À sombra das chuteiras imortais:* crônicas de futebol. São Paulo: Companhia das Letras, 1993.

ROLNIK, Raquel. *Moradia é um direito humano*. Entrevista. Equipe Ludopédio. Disponível em: http://www.direitoamoradia.fau.usp.br/?p=10536&lang=pt Acesso em: 27 mar. 2019.

ROLNIK, Raquel. Relatora da ONU para o direito à moradia. Documentário: *A Caminho da Copa*. Publicado em: 6 jun. 2013. Direção e roteiro: Carolina Caffé, Florence Rodrigues. Disponível em: https://www.youtube.com/watch?v=xyjX6-F3isw. Acesso em: 16 de jun. 2018.

RONCAGLIA, Daniel. Enunciados da Anamatra mostram tendências dos juízes. *Consultor Jurídico,* 28 jan. 2008. https://www.conjur.com.br/2008-jan-28/enunciados_anamatra_mostram_tendencias_juizes. Acesso em: 02 jun. 2018.

RUBIO, Katia. O legado educativo dos megaeventos esportivos. *Motrivivência*, ano XXI, n. 32/33, p. 71-88, jun./dez. 2009.

SABINO, Alex. Chefe dos auditores diz 'fazer de conta' não ver irregularidades no Itaquerão. *Folha de S. Paulo*. 03 abr. 2014. Disponível em: https://www1.folha.uol.com.br/esporte/folhanacopa/2014/04/1434985-chefe-dos-auditores-diz-fazer-de-conta-nao-ver-irregularidades-no-itaquerao.shtml. Acesso em: 08 mar. 2019.

SALGADO, Diego. Há 25 anos, Ricardo Teixeira assumia o comando da CBF. *O Estado de S. Paulo.* 16 jan. 2014. Disponível em: https://esportes.estadao.com.br/noticias/futebol,ha-25-anos-ricardo-teixeira-assumia-o-comando-da-cbf,1118856. Acesso em: 04 maio 2019.

SALVADOR, Luiz. *Acorda Brasil.* É golpe preocupante a proposta da nova CLT em curso no Congresso Nacional. Disponível em: https://www.monografias.com/pt/trabalhos910/acorda-brasil-golpe/acorda-brasil-golpe.shtml. Acesso em: 2 maio 2019.

SANTINI, Daniel. Ação de Construtoras barram publicação da 'lista suja' do trabalho escravo. *Repórter Brasil.* 30 dez. 2014. Disponível em: http://reporterbrasil.org.br/2014/12/lobby-de-construtoras-barra-publicacao-da-lista-suja-do-trabalho-escravo/. Acesso em: 14 ago. 2018.

SANTOS. Ricardo Pinto dos. Uma breve história social do Esporte no Rio de Janeiro. p. 33-54. In: *Memória social dos Esportes: futebol e política: a construção de uma identidade nacional.* Organizadores: Francisco Carlos Teixeira da Silva, Ricardo Pinto dos Santos. Rio de Janeiro: Mauad Editora: Faperj, 2006.

SARMENTO, Carlos Eduardo Barbosa. *A construção da Nação Canarinho:* uma história institucional da seleção brasileira de futebol, 1914-1970. Rio de Janeiro: Editora FGV, 2013.

SCOLESE, Eduardo; LEITE, Pedro Dias. FIFA cobra, e Lula repete apoio à Copa. *Folha de S. Paulo.* 29 set. 2006. Disponível em: http://www1.folha.uol.com.br/fsp/esporte/fk2909200602.htm. Acesso em: 11 abr. 2017.

SDI1 concede horas in itinere a empregado da Volkswagen. Tribunal Superior do Trabalho — TST. *Notícias.* 19 mar. 2010. Disponível em: http://www.tst.jus.br/noticias/-/asset_publisher/89Dk/content/sdi1-concede-horas-in-itinere-a-empregado-da-volkswagen?refererPlid=10730. Acesso em: 28 abr. 2019.

SEGALLA, Vinícius. Por pagamento de hora extra aos sábados, operários da Arena Pernambuco decretam greve. *Uol.* 07 ago. 2012. São Paulo. Disponível em: https://noticias.bol.uol.com.br/ultimas-noticias/esporte/2012/08/07/por-pagamento-de-hora-extra-aos-sabados-operarios-da-arena-pernambuco-decretam-greve.htm. Acesso em: 1º fev. 2019.

SEGALLA, Vinícius. A conta das arenas é nossa. Saiba por que nunca pôde ser diferente. *UOL.* 04 jun. 2014. Disponível em: https://copadomundo.uol.com.br/noticias/redacao/2014/06/04/caros-inacabados-e-pagos-pelo-povo-o-legado-dos-estadios-da-copa.htm#fotoNav=3. Acesso em: 23 out. 2018.

SEM ACORDO por aumento salarial, greve no Mané Garrincha continua. *Correio Braziliense.* 28 out. 2011. Brasília. Disponível em: https://www.correiobraziliense.com.br/app/noticia/

cidades/2011/10/28/interna_cidadesdf,276011/sem-acordo-por-aumento-salarial-greve-no-mane-garrincha-continua.shtml. Acesso em: 24 jan. 2019.

SENADO FEDERAL. *ATA da 5ª reunião da Comissão Mista destinada a consolidar a legislação federal e a regulamentar dispositivos da Constituição Federal.* Disponível em: https://www25.senado.leg.br/web/atividade/materias/-/materia/111807. Acesso em: 14 nov. 2018.

SENADO FEDERAL. *Parecer senador Randolfe Rodrigues. 2015.* Disponível em: http://legis.senado.leg.br/sdleg-getter/documento?dm=3754033&disposition=inline. Acesso em: 19 nov. 2018.

SENADO pode votar projeto alternativo sobre terceirização. *Senado Federal.* 23 mar. 2017. Notícias. Disponível em: http://www12.senado.leg.br/noticias/materias/2017/03/23/senado-pode-votar-projeto-alternativo-sobre-terceirizacao. Acesso em: 14 jul. 2017.

SEVERO, Valdete Souto. Os Juízes e Juízas do Trabalho diante do Desmanche. In: *Resistência II: defesa e crítica da Justiça do Trabalho.* Coordenadores Jorge Luiz Souto Maior, Valdete Souto Severo. 1. ed. São Paulo: Expressão Popular, 2018. p. 61-69.

SEVERO, Valdete Souto; SOUTO MAIOR, Jorge Luiz. *Manual da Reforma Trabalhista:* pontos e contrapontos. São Paulo: Sensus, 2017.

SILVA, José Antônio Ribeiro de Oliveira; SARDÁ, Sandro. Apontamentos sobre a redução de direitos previdenciários (MP 664/14) e ao seguro-desemprego (MP 665/14). *Revista do Tribunal Regional do Trabalho da 15ª Região*, n. 46, 2015, p. 107-136.

SILVA JUNÍOR, Walter Nunes da. Super-Receita é retrocesso no combate ao trabalho escravo. *Consultor Jurídico.* 23 fev. 2007. Disponível em: https://www.conjur.com.br/2007-fev-23/super-receita_retrocesso_combate_trabalho_escravo. Acesso em: 06 set. 2018.

SILVEIRA, Kleber Correa da; ALMEIDA; Almiro Eduardo de. Programa de proteção ao emprego: cinquenta anos depois, a história se repete. *Jus.com.br.* Mar. 2016 Disponível em: https://jus.com.br/artigos/46962/programa-de-protecao-ao-emprego-cinquenta-anos-depois-a-historia-se-repete. Acesso em: 30 abr. 2019.

SOARES, Jorge Miguel Acosta. *A institucionalização da Profissão de Atleta:* (Lei Pelé: o atleta torna-se um trabalhador pleno). Disponível em: http://sinteseeventos.com.br/ciso/anaisxvciso/resumos/GT02-16.pdf. p. 3. Acesso em: 15 abr. 2019.

SOARES, Paulo Roberto Rodrigues. Megaeventos esportivos e o urbano: a Copa do Mundo de 2014 e seus impactos nas cidades brasileiras. *Revista FSA*, Teresina, v. 10, n. 4, art. 11, p. 195-214, out./dez. 2013.

SOUTO MAIOR, Jorge Luiz. *2015:* Velhos ataques e novas resistências. Disponível em: https://www.jorgesoutomaior.com/uploads/5/3/9/1/53916439/2015_-_velhos_ataques_e_novas_resist%C3%AAncias.pdf. Acesso em: 2 maio 2019.

SOUTO MAIOR, Jorge Luiz. E o governo brasileiro disse SIM! *Migalhas.* Disponível em: https://www.migalhas.com.br/dePeso/16,MI223107,101048-E+o+governo+brasileiro+disse+SIM. Acesso em: 30 abr. 2019.

SOUTO MAIOR, Jorge Luiz. *Estado de exceção contra a Costa Rica:* e a gente com isso!? Disponível em: https://www.jorgesoutomaior.com/uploads/5/3/9/1/53916439/estado_de_exce%C3%A7ao_contra_a_costa_rica. Acesso em: 25 mar. 2019.

SOUTO MAIOR, Jorge Luiz. Manifesto contra o trabalho "voluntário" na Copa. *Carta Capital.* 20 mar. 2014. Disponível em: https://www.cartamaior.com.br/?/Editoria/Principios-Fundamentais/Manifesto-contra-o-trabalho-voluntario-na-Copa/40/30523. Acesso em: 13 maio 2019.

SOUTO MAIOR, Jorge Luiz. Não chores por mim seleção brasileira. 02 jul. 2014. Carta Maior. Disponível em: https://www.cartamaior.com.br/?/Editoria/Cultura/Nao-chores-por-mim-selecao-brasileira/39/31296. Acesso em: 22 abr. 2019.

SOUTO MAIOR, Jorge Luiz. *O que é um megaevento.* Disponível em: https://www.youtube.com/watch?v=xtl4jYFkQEU. Acesso em: 6 maio 2019.

SOUTO MAIOR, Jorge Luiz. *Os direitos trabalhistas sob o fogo cruzado da crise política.* Disponível em: https://www.jorgesoutomaior.com/blog/os-direitos-trabalhistas-sob-o-fogo-cruzado-da-crise-politica. Acesso em: 20 abr. 2019.

SOUTO MAIOR, Jorge Luiz. *Pai, afasta de mim esse cálice.* Disponível em: https://www.jorgesoutomaior.com/uploads/5/3/9/1/53916439/pai_afasta_de_mim_esse_c%C3%81lice.pdf. Acesso em: 20 jul. 2018.

SOUTO MAIOR, Jorge Luiz. *PL 4.330, o Shopping Center Fabril:* Dogville mostra a sua cara e as possibilidades de redenção. Disponível em: http://www.jorgesoutomaior.com/uploads/5/3/9/1/53916439/pl_4.330_o_shopping_center_fabril.pdf, p. 2. Acesso em: 2 maio 2019.

SOUTO MAIOR, Jorge Luiz; MOREIRA, Ranúlio Mendes; SEVERO, Valdete Souto. Dumping *Social nas relações de trabalho.* 2. ed. São Paulo: LTr, 2014. p. 83-115.

SOUTO MAIOR, Jorge Luiz. *História do Direito do Trabalho no Brasil:* curso de Direito do Trabalho. São Paulo: LTr, 2017. v. 1, parte 2.

SOUTO MAIOR, Jorge Luiz; TEIXEIRA, Victor Emanuel Bertoldo. *Trabalho voluntário na organização das Olimpíadas e Paraolimpíadas do Comitê Olímpico Internacional.* Disponível em: http://www.lacier.com.br/cursos/artigos/periodicos/Trabalho%20voluntario%20na%20organizacao%20das%20Olimpiadas%20e%20Paraolimpiadas.pdf. Acesso em: 12 dez. 2018.

SOUZA, Denaldo Alchorne de. *Futebol e resistência cultural no Primeiro Governo Vargas* (1930-1945). Disponível em: http://www.efdeportes.com/efd131/futebol-e-resistencia-cultural-no-primeiro-governo-vargas.htm. Acesso em: 12 dez. 2017.

SOUZA, Marina; PINA Isabella. Operário infarta, e obras da Copa no AM têm 2ª morte em menos de 10h. *G1.* 14 dez. 2013. Amazonas. Disponível em: http://g1.globo.com/am/amazonas/noticia/2013/12/operario-infarta-e-obra-da-copa-em-am-tem-2-morte-em-menos-de-10h.html. Acesso em: 26 fev. 2019.

STÉDILE, Miguel Enrique. Clubes de futebol operário como espaço de autonomia e dominação. *Espaço Plural,* vol. XIV, n. 29, jul./dic. 2013, Paraná, p. 15-44.

SUPREMO Tribunal Federal. *Súmulas Vinculantes.* Disponível em: http://www.stf.jus.br/portal/cms/verTexto.asp?servico=jurisprudenciaSumulaVinculant. Acesso em: 15 jun. 2018.

TCU. Tribunal de Contas da União. *O TCU e a Copa do Mundo de 2014.* Relatório de situação. Relator Ministro Valmir Campelo. Brasília, maio de 2011, p. 11. Disponível em: http://www.justen.com.br/pdfs/Cesar_TCU%20maio.pdf. Acesso em: 16 jan. 2019.

TEIXEIRA, Victor Emanuel Bertoldo. Trabalho voluntário e infantil na organização do mundial. Matéria de Capa. *Revista RDt*, 20-07, 31 jul. 2014.

TIEPPO, Lucas. Para manter ritmo das obras, Itaquerão terá terceiro turno de trabalho neste mês. *Uol.* 03 jan. 2012. São Paulo. Disponível em: https://esporte.uol.com.br/futebol/copa-2014/ultimas-noticias/2012/01/03/para-manter-ritmo-das-obras-itaquerao-tera-terceiro-turno-de-trabalho-neste-mes.htm. Acesso em: 24 fev. 2019.

TRABALHADORES correm risco. *Gazeta Digital.* 18 nov. 2010. Cuiabá. Disponível em: http://www.gazetadigital.com.br/editorias/cidades/trabalhadores-correm-riscos/258088. Acesso em: 22 jan. 2019.

TRT/RJ julga abusiva greve dos trabalhadores do Maracanã. Justiça do Trabalho. Portal 2 TRT Rio. 16 set. 2011. Disponível em: https://www.trt1.jus.br/ultimas-noticias/-/asset_publisher/IpQvDk7pXBme/content/trt-rj-julga-abusiva-greve-dos-trabalhadores-do-maraca-2/21078. Acesso em: 24 jan. 2019.

VAINER, Carlos. *Cidade de Exceção:* reflexões a partir do Rio de Janeiro. Disponível em: https://anais.anpur.org.br/index.php/anaisenanpur/article/view/635. Acesso em: 12 dez. 2018.

VAINER, Carlos. Economista, sociólogo e docente da IPPUR-UFRJ. Documentário: *A Caminho da Copa.* Publicado em 6 de junho de 2013. Direção e roteiro: Carolina Caffé Florence Rodrigues. Disponível em: https://www.youtube.com/watch?v=xyjX6-F3isw. Acesso em: 16 jun. 2016.

VAINER, Carlos. Quando a cidade vai às ruas. Um teatro milionário. In: *BRASIL em Jogo:* o que fica da Copa e das Olimpíadas? JENNINGS, Andrew, Raquel Rolnik; Antonio Lassance *et al.* São Paulo: Boitempo: Carta Maior, 2014. p. 35-40.

VALE do Rio Doce corta 1,3 mil empregos no mundo. *Gazeta do Povo.* 03 dez. 2008. Disponível em: http://www.gazetadopovo.com.br/economia/vale-do-rio-doce-corta-13-mil-empregos-no-mundo-bb5rf4jvw1jyese1bgsuu05se. Acesso em: 03 jul. 2017.

VASCONCELOS, Mônica. Acidentes nos estádios da Copa: crônicas de nove mortes anunciadas? *BBC Brasil* em Londres. 19 ago. 2014. Disponível em: https://www.bbc.com/portuguese/noticias/2014/08/140811_mortes_estadios_copa_mv. Acesso em: 09 de mar. 2019.

VIANA, Márcio Túlio. *A terceirização em perguntas e respostas:* tentando diminuir as confusões. Disponível em: https://blogdaboitempo.com.br/2015/04/01/o-que-e-a-terceirizacao/. Acesso em: 2 maio 2019.

VIEIRA, Anderson. Congresso enfrenta desafio de definir Lei Antiterrorismo até a Copa. *Senado Notícias.* Disponível em: https://www12.senado.leg.br/noticias/materias/2014/01/30/congresso-enfrenta-desafio-de-definir-lei-antiterrorismo-ate-a-copa. Acesso em: 13 maio 2019.

VOLUNTÁRIOS da Copa das Confederações participam de treinamento nas cidades-sede. *Governo do Brasil.* 29 abr. 2013. Disponível em: http://www.brasil.gov.br/noticias/esporte/2013/04/voluntarios-da-copa-das-confederacoes-participam-de-treinamento-nas-cidades-sede. Acesso em: 10 jan. 2019.

WROBLESKI, Stefano. Fiscais flagram trabalho escravo em obra da OAS para ampliação do Aeroporto Internacional de Guarulhos (SP). *Repórter Brasil.* 25 set. 2013. Disponível em: https://reporterbrasil.org.br/2013/09/fiscais-flagram-trabalho-escravo-em-obra-da-oas-para-ampliacao-do-aeroporto-internacional-de-guarulhos-sp/. Acesso em: 23 fev. 2019.

ZULMA, Renata. *Série retrospectiva*: a "lista suja" do trabalho escravo. Disponível em: http://ostrabalhistas.com.br/serie-retrospectiva-lista-suja-do-trabalho-escravo/. Acesso em: 24 abr. 2019.